Anabel Hernández

La verdadera noche
de Iguala

Anabel Hernández es una las periodistas de investigación más importantes de México. En 2002 ganó el Premio Nacional de Periodismo por su investigación sobre el llamado *toallagate*. En 2003 Unicef le dio un reconocimiento por una serie de reportajes sobre la esclavitud sexual infantil en Estados Unidos. La Asociación Mundial de Periódicos y Editores de Noticias (WAN-IFRA) le otorgó en 2012 el Premio Pluma de Oro de la Libertad. En 2014 obtuvo el premio Voz de los Sin Voz de la Casa Anunciación en El Paso, Texas; la Asociación de Periodistas de Países Bajos le otorgó el Hans Verploeg Memorial Fund y Reporteros sin Fronteras la incluyó en su lista de "100 héroes de la información". Fue seleccionada dos veces como fellow del Investigative Reporting Program de la Universidad de California en Berkeley para los periodos 2014–2015 y 2015–2016. Ha colaborado con *The Guardian*, *Le Monde*, *La Repubblica*, *La Stampa*, *Reforma*, *Proceso*, *Univisión* y *Telemundo*. Es autora de *La familia presidencial* (2005, en coautoría con Areli Quintero), *Fin de fiesta en Los Pinos* (2006), *Los cómplices del presidente* (2008), *Los señores del narco* (2010) y *México en llamas* (2012).

La verdadera noche de Iguala

La verdadera noche de Iguala

de Iguala

La historia que el gobierno quiso ocultar

ANABEL HERNÁNDEZ

VINTAGE ESPAÑOL
Una división de Penguin Random House LLC
Nueva York

PRIMERA EDICIÓN VINTAGE ESPAÑOL, FEBRERO 2017

Vintage Español ISBN en tapa blanda: 978-0-8041-7196-0

Para venta exclusiva en EE.UU., Canadá, Puerto Rico y Filipinas.

www.vintageespanol.com

Impreso en los Estados Unidos de América
10 9 8 7 6 5 4 3 2 1

*A todas las víctimas de esa interminable noche:
los que desaparecieron, los que sobrevivieron, los torturados
y los testigos que tuvieron el valor de hablar*

*A Roberto, cuya capacidad de enamorarse del destino
de los demás es una fuente de inspiración y esperanza*

Los quisieron enterrar, pero no sabían que eran semillas.

ANÓNIMO

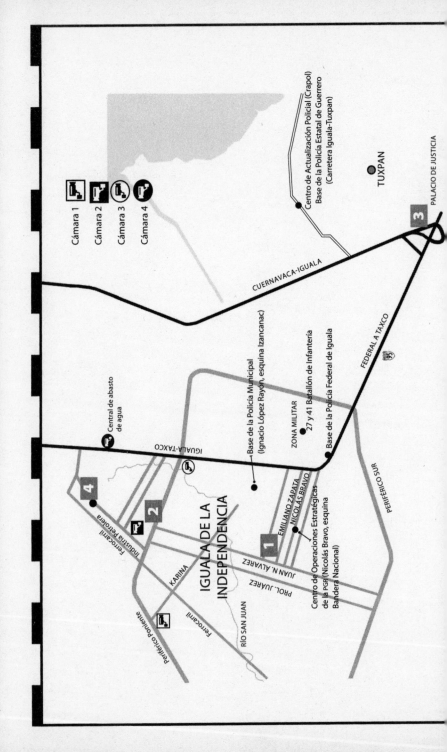

Cámara 1
Cámara 2
Cámara 3
Cámara 4

Centro de Actualización Policial (Crapol)
Base de la Policía Estatal de Guerrero
(Carretera Iguala-Tuxpan)

TUXPAN

PALACIO DE JUSTICIA

CUERNAVACA-IGUALA

FEDERAL A TAXCO

Central de abasto
de agua

Base de la Policía Municipal
(Ignacio López Rayón, esquina Izcananac)

ZONA MILITAR

27 y 41 Batallón de Infantería

Base de la Policía Federal de Iguala

IGUALA-TAXCO

PERIFÉRICO SUR

Ferrocarril Petrolera

Industria Petrolera

IGUALA DE LA
INDEPENDENCIA

KARINA

EMILIANO ZAPATA

NICOLÁS BRAVO

JUAN N. ÁLVAREZ

PROL. JUÁREZ

Centro de Operaciones Estratégicas
de la PGR (Nicolás Bravo, esquina
Bandera Nacional)

Ferrocarril

RÍO SAN JUAN

Periférico poniente

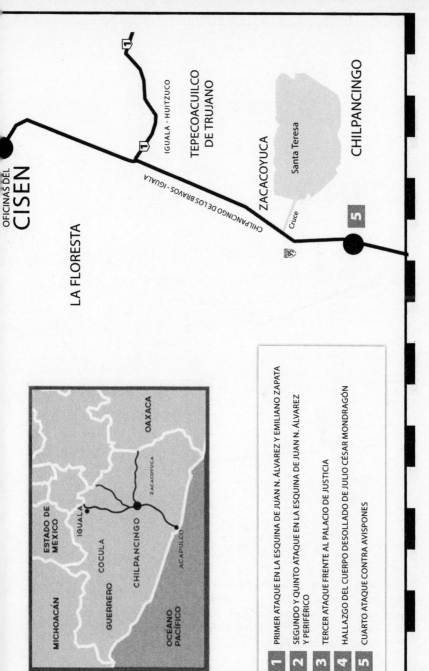

OFICINAS DEL
CISEN

LA FLORESTA

IGUALA - HUITZUCO

TEPECOACUILCO
DE TRUJANO

CHILPANCINGO DE LOS BRAVOS - IGUALA

ZACACOYUCA

Santa Teresa

Cruce

CHILPANCINGO

MICHOACÁN

ESTADO DE MÉXICO

GUERRERO

OAXACA

IGUALA

COCULA

CHILPANCINGO

ZACACOYUCA

ACAPULCO

OCÉANO PACÍFICO

1 PRIMER ATAQUE EN LA ESQUINA DE JUAN N. ÁLVAREZ Y EMILIANO ZAPATA

2 SEGUNDO Y QUINTO ATAQUE EN LA ESQUINA DE JUAN N. ÁLVAREZ Y PERIFÉRICO

3 TERCER ATAQUE FRENTE AL PALACIO DE JUSTICIA

4 HALLAZGO DEL CUERPO DESOLLADO DE JULIO CÉSAR MONDRAGÓN

5 CUARTO ATAQUE CONTRA AVISPONES

Los hechos que aquí se describen tienen un sustento documental que se consigna en el cuerpo del texto o como pie de página. La autora cuenta con copia o respaldo de las diversas declaraciones, entrevistas, declaraciones y expedientes. El lector las podrá consultar a detalle en una página web que se ha creado expresamente para acompañar este libro:

www.verdaderanochedeiguala.com

Índice

Presentación

Dicen que en el periodismo de investigación tú no escoges las historias, las historias te escogen a ti; llegan como una brasa ardiente que te cae en la palma de la mano, como una ráfaga que te golpea en la cara hasta que abres los ojos y te preguntas: ¿qué está pasando aquí? En este oficio es indispensable tener interés por el destino del otro.

La historia que dio origen a este libro llegó a mí el lunes 29 de septiembre de 2014 mientras tomaba un café en la Universidad de California, en Berkeley; acababa de llegar a la bahía de San Francisco, donde iniciaba una travesía para encontrar la forma de regresar a México, donde están mi hogar y mi vida, pero al mismo tiempo el lugar que me estaba matando poco a poco. Como ha ocurrido con decenas de periodistas mexicanos, el gobierno federal me forzó a marcharme tras permitir con negligencia que fueran en aumento las agresiones contra mí, contra mi familia y contra mis fuentes de información. Tras cuatro años de acoso, amenazas y atentados constantes, la noche del 21 de diciembre de 2013 se presentó la última llamada: 11 hombres armados, vestidos de civil y perfectamente organizados como un escuadrón, irrumpieron de manera violenta en mi domicilio. Primero se identificaron ante los vecinos como zetas y luego como policías federales, y a punta de pistola los obligaron a revelar dónde vivía. Varios integrantes del grupo, con equipos de radio, tomaron el control de la calle durante más de media hora, lapso en que desarmaron la enorme reja de metal del garaje y con la misma facilidad ingresaron en la propiedad. Yo estaba lejos de ahí con mi familia, pero es posible que la presencia externa de los escoltas les haya hecho creer que me encontraba en el lugar.

Lo anterior sucedió a pesar de que supuestamente estaba bajo el Mecanismo de protección a personas defensoras de derechos humanos y periodistas de la Secretaría de Gobernación. No robaron absolutamente nada, sólo se llevaron el disco duro donde se grababan las imágenes de las cámaras de seguridad instaladas inútilmente por la propia Secretaría de Gobernación. Los vecinos y un escolta colaboraron para que la Procuraduría General de la República (PGR) obtuviera los retratos hablados de los agresores; no obstante, hasta la fecha no hay ningún detenido.

No fue una decisión fácil dejar México. No aceptaría irme exiliada como algunos proponían; tampoco iba a quedarme encerrada en mi casa, sin familia, sin vida, sin periodismo. Llegué a la Universidad en Berkeley como *fellow* del Investigative Reporting Program (IRP) que conducían los periodistas Lowell Bergman y Tim McGirk: me aceptaron con una propuesta de investigación sobre las operaciones de un cártel mexicano en Estados Unidos. Sin embargo, mi proyecto dio un vuelco inesperado. La noche del 26 de septiembre de 2014 desaparecieron en Iguala, Guerrero, 43 estudiantes de la Escuela Normal Rural "Raúl Isidro Burgos"; se los había tragado la tierra y la búsqueda era infructuosa. Las imágenes de abandono eran descarnadas; los testimonios de sus padres y madres eran desgarradores.

La versión oficial de los terribles sucesos comenzó a articularse con rapidez y evidentes absurdos. El caso olía a una podredumbre que nos haría daño a todos; retrataba una nueva fase de descomposición en México y no era posible mantenerse indiferente. Sonaba extraño el deslinde casi inmediato del gobierno federal, que argumentaba no haberse enterado del ataque hasta varias horas después. ¿Por qué justificarse, si nadie los estaba acusando? ¿O sí? Por el tono del discurso gubernamental, parecía que Iguala era una tierra lejana y sin ley localizada en los confines de México, aunque en realidad es una ciudad que se localiza apenas a 191 kilómetros de la capital del país.

Instantáneamente el gobierno de Guerrero y el gobierno federal se concentraron en una sola línea de investigación donde confluían el grupo criminal Guerreros Unidos, el alcalde de origen perredista José Luis Abarca y su esposa, María de los Ángeles Pineda Villa. La pareja le venía como anillo al dedo a la confabulación por venir: ella era hermana de dos presuntos narcotraficantes, Alberto y Mario Pineda Villa, acusados de ser lugartenientes del cártel de los Beltrán Leyva y asesinados en 2009. Según la administración de Ángel Aguirre Rivero, la noche del 26 de septiembre el alcalde y su esposa habían ordenado a policías municipales de Iguala atacar cinco camiones donde viajaban los normalistas y otro más donde iban los jugadores del equipo de futbol Avispones —a quienes habrían confundido con los estudiantes— para defender "la plaza", perteneciente al grupo criminal Guerreros Unidos. El resultado eran seis personas muertas, entre ellas tres normalistas, más de 20 heridos y 43 estudiantes desaparecidos.

Entre el 3 y el 4 de octubre el gobierno de Guerrero, en colaboración con autoridades federales, detuvo a los primeros supuestos culpables; a continuación la fiscalía estatal declinó su competencia y la transfirió a la PGR. Fue Tomás Zerón de Lucio, director de la Agencia de Investigación Criminal, el responsable de conducir una pesquisa que desbordaba incoherencias desde el principio: los nombres de los asesinos confesos y las escenas de crimen fueron cambiando uno a uno, pero el eje de la versión oficial permaneció inamovible. Tanto el gobierno estatal como el federal tenían prescrito el final del caso: esa misma noche los 43 estudiantes habían sido quemados. No importaba quién fuera el nuevo asesino confeso, el final siempre era el mismo.

El 7 de noviembre el entonces procurador Jesús Murillo Karam y Zerón informaron que a partir de las declaraciones de presuntos integrantes de Guerreros Unidos que habían aprehendido, se desprendía que la noche del 26 de septiembre policías municipales de Iguala y Cocula entregaron a ese grupo criminal a los 43 estudiantes, a los que luego éstos habrían llevado al basurero de Cocula, donde los quemarían en una inmensa hoguera durante más de 15 horas. Más tarde, para reforzar su dicho, alegaron que elementos de la Marina habían encontrado en el río San Juan bolsas de plástico con restos óseos de los normalistas, en el punto donde uno de los "asesinos confesos" las habría arrojado. La PGR impuso esta trama como la "verdad histórica" y con ello dio por resuelto el crimen.

La versión oficial, impulsada desde la propia procuraduría, Gobernación y Los Pinos, pretendía ser arrolladora y no aceptaba ningún cuestionamiento, pero no se sustentaba en ninguna prueba pericial; ni siquiera las declaraciones de los confesos eran coherentes. Mientras tanto, la gran mayoría de los medios de comunicación nacionales e internacionales reproducían la avalancha de información que proveía el gobierno sin ninguna confirmación propia de los datos.

En octubre de 2014, cuando encontré los primeros indicios de que la PGR estaba dando información equívoca, me sumergí por completo en el caso con financiamiento del IRP y el apoyo de mi colega Steve Fisher, quien me ayudó en la parte técnica con el registro en video y la edición de varias de las entrevistas que hice para esta investigación. La historia que he podido reconstruir a lo largo de dos años de trabajo apunta a una verdad muy distinta.

El ataque contra los normalistas de Ayotzinapa ha significado para mí el mayor reto periodístico, no sólo por la complejidad del caso —el gobierno se ha encargado de echar piedras y lodo a los hechos, a la verdad, donde hubo que escarbar día y noche—, sino en un sentido humano, que al final es lo que más cuenta. Ésta es la indagatoria no sólo de una periodista sino de una ciudadana a la que expulsaron la violencia y la impunidad, y que decidió regresar a México justo por una historia de violencia e impunidad contra otros.

Los expedientes oficiales fueron la entrada en el laberinto de ese crimen, que provocó la mayor crisis política de los últimos años en México; las decenas de testimonios directos, videos, fotografías y audios que reuní han sido las herramientas para tratar de encontrar la salida.

En diciembre de 2014 publiqué en *Proceso* la primera parte de esta investigación en un reportaje titulado "La verdadera noche de Iguala, la historia no oficial": ahí descubrí la existencia del Centro de Control, Comando, Comunicaciones y Cómputo (C4) de Iguala, por medio del cual actuaban coordinadamente el Ejército, la Policía Federal, la policía estatal y ministerial de Guerrero y la Secretaría de Seguridad Pública y Protección Civil de Iguala. Por medio del C4 el gobierno supo en todo momento de la embestida contra los estudiantes y los monitoreó desde las seis de la tarde, tres horas antes de la primera agresión. En el mismo reportaje señalé que en los ataques estuvo presente la Policía Federal con el apoyo o la franca complicidad del Ejército; asimismo obtuve dictámenes médicos que probaban que los primeros detenidos del caso presentaban huellas de tortura.

La reacción de Jesús Murillo Karam fue virulenta y cuanto antes negó la existencia de documentos y testimonios que sí estaban en manos de su procuraduría. Preocupados por los resultados de mi investigación y ante el inminente inicio de los trabajos del Grupo Interdisciplinario de Expertos Independientes (GIEI) enviado por la Comisión Interamericana de Derechos Humanos (CIDH), la PGR hizo hasta lo imposible por darle carpetazo al caso.

El gobierno de Peña Nieto estaba desesperado. Con cada detención de los supuestos culpables aumentaron la violencia y las torturas contra ellos. Los perpetradores de los abusos se hallaban en todas las fuerzas de seguridad del Estado mexicano: Policía Federal Ministerial, Policía Federal, la Secretaría de la Defensa Nacional y la Secretaría de Marina. No se trató de abusos aislados por parte de algunos funcionarios retorcidos sino que fue un método del Estado para imponer su versión a como diera lugar.

A principios de 2015 un alto funcionario del gobierno federal me hizo la amable sugerencia de que dejara el caso y no investigara más: sin proporcionar ninguna prueba que sustentara su dicho, me aseguró que los estudiantes ya estaban muertos porque tenían vínculos con el narcotráfico. Seguí adelante con la investigación.

El 6 de septiembre de 2015 el GIEI dio a conocer su primer informe: llegaron a la misma información que revelé en el primer reportaje y en subsecuentes artículos no sólo porque tuvieron acceso a los mismos documentos, sino porque también hicieron su propia indagatoria de campo en Iguala.

Ante el descrédito internacional y la falta de credibilidad, después del primer aniversario de la masacre en 2015 la PGR decidió abrir una parte de los tomos del expediente pero censuró la información más valiosa, como nombres, teléfonos y direcciones de presuntos culpables o víctimas, datos indispensables para verificar la investigación oficial. No obstante, lo que realmente pasó esa noche no estaba en los archivos de la procuraduría sino en las calles de Iguala.

El primer día que llegué a la ciudad aún olía a terror; hubo que tocar muchas puertas, incluso más de una vez, para que los testigos vencieran su miedo y el recuerdo del dolor de otros les diera el valor para hablar.

En esta investigación el lector recorrerá el laberinto del caso, sus trampas, su oscuridad y su luz. Llegará a la calle Juan N. Álvarez, verá los casquillos y las sandalias tiradas en el suelo. Entrará en la Escuela Normal Rural "Raúl Isidro Burgos" y escuchará la intensidad de las voces de sus estudiantes, algunas veces llenas de valor y orgullo, otras de miedo y soledad. Recorrerá los sórdidos lugares donde se aplicaron torturas para fabricar culpables, así como las oficinas de altos funcionarios donde se pergeñó la mentira. Conocerá de viva voz los testimonios de aquellos que recibieron jugosas ofertas de dinero para que se culparan a sí mismos y a otros para cerrar el incómodo caso. Igualmente, vislumbrará en las voces de los testigos la desesperación de las víctimas durante las horas del exterminio, el coraje de los sobrevivientes y las lágrimas de los que fueron desaparecidos; el dolor de los vecinos que escucharon o miraron a través de las ventanas y que por temor no abrieron sus puertas cuando los jóvenes pidieron ayuda, así como la muestra de solidaridad de aquellos que pese al inminente peligro salvaron a estudiantes que luego pudieron relatar lo que pasó esa noche. Y descubrirá, nombre por nombre, a quienes participaron en los hechos y en la cadena de encubrimiento.

La infamia del 26 de septiembre de 2014 no terminó con el asesinato de seis personas y la desaparición de 43 estudiantes: esos hechos desencadenaron una espiral de crímenes y una red de complicidades para ocultar la verdad y proteger a los responsables. Después de dos años de investigación es difícil distinguir qué fase resulta más brutal que la otra.

Los hechos de Iguala nos obligan a reflexionar sobre el momento que vive México: retratan con crudeza la degradación de las instituciones que deberían procurar justicia y resguardarnos, y al mismo tiempo nos retratan como sociedad, mostrando cuáles son nuestros temores más profundos pero también nuestras esperanzas. En medio de la polarización y la soledad que se vive en un país como México, la gente ha comenzado a olvidar que el dolor que provoca la injusticia contra los otros debiera ser nuestro propio dolor, porque en cualquier instante el otro puede ser uno mismo.

1
Rojo amanecer

Son las 3:20 de la mañana del 27 de septiembre de 2014. A mitad de la calle Juan N. Álvarez, apenas a unas cuadras de la plaza principal de la ciudad de Iguala, Guerrero, la lluvia revuelta con sangre y coágulos corre en riachuelos por las grietas en el asfalto que se tragan el líquido rojo como monstruos insaciables. Ahí están tirados y mojados los cuerpos de Daniel Solís y Julio César Ramírez, quienes formaban parte del contingente de alumnos de la Escuela Normal Rural "Raúl Isidro Burgos" de Ayotzinapa que esa noche fue blanco de cinco ataques armados; yacen boca abajo en Juan N. Álvarez esquina con Periférico Norte como resultado del último atentado. El espejo de agua en el pavimento refleja sus rostros sin vida. Ahí quedó su último aliento.

Daniel tenía 18 años y era originario del puerto de Zihuatanejo, cursaba el primer año de su carrera de profesor; su cabeza, con la sombra de una barba y bigote a medio crecer en la cara, mira hacia el oriente. Viste una sudadera roja, pants azul marino y, como la mayoría de sus compañeros normalistas, huaraches de correa café. Por el lado derecho de su espalda entró la bala que lo atravesó por completo hasta salir por el lado izquierdo del tórax. Julio César, de 23 años, era vecino de Tixtla, su cara apunta al sureste; también era de nuevo ingreso. Lleva una sudadera verde, pantalón azul y zapatos negros. Un disparo a quemarropa le entró por el lado derecho de la cara y salió por la parte posterior del cuello, a la izquierda, pero su rostro quedó entero.

En la calle están regados los rastros de la cacería humana de hace unas horas. Cerca del local de una purificadora de agua quedó un par de huaraches con suela de llanta y correas de piel; adelante, una sandalia derecha de pata de gallo y suela de esponja negra y más lejos su par. Se ven pedazos de dedos de una mano dispersos y paredes y banquetas salpicadas de sangre. Por toda la calle hay decenas de cartuchos percutidos, la mayoría calibre .223 y 7.62, pero otros quedaron amontonados en lugares casi imperceptibles en la oscuridad.

En medio del arroyo vehicular están varados tres autobuses, en los que hace unas horas viajaban cerca de 60 normalistas de Ayotzinapa. Las gotas de lluvia golpean la lámina y se escurren una tras otra por los orificios de bala que dejaron los vehículos como coladeras: toda la noche llovió ahí y en los alrededores. El camión de adelante es un Costa Line con placa de circulación 894 HS, número económico 2012, con una ventana rota por los disparos. El de en medio es otro Costa Line, matrícula 227 HY 9, número económico 2510, con el medallón trasero estrellado; fue el que sufrió menos daño. El tercer autobús es un Estrella de Oro blanco con franjas verdes, número económico 1568.

En las fotografías que algunos sobrevivientes tomaron con sus teléfonos y aportaron a esta investigación se aprecian bastantes detalles. Los agujeros por todos lados muestran que el Estrella de Oro 1568 fue el blanco principal de los atacantes, las balas penetraron al nivel de las ventanillas y las llantas fueron reventadas para detenerlo a como diera lugar; tiene por dentro un reguero de sangre cerca del asiento del chofer, en el pasillo y sobre algunos asientos.

Cuando los agentes de la Fiscalía General de Guerrero llegan a la calle Juan N. Álvarez, la escena del crimen ya está acordonada por elementos del 27 Batallón de Infantería bajo el mando del capitán José Martínez Crespo, y por la policía ministerial estatal. La diligencia corre a cargo de José Manuel Cuenca Salmerón, un agente del Ministerio Público del fuero común perteneciente al Distrito Judicial de Hidalgo, titulado en derecho. Lo acompañan Luis Rivera, perito en criminalística de campo, y María Guadalupe Moctezuma, perito en materia química forense.

Para Cuenca Salmerón eso de ir a investigar ejecuciones en Iguala ya era común desde hacía años, mucho antes de que el empresario joyero José Luis Abarca fuera electo presidente municipal. En 2010, por ejemplo, le tocó levantar en la zona industrial de la ciudad un acta relacionada con el cuerpo de un hombre golpeado, apuñalado y con las manos cercenadas. Junto al cadáver había un mensaje: "Querida gente de Iguala, no hagan lo mismo que yo, esto me pasó por andar haciendo denuncias anónimas y lo peor de todo es que los mismos militares me entregaron". El de Daniel es el tercer cadáver que inspecciona esa noche; el de Julio César el cuarto. Se acumularán más en las siguientes horas. La lluvia no facilita su labor.

Los tomos de la averiguación previa abierta por la Fiscalía, que hasta ahora la pgr mantiene bajo sigilo, contienen las cuatro hojas de esa acta. En una acción mecánica, el agente del Ministerio empieza a contar los indicios en la escena del crimen y los va marcando con números. El "indicio 1" es una camioneta Nissan Urvan con las ventanillas laterales rotas y el piso ensangrentado cerca de una puerta lateral. El "indicio 2" se trata de un Chevy color arena con placas MBC 9797 del Estado de México. Como "indicio 3" marca una moto Yamaha placas F4808W. El "indicio 4" es el cuerpo de Daniel Solís. Como "indicio 5" aparecen dos casquillos dorados calibre .223. El "indicio 6" es el cuerpo de Julio César Ramírez. El "indicio 7" corresponde a cinco casquillos .223 y se registra otro grupo de diez del mismo calibre como "indicio 8". El primer autobús Costa Line recibe la marca de "indicio 9", el segundo vehículo es el "indicio 10" y el número "11" es el Estrella de Oro.

Como "indicio 11-a" se enlista la sangre regada en el autobús; se supone que levantan muestras de la misma para analizarla y averiguar a quién pertenece. Como "indicio 11-b" se consigna un grupo de piedras de diferentes tamaños dentro del autobús. El "indicio 12" se anota como un vehículo Volkswagen Pointer con placas de circulación HBR 3525. El "indicio 13" son cuatro casquillos .223. Al lago de sangre de un metro por 80 centímetros que las grietas se tragan parcialmente y otros tres casquillos calibre .223 se designan como "indicio 14". Los indicios "15" y "16" son más grupos de casquillos dorados .223. Como "indicio 17" fue marcado el último hallazgo: una camioneta Ford Explorer roja, placas HER 8831, que presenta disparos por la parte trasera.

Sin embargo, continúa: el "indicio 7" corresponde a cinco casquillos .223 y se registra otro grupo de 10 del mismo calibre como "indicio 8". El primer autobús Costa Line recibe la marca de "indicio 9", el segundo es el "indicio 10" y el número "11" corresponde al Estrella de Oro.

En otro error, como otro "indicio 11" se enlista la sangre regada en el autobús y se supone que levantan muestras de la misma para analizarla y averiguar a quién pertenece. Pero al repasar el documento surge la pregunta: si ni siquiera se numeraron correctamente las pruebas, ¿cómo se integrará la cadena de custodia a fin de asegurar que esos primeros datos fundamentales no se pierdan en el procedimiento? Son errores tan elementales que desde el primer momento de esta investigación periodística me parecieron intencionales.

Dentro del autobús Estrella de Oro, Cuenca Salmerón encuentra piedras de distintos tamaños; de momento no comprende qué implican, así que para él no merecen ni papelito ni número. Como "indicio 12" registra un vehículo Volkswagen Pointer con placas de circulación HBR 3525. El "indicio 13" son cuatro casquillos .223. Al lago de sangre de 80 centímetros por un metro que las grietas se tragan parcialmente y otros tres casquillos calibre .223 el agente del Ministerio los señala como "indicio 14". Los indicios "15" y "16" son más grupos de casquillos .223. Como "indicio 17" fue marcado el último hallazgo: una camioneta Ford Explorer roja, placas HER 8831, que presenta disparos por la parte trasera.

El perito Luis Rivera Beltrán toma fotos y levanta las pruebas que se pueden transportar, mientras que la química Moctezuma Díaz levanta muestras de sangre de la camioneta Urvan, del camión Estrella de Oro y del charco de sangre en la calle. Ninguno registró el montón de 50 casquillos que los normalistas colocaron en la base de un poste de electricidad antes del tercer ataque; tampoco ven las sandalias ni los fragmentos de dedos.

Al considerar terminada su labor por esa noche, Cuenca Salmerón asienta en su acta de cuatro hojas que ordena a la empresa Grúas Mejía Meta llevarse en custodia los vehículos marcados como indicios. Pero la compañía de grúas no lo hizo sino varias horas después, sin que conste ninguna explicación de ello.

Cuando los funcionarios de la Fiscalía se van del lugar, nadie se queda para cuidar la escena del crimen. La lluvia terminó. Conforme va saliendo el sol, vecinos y curiosos llegan al lugar: la escena del crimen les da escalofríos, es evidente que ahí ocurrió una masacre. Algunos dicen que escucharon gritos y disparos en la noche, otros vieron unos instantes desde sus ventanas pero les dio miedo y se ocultaron. No entienden lo que realmente pasó hasta que ven las huellas del ataque a la luz del día.

"En la calle había decenas de casquillos. El tercer camión estaba todo balaceado. Los disparos eran de afuera hacia adentro, eso se notaba por la forma en que estaba doblada la lámina por donde entró la bala. Todo estaba lleno de sangre", recordaría después con horror una señora que se asomó al vehículo, quien por razones de seguridad pidió no dar su nombre: "El volante estaba lleno de sangre; en el suelo, también lleno de sangre, cuajos; y la pared de uno de mis vecinos también estaba embarrada de sangre".

Ella no tenía forma de saberlo, pero de los 20 ocupantes del autobús Estrella de Oro 1568 que describe, sobrevivieron únicamente el chofer y un estudiante. Los demás fueron desaparecidos.

Los trabajos del primer agente del Ministerio Público y sus acompañantes en la calle Juan N. Álvarez fueron tan ineficientes que a las ocho de la mañana la Fiscalía envió al perito Martín Cantú López a realizar una nueva inspección. Cantú encontró más casquillos calibre .223 y 7.62, un pedazo de dedo, los huaraches sin dueño y otro vehículo Jetta que quedó abandonado en una calle perpendicular a Juan N. Álvarez y presentaba disparos en la carrocería, vidrios y toldo.

En la nueva revisión, Cantú López no tomó muestras de la sangre salpicada en la pared cercana a un taller de carpintería, donde algunos normalistas fueron acostados en el suelo y sometidos. Con dichas muestras se sabría al menos quiénes fueron trasladados desde allí. Tampoco ese perito encontró los demás pedazos de dedos y otros casquillos que los vecinos sí vieron e incluso algunos fotografiaron.

Los tres autobuses fueron remolcados por Grúas Mejía Meta hasta las 11 de la mañana de ese 27 de septiembre. A esa hora, con el permiso de las autoridades estatales, los vecinos de la calle Juan N. Álvarez comienzan a lavar la calle ensangrentada. Una persona recoge un pedazo de dedo y lo sepulta; los gritos y el llanto de las víctimas aún retumban en su cabeza. Otro vecino, con la mirada baja, le echa una cubeta de agua a su pared y a la banqueta para lavar la sangre. Todavía le parece oír el ruido de la metralla. Antes de barrer decenas de casquillos desperdigados, una señora preguntó a las autoridades que aún andaban por ahí si ya podía limpiar y con desidia le dijeron que sí.

LAS HORAS DE LA MASACRE

La noche del 26 de septiembre de 2014 los normalistas de la Escuela Normal Rural "Raúl Isidro Burgos" de Ayotzinapa fueron atacados cinco veces durante cuatro horas consecutivas en la ciudad de Iguala, ubicada a tres horas de la Ciudad de México y a sólo una de Chilpancingo, la capital del estado de Guerrero. Ese día los jóvenes habían ido a Iguala para secuestrar autobuses a fin de trasladarse a la jornada de protesta por la masacre del 2 de octubre de 1968, que se lleva a cabo cada año en la Ciudad de México en esa misma fecha.

El primer embate armado contra los normalistas fue perpetrado cerca de las 21:30 en la esquina de Juan N. Álvarez y Emiliano Zapata, a una cuadra de la plaza principal de Iguala. Este hecho nunca fue registrado en los expedientes de la Fiscalía ni de la PGR; no hubo heridos ni muertos.

El siguiente fue entre las 21:30 y las 23:00 en la esquina de Juan N. Álvarez y Periférico Norte, donde tres estudiantes resultaron heridos de bala.

A varios kilómetros de ahí, en la carretera federal Iguala-Mezcala, a la altura del Palacio de Justicia, ocurrió un tercer ataque contra dos autobuses llenos de estudiantes: el Estrella de Oro número económico 1531 y el Estrella Roja 3278. A las 23:40, varios kilómetros más adelante sobre la misma autopista, fue baleado un camión donde viajaba el equipo amateur de futbol Avispones: para su mala suerte, el autobús propiedad de la empresa Castro Tours era blanco con franjas verdes y se asemejaba a los Estrella de Oro en que viajaban los normalistas; al ser confundidos con los estudiantes, los pistoleros les tiraron a matar. Fue el cuarto ataque de la noche. El quinto atentado llegó después de la medianoche, de nuevo en la esquina de Juan N. Álvarez y Periférico Norte. Ahí mataron a Daniel Solís y Julio César Ramírez.

En total, esa oleada de ataques armados provocó la muerte de seis personas: los normalistas Daniel Solís, Julio César Ramírez y Julio César Mondragón, éste de 21 años; la señora Blanca Montiel, de 40; el jugador de Avispones David Josué García, de 15; y el chofer del camión en que viajaba este equipo, Víctor Manuel Lugo, de 50 años.

De los 24 heridos por arma de fuego, siete fueron estudiantes. Aldo Gutiérrez recibió un disparo en la cabeza que desde entonces lo mantiene en estado de coma. A Fernando Marín un tiro le destrozó el antebrazo izquierdo y casi perdió la mano. Edgar Andrés Vargas recibió un balazo en la boca. A Jonathan Maldonado una ráfaga le voló cuatro dedos de la mano izquierda.

El colofón de la barbarie en esa noche infernal fue la desaparición de 43 normalistas de entre 17 y 21 años; todos eran de nuevo ingreso excepto Bernardo Flores Alcaraz, quien lideraba al grupo de estudiantes para tomar los autobuses.

Ninguna corporación policiaca intervino para impedir los ataques ni la desaparición de los jóvenes, aunque todos los niveles de gobierno tienen centros de operaciones de seguridad pública. La policía municipal de Iguala tiene una pequeña base rodeada de casas particulares y vecindades en la calle Rayón en el centro de Iguala; la policía estatal tiene su Centro Regional de Adiestramiento Policial en el kilómetro 1.5 de la carretera Iguala-Tuxpan: son instalaciones amplias, apartadas y aisladas de la zona urbana. La PGR tiene su Centro de Operaciones Estratégicas en la calle Nicolás Bravo sin número, casi esquina con Bandera Nacional, en la colonia Centro. A su vez, la Policía Federal tiene su comandancia sobre la carretera 95, en el tramo Iguala-Mezcala, y la Secretaría de la Defensa Nacional (Sedena) cuenta con un campo militar que ocupa al menos ocho manzanas en Periférico Oriente sin número, que es la sede de los batallones de infantería 27 y 41.

Todas estas bases con efectivos policiacos y militares se encuentran en el radio en que ocurrieron los ataques del 26 de septiembre y tienen actividad y vigilancia las 24 horas de los 365 días del año; sin embargo, ninguna reaccionó a las intensas balaceras en sus cercanías. Además, estaba activo un mecanismo de vigilancia que fue pieza clave en lo que ocurrió esa noche: el Centro de Control, Comando, Comunicaciones y Cómputo, llamado C4. Se trata de centros de coordinación policiaca y militar que comenzaron a funcionar en 1995, durante el sexenio de Ernesto Zedillo, cuando se emitió la primera ley general que establece las bases de coordinación del Sistema Nacional de Seguridad Pública (SNSP). Dicha ley ordenaba que en los estados, municipios y la Ciudad de México —entonces denominada Distrito Federal— se creara un servicio de comunicación que recibiera los reportes de la comunidad relacionados con accidentes, faltas y delitos. Así nació el sistema telefónico nacional de emergencia 066.

El propósito de la creación del C4 es que autoridades municipales, estatales y federales actuaran de manera más coordinada contra la delincuencia, compartiendo información a través de la central telefónica del 066, con lo cual su respuesta a las llamadas de emergencia debería ser más rápida y eficaz. En su portal de internet, la Secretaría de Gobernación indica que ese mecanismo "es un desarrollo tecnológico de interconexión y telecomunicaciones para correlacionar todas las redes de las dependencias afines a la seguridad pública, impulsando un proceso de actualización de la red nacional de telecomunicaciones y evolucionando el concepto de cómputo, comunicaciones, control y mando (C4), para escalarlo a nodos de interconexión de telecomunicaciones (NIT)".

A través de los C4 que se encuentran en las principales ciudades del país se monitorean reportes policiacos, se controlan cámaras de seguridad colocadas de forma estratégica y se atienden llamadas de emergencia a través de una central telefónica conectada a la Red Nacional de Telecomunicaciones y al Sistema Nacional de Información, ambos de la Secretaría de Gobernación. En principio, se atienden desde urgencias médicas, rescates, accidentes vehiculares y asaltos, hasta incendios, disturbios y balaceras.

Los C4 forman parte del SNSP, el cual desde diciembre de 2012 depende del Consejo Nacional de Seguridad, y cuentan con cámaras monitoreadas por personal federal, estatal y municipal. Se trata de puntos neurálgicos para la seguridad pública en cada estado y la capital del país. Su administración está a cargo de los gobiernos estatales, pero económica y operativamente dependen en gran medida del gobierno federal, que recibe información de las emergencias en tiempo real.

En julio de 2013 el gobernador guerrerense, Ángel Aguirre Rivero, se reunió con los secretarios federales de Gobernación, Miguel Ángel Osorio Chong; de Hacienda y Crédito Público, Luis Videgaray Caso; y de Economía, Ildefonso Guajardo Villarreal. Después del encuentro se anunció que Osorio Chong se había comprometido a construir módulos de seguridad C4 en Chilpancingo, Iguala, Ciudad Altamirano y Taxco, además de aumentar el número de cámaras de vigilancia.

En las instalaciones del C4 de Iguala operan agentes de la policía guerrerense, de la policía municipal, personal de Protección Civil y militares: toda la información que ahí se recibe llega en tiempo real a la base de la Policía Federal y a las oficinas de la PGR que se encuentran en la misma ciudad. De hecho, en ese centro de operaciones se realizan reuniones periódicas con representantes de todas esas corporaciones para evaluar su trabajo y capacidad de reacción ante las emergencias reportadas a través del 066, como lo confirman fotografías de esos encuentros.

Esto implica que la noche del 26 de septiembre de 2014 todas las instancias de gobierno en materia de seguridad pública que integran el C4 conocieron en tiempo real la violencia que estallaba en las calles.

LOS PRIMEROS REPORTES

A las 23:00 del 26 de septiembre la agencia del Ministerio Público del fuero común de la Fiscalía General del Estado correspondiente al Distrito Judicial de Hidalgo, en Iguala, recibió una llamada telefónica de Jacobo Ruiz Moreno, médico de guardia del Hospital General de la ciudad, para reportar el ingreso de tres hombres, dos de ellos heridos de bala: uno dijo llamarse Daniel Martínez y el otro Erick Santiago López, el tercero no pudo dar sus datos generales por su estado de gravedad. Esa llamada obligó a la Fiscalía a abrir por oficio la averiguación previa HID/SC/02/0993/2014, dentro de la cual se realizaron las primeras diligencias e investigaciones de los hechos.

Fue el mismo agente del Ministerio Público Cuenca Salmerón quien giró oficios al director general de Control de Averiguaciones Previas en Chilpancingo y al coordinador de la policía ministerial de la zona norte para que iniciaran la investigación de los hechos denunciados por el doctor Ruiz Moreno. El responsable de esas dos áreas era el subprocurador de Control Regional y Procedimientos Penales, Víctor León Maldonado.

Según la hoja de apertura de la averiguación, que forma parte del expediente HID/SC/02/0993/2014, se solicitó a esas autoridades que acudieran de inmediato al Hospital General "Dr. Jorge Soberón Acevedo" a recabar los datos de las víctimas e investigar los acontecimientos de violencia en los que resultaron heridas. Ninguna de las autoridades mencionadas hizo nada, ni siquiera fueron al nosocomio.

Fue hasta las 0:04 que el personal de la Fiscalía hizo las primeras actuaciones, pues el C4 de Iguala informó a esa dependencia que sobre la carretera federal México-Acapulco, en el tramo Iguala-Mezcala y exactamente bajo el puente ubicado frente al Palacio de Justicia, estaba "abandonado" un camión Estrella de Oro que mostraba daños por disparos de arma de fuego; quien acudió allá fue Cuenca Salmerón. Con la alerta enviada por el C4, se trasladó al Palacio de Justicia y llegó a las 0:20. Había comenzado a llover. Esa jornada de trabajo sería muy larga: apenas iba a la escena del tercer ataque, le faltaba recorrer los lugares de la segunda, cuarta y quinta agresiones armadas. A la primera escena no acudió.

Lo acompañaban el perito Luis Rivera Beltrán y policías ministeriales de Guerrero bajo las órdenes de Javier Bello Orbe. Casi frente a las oficinas del Poder Judicial, cerca del letrero "Regresa pronto, Iguala te espera", vieron el camión de pasajeros blanco con rayas verdes de la empresa Estrella de Oro, marcado con el número económico 1531: las llantas delanteras habían sido ponchadas, la portezuela estaba abierta y tenía el cristal roto, igual que dos ventanillas de ambos costados.

Al subir al autobús observaron piedras de diferentes tamaños en los escalones, cerca del asiento del conductor y el pasillo; aún se percibían restos de gas lacrimógeno. A unos cinco metros había prendas de vestir amontonadas: al separarlas encontraron tres camisetas blancas con rastros de sangre, cuatro playeras negras y una deportiva que tenía en la espalda el nombre del equipo inglés de futbol Arsenal, además de un suéter gris y un pañuelo rojo decolorado, según indica el acta de las 0:20 del 27 de septiembre, también en el expediente HID/SC/02/0993/2014. Los expedientes de las averiguaciones previas y judiciales del caso muestran que el agente del Ministerio y el perito afirmaron en su acta que la ropa fue recogida y empacada como prueba, pero ni la Fiscalía ni la PGR, que después atrajo la investigación, mencionan peritajes relacionados con esas prendas.

El 21 de diciembre de 2014 la revista *Proceso* publicó el reportaje de esta autora en el cual se difundió por primera vez la existencia de esa ropa. Hasta el 6 de septiembre del año siguiente el Grupo Interdisciplinario de Expertos Independientes (GIEI) enviado por la Comisión Interamericana de Derechos Humanos (CIDH) se refirió de nuevo a dicha prueba en su reporte "Informe Ayotzinapa. Investigación y primeras conclusiones de las desapariciones y homicidios de los estudiantes de Ayotzinapa", confirmando que las prendas nunca fueron sujetas a análisis ni a peritajes.

En ese camión viajaban cerca de 20 normalistas que esa noche fueron desaparecidos; sólo sobrevivió el chofer. Según esa acta, el camión quedó en manos del coordinador de la policía ministerial en Iguala, corporación que depende del gobierno estatal. Pero otros documentos y testimonios revelan que no queda claro en manos de quién quedó dicho camión. Durante varias horas no fue puesto a disposición del Ministerio Público pese a haber sido una escena del crimen.

Casi inmediatamente después de que el agente del Ministerio firmara el acta sobre las prendas de vestir, la oficina de Cuenca Salmerón recibió otra llamada del C4 para reportar que sobre la autopista Iguala-Chilpancingo, a la altura del cruce con Santa Teresa, había dos personas muertas por herida de bala, un hombre y una mujer.

Según el acta de la 1:20, que forma parte del expediente HID/SC/02/0993/2014, llegaron a ese lugar el mencionado agente del Ministerio, el perito Rivera Beltrán y personal del Servicio Médico Forense. Bajo la lluvia, encontraron los cuerpos de las dos personas baleadas durante el cuarto ataque armado, cuyo blanco —erróneo— fue el camión de pasajeros donde viajaba el equipo de futbol Avispones, integrado por muchachos de edades similares a las de los estudiantes de Ayotzinapa.

Ya estaban ahí los policías federales, pues el tramo carretero Iguala-Mezcala es de su jurisdicción, su territorio; también había un escuadrón del 27 Batallón de Infantería, pero eso no fue incluido en el acta del Ministerio por razones desconocidas. Curiosamente, ninguno había prestado auxilio a las víctimas.

Sobre la carretera, en el sentido de Chilpancingo a Iguala, quedó el taxi número económico 0972 con varios impactos de bala. A dos metros de él quedó tendida en la calle una mujer, Blanca Montiel, de 40 años: encontraron su cuerpo boca abajo sobre el asfalto mojado. Vestía una blusa a rayas blancas y negras, pantalón gris y zapatos negros. Iba en el vehículo con su esposo; cuando se desató la balacera intentaron huir. El hombre consiguió abrir la puerta, saltar y escapar, pero ella recibió tres disparos: en la quijada, en una mano y en el tórax.

Luego de que el equipo forense tomó las fotos procedimentales, Cuenca Salmerón ordenó recoger el cuerpo. Sólo hasta ese momento la Policía Federal informó al Ministerio que había otros muertos y heridos: unos 50 metros más adelante vieron otro taxi, un Tsuru, también baleado, y más allá, en un área de 50 por nueve metros, había 71 casquillos dispersos; tras registrarlos fotográficamente, los recogieron como evidencia. Para entonces la lluvia se había convertido en tormenta y el viento era fuerte.

A la entrada del pueblo de Santa Teresa quedó semivolcado en la cuneta el autobús de la empresa Castro Tours, placas 345 RK; era blanco con franjas verdes, similar a los tomados por los normalistas atacados. Ya estaban ahí los elementos de la Policía Federal —los primeros en llegar—, incluido el jefe de la estación de Iguala, Luis Antonio Dorantes Macías.

En el interior del camión de pasajeros Cuenca Salmerón encontró el cuerpo de un adolescente de 15 años: su nombre era David Josué García. Quedó sentado, con la cabeza apoyada en el costado derecho del vehículo. Vestía una camiseta azul con rayas blancas, de manga corta, y un pantalón de mezclilla azul claro. Recibió un disparo en el tórax y otro en una pierna, además de que presentaba múltiples heridas provocadas por los vidrios que volaron durante el tiroteo.

A las 2:40, mientras en la agencia del Ministerio Público rendían sus declaraciones los jugadores de Avispones, el doctor Ruiz Moreno, del Hospital General de Iguala, volvió a comunicarse para informar que habían llegado más heridos de bala, en esa ocasión al menos 11, entre ellos una mujer. Eran las víctimas de un nuevo ataque, cometido frente a las narices de todas las autoridades desplegadas por la ciudad y sus inmediaciones.

Sólo entonces la Fiscalía envió al agente auxiliar del Ministerio José García al nosocomio para que investigara los hechos. La dependencia dejó pasar horas valiosas: cuando García llegó a la sala de urgencias, los heridos ya estaban recibiendo suero en camillas o en sillas.

LA DESGRACIA DE LOS AVISPONES

Esa noche el equipo de futbol Avispones, de la tercera división, se impuso tres goles a uno sobre la selección de Iguala. El partido se realizó en el campo número uno de la unidad deportiva de la ciudad; se encargaron de la seguridad en el encuentro los policías municipales Hugo Hernández Arias, Zulaid Marino Rodríguez, Josefina López Cornelio y Lucia Verónica Núñez Núñez, quienes al final reportaron saldo blanco.

La manera en que su ánimo triunfal se transformó en horror puede reconstruirse con base en las declaraciones de los 22 jugadores y su director técnico, Pablo Rentería, ante la fiscalía estatal en la madrugada del 27 de septiembre: la autenticidad de esos datos se confirmó en entrevistas con algunos de los jóvenes, sus técnicos y familiares.

Facundo Serrano, integrante del cuerpo técnico, relató que a las 22:30, ya bañados y cambiados, los jugadores de Avispones querían pasar a cenar a Iguala pero Rentería dijo que no, pues había escuchado rumores sobre una balacera en el centro de la ciudad y por eso debían irse directamente a Chilpancingo; abordaron el camión y pusieron una película, las ventanillas iban cerradas y las luces interiores apagadas. En el hospital, los testigos le dijeron a José García, auxiliar del Ministerio, que en efecto tomaron la carretera Iguala-Chilpancingo.

Cuando ya iban saliendo de la ciudad, aproximadamente a las 23:00, recibieron información de que la carretera estaba tomada por ayotzinapos —así los llaman de forma despectiva—. Félix Pérez, médico del equipo, dijo que al pasar cerca del Palacio de Justicia vieron un autobús Estrella de Oro (el 1531) con los vidrios rotos; el chofer, Víctor Manuel Lugo, disminuyó la velocidad pero después continuó su trayecto y logró pasar, testificó el doctor Pérez ante el Ministerio Público.

Sin embargo, ningún integrante de Avispones quiso declarar lo que vieron a la altura del Palacio de Justicia además del camión con los vidrios rotos; se quedaron callados por miedo o bajo amenazas. Fue un año y cinco meses después, en marzo de 2016, cuando los ocupantes del camión de Castro Tours señalaron que al pasar por ese sitio, junto al autobús acribillado donde iban los normalistas, observaron que la Policía Federal había montado un retén.

Los familiares de los jugadores viajaban aparte en sus autos particulares. Algunos de ellos indicaron, en esta última fecha, que los federales dejaron pasar a toda clase de vehículos y camiones pero detuvieron precisamente el autobús donde viajaba el equipo de futbol, blanco con franjas verdes, similar a los que estaban usando los normalistas de Ayotzinapa y fácil de confundir con estos en la noche; finalmente lo dejaron pasar, sólo para que metros adelante recibiera una lluvia de balas.

Luis Enrique Romero, de 19 años, estaba semirrecostado en el penúltimo asiento, con la cabeza recargada en la ventana y los pies hacia el pasillo; escuchaba música con sus audífonos cuando, súbitamente, vio los rostros aterrorizados de sus compañeros: como ellos se arrojaron al piso, hizo lo mismo. Por un momento se quitó los audífonos, pero al oír las detonaciones volvió a ponérselos, abrazó sus piernas y cerró los ojos con fuerza.

El doctor Pérez narró que a las 23:40 vio que a la altura del cruce con Santa Teresa había personas bloqueando la carretera y creyó que eran ayotzinapos: el chofer le pidió que les dijera a los muchachos que se calmaran y no hicieran escándalo. El doctor se paró en el pasillo para hacerlo, pero se escucharon ráfagas de disparos que se estrellaban y hacían estallar los vidrios de las ventanillas.

Aureliano García, el taxista sobreviviente al ataque donde murió la señora Blanca Montiel, recibió un disparo en el tobillo. Declaró que al circular por la escena de la agresión armada unos sujetos le dispararon desde ambos lados de la carretera: consiguió salir del taxi y se ocultó para después arrastrarse nuevamente a la carretera, donde pasó un taxista que lo llevó al hospital.

En el autobús de Castro Tours era el infierno; ante las ráfagas, jugadores y cuerpo técnico se arrojaron instintivamente al pasillo o se escondieron bajo los asientos. Jorge León, preparador físico, vio a hombres armados tirando: "¡No disparen, no disparen! —gritaba desesperado—. ¡Somos un equipo de futbol!"

Los primeros balazos hirieron al chofer, Víctor Manuel Lugo, en la cabeza; el camión quedó fuera de control y se fue a la cuneta. El costado derecho, donde está la portezuela, quedó volcado sobre un talud de tierra. Les dispararon otra ráfaga.

—¡Bájense, hijos de la verga! —gritaba uno de los agresores.

—No podemos abrir, la puerta está atorada —gritó el director técnico.

Alan Osvaldo Castañón, de 15 años, pensó que iba a morir: "Sentí mucho miedo. Lo que hice fue taparme los oídos y ponerme a rezar". Paco, amigo de Luis Enrique Romero, se acercó a él y puso su cabeza en sus piernas.

—¡Salgan! —ordenaron los atacantes e intentaron abrir ellos mismos. Volvieron a amenazarlos y dispararon otra vez.

—¡Me dieron en un ojo! —gritó Rentería.

De la misma forma súbita en que abrieron fuego, los agresores se retiraron. Entonces el doctor Félix Pérez intentó salvar a los jugadores, en un acto heroico los sacó por las ventanillas y los escondió entre las milpas, que ya estaban crecidas; había muchos heridos por los disparos, rozones y los vidrios rotos. Al final pudo sacar a Rentería, quien también recibió disparos en el estómago, y al chofer, pero éste quedó malherido y falleció en el Hospital General a las cuatro de la madrugada sin que su familia pudiera verlo vivo por última vez. "Después de haber sacado a los dos heridos regresé al autobús y encontré a un muchacho malherido, el cual estaba agonizando. Vi que tenía varios disparos, toqué su pulso y estaba muy débil. En mi desesperación quise tapar sus heridas, pero con ello más se ahogaba y desafortunadamente ahí falleció", dijo el doctor Pérez en su declaración ministerial rendida el 27 de septiembre ante la Fiscalía General del Estado. Los jugadores, aterrorizados, permanecieron ocultos en el campo, con la esperanza de que sus agresores no retornaran.

Los primeros en llegar a la escena de ese ataque fueron los elementos de la Policía Federal con base en Iguala. Los sobrevivientes del tiroteo coinciden en que estaba presente su comandante, Luis Antonio Dorantes Macías; sin embargo, en vez de llamar ambulancias para socorrer a los heridos, intimidaron a todas las víctimas y tomaron el control del lugar, después arribaron funcionarios de la Fiscalía y más tarde los militares.

La actuación de la Fiscalía en la toma de declaraciones de los Avispones fue deficiente. En la revisión de los documentos, se detectó que al menos cinco de los testimonios recabados en el Hospital General son idénticos, lo que significa que fueron copiados y únicamente se cambió el nombre del declarante.

Ningún miembro de Avispones entendía lo ocurrido, habían terminado bien el partido y no tuvieron ningún incidente. ¿Por qué los atacaron? ¿Por qué a ellos?

En la presente investigación periodística se buscaron los factores que pudieron haber generado la confusión de los jugadores con los normalistas que en realidad eran el blanco de los tiroteos. Los testimonios de los jugadores y sus acompañantes indican que las ventanillas iban cerradas; de hecho, por eso no lograron identificar a los atacantes.

¿Cómo pudieron confundir el camión de Castro Tours, donde iban los Avispones, con aquellos tomados por los normalistas? El de los jugadores tenía una semejanza con los dos Estrella de Oro (números económicos 1568 y 1531) en los cuales se concentraron los principales ataques: todos los jóvenes que viajaban en éstos fueron bajados y desaparecidos, a excepción de uno que fue llevado al hospital. Los tres vehículos de pasajeros eran blancos y tenían franjas verdes, ésa es la explicación más lógica de que la Policía Federal detuviera el camión de los Avispones y no otros. Los autobuses Costa Line, que fueron objeto de agresiones menores, eran de color arena con franjas azules, y el Estrella Roja que los normalistas tomaron esa noche de la central de autobuses de Iguala, el cual no recibió disparos al ser detenido, tenía franjas azules y rojas.

Inexplicablemente, en el Hospital General se dio prioridad en todo momento a los jóvenes futbolistas heridos sobre los normalistas que estaban ahí desde antes, también baleados.

Uno de los últimos heridos interrogados esa madrugada fue el normalista Fernando Marín, quien ingresó aterrorizado al nosocomio, temiendo por su vida, y por eso dio el nombre falso de Erick Santiago López. Había perdido mucha sangre y sólo alcanzó a relatar que después de llevarse unos autobuses de la estación de Iguala, mientras circulaba en uno de ellos con cerca de 24 compañeros, la policía municipal los atacó con armas de fuego.

Añadió que los policías los bajaron del autobús y los golpearon. Él y otros estudiantes resultaron heridos, por lo que presentó una denuncia formal contra quien resulte responsable por tentativa de homicidio. Fue el único sobreviviente del camión Estrella de Oro atrapado en la calle Juan N. Álvarez, y aunque su ingreso al hospital fue notificado por el doctor de guardia Ruiz Moreno desde las 23:00 a la fiscalía estatal, ningún funcionario de esta dependencia acudió a indagar los hechos.

Cuando la Fiscalía tomó la declaración de Fernando Marín en la sala de urgencias del Hospital General de Iguala, el gobierno de Ángel Aguirre Rivero ya sabía lo que estaba pasando: su gobierno y el de Enrique Peña Nieto monitorearon a los estudiantes antes, durante y después de los ataques. Desde las 17:59 del día 26, el C4 de Chilpancingo notificó a la policía estatal y a la federal que los normalistas estaban saliendo rumbo a Iguala.

El gobierno federal y el de Guerrero han ocultado a la opinión pública que esa noche los policías municipales de Iguala y Cocula portaban fusiles automáticos R-15 o G36 de calibre .223 y pistolas calibre 9 mm, al igual que los federales, mientras que los militares del 27 Batallón de Infantería portaba el rifle de asalto G3 calibre 7.62 × 51, según se comprobó en la averiguación previa del caso. Cartuchos de todos esos calibres se encontraron en la calle Juan N. Álvarez, donde se perpetraron dos ataques, y en la autopista Iguala-Mezcala, en el cruce con Santa Teresa.

Según el "Informe de la Fiscalía General del Estado de Guerrero sobre la investigación relacionada con los hechos acontecidos la noche del 26 y primeras horas del 27 de septiembre de 2014 en la ciudad de Iguala, Guerrero", el Ministerio levantó 193 casquillos de las escenas de los crímenes; muchos otros se quedaron en el suelo. De los registrados, 77 eran de calibre 7.62 × 39 mm, 86 calibre .223, 18 eran 7.62 × 51 mm, seis de calibre 9 mm, uno solo calibre .22, otro .38 Super y seis calibre .380.

Entre las 22:30 y las 0:00, mientras efectivos de las instituciones de seguridad pública federal y del estado recorrían las calles de Iguala y tenían vigiladas sus entradas y salidas, 43 normalistas de Ayotzinapa fueron desaparecidos. La lluviosa noche pareció devorarlos.

A continuación se señalan el nombre y el apodo de cada estudiante desaparecido y en qué autobús viajaba. Desafortunadamente, en esta investigación no se ha logrado saber con certeza en cuál de los dos camiones iban ocho estudiantes.[*]

Autobús 1568 ubicado en la calle Juan N. Álvarez 1531.
Palacio de Justicia

1. Abelardo Vásquez Penitén (*El Abe*)
2. Antonio Santana Maestro (*Copy*)
3. Bernardo Flórez Alcaraz (*Cochiloco*)
4. César Manuel González Hernández (*Panotla, Marinela Tlaxcala, Pinky*)

---

[*] Fuente de información: Segundo informe del GIEI presentado en abril de 2016.

Autobús 1568 ubicado en la calle Juan N. Álvarez 1531.
Palacio de Justicia

5. Cristian Tomás Colón Garnica (*Oaxaco, Reloj*)
6. Cutberto Ortiz Ramos (*Komander*)
7. Dorian González Parral (*Kinder*)
8. Emiliano Alen Gaspar de la Cruz (*Pilas*)
9. Everardo Rodríguez Bello (*Shaggy*)
10. Giovanni Galindes Guerrero (*Spider*)
11. Jonás Trujillo González (*Beny*)
12. Jorge Álvarez Nava (*Chabelo*)
13. Jorge Luis González Parral (*Kinder, Charras*)
14. Jhosivani Guerrero de la Cruz (*Coreano*)
15. Leonel Castro Abarca (*Magueyito*)
16. Luis Ángel Abarca Carrillo (*Amiltzingo*)
17. Marcial Pablo Baranda (*El Indígena, Magallón*)
18. Marco Antonio Gómez Molina (*Tuntún*)
19. Miguel Ángel Hernández Martínez (*Botitas*)
20. Miguel Ángel Mendoza Zacarías (*Miclo*)
21. Saúl Bruno García (*Chicharrón*)

Autobús 1531 ubicado frente al Palacio de Justicia

22. Adán Abraján de la Cruz (*El Ñero*)
23. Alexander Mora Venancio (*Pericón, La Roca, Randy*)
24. Carlos Lorenzo Hernández Muñoz (*Frijol*)
25. Christian Alfonso Rodríguez Telumbre (*Hugo, La Huga*)
26. Israel Jacinto Lugardo (*Chukyto*)
27. Jesús Jovany Rodríguez Tlatempa (*Churro, Jovany*)
28. Jorge Aníbal Cruz Mendoza (*Chivo*)
29. Jorge Antonio Tizapa Legideño (*Perezoso*)
30. José Ángel Navarrete González (*Pepe*)
31. José Eduardo Bartolo Tlatempa (*Bobby*)
32. Julio César López Patolzín
33. Luis Ángel Francisco Arzola (*Cochilandia*)
34. Magdaleno Rubén Lauro Villegas (*El Magda*)
35. Martín Getsemany Sánchez García (*Zunpango, Cabe*)

Normalistas que se desconoce en qué autobús viajaban o el momento en que fueron desaparecidos

36. Abel García Hernández (*Abel*)
37. Benjamín Ascencio Bautista (*Dormilón*)
38. Carlos Iván Ramírez Villareal (*El Diablito*)
39. Felipe Arnulfo Rosas Rosas
40. Israel Caballero Sánchez (*Aguirrito*)
41. José Ángel Campos Cantor (*Tío Tripa*)
42. José Luis Luna Torres (*Pato*)
43. Mauricio Ortega Valerio (*Espinosa*)

2

Una semana antes. Los días clave

La mañana del 20 de septiembre de 2014 comenzó agitada en la Escuela Normal Rural "Raúl Isidro Burgos", ubicada en la comunidad de Ayotzinapa del municipio de Tixtla, Guerrero. Era sábado y los alumnos de segundo y tercer año se preparaban para salir a la capital del estado, Chilpancingo, para tomar autobuses. Su objetivo era conseguir 20 en tan sólo 10 días, una misión difícil incluso para ellos, bastante experimentados en esos menesteres.

Pero no podían fallar. En la asamblea de la Federación de Estudiantes Campesinos Socialistas de México (FECSM), realizada el 18 de ese mes en Amilcingo, Morelos, los secretarios generales de las 17 normales rurales del país acordaron que a la "Raúl Isidro Burgos" le correspondía proveer el transporte para todos los contingentes que se sumarían a la tradicional marcha de protesta del 2 octubre en la Ciudad de México, en la que se recuerda la masacre de estudiantes en 1968. Por lo común, la manifestación por ese motivo marca el inicio de las jornadas de lucha de los normalistas para exigir más recursos y mejores condiciones para sus escuelas. Las movilizaciones se prolongan hasta el siguiente mes de marzo.

Los estudiantes Omar García y Ángel de la Cruz, así como el abogado Vidulfo Rosales, de la organización no gubernamental Centro de Derechos Humanos de la Montaña "Tlachinollan", la cual representa legalmente a los padres de los 43 estudiantes desaparecidos y a los normalistas, narran cómo fueron los días anteriores al 26 de septiembre de 2014. Explican que el año anterior le tocó aportar los camiones a la Escuela Normal Rural "Lázaro Cárdenas del Río", ubicada en San José Tenería, Estado de México: cientos de representantes de las 17 normales rurales se concentraron en su campus y de ahí viajaron a la Ciudad de México. Ahora les tocaba a los de Ayotzinapa ser los anfitriones, dar hospedaje a los colegas de la Federación y tener los camiones listos; no estaba sujeto a discusión, era un deber porque así se acordó en la asamblea de Amilcingo. El 20 de septiembre comenzaron a tomar autobuses y a recolectar dinero para los gastos de la estancia de sus compañeros y el viaje.

En Ayotzinapa, los operativos para la toma de autobuses los encabezaba Bernardo Flores Alcaraz, de 21 años, originario del municipio de Atoyac, activista aguerrido y avezado en las tareas que exigen las movilizaciones. De cara redonda, tez morena clara, ojos vivaces, cabello cortado a cepillo y figura rolliza, sus compañeros lo apodaron *Cochiloco*. Estudiaba el segundo año y presidía el Comité de Lucha, una de las carteras más importantes del Comité Ejecutivo Estudiantil, máximo órgano de gobierno de la escuela. La principal tarea de *Cochiloco* era coordinar las medidas necesarias para conseguir camiones y diésel para las prácticas y las protestas. Su espíritu contestatario y combativo contrastaba con su carácter bonachón y amistoso. Quienes lo conocieron afirman que nunca fue abusivo ni agresivo. Había sido electo por sus compañeros para ese cargo porque lo consideraban idóneo.

Lo más frecuente era ir por los autobuses a Chilpancingo, por su cercanía y porque, al ser la capital del estado, llegan ahí más unidades y existen terminales de varias empresas de transporte de pasajeros, como Estrella de Oro y Estrella Blanca. Habitualmente los normalistas se mueven en grupos de 20; no necesitan más para la toma de camiones porque tienen una técnica ya muy practicada. Detienen las unidades de dos en dos, de preferencia de la misma ruta: al primero lo retienen al menos durante media hora, en lo que llega la otra corrida; cuando se acerca el segundo, le hacen la parada y pasan a éste el pasaje del primero para que la gente llegue a su destino, llevándose consigo el autobús y al chofer.

Para justificar estos actos los normalistas argumentan que el gobierno no les da presupuesto para comprar o rentar autobuses para sus prácticas profesionales y ellos necesitan realizarlas para cumplir con el programa académico.

Cuando su unidad es secuestrada, los choferes reportan a su empresa que fueron capturados. Es común que la propia línea de autobuses les indique entonces que se queden a bordo para que el camión no sufra desperfectos. Los estudiantes entrevistados alegan que no maltratan los vehículos, además de que tratan bien a los conductores y les dan de comer lo que quieren en la escuela, y cuando ya no los necesitan, les dan una carta de "liberación".

Algunos sectores en la sociedad local no entienden ni justifican las acciones de los estudiantes, como los bloqueos, la toma de autobuses, el robo de diésel y otras prácticas semejantes. Esto ha sido aprovechado por los gobiernos local y federal para descalificar las protestas de estos jóvenes desde hace décadas y para asociarlos con grupos de la delincuencia organizada.

El 20 y 21 de septiembre *Cochiloco* corrió con suerte: acompañado de alumnos de segundo y tercero logró apoderarse de algunos autobuses en Chilpancingo, lo que encendió los focos rojos en las instituciones de seguridad pública locales y federales. El día 23 las cosas se complicaron: a bordo del único autobús que pertenecía a la escuela los estudiantes llegaron a Chilpancingo para conseguir más transportes, pero las centrales camioneras estaban muy vigiladas por la policía estatal y la federal y rápidamente comenzaron a monitorearlos.

Los muchachos cambiaron de estrategia. Aproximadamente a las 15:00, los alumnos de segundo grado intentaron bloquear la carretera Chilpancingo-Iguala a la altura de Tierras Prietas para tomar los autobuses que les faltaban; sin embargo, al poco tiempo llegó una decena de camionetas con policías estatales y federales con equipo antimotines y fuertemente armados. El estudiante Ángel de la Cruz y el abogado Vidulfo Rosales relataron que la fuerza pública cercó a los normalistas, que se enfrentaron a los uniformados con palos y piedras, de lo que dan cuenta las notas publicadas el 23 y 27 de septiembre por el *Diario de Guerrero*.

Los normalistas de segundo año llamaron a sus compañeros de tercero para que los apoyaran. Éstos venían de traer sus materiales didácticos y vestían sus uniformes de gala: pantalón negro y camisa blanca. Pese a eso, encapuchados, llegaron a rescatar a sus compañeros. Con una rápida maniobra rompieron el cerco policiaco y lograron llevarse dos camiones Estrella de Oro blancos con franjas verdes, con los números económicos 1568 y 1531; los policías federales y estatales se quedaron sin su presa en medio de la carretera.

"Fue algo como cómico, por decirlo así, porque con su uniforme de gala, pero encapuchados, los compañeros fueron a rescatarnos porque éramos pocos. Era toda la academia de tercero", recuerda Ángel de la Cruz, estudiante de segundo año que también sobrevivió a los ataques armados del 26 de septiembre.

Esa confrontación fue grabada en video por el C4 de Chilpancingo, donde estaban de servicio policías federales, estatales y municipales, además de oficiales militares. Aunque en el curso de esta investigación se conoció la existencia de esas grabaciones, el gobierno ha ocultado el antecedente de esos primeros disturbios, así como los correspondientes videos que revelan cómo subió de tono la irritación de la fuerza pública contra los estudiantes.

El 24 de septiembre los normalistas intentaron tomar más camiones en la central de autobuses de Chilpancingo, pero en esa ocasión la policía estatal y la federal estaban preparadas con un cerco más fuerte y los jóvenes regresaron a su escuela sin autobús alguno. *Cochiloco* solamente había reunido ocho de los 20 que le encomendaron: la mayoría de los que tenía eran de la línea Estrella de Oro. El día 25, uno antes del ataque y desaparición de los normalistas, la empresa presentó una denuncia penal contra los estudiantes ante la Fiscalía General del Estado (BRA/SC/05/2374/2014) por la toma de siete autobuses en ese año, todos de la marca Mercedes Benz.

Para el gobierno guerrerense, encabezado por Ángel Aguirre Rivero, lo mismo que para el gobierno federal, los normalistas pasaron de ser un permanente dolor de cabeza a convertirse en una especie de enemigo público a quien pensaban que podían incluso asesinar a plena luz del día sin consecuencias.

Balas y torturas de la Policía Federal

El episodio más brutal de represión contra los normalistas de Ayotzinapa antes del 26 de septiembre de 2014 se desató la mañana del 12 de diciembre de 2011, cuando Aguirre Rivero ya era gobernador.

UNA SEMANA ANTES. LOS DÍAS CLAVE

Estaban en medio de sus movilizaciones anuales para exigir al gobierno del estado incrementar el presupuesto y realizar mejoras en la escuela, además solicitaron audiencia con Aguirre Rivero. Cerca de 300 normalistas bloquearon la autopista México-Acapulco a la altura de la caseta de Palo Blanco: al punto llegaron 61 policías federales, 73 de Seguridad Pública estatal y 34 ministeriales: en total, 168 efectivos contra los estudiantes. En el expediente de la recomendación CNDH/1/2011/1/VG de la Comisión Nacional de los Derechos Humanos (CNDH) relativa a los hechos consta la participación de la Policía Federal y de los policías guerrerenses.

La federal llevaba 59 armas, la ministerial 26 y la preventiva estatal seis. Los federales lanzaron una granada de gas lacrimógeno y simultáneamente inició un incendio del lado en el que estaban los normalistas.

Los primeros en disparar fueron los federales; los secundaron las policías locales. Ahí fueron asesinados Gabriel Echeverría y Jorge Alexis Herrera. Echeverría, de 21 años, era el líder del Comité de Orientación Política e Ideológica (COPI), el órgano político más importante de la Escuela Normal Rural "Raúl Isidro Burgos"; recibió un disparo letal en el cuello. A Herrera, de 22 años, le dispararon en la cabeza. Tres personas más resultaron heridas.

Durante la represión y aun después, la federal aplicó violencia extrema para detener a los estudiantes y a personas ajenas al conflicto. A 23 de ellos los entregó a la policía ministerial, que los trasladó a las instalaciones de la Procuraduría General de Justicia del Estado (PGJE, ahora denominada Fiscalía General del Estado); otros 18 fueron llevados directamente al Cuartel Regional de la Policía Federal. En ambos lugares los detenidos fueron golpeados, maltratados y algunos torturados, según la recomendación de la CNDH.

El estudiante Gerardo Torres, detenido en las instalaciones de la PGJE, fue torturado para incriminarlo en el homicidio de sus dos compañeros, según la investigación realizada por la CNDH: "Seis elementos […] lo sacaron y a bordo de una camioneta lo trasladaron con la cabeza cubierta a una casa de madera, lo golpearon y amenazaron con privarlo de la vida si no accionaba un arma larga. La víctima mencionó que sus victimarios colocaron uno de sus dedos en el gatillo del arma señalada y la accionaron; añadió que los policías ministeriales fueron a tirar los casquillos percutidos en el lugar donde tuvo verificativo el enfrentamiento con los alumnos".

En el mismo documento la CNDH advierte que las personas lesionadas no fueron auxiliadas por la Policía Federal sino por civiles, "situación que evidenció no solamente el desinterés en las víctimas del delito, sino una falta de sensibilidad y trato digno, fundamentalmente por parte de los elementos de la Policía Federal, quienes, no obstante la solicitud de auxilio de la víctima, ésta fue maltratada, lo cual hace indigna la conducta de dichos elementos que no solamente no lo ayudaron, sino que además lo amenazaron de agraviarlo más si no se retiraba".

En la actuación de la corporación federal la CNDH detectó una clara tendencia a criminalizar a los estudiantes de Ayotzinapa: "Los servidores públicos de la Secretaría de Seguridad Pública federal, de la Secretaría de Seguridad Pública y Protección Civil y de la Procuraduría General de Justicia, ambas del gobierno del estado de Guerrero, criminalizaron la protesta social que estudiantes de la Escuela Normal Rural 'Raúl Isidro Burgos' de Ayotzinapa, Guerrero, y otros colectivos, llevaron a cabo el 12 de diciembre de 2011, vulnerándose con ello su derecho a la libertad de reunión y, como consecuencia de ello, a la vida; seguridad e integridad personal; legalidad; seguridad jurídica; libertad personal, y trato digno".

El entonces delegado de la PGR en Guerrero, Iñaki Blanco Cabrera, debió iniciar una investigación de oficio sobre los asesinatos al estar involucrada la Policía Federal, pero no lo hizo; ningún policía ni oficial federal recibió sanción alguna por los homicidios ni por los abusos cometidos contra los normalistas. Ese encono gubernamental hacia los estudiantes se manifestó en los sucesos del 26 de septiembre de 2014 en Iguala.

Es necesario aclarar que desde hace décadas la Escuela Normal Rural "Raúl Isidro Burgos" es un asunto de seguridad nacional para el gobierno mexicano, que la somete a un monitoreo permanente. Los alumnos también están conscientes de que agentes oficiales se infiltran entre ellos, los espían y reportan sus actividades.

En 2011 la preocupación por las reacciones que pudieran generar los asesinatos de Echeverría y Herrera encendió un foco rojo y el caso llegó al Consejo Nacional de Seguridad (CNS), integrado por la Secretaría de la Defensa Nacional (Sedena), la Secretaría de Marina (Semar), la Secretaría de Seguridad Pública federal (SSP), la Secretaría de Hacienda y Crédito Público (SHCP), la Procuraduría General de la República, el Centro de Investigación y Seguridad Nacional (Cisen) y el Centro Nacional de Planeación, Análisis e Información para el Combate a la Delincuencia (Cenapi) de la PGR, que atrajo las investigaciones a su jurisdicción. "El 25 de enero de 2012 la PGR concluyó el informe pericial sobre el caso, en el que destacan varias irregularidades, destacando que no se conservó debidamente la escena del crimen ya que hubo evidencias que se perdieron y no se practicaron pruebas de rodizonato de sodio a los agentes ministeriales involucrados", se lee en un documento confidencial del gobierno federal titulado "Temas especiales actuales", fechado en marzo de 2012 y que se entregó a los integrantes del CNS, pero el gobierno de México jamás reconoció públicamente eso que admitió en su reducido círculo encargado de la seguridad nacional.

De acuerdo con ese informe, al cual se tuvo acceso en el marco de esta investigación, en los asesinatos de Echeverría y Herrera "fue alterada la escena del crimen y desaparecieron pruebas determinantes en la investigación".

En febrero de 2012 un juez dictó orden de aprehensión contra nueve funcionarios del gobierno de Guerrero, pero al final todos fueron liberados. Los hechos quedaron impunes: no fue sancionado ninguno de los policías estatales y federales que dispararon el 12 de diciembre e hirieron a varias personas, además de matar a Gabriel y a Jorge Alexis, tampoco los que golpearon y torturaron a otros normalistas. Por el contrario, la impunidad alentó las siguientes agresiones contra los normalistas e impulsó el ascenso de Iñaki Blanco Cabrera, quien fue nombrado procurador del estado en junio de 2013 y se involucró en un ataque aún peor contra los normalistas el 26 de septiembre de 2014.

"Los vamos a quemar vivos"

La madrugada del 15 de noviembre de 2012 se desató una nueva agresión contra los normalistas de Ayotzinapa. Tres estudiantes y un chofer transitaban por la carretera Acapulco-Chilpancingo en un autobús Estrella Blanca; regresaban de una marcha convocada por la Escuela Normal Rural "Raúl Isidro Burgos" previa al aniversario del asesinato de Gabriel y Jorge Alexis, y habían ido a dejar en Atoyac a algunos miembros de las organizaciones sociales que participaron en la manifestación. En el camino los interceptaron varias camionetas, seis hombres encapuchados y armados les marcaron el alto, y para obligarlos a detener el autobús dispararon al aire; después lo abordaron. De inmediato les hicieron reclamos por sus movilizaciones y les dijeron que ya no siguieran de "vándalos"; que si seguían protestando, les advirtieron, los iban a "quemar vivos".

El camión continuó su camino a Chilpancingo, seguido por las camionetas. Cuando iban llegando a la ciudad, los sujetos armados le ordenaron al chofer que diera vuelta para volver a Acapulco por la carretera federal; al negarse lo golpearon, el autobús quedó sin control y volcó. Resultaron heridos el conductor, su esposa y los tres estudiantes, uno de éstos gravemente.

Tras la agresión, el Centro de Derechos Humanos de la Montaña "Tlachinollan" emitió un comunicado en el que señaló el hecho como parte de una escalada de ataques contra los normalistas de Ayotzinapa: "Los mismos se suman a las declaraciones de las autoridades que descalifican a la Normal para colocarla fuera de la legalidad y criminalizar". La organización no gubernamental responsabilizó al gobierno de Aguirre Rivero. Cabe mencionar aquí que "Tlachinollan" se creó desde 1994, ante los numerosos abusos de autoridad, violaciones a los derechos humanos y desapariciones forzadas en la región de La Montaña, principalmente contra la comunidad indígena. El Centro ha apoyado de manera cercana a los normalistas de Ayotzinapa en diversos episodios de represión; por ejemplo, en 2007, cuando la Policía Federal desalojó violentamente una manifestación de estudiantes que protestaban contra el intento de suprimir la licenciatura en educación primaria.

Durante esta investigación, tras reconstruir los acontecimientos de los días anteriores al ataque y desaparición de los 43 normalistas, se descubrió que la tensión entre estudiantes y autoridades (locales y federales) había escalado poco a poco desde que comenzó la toma de autobuses para la marcha del 2 de octubre, de modo que los ánimos ya estaban exacerbados. Hasta ahora ninguna de esas confrontaciones anteriores al 26 de septiembre de 2014 ha sido investigada por la Fiscalía ni por la PGR. Tampoco fueron tomadas en cuenta al analizar los ataques armados y la desaparición forzada de los normalistas, pero lo que pasó esa noche en Iguala es incomprensible sin esos antecedentes.

ESTUDIANTES DE AYOTZINAPA ERAN PREOCUPACIÓN NACIONAL

Desde que Peña Nieto asumió el poder, él y su gabinete consideraron a los normalistas de Ayotzinapa como un asunto de "seguridad nacional prioritario". De acuerdo con documentos obtenidos para esta investigación, esos estudiantes, la gran mayoría hijos de campesinos de muy escasos recursos en una región conocida por su historia de beligerancia y lucha política, le parecían una amenaza al presidente de la República y a su equipo.

En noviembre de 2012, durante la transición entre los mandatos de Felipe Calderón y de Peña Nieto, los equipos de ambos se reunieron varias veces para hablar de los temas más sensibles para México en materia de seguridad nacional, es decir, los relacionados con la estabilidad, la gobernabilidad y la seguridad. El coordinador general del equipo de Peña Nieto para realizar la transición gubernamental fue Luis Videgaray; el vicecoordinador de seguridad y justicia fue José Carlos Ramírez Marín, actual diputado federal, quien al inicio del sexenio fue nombrado secretario de Desarrollo Agrario, Territorial y Urbano, y el vicecoordinador político fue Luis Enrique Miranda, pieza clave en la noche de Iguala, quien se desempeñaría como subsecretario de Gobernación y más tarde sería ascendido a secretario de Desarrollo Social. Miranda fue secretario general de

Gobierno en el Estado de México cuando Peña Nieto era el gobernador; también es su amigo y, como tal, uno de los integrantes del gabinete más cercanos al presidente. Es bien sabido que se encarga de los temas de inteligencia política. En el marco de esas reuniones, el equipo de Calderón entregó al del mandatario electo un documento clasificado como confidencial, con fecha de noviembre de 2012 y titulado "Temas de atención prioritaria para el arranque de la administración 2012-2018". En esta investigación se tuvo acceso directo a ese texto de 17 hojas, cuya autenticidad fue corroborada y en el que se condensan los puntos de mayor atención para el gobierno federal en materia de seguridad nacional.

En la relación de "temas prioritarios" no se incluyeron las actividades de organizaciones criminales como el Cártel de Sinaloa y su capo Joaquín Guzmán Loera, quien estaba prófugo y era considerado el narcotraficante más poderoso del mundo, o como Los Zetas y su entonces líder Miguel Ángel Treviño Morales, quien estaba libre y dominaba mediante el terror varios territorios en México. Sin embargo, la situación en Guerrero y específicamente las movilizaciones de los estudiantes de la Escuela Normal Rural "Raúl Isidro Burgos" destacaban en el punto número dos de las prioridades de seguridad nacional.

El informe se divide en cinco conceptos, ordenados por su importancia: en primer lugar, los temas de "gobernabilidad", después los de "seguridad", "fortalecimiento institucional", "agenda legislativa" y "agenda internacional".

La primera preocupación relacionada con la gobernabilidad era Michoacán, cuyo mandatario era Fausto Vallejo y donde los "conflictos de tala ilegal" se sumaban a la presencia de la delincuencia organizada en "Cherán, Nahuatzen y Paracho", así como a los problemas financieros por la deuda pública en 24 municipios. El segundo problema era Guerrero; en el documento consultado se hace énfasis en que los focos de atención son: "delincuencia organizada" y el aumento de la violencia en Acapulco, lo mismo que en las regiones de Tierra Caliente, Costa Grande y Costa Chica.

También se marcan como focos rojos las actividades del Consejo de Ejidos y Comunidades Opositoras a la Presa —hidroeléctrica— La

Parota y las acciones contra la termoeléctrica "Plutarco Elías Calles", pero se pone énfasis en que otros problemas de gobernabilidad, el "activismo de normalistas de Ayotzinapa" y la persistente actividad de grupos subversivos en el estado son también temas de seguridad nacional. "Sigue activo en la entidad el Ejército Revolucionario del Pueblo Insurgente (ERPI), escisión del Ejército Popular Revolucionario (EPR)", se advierte.

Durante esta investigación se descubrió y documentó, incluso con fotografías, que durante las movilizaciones que los alumnos de la Escuela Normal Rural "Raúl Isidro Burgos" realizaron en Chilpancingo del 20 al 25 de septiembre, los gobiernos de Aguirre Rivero y de Peña Nieto estaban estrechamente comunicados, coordinados y preparados para reaccionar con rapidez e impedir la toma de autobuses. El propio día 26, horas antes de los ataques armados en Iguala, los normalistas se enfrentaron con soldados y policías estatales en la capital guerrerense.

3
Ayotzinapa

En las calles de la cabecera municipal de Tixtla, Guerrero, el 8 de agosto de 2014 tiene lugar un colorido desfile. Niños, mujeres y hombres de todas las edades lo miran desde las banquetas: se festeja el 232 aniversario del natalicio del héroe de la Independencia nacional Vicente Guerrero, oriundo de esta ciudad. En la plaza, sobre un pomposo templete que parece flotar por encima del resto de la población, están sentadas las autoridades con sus invitados distinguidos, entre quienes destaca un militar pulcramente uniformado, como es común en las ceremonias cívicas.

En un video grabado ese día se ve pasar a grupos que ejecutan danzas regionales al son de una banda, después unos danzantes con penachos y taparrabos que siguen el ritmo de los caracoles que llevan sujetos a los tobillos, y otros más exhiben una coreografía con ritmo de salsa. Luego aparece una gigantesca figura de tortuga hecha de tela verde montada en una estructura de alambrón sostenida por muchachos altos, con el cabello a rape, la mayoría de piel morena, que visten pantalones negros y camisetas blancas. Tras ellos marchan en fila otros vestidos igual que ellos, a quienes coordinan jóvenes de cabello corto, pantalones de mezclilla y camisetas blancas con mangas azules. Casi todos tienen entre 18 y 22 años. Sus voces hacen retumbar las calles, pero sonríen cuando los niños corretean bajo la tortuga que hacen desfilar.

Por su formación en columnas y el corte de pelo se puede pensar que son soldados o jóvenes que cumplen su servicio militar, pero son los estudiantes de nuevo ingreso de la Escuela Normal Rural

"Raúl Isidro Burgos", quienes participan con estricto orden en el festejo, pero corean frente a las autoridades las consignas que les dictan los alumnos de mayor grado: "¡Pueblo, disculpa, no queremos molestar, pero este gobierno nos obliga a protestar!", "¡Ni con tanques ni metrallas, Ayotzi no se calla!", "¡Doce de diciembre no se olvida, es de lucha compartida!", "¡Alerta, alerta, alerta que camina la lucha guerrillera por América Latina!", "¡Cuidado, cuidado, cuidado con Guerrero, estado, estado, estado guerrillero!"

Algunos pobladores miran nerviosos el contingente y otros les aplauden; en el templete, el maestro de ceremonias empieza a hablar de la feria del mole y otros eventos para acallar sus voces, pero no lo consigue.

En su recorrido los normalistas pasan junto a la base de la policía municipal de Tixtla y dirigen sus gritos hacia los uniformados en sus patrullas o que miran el desfile desde la banqueta: "¡Policías trabajando y el sancho aprovechando!", "¡Ay, policía, qué lástima me das: teniendo tú las armas, no puedes protestar!"

El ciclo escolar 2014-2015 en la Escuela Normal Rural "Raúl Isidro Burgos" inició en julio con la "semana de adaptación" de los alumnos de nuevo ingreso. Ese año se inscribieron cerca de 140, lo que garantizaba al menos tres años más de funcionamiento a la escuela que desde hace lustros el gobierno federal ha intentado cerrar, igual que las otras 16 normales rurales del país. Los novatos deben familiarizarse rápidamente con la dinámica de la Normal: si pasan la semana de prueba y confirman que desean ingresar, se integran plenamente a una peculiar hermandad.

El plantel de la Normal se ubica en una especie de cañada en la comunidad de Ayotzinapa, municipio de Tixtla, y casi todos los días del año el sol dorado de Guerrero baña las paredes del inmueble, que se asemeja a un viejo casco de hacienda. Quien cruza el ancho portón custodiado por una pequeña caseta de vigilancia, entra en un mundo aparte: es un territorio libre que con el paso de los años fue creando su autogobierno, sus propias reglas, sus actividades escolares y, sobre todo, una fraternidad fincada en un concepto de socialismo que en el resto del mundo está en vías de extinción.

El modelo educativo de estas escuelas surgió en 1926, cuando la "Raúl Isidro Burgos" y otras 35 normales rurales fueron creadas como parte de un programa nacional apoyado en el concepto del "gobierno estudiantil", con el objetivo de formar maestros que dominaran el español sin perder sus lenguas maternas y dieran clases en sus zonas de origen. Durante la presidencia de Lázaro Cárdenas (1934-1940) se introdujo en las normales rurales el marxismo-leninismo, ideología que conservan hasta ahora.

La mayoría de los estudiantes pertenecen a familias de campesinos que en la profesión de maestros ven prácticamente la única oportunidad de progresar. Los jóvenes pueden estudiar en la Normal las licenciaturas en Educación Primaria, en Educación Primaria con Enfoque Intercultural Bilingüe y la licenciatura en Educación Física.

No se trata de alumnos parecidos al promedio de quienes asisten a las universidades públicas o privadas del país: su lenguaje, su entrenamiento ideológico y su forma de relacionarse entre sí son singulares. Acostumbrados a la vida exigente en el campo, la mayoría pronto se adapta al trabajo en la escuela, que también es duro. Su uniforme de gala es un pantalón negro con camisa blanca; en los días comunes visten camisetas de diversos colores y pantalones de mezclilla o shorts. De gala o no, siempre traen a la mano su pasamontañas o improvisan uno con su propia camiseta o cualquier trapo.

Adentro de Ayotzi, como llaman afectuosamente a su escuela, las paredes muestran su ideología e historia; ahí está escrita una consigna atribuida al Che Guevara: "Si avanzo sígueme, si me detengo empújame, si me matan véngame, si te traiciono mátame". Retratos de Lenin, Emiliano Zapata y del Subcomandante Marcos —hoy Galeano—, la cabeza más visible del EZLN, que irrumpió en la escena nacional la madrugada del 1° de enero de 1994 en San Cristóbal de las Casas, Chiapas, y le recordó al gobierno federal y a la sociedad mexicana sus deudas con los indígenas de todo el país.

En esos muros parece imborrable la indignación por la injusticia y por la muerte de los suyos. Ahí están los nombres de Gabriel Echeverría y Jorge Alexis Herrera Pino, en la pintura monumental sobre fondo negro aparece la palabra "¿Justicia?" sobre dos criptas. También se ve la figura de un joven en el suelo, sometido por un hombre con cara de maldito que le apunta con un arma en la cabeza mientras unas personas con agujeros negros como boca y ojos levantan los puños en señal de protesta.

Ayotzi cuenta con salones de clases, dormitorios, canchas deportivas medio destartaladas y terrenos para la siembra de alimentos que los jóvenes venden para sostener sus actividades escolares y políticas. Todo es sencillo y humilde, la carencia de recursos se nota por doquier, pero es compensada con ingenio y trabajo. Por ejemplo, en su área de prensa y propaganda acondicionaron un estudio de televisión y radio con cartones para empacar huevo, muy eficaces como aislante de sonido.

El Comité Ejecutivo Estudiantil (CEE) es el máximo órgano de gobierno en la Normal y cambia cada año a través de un proceso de elección interna; generalmente la renovación se lleva a cabo en febrero. En septiembre de 2014 el secretario general era David Flores, *La Parka*, quien cursaba el tercer año.

La escuela trabaja bajo cinco ejes principales: el académico, enfocado a la formación de los normalistas para la docencia; el cultural, que encauza a los estudiantes las actividades de sus grupos de danza y su banda de música; el deportivo rige la preparación física de los alumnos. El cuarto eje es el de módulos de producción para la siembra y cosecha de productos agrícolas, que tiene la misión de sustentar a la escuela; y el último es el palpitante corazón de Ayotzinapa: el eje político-ideológico.

El 26 de septiembre de 2014 el líder del Comité de Orientación Política e Ideológica era Omar García, quien sobrevivió a los ataques armados. Después de éstos, su rostro se difundió en fotografías y videos por las decenas de entrevistas a los medios: es moreno, de cara rectangular y pómulos marcados, de estatura media y físico fuerte. Lo entrevisté en la Normal en noviembre del mismo año, cuando cursaba el tercer semestre de su carrera; no pasaba de los 20 años, pero su actitud y su diálogo bien articulado mostraban que ya había librado algunas batallas. Vestía camisa roja y pantalón de camuflaje: en un gesto provocador, colocó a su lado el retrato de un distinguido ex alumno de su escuela, Lucio Cabañas Barrientos, pintado por otro egresado, un ex comandante guerrillero. Omar actuaba y jugaba al guerrillero para una audiencia invisible, que sólo él era capaz de entender en ese momento: los órganos de inteligencia del gobierno de Peña Nieto, que consideraban a los normalistas un riesgo de seguridad nacional.

Originalmente las normales rurales eran 36, explica, pero después del movimiento estudiantil de 1968 el presidente Gustavo Díaz Ordaz ordenó cerrar 18 de ellas. Como parte del autogobierno, en Ayotzinapa el Comité decide y gestiona desde la construcción de edificios nuevos y la infraestructura escolar hasta los uniformes y la comida. "Los directivos [de la Normal] medio administran algunas cosas, pero aquí no determinan nada", señala; el director de la Normal era entonces Luis Hernández Rivera.

La convocatoria para el nuevo ingreso la difunden directamente los estudiantes de comunidad en comunidad. Le pregunté a Omar:

—¿Cuando hacen esta convocatoria se les explica a los jóvenes de qué se trata esto?

—Claro. Todo mundo sabe a qué se dedica esta escuela y sabe que es de lucha. Saben que muchas veces el gobierno estatal y el federal han intentado cerrarla, pero que al mismo tiempo es una opción para la gente que proviene del campo como yo, gente que no podría costearse una educación de paga. Aquí no se cobran colegiaturas, exámenes, fichas… —pone un ejemplo: también originario del campo, Lucio Cabañas no quería ser sólo un maestro entre las cuatro paredes de un aula, como lo conceptualizaban los programas oficiales del gobierno—. Sin embargo Cabañas y los demás decían que no, que el maestro no debe dedicarse solamente al aula escolar. Un maestro tiene que ver con nuestros problemas en la comunidad, inmiscuirse en los problemas y las gestiones, no debe ser indiferente a que el niño vaya con el pantalón roto, desnutrido, panzoncito por la desnutrición o lo que sea; tenemos que meternos con el problema, ésa es la esencia del normalismo rural.

—¿Y tú vives eso realmente?

—¡Claro! Mi maestro de primaria fue un normalista egresado de esta escuela, yo quería ser como él desde el momento que me dio clases. Recuerdo a los demás maestros y realmente era imposible comparar. A pesar de que no se tiene que comparar, sí se notaba la diferencia: aprendí a leer, a escribir, a sumar y a restar con él, y en muy poco tiempo.

LA SEMANA DE PRUEBA

Permanecer en la escuela no es un asunto sencillo. Los alumnos de nuevo ingreso tienen que resistir la "semana de prueba" o "de adaptación".

Después de que el estudiante saca su ficha y aprueba el examen académico, durante una semana se introduce a los aspirantes a la vida interna de la Normal: los de primer año son rapados y como un servicio social los llevan al campo a trabajar bajo la coordinación y supervisión de estudiantes de grados más avanzados. Se encargan del *chaponeo* (cortar las hierbas con un machete para limpiar el terreno) y aran las parcelas de la Normal, pero también las pertenecientes a los vecinos de la comunidad de Ayotzinapa, con quienes los estudiantes mantienen lazos estrechos y los llaman "tíos". Además, los primerizos cuidan de los animales que se crían en la escuela. Todo este trabajo no se remunera pues se trata de enseñar a los de reciente ingreso a trabajar en comunidad para la comunidad, evitando así que después de estudiar los graduados abandonen a su gente. "En esta Normal no les quitamos su identidad a las personas, se las arraigamos", dice Omar García al respecto. Posteriormente venden los productos que cosechan, sobre todo en la Costa Chica, la Costa Grande y la zona centro de la entidad: a veces regalan maíz a las familias que viven cerca del plantel, es decir, a los "tíos", que los apoyan cuando la Normal está en problemas.

Durante sus primeros días en ella, los estudiantes que ingresaron en agosto de 2014 trabajaron de sol a sol en las tierras de la escuela. Con picos y palas sembraron maíz, flores de cempasúchil y terciopelo para las festividades de muertos en noviembre; la idea era cosechar las flores y venderlas para obtener recursos.

A la par de la agricultura, se enseñan a los alumnos los principios políticos e ideológicos de la escuela, lo mismo que se refuerza su cariño por su entorno, incluso por lo poco que poseen. También se hace conciencia sobre las causas por las que lucha la Normal y se repasan las consignas para las manifestaciones. Cuando es necesario, participan en protestas y hacen boteo, colecta de dinero, en las calles; así cubren algunas necesidades del comedor y de materiales para sus estudios.

"Se nos da una educación política para que el día de mañana la traspasemos a las personas que se nos lleguen a atravesar en el camino", comenta Fernando Marín, de segundo año, a quien sus compañeros apodan *Carrillas*, entrevistado en agosto de 2015 en las instalaciones de la Normal. Al igual que Omar, habla con gran convicción. Es alto, espigado, de piel morena clara y tiene una barbita rala y ojos melancólicos. En el antebrazo derecho ostenta una cicatriz gruesa en forma de garabato que le dejó un disparo el 26 de septiembre de 2014; casi le vuela el brazo pero al mismo tiempo le salvó la vida, pues protegió su tórax.

En la semana de adaptación también se les hace conscientes a los nuevos alumnos de los conflictos entre la escuela y el gobierno. "La Normal siempre nos ha enseñado que debemos estar en pie de lucha; todo el tiempo, desde el primero hasta cuarto grado", afirma Marín.

Está claro que Ayotzi no es para todos los temperamentos e intereses. Entrevistado también en agosto de 2015, Ángel de la Cruz, de 19 años, cursaba el segundo año cuando se perpetraron los ataques contra los normalistas en Iguala: alto, de tez blanca, cara redonda y fuerte acento costeño, también es un sobreviviente. Su padre, Felipe de la Cruz, es vocero del movimiento de los padres de los 43 estudiantes desaparecidos, también fue alumno en la Normal y es maestro de primaria en Acapulco. Ángel comenta: "Hay chavos que, como tienen los recursos para estudiar, dicen: 'Pues aquí no me quedo yo, no voy a trabajar con las tierras si puedo estar en otro lado'. Se salen y estudian en otro lugar. Los que de verdad no tenemos otra escuela adonde ir, pues nos quedamos. Por eso nos quedamos la mayor parte, por eso se dice que la semana de prueba es un filtro muy, muy importante".

Se conoce al menos un caso de un alumno que no se quedó. Días antes de los hechos del 26 de septiembre, el señor Francisco Javier Sebastián y su esposa María Luminosa, vecinos de Apango, fueron a sacar a su hijo Eduardo Sebastián de la Normal de Ayotzinapa: no estaban de acuerdo con los métodos de enseñanza ni con las ocupaciones de los muchachos. No obstante, después de la masacre el nombre de Eduardo, de 21 años, se encontraba en la primera lista de desaparecidos, que incluía a más de 50, y su padre se presentó ante la Fiscalía los primeros días de octubre para aclarar que Eduardo no estaba desaparecido ni había estado presente en los hechos de Iguala: "Únicamente los llevaban a ejercitarse, lo cual provocó que mi hijo se lesionara más la rodilla. Los rapan, se los llevan de viaje sin avisarnos a los padres, por eso decidimos sacarlo de la escuela", declaró.

La mayoría de los estudiantes que la tarde del 26 de septiembre fueron a tomar camiones en las inmediaciones de Iguala eran de nuevo ingreso y habían pasado la semana de adaptación. Las flores de cempasúchil y terciopelo de un magenta intenso comenzaban a germinar en los sembradíos de Ayotzinapa, pero ellos no verían su trabajo terminado.

El mentor

También Lucio Cabañas fue un joven de nuevo ingreso en la Normal de Ayotzinapa; nacido en 1938, entró en 1953, cuando tenía 15 años. Entonces las normales rurales aceptaban alumnos con el certificado de secundaria.

En la versión de los actuales alumnos de la escuela, Cabañas nunca fue un estudiante ordinario: creía profundamente que el trabajo del maestro no era sólo educar en las materias académicas sino también la conciencia política de las comunidades. Lo cierto es que, igual que los normalistas de Ayotzinapa ahora, fue considerado por el gobierno como un riesgo: una cadena de masacres en Guerrero en las que participó el Ejército lo convenció de tomar las armas en 1967, un año antes de la matanza de estudiantes en Tlatelolco.

En su libro *México armado* (ERA, 2011), la periodista Laura Castellanos explica en una profunda investigación sobre los movimientos guerrilleros el significado de la Escuela Normal Rural "Raúl Isidro Burgos" y la historia que la marcó. El parteaguas fue el brutal asesinato de Rubén Jaramillo, líder del Partido Agrario Obrero Morelense (PAOM), junto a su mujer Epifanía —quien estaba embarazada— y tres de sus hijos, ejecutados por militares y agentes federales el 23 de mayo de 1962 en Xochicalco, luego de sacarlos a punta de pistola de su casa. Ese crimen, cometido hace más de cinco décadas, quedó tan impune como las masacres recientes.

Jaramillo era un hombre tenaz, curtido en varias luchas desde que se unió cuando apenas tenía 14 años al Ejército Libertador del Sur (ELS) encabezado por Emiliano Zapata. Fue amigo y compadre del ex presidente Lázaro Cárdenas y conoció personalmente al líder de la Revolución cubana, Fidel Castro, cuando estuvo en México.

Era el sexenio del presidente Adolfo López Mateos: Jaramillo y su familia estaban en su casa de Tlaquiltenango, Morelos, cuando sorpresivamente llegaron un comando del Ejército y policías vestidos de civil a exterminarlos. Todos fueron acribillados a mansalva; a uno de sus hijos, Filemón, antes de ejecutarlo le llenaron la boca de tierra. Cada uno recibió el tiro de gracia. Encabezó la operación el capitán José Martínez, llamado igual que el de la noche de Iguala, pero su apellido materno era Sánchez.

Tras su muerte, los medios de comunicación alineados con el gobierno priista señalaron que el "tristemente célebre rebelde" intentó esconderse tras su familia en el momento en que un grupo de "individuos no identificados" disparó de manera accidental contra ellos; trataron de que pareciera un cobarde. Pese a la línea informativa dictada, hubo quienes criticaron la barbarie del acto. El escritor Fernando Benítez manifestó en la revista *Siempre!*: "Eso no fue ley fuga, sino una orgía de sangre; no fue siquiera un 'mátalos en caliente', sino una matanza terrorista que lleva el sello de los nazis o del ejército secreto argentino", cita Castellanos en su libro.

La muerte del líder agrarista quedó impune, pero inspiró a jóvenes activistas egresados de la Escuela Normal Rural "Raúl Isidro Burgos" como Genaro Vázquez Rojas, quien se había reunido con Jaramillo durante la última etapa de su lucha, y Lucio Cabañas, quien desde 1960 tenía liderazgo nacional como directivo de la Federación de Estudiantes Campesinos Socialistas de México, organización a la que todavía pertenece la "Raúl Isidro Burgos".

A esta matanza antecedió otra que también influyó en la rebelión de Cabañas. En 1959 los cuerpos de Roberto Bello e Isabel Durán, campesinos de la región, amanecieron tirados a la orilla de la carretera Acapulco-Zihuatanejo: los asesinaron policías estatales por órdenes de familiares del entonces gobernador de Guerrero, el general Raúl Caballero Aburto. Unos días antes se había fundado la Asociación Cívica Guerrerense (ACG) con el fin de denunciar los abusos del gobernador, la dirigía Genaro Vázquez y Lucio Cabañas era uno de sus integrantes; el crimen de Roberto e Isabel fue otro detonador de su lucha.

Para reprimir el movimiento social que crecía, la mañana del 25 de noviembre de 1960 militares y policías sitiaron la Universidad de Guerrero, en Chilpancingo, donde miembros de la ACG estaban en plantón; cuando los soldados y agentes entraron al recinto, golpearon a los manifestantes con un saldo de tres heridos y 200 detenidos.

Estos sucesos hicieron que la lucha de la ACG se radicalizara. Genaro Vázquez se reunió con integrantes del Frente Zapatista de Chilpancingo y normalistas encabezados por Cabañas: vestidos de campesinos, posaron con escopetas de caza para una foto que se publicó en el periódico *La Prensa*. Hasta entonces el movimiento armado se reducía a esa imagen pero el gobierno federal estaba muy preocupado, no había precedentes de guerrilla en el México moderno.

El 30 de diciembre, cuando aún permanecía la protesta en la universidad, a petición del gobierno guerrerense los soldados abrieron fuego contra un grupo de civiles que se encontraba en las inmediaciones en protesta por el asesinato de un electricista a manos de un militar. Murieron al menos 13 personas, entre ellos tres mujeres y tres menores de edad. La indignación creció y condujo a la desaparición de poderes en el estado pocos días después.

El año de 1967 fue crucial en la vida de Lucio Cabañas, quien había sido reticente a la violencia como opción de lucha social. El 18 de mayo se desató en Atoyac otra feroz represión que dejó cinco muertos y 27 heridos después de que Cabañas y su movimiento consiguieron que fuera destituida la directiva de la escuela "Modesto G. Alarcón". A decir de Castellanos, en su libro sobre los movimientos armados del país, quienes conocieron a Cabañas comentan que hasta entonces sólo cargaba un objeto para defenderse: una piedra atorada entre la cintura del pantalón y su cuerpo. Aunque había apostado por la vía pacífica a través del Partido Comunista Mexicano (PCM), la represión en Atoyac lo inclinó definitivamente a oponer violencia contra la violencia del Estado.

En consecuencia, Cabañas fundó la organización política Partido de los Pobres (PDLP) y su brazo armado, la Brigada Campesina de Ajusticiamiento (BCA). Con el fin de alentar el descontento contra el gobierno y al mismo tiempo obtener recursos, los guerrilleros efectuaban secuestros de alto impacto, a semejanza de lo que hacía en aquel tiempo Genaro Vázquez.

En 1968 Vázquez viajó a la Ciudad de México y en las marchas del movimiento estudiantil repartió volantes que convocaban a un levantamiento armado. Su propuesta no tuvo eco porque los universitarios capitalinos creían en la lucha política abierta, explica Castellanos en su investigación. La masacre del 2 de octubre en Tlatelolco no desalentó ni a Vázquez ni a Cabañas.

GUERRERO ROJO

El gobierno federal desplegó intensos operativos militares para capturar a los dos líderes insurrectos y diezmar sus movimientos armados. En diciembre de 1970, ya en el sexenio de Luis Echeverría, Vázquez secuestró al empresario Donaciano Luna, perteneciente a una de las familias más pudientes de Guerrero, a quien liberó a cambio de un rescate de 500 mil pesos.

La llamada *guerra sucia*, uno de los episodios más oscuros del siglo XX en México, comenzó en 1971: la encabezaron militares como el capitán Mario Arturo Acosta Chaparro, el teniente coronel Francisco Quirós Hermosillo y el general de división Salvador Rangel con el propósito de desmantelar ambos movimientos. Vázquez murió el 2 de febrero de 1972, aparentemente en un accidente automovilístico, y Cabañas continuó con la rebelión.

El PDLP logró construir una extensa red de apoyo urbano en la que participaban estudiantes, maestros, miembros de movimientos de colonias populares, obreros y trabajadores; entre más adeptos tenía, más agresiva era la cacería gubernamental contra la organización. En agosto de 1972 Cabañas y su grupo asestan uno de sus golpes más fuertes al gobierno: un ataque deja 18 soldados muertos y 16 heridos. Dos años más tarde consigue un gran impacto político al secuestrar al entonces senador priista Rubén Figueroa Figueroa, que aspiraba a gobernar el estado, hecho que marcó desde entonces la historia en Guerrero.

Figueroa era un cacique pragmático, necesitaba el apoyo político de Cabañas y para conseguirlo le pidió que se reunieran para darle dinero, tierras y amnistía para él y sus familiares. En el libro de Laura Castellanos se indica que el guerrillero rechazó tajantemente la oferta pero al final aceptó encontrarse con el priista a propuesta de otros integrantes del Partido de los Pobres, que pretendían obtener la libertad de unos presos políticos.

El 2 de junio de 1974 Figueroa habría de tomar protesta como candidato del Partido Revolucionario Institucional (PRI) a la gubernatura de Guerrero; el acto se llevaría a cabo en Iguala, pero él no llegó. Antes, el 30 de mayo, fue a encontrarse con Cabañas y éste lo secuestró junto con su secretaria y un sobrino. La guerrilla dio a conocer que lo liberaría a cambio de la libertad de todos los presos políticos, abastecimiento de armas y 50 millones de pesos.

Tres meses después, el 28 de agosto, el ex gobernador de Jalisco, José Guadalupe Zuno, suegro del presidente Echeverría, fue secuestrado por la organización Fuerzas Revolucionarias Armadas del Pueblo (FRAP); un día después sucedería lo mismo con Margarita Saad, empresaria hotelera en Acapulco. Las tres acciones guerrilleras endurecieron la postura de Echeverría.

El suegro del presidente fue liberado el 7 de septiembre y al día siguiente un operativo militar rescató a Rubén Figueroa. El rencor del cacique guerrerense contra la guerrilla y sus fundadores, además del temor al entorno social y político en que se desarrolló la opción armada, se manifestaron en generaciones posteriores: cuando otros Figueroa ocuparon la gubernatura, puestos legislativos y alcaldías, se confrontaron de nuevo con el magisterio rural, los estudiantes y los movimientos campesinos. Como revancha gubernamental, días después Isabel Ayala, esposa de Cabañas, fue detenida junto con otros familiares del guerrillero: llevados al Campo Militar número 1 en la Ciudad de México, ella fue torturada por el propio capitán Acosta Chaparro.

El 1° de octubre, en busca de Cabañas, 250 militares tomaron el control de la comunidad El Rincón de las Parotas y entraron en las viviendas; los hombres fueron golpeados, maniatados y desaparecidos.

Pese a los llamados de la oposición a no votar por Figueroa Figueroa, ganó las elecciones para gobernador el 1° de diciembre de 1974. Al día siguiente Lucio Cabañas fue cazado y asesinado en un operativo militar realizado por efectivos vestidos de civil. La muerte del jefe guerrillero fue justificada por la Secretaría de la Defensa Nacional por los secuestros y homicidios que había llevado a cabo. "Escondido en la sierra cometió hechos criminales unido a caciques, agiotistas, talabosques y traficantes de drogas", decía el comunicado del gobierno a fin de desvirtuar el objetivo social de la lucha de Cabañas.

Figueroa asumió la gubernatura en abril de 1975 y nombró como director de Policía y Tránsito de Acapulco al entonces ya teniente coronel Acosta Chaparro, quien inició la época de mayor represión y brutalidad militar contra todos los movimientos sociales en la entidad.

El asesinato de Cabañas no fue venganza suficiente para Figueroa. En una entrevista con la revista *Proceso* (núm. 1400, 31 de agosto de 2003), Isabel Ayala, viuda del guerrillero, relató que en 1976 el gobernador intervino para que ella fuera liberada y la violó.

La *guerra sucia* en Guerrero duró una década; se ha fechado de 1971 a 1981. La llevó a cabo el Ejército, principalmente: hombres, mujeres, ancianos, niños y niñas fueron víctimas de violaciones sexuales, detenciones en cárceles clandestinas, desapariciones forzadas y ejecuciones sumarias en las que incluso se arrojaban los cuerpos al mar, entre otras atrocidades que agraviaron desde entonces a muchas familias campesinas de la entidad.

Los herederos

En 1993 el hijo de Figueroa Figueroa, Rubén Figueroa Alcocer, fue electo gobernador de Guerrero. Su periodo fue más corto que el de su progenitor a causa de otro hecho de sangre: el 28 de junio de 1995 policías estatales atacaron a miembros de la Organización Campesina de la Sierra del Sur (OCSS) que se dirigían a un mitin para exigir la presentación con vida de su compañero Gilberto Romero, desaparecido desde mayo. En esa ocasión 17 campesinos fueron asesinados y 21 resultaron heridos; según la CNDH, el gobernador ordenó detenerlos para que no llegaran al acto político.

La masacre provocó el surgimiento de un nuevo movimiento guerrillero: el Ejército Popular Revolucionario (EPR), que sigue activo. Figueroa Alcocer no fue juzgado pero sí destituido a petición del presidente Ernesto Zedillo; como gobernador interino quedó el también priista Ángel Heladio Aguirre Rivero. Incluso esa corta administración perpetró una matanza. En junio de 1998 un destacamento del Ejército, al mando del general Juan Manuel Oropeza, acorraló y asesinó a 11 personas, entre campesinos desarmados e integrantes del Ejército Revolucionario del Pueblo Insurgente (ERPI, una escisión del EPR), quienes no dispararon. También esta ejecución sumaria quedó impune.

Como no llegó al poder en un proceso electoral, Aguirre Rivero tuvo la oportunidad legal de ser candidato a la gubernatura en 2010. A pesar de su amistad con el ahora presidente Enrique Peña Nieto y el actual secretario de Gobernación, Miguel Ángel Osorio Chong, el ex funcionario de Figueroa Alcocer no obtuvo la candidatura del PRI, pero con el cobijo del Partido de la Revolución Democrática (PRD) ganó las elecciones; según sus allegados, lo consiguió con el apoyo incondicional de Peña Nieto y Osorio Chong. No importaba que Aguirre Rivero representara en las boletas al PRD; quienes lo conocen afirman que nunca cambió sus lealtades partidistas.

El segundo mandato de Aguirre Rivero tampoco duró los seis años. Habían pasado 27 días del ataque contra los estudiantes de la Escuela Normal Rural "Raúl Isidro Burgos" y la desaparición de 43 de ellos, cuando el gobernador de Guerrero tuvo que pedir licencia al cargo —"para bajar la tensión social", dijo— ante las protestas multitudinarias en México y otros países.

Décadas de matanzas para exterminar a cualquier movimiento social que disienta del gobierno han dejado al estado teñido de rojo. Ni víctimas ni victimarios olvidan o perdonan. Isabel, la viuda de Lucio Cabañas, fue acribillada en 2011 en el poblado de Xaltianguis, municipio de Acapulco, cuando salía de la iglesia; las notas periodísticas reportaron que los asesinos fueron varios hombres vestidos de civil a bordo de un vehículo azul (*El Universal*, 3 de julio de 2011).

Las historias de muchos de los jóvenes que estudian en la Escuela Normal Rural "Raúl Isidro Burgos" están marcadas por familiares que han sido perseguidos, encarcelados o desaparecidos, ya sea en la década conocida como de la *guerra sucia* o después de ella. Conscientes de la situación actual en su entidad así como de su historia, es común que activistas como los estudiantes de Ayotzinapa usen nombres falsos o apodos. Muchas veces ni ellos mismos conocen los verdaderos nombres de sus compañeros, pues saben que su movimiento está infiltrado por los órganos de inteligencia civiles y militares del gobierno, lo que explica también las dificultades iniciales para identificar de manera oficial a los estudiantes desaparecidos el 26 de septiembre de 2014; por ejemplo, Fernando Marín, *Carrillas*, dio un nombre falso cuando ingresó a la sala de emergencias del Hospital General de Iguala tras recibir un tiro en el brazo durante el ataque.

En la lluviosa madrugada del 27 de septiembre, cuando el agente del Ministerio Público José Manuel Cuenca Salmerón llegó a las escenas de los tiroteos contra los alumnos de la "Raúl Isidro Burgos", no dio importancia a las piedras que halló en los autobuses y afuera de ellos: las habían reunido los estudiantes, que como Lucio Cabañas siempre tienen una a la mano para lanzarla contra el Goliat gubernamental. Entre los 43 estudiantes desaparecidos había dos familiares del legendario guerrillero: Cutberto Ortiz Ramos, de 22 años, alias *Komander*, y Bernardo Flores, *Cochiloco*, quien lideró la toma de autobuses esa noche y desde seis días antes había puesto en jaque a las policías estatal y federal e incluso al Ejército, que monitoreaban sus actividades y las de sus compañeros.

Como el gobierno de Echeverría hizo con Cabañas en los tiempos de la *guerra sucia*, el de Peña Nieto ha intentado desprestigiar a toda costa a Bernardo Flores para ocultar la motivación política de los crímenes del 26 de septiembre de 2014. Usando testimonios obtenidos bajo tortura, la PGR pretendió establecer la versión de que Flores trabajaba para el grupo de narcotraficantes Los Rojos y que su desaparición, como la del resto de los estudiantes, derivó de esos vínculos con la delincuencia organizada.

Sin embargo, la historia del ataque del grupo criminal Guerreros Unidos —antagonistas de Los Rojos— contra los estudiantes fue fabricada por la PGR. Como se verá más adelante, el gobierno de Ángel Aguirre Rivero fue clave para urdir esa falsedad.

4

La primera operación de encubrimiento

El sol ha despuntado en Iguala. Pasadas las nueve de la mañana del 27 de septiembre, efectivos del 27 Batallón de Infantería bajo el mando del teniente Jorge Ortiz Canales reportan al Ministerio Público estatal que en la calle Industria Petrolera, donde está el C4 de Iguala, se encontró un cadáver masculino con playera roja tipo polo, pantalón de mezclilla negro y tenis blancos con negro y gris.

El agente del Ministerio llegó minutos después. El occiso estaba boca arriba. Según el acta de levantamiento, tenía el rostro desollado y un ojo estaba a 35 centímetros del cuerpo, que tenía los pantalones enrollados debajo de los glúteos y estaba visiblemente golpeado en el tórax y en los costados abdominales. Los peritos advirtieron rápidamente que el homicidio no tuvo lugar ahí y que el cuerpo había sido movido de su posición original.

Fue identificado como estudiante y sus familiares dijeron que su nombre era Julio César Mondragón. No había desaparecido del camión Estrella de Oro en la calle Juan N. Álvarez ni del otro Estrella de Oro, frente al Palacio de Justicia, sino que huyó de la balacera ocurrida después de la medianoche en la esquina de Juan N. Álvarez y Periférico Norte.

En la necropsia quedó claro que los cortes en su cara y cuello fueron realizados con un cuchillo y las lesiones en el torso con un objeto plano y rectangular, probablemente una tabla, pero lo que mató a Julio César fueron los golpes que le fracturaron el cráneo. De acuerdo con el perito Carlos Alatorre, la hora de su muerte fue entre las 0:45 y las 2:45, es decir, fue asesinado en Iguala cuando el

Ejército, la Policía Federal y la policía estatal tenían la ciudad bajo su control.

Esa mañana el gobernador Ángel Aguirre, cercano al presidente Peña Nieto y al secretario de Gobernación Osorio Chong, declaró que se actuaría con todo el peso de la ley contra los autores de los ataques: "Condeno enérgicamente los hechos ocurridos en Iguala", afirmó, y dijo que ya había enviado a sus funcionarios a investigar los acontecimientos, aunque su verdadera intención era muy distinta.

El mismo día, en una precipitada conferencia de prensa, el fiscal general del estado, Iñaki Blanco Cabrera, y el secretario general de Gobierno, Jesús Martínez Garnelo, dieron a conocer información del caso en tono concluyente; también estuvieron presentes el subprocurador de Asuntos Jurídicos y Derechos Humanos, Ricardo Martínez Chávez; el secretario de Salud, Lázaro Mazón, y el secretario de Seguridad Pública estatal, Leonardo Vázquez Pérez. Tras hacer un recuento de heridos y muertos así como de las medidas tomadas hasta el momento por el gobierno de la entidad, a juzgar por las palabras de Blanco Cabrera las desapariciones y tiroteos cometidos la noche anterior parecían un caso fácilmente resuelto. "Lo que tenemos nosotros acreditado es que hubo un apoderamiento de distintos autobuses, que la policía municipal se dio a la tarea de detener a estos muchachos y que incurrieron en un uso excesivo de la fuerza", señaló.[1] La primera declaración oficial tras los ataques era esa conjetura, ya dirigida a responsabilizar a la corporación de Iguala.

El fiscal agregó que, de acuerdo con los primeros informes, los alumnos tomaron dos autobuses de pasajeros en una terminal para llevárselos a una actividad y que los agentes municipales de Iguala los persiguieron a tiros con armas largas, por lo que fallecieron seis personas: tres estudiantes, una mujer que viajaba en taxi, un jugador de Avispones y el chofer del autobús donde viajaba el equipo.

Blanco Cabrera aseguró que a la altura de Santa Teresa se recogieron casquillos calibre .223 de armas R-15, "del tipo que utilizaban los policías municipales". Sin embargo, omitió adrede el resto de los cartuchos percutidos encontrados en los lugares donde se perpetraron

---

[1] EFE, 27 de septiembre de 2014.

los ataques; con esto claramente apuntó a los policías municipales de Iguala como responsables de los hechos.

Para mostrar la eficacia de la Fiscalía, su titular dijo que 200 policías municipales de Iguala ya habían sido desarmados esa mañana y que a partir de entonces el Ejército y la policía del estado asumían el control de la demarcación y se encargaban de la seguridad.

Blanco Cabrera informó que hasta ese momento se reportaban como desaparecidos a 57 estudiantes de la Escuela Normal Rural "Raúl Isidro Burgos" y que ese día se habían realizado sobrevuelos en helicópteros y recorridos a pie para buscarlos. Cerró con la consigna de que la Secretaría de Seguridad Pública del estado, la Fiscalía, la Policía Federal y la PGR estaban en Iguala para "proteger a los ciudadanos".

La noticia sobre la masacre de estudiantes en Iguala se hizo viral en las redes sociales y se difundió rápidamente a través de las agencias internacionales de noticias. La barbarie que denotaba el asesinato y desollamiento del rostro de la persona identificada como Julio César Mondragón despertó rápidamente la protesta. Los normalistas volvieron a movilizarse de inmediato y esto fue crucial para que esa masacre no fuera una más en la cotidianidad del México violento, del Guerrero rojo; sino un parteaguas que marcaría la historia reciente del país y exhibiría el rostro del gobierno de Enrique Peña Nieto, ya marcado por otro trágico escándalo ocurrido hacía tres meses.

La sombra de Tlatlaya

La madrugada del 30 de junio de 2014 una bodega en el pequeño poblado de San Pedro Limón, municipio de Tlatlaya, Estado de México, fue el paredón donde fueron ejecutadas extrajudicialmente 22 personas: una adolescente de 15 años y 21 hombres. Los hechos ocurrieron a las 5:30, según la versión que dio el mismo día la Sedena, cuyo titular es Salvador Cienfuegos. Se afirmó que los decesos ocurrieron en el marco de un operativo realizado por el 102 Batallón de Infantería de la 22 Zona Militar para desmantelar un supuesto laboratorio clandestino de drogas: según la dependencia, cuando los militares llegaron al lugar fueron agredidos por "un grupo de hombres fuertemente armados", los soldados repelieron el fuego y en el combate resultaron muertos 22 civiles y herido un militar. El Ejército dijo que se aseguraron 38 armas, 112 cargadores y liberaron a tres mujeres que el grupo armado mantenía "secuestradas"; extrañamente, también quedaron detenidas por la autoridad. Después de una semana, una de las "secuestradas" obtuvo su libertad y eso cambió el rumbo del caso.

En las primeras noticias que difundieron los medios de comunicación se afirmó que los atacantes eran del grupo criminal Guerreros Unidos, del cual poco o nada se sabía. El levantamiento de los cadáveres y el análisis pericial de la escena del "enfrentamiento" corrió a cargo del gobierno de Eruviel Ávila, sucesor de Peña Nieto en la gubernatura del Estado de México. Presuroso, el 1° de julio Ávila declaró a medios que "el Ejército en legítima defensa abatió a los delincuentes", a quienes describió como una banda de secuestradores.

Con la línea informativa ofrecida por la Sedena el caso parecía cerrado, pero en los primeros días de julio salió a la luz otra versión: la agencia de noticias Associated Press cuestionó, en un reportaje publicado el 3 de julio, que todos los presuntos delincuentes hubiesen muerto durante el enfrentamiento con los soldados y señaló que la fachada de la bodega sólo presentaba agujeros de entrada correspondientes a seis disparos. "Las manchas de sangre y los orificios de bala en los muros de hormigón observados por periodistas de AP tres días después del tiroteo plantean interrogantes acerca de si todos los sospechosos murieron en el enfrentamiento o después de que terminara. La bodega en la que fueron encontrados muchos de los cadáveres no tenía muchas evidencias de que el enfrentamiento fuera prolongado." AP detalló también que por dentro, en las paredes de la bodega, había cinco marcas que seguían el mismo patrón: uno o dos agujeros de bala cercanos y rodeados por una salpicadura de sangre, "aparentando que algunos de los muertos estaban de pie contra la pared y recibieron uno o dos disparos a la altura del pecho".

En respuesta, el gobierno del Estado de México afirmó que no había "indicio alguno sobre una posible ejecución" y que, por el contrario, se hallaron "elementos balísticos" para concluir que efectivamente hubo un fuego cruzado. No obstante, la administración de Eruviel Ávila clasificó como secreto de Estado las autopsias de los 22 fallecidos en el lugar.

El 17 de septiembre AP dio a conocer el testimonio de una mujer que fue testigo de la ejecución de 21 personas a manos de los militares. Al día siguiente, el reportero Pablo Ferri publicó en la revista *Esquire* un reportaje que terminó por dar la vuelta al caso: "Testigo revela ejecuciones en el Estado de México", era el encabezado.

La testigo presencial narró una historia muy distinta a la oficial: sólo una persona murió en un tiroteo con los soldados, los 21 restantes se rindieron y fueron ejecutados en un muro de la bodega usado como paredón. "Ellos [los militares] decían que se rindieran y los muchachos decían que les perdonaran la vida. Entonces [los soldados] dijeron: '¿No que muy machitos, hijos de su puta madre? ¿No que muy machitos?' Así les decían los militares cuando ellos salieron [de la bodega]. Todos salieron. Se rindieron, definitivamente se rindieron [...] Entonces les preguntaban cómo se llamaban y los herían, no los mataban. Yo decía que no lo hicieran, que no lo hicieran, y ellos decían que 'esos perros no merecen vivir'. [...] Luego los paraban así en hilera y los mataban. [...] Estaba un lamento muy grande en la bodega, se escuchaban los quejidos", narró a Ferri la mujer, una de las tres supuestamente secuestradas; ella negó que estuviera cautiva.

Especificó que para ultimar a la menor, llamada Érika, los efectivos primero le dispararon en una pierna y luego la ultimaron con tiros en el pecho. Explicó que los soldados usaron guantes para manipular los cuerpos e incluso para poner de pie a algunos y ejecutarlos contra la pared, lo que revela que se trató de una operación de exterminio para la que ya iban preparados.

Siete días antes de la masacre en Iguala, la Sedena insistió en un comunicado que el Ejército "repelió una agresión armada" en Tlatlaya. "Esta dependencia es la más interesada en que este incidente sea investigado a fondo, pues los integrantes del Ejército y Fuerza Aérea estamos obligados a conducirnos con pleno respeto a los derechos de las personas", señaló la dependencia.

No obstante, la presión de la Organización de las Naciones Unidas (ONU), Amnistía Internacional, la CNDH y otras organizaciones defensoras de derechos humanos se volvió insoportable para el gobierno de Peña Nieto: todas esas instancias exigían una investigación profunda de los hechos. José Vivanco, director para las Américas de la organización Human Rights Watch, afirmó que de confirmarse las versiones de AP y *Esquire* "nos encontraríamos frente a una de las más graves masacres en México".

"La Procuraduría General de la República está ahondando en la investigación y será la instancia que dé respuesta a este tema", respondió evasivamente el presidente Peña Nieto el 22 de septiembre a AP. Tres días después, para detener los cuestionamientos, la Sedena dio a conocer la detención de ocho militares acusados de las ejecuciones; el gobierno de Peña Nieto estaba pagando un costo político no sólo por los abusos castrenses, sino por toda la operación realizada por el Estado para ocultar la verdad de lo ocurrido en Tlatlaya.

Descubierto el engaño del gobierno, el 26 de septiembre Miguel Ángel Osorio Chong, el secretario de Gobernación, intentó minimizar los hechos ante el Congreso: "Si sucediera que hay algo que señalar respecto a la actuación de este grupo de miembros del Ejército nacional, será la excepción porque tenemos un gran Ejército", dijo el encargado de la política interna. Sus palabras fueron puestas a prueba en pocas horas: un día después ocurrió la masacre en Iguala.

Manipulación intencional

El 29 de septiembre el fiscal general de Guerrero, Iñaki Blanco Cabrera, soltó más información a los medios de comunicación sobre la noche de Iguala. Volvió a dirigir toda la atención hacia las autoridades municipales: "Según todas las evidencias, la policía municipal accionó sus armas contra tres autobuses que estaban en manos de estudiantes antes de asesinar a tres de ellos en un segundo incidente —dijo—. Es indudable, creo yo, que existió uso excesivo de la fuerza."

Ante los rumores de que grupos paramilitares habrían sido los atacantes de los estudiantes y los jugadores del equipo Avispones, Blanco Cabrera aventuró que pudieron ser miembros de la delincuencia organizada porque en las escenas de los crímenes se encontraron cartuchos de fusiles automáticos AK-47. Aseguró que unos testigos describieron a los pistoleros: "Son personas vestidas de negro, con capuchas, que se transportaban en camionetas negras [...] debido a los calibres, no descartamos que hayan sido de la delincuencia organizada".

Afirmó que personal de la Fiscalía buscó a los estudiantes desaparecidos en las instalaciones del 27 Batallón de Infantería y en la base de la policía municipal de Iguala, pero sin encontrar pistas.

El mismo día 29, tras dos de silencio, el secretario Osorio Chong apoyó la línea del gobierno de Guerrero al afirmar que le parecía "de verdad increíble [...] la actuación de algunos elementos policiacos que se dio en el contexto del informe de la presidenta del DIF municipal". Los gobiernos estatal y federal habían echado a andar la estrategia para atribuirle toda la responsabilidad de los acontecimientos al empresario joyero José Luis Abarca, entonces presidente municipal de Iguala, y a su esposa María de los Ángeles Pineda Villa.

Osorio Chong afirmó que el gobierno federal nunca tuvo conocimiento de lo que ocurría y que era necesario determinar "cómo o de dónde surgió la indicación, si es que la hubo, de enfrentar a balazos una manifestación civil". Igual que la Sedena en el caso de Tlatlaya, dijo que el primer interesado en aclarar los hechos era el Estado.

Al frente de la recolección de pruebas y testimonios, elementos clave de cualquier investigación, quedaron tres hombres de negro historial: el procurador o fiscal general del estado, Iñaki Blanco Cabrera; el subprocurador de Control y Procedimientos, Víctor León Maldonado, y el subprocurador jurídico y de Atención a Víctimas, Ricardo Martínez Chávez. Los tres llegaron la noche del 26 de septiembre a Iguala para hacerse cargo de la indagatoria.

NEGROS HISTORIALES

Víctor León Maldonado tiene más de 27 años trabajando en el gobierno en áreas de procuración de justicia y se ha ganado la reputación de fabricar acusaciones; quienes lo conocen lo describen como el típico burócrata con poca iniciativa propia pero siempre dispuesto a obedecer a sus superiores, con quienes fácilmente desarrolla una buena relación gracias a su actitud servicial. De 1987 a 2008 trabajó en la Subprocuraduría de Averiguaciones Previas de la Procuraduría General de Justicia del Distrito Federal (PGJDF); en 2008 ingresó a la PGR como asesor y el 1° de noviembre de ese mismo año fue nombrado coordinador general por la titular de la SIEDO, Marisela Morales. Según información de la Secretaría de la Función Pública, al haber pertenecido León Maldonado a la procuraduría capitalina de 1987 a 2008 y Marisela Morales de 1993 a 1997, ambos habrían trabajado juntos al menos durante cuatro años. En 1997 ella fue invitada a trabajar en la PGR, donde comenzó su ascendente y controvertida carrera.

"A mí me trajo la maestra y estoy agradecido con ella", solía decir León Maldonado sobre su estancia en la SIEDO, aclarando así dónde estaba su lealtad; hablaba sin reservas del jugoso salario y las prestaciones que todo burócrata sueña obtener, pero sobre todo no soltar.

En 2008 y 2009, cuando Morales fue titular de la SIEDO y León Maldonado su coordinador general, ocurrieron dos de los casos más escandalosos de fabricación y manipulación de expedientes criminales en el gobierno del presidente Felipe Calderón. Junto con otros funcionarios, en 2008 León Maldonado armó las causas contra servidores públicos federales acusados de haber trabajado para el cártel de los hermanos Beltrán Leyva, entre ellos el ex titular de la SIEDO Noé Ramírez Mandujano; a la maniobra se le llamó "Operación Limpieza". Después de cuatro años en prisión, Ramírez Mandujano y otros detenidos, como el comisario de la Policía Federal Javier Herrera Valles, fueron absueltos y se descubrió que se usaron testigos protegidos para imputarles cargos falsos.

Al año siguiente León Maldonado repitió la misma fórmula, ya como coordinador de la subprocuraduría. Dos meses antes de las elecciones federales intermedias del sexenio de Calderón, en un aparatoso operativo policiaco la PGR detuvo a más de 30 funcionarios en Michoacán, que entonces gobernaba el perredista Leonel Godoy: se difundió ampliamente la aprehensión de 11 alcaldes, jefes de policía, un juez y funcionarios estatales, incluido el entonces subprocurador estatal Ignacio Mendoza, todos acusados de tener vínculos con cárteles de la droga, principalmente con Los Caballeros Templarios. El caso fue conocido como "el Michoacanazo" y tuvo el objetivo de favorecer al PAN en el proceso electoral federal y dañar la imagen del PRD, pero la maniobra no funcionó electoral ni judicialmente. Después de un año todos los acusados salieron libres con un amparo o con sentencias absolutorias, dado que las acusaciones de delincuencia organizada eran falsas. Los testigos de cargo usados por León Maldonado recibían dinero o beneficios de la SIEDO e improvisaron testimonios para incriminar a quienes se les indicó; sus dichos nunca se sustentaron con otras pruebas. "Víctor León Maldonado directamente fue quien me interrogó cuando me presenté a declarar y fui arrestado. Él estuvo directamente a cargo de la investigación", enfatizó en entrevista para esta investigación Ignacio Mendoza. El subprocurador michoacano fue liberado en septiembre de 2010 por una sentencia absolutoria.

En enero de 2010 Iñaki Blanco Cabrera, quien ya había trabajado en la PGR en 2001, fue invitado por Marisela Morales a trabajar en la SIEDO. Primero fue coordinador general y luego titular de la fiscalía contra el secuestro: ahí conoció a León Maldonado. Quienes conocieron a Blanco Cabrera en esos puestos lo describen como un funcionario gris que toleró muchos abusos en falsos casos de secuestro que se abrieron antes de su llegada, pero que él ayudó a apuntalar, con lo que mantuvo a personas inocentes en la cárcel. Tal fue el caso de Florence Cassez, la ciudadana francesa a quien en 2005 se le fabricaron desde su detención hasta los testimonios de las personas que supuestamente secuestró; Blanco Cabrera laboraba en la PGR cuando afirmó que tenía "pruebas y evidencias" sobre los delitos de Cassez. En 2013 la Suprema Corte de Justicia de la Nación ordenó la libertad inmediata de la francesa por violaciones al debido proceso.

Al frente de la fiscalía antisecuestros, Blanco Cabrera sirvió a los intereses de María Isabel Miranda Torres para sustentar el caso del supuesto secuestro y asesinato de su hijo Hugo Alberto con pruebas y documentos falsos, además de declaraciones obtenidas bajo tortura; se incluyeron pruebas sembradas en la supuesta escena del crimen y un acta de nacimiento de Hugo Alberto que lo registraba como hijo biológico de José Enrique Wallace cuando su progenitor en realidad era Jacinto Miranda Jaimez, un dato fundamental en la resolución del caso.

En diciembre de 2010 fue detenido en el Estado de México Juan Jacobo Tagle, acusado del supuesto homicidio y a quien se obligó a declarar contra sí mismo y sus presuntos cómplices; en su captura y tortura, acusó Tagle ante un juez y la CNDH, estuvo presente Isabel Miranda, quien actualmente dirige la organización no gubernamental Alto al Secuestro y ha sido señalada de promover la ilegalidad y no la defensa de las víctimas.

Mediante la fabricación de pruebas y testimonios, la fiscalía antisecuestros de Blanco Cabrera encarceló a Brenda Quevedo Cruz, Juana Hilda Lomelín, César Freyre y Juan Jacobo Tagle, así como a Alberto y Tony Castillo.

El 1° de enero de 2011 se sumó a la subprocuraduría un nuevo integrante: Ricardo Martínez Chávez, quien había sido abogado particular de Miranda Torres; trabajó en la PGJDF en 2000 y 2001, en la misma época que León Maldonado. Su paso por la PGR fue breve pero le permitió fortalecer su relación con Blanco Cabrera, que inició mientras Martínez Chávez representaba a Miranda Torres ante la procuraduría en el caso de su hijo.

Marisela Morales y sus colaboradores dejaron en la SIEDO una estela de corrupción y abusos, pero ni ella ni su equipo fueron sancionados: al contrario, Felipe Calderón la nombró procuradora general en abril de 2011 y cuatro meses después ella designó a Blanco Cabrera como delegado de la dependencia en Guerrero, puesto desde el que estuvo involucrado en la investigación del ataque a los estudiantes de la Escuela Normal Rural "Raúl Isidro Burgos" en la autopista México-Acapulco el 12 de diciembre de 2011, cuando fueron asesinados Gabriel Echeverría y Jorge Alexis Herrera. El nuevo delegado de la PGR y la oficina de Marisela Morales recibieron información clara de todas las vejaciones cometidas por las autoridades de Guerrero y la Policía Federal contra los normalistas, como muestra el ya citado documento "Temas especiales actuales", con fecha de marzo de 2012 y entregado a los integrantes del Consejo Nacional de Seguridad, pero las autoridades estatales y federales que participaron en la represión y los asesinatos de estudiantes quedaron impunes.

Su encubrimiento fue recompensado. En junio de 2012 Blanco Cabrera fue invitado por Aguirre Rivero a formar parte de su administración, primero como subsecretario de Gobierno para Asuntos Jurídicos y Derechos Humanos, después lo nombró subprocurador de Control Regional y Procedimientos Penales, y en junio de 2013 asumió el cargo de fiscal general. Una vez en ese puesto, invitó a trabajar con él a sus viejos compañeros de la SIEDO Víctor León Maldonado y Ricardo Martínez Chávez, tríada que resultaría nefasta para la impartición de justicia en la entidad.

En 2013 Martínez Chávez pasó de ser funcionario de la PGR a abogado del empresario Alejandro Iglesias Rebollo, dueño de una cadena de antros de table dance y de la discoteca Lobohombo, que se incendió en octubre de 2000 con un saldo de 22 personas muertas. En julio de ese año, a petición de la procuraduría capitalina, policías de la Ciudad de México y de la Policía Federal llevaron a cabo un operativo en el table dance Cadillac, de Iglesias Rebollo, donde descubrieron una red de trata y explotación sexual de mujeres mexicanas y extranjeras, incluidas menores de edad. Según un reportaje de la periodista Sanjuana Martínez en el portal de noticias *SinEmbargo*, los testimonios de las víctimas a las autoridades y medios de comunicación revelaron el horror: violaciones tumultuarias por parte de los clientes —entre ellos políticos, policías y empresarios—, sexo forzado con empleados del antro, desde el gerente hasta los guardias, e incluso homicidios.

Como abogado de Iglesias Rebollo, Martínez Chávez fue acusado de amenazar a 46 mujeres que eran forzadas a trabajar en ese bar para obligarlas a retirar las denuncias por los abusos que padecieron (*Excélsior*, 9 de julio de 2013). De las 46 rescatadas, sólo 17 declararon a la PGJDF que fueron explotadas sexualmente, pero se retractaron al recibir las advertencias; incluso el procurador capitalino, Rodolfo Ríos Garza, confirmó las amenazas, pero éstas quedaron impunes porque ninguna de las víctimas se atrevió a denunciar a Martínez Chávez ni al dueño del Cadillac.

LAS PRIMERAS ACCIONES

Los primeros en arribar a las escenas del crimen la noche del 26 de septiembre de 2014 fueron Blanco Cabrera, León Maldonado y Martínez Chávez, y desde el comienzo torcieron la investigación, ocultaron información clave y manipularon pruebas como en los viejos tiempos. Un mes después, el 29 de octubre, cada uno contó su versión en su declaración ministerial ante la PGR, las que están contenidas en la causa penal 1/2015-II.

Víctor León Maldonado dijo que fue el primer funcionario de la Fiscalía General del Estado en llegar a Iguala. Entre las 23:00 y 23:30 le informaron "que había unos lesionados, al parecer eran estudiantes de la Escuela Normal Rural 'Raúl Isidro Burgos'"; añade que "debido a la trascendencia de esos hechos y a que no sabíamos qué era lo que ocurría, por instrucciones del procurador nos trasladamos a Iguala".

Cuando pasó por el cruce de Santa Teresa vio un camión impactado contra un árbol en una cuneta pero no había nadie cerca del vehículo, que tenía todas las luces apagadas, "por lo que al ir sólo con dos acompañantes no se me hizo prudente detenerme en dicho lugar". Por las horas que menciona, el ataque acababa de ocurrir.

Declaró también que 20 metros más adelante vio dos vehículos de la Policía Federal y un taxi detenido y con las portezuelas abiertas. Después de identificarse les preguntó a los federales qué había pasado, y la respuesta fue muy general: "Me refieren que no sabían pero que al parecer varios sujetos habían baleado el taxi y privado de la vida a la mujer". En ese momento llegaron dos unidades del Ejército y él condujo a los soldados hacia el autobús chocado.

Cuando llegaron, un grupo de personas descendió de la unidad, dijeron que eran de un equipo de futbol y que había heridos; añadieron "que los habían interceptado un grupo numeroso de sujetos encapuchados que les efectuaron disparos […] Recuerdo que nos dijeron que los dejaron porque les gritaban que eran futbolistas". Entonces, declara, hizo el llamado a las ambulancias a través del número de emergencias 066.

"Asimismo —continúa— por versiones de los federales y del Ejército nos enteramos de que había habido balaceras en diversas calles de la ciudad de Iguala." Al llegar a la ciudad hizo un recorrido por las calles y en el Periférico Norte encontró a dos personas muertas y tres camiones de pasajeros baleados. Un grupo de personas que dijeron ser estudiantes de la "Raúl Isidro Burgos" le relataron "que habían sido agredidos por elementos de la policía municipal y varios compañeros para salvarse se habían dispersado y refugiado en distintos lugares". Apenas a esa hora, dijo, "se acordonó el área, se hicieron las diligencias necesarias para la preservación del lugar de los hechos, recolección de evidencias y el levantamiento de los cuerpos", es decir, que estaba presente cuando el agente del Ministerio Público Cuenca Salmerón realizó sus deficientes diligencias.

Según León Maldonado, fueron policías ministeriales los que hicieron la búsqueda de los estudiantes escondidos y hallaron aproximadamente a 30.

En tanto que Blanco Cabrera encargó a Martínez Chávez acudir a la base de la policía municipal de Iguala, León Maldonado coordinó la toma de declaraciones de los Avispones y de los heridos en el Hospital General, "enterándome [de] que ya tenían en el batallón de la policía estatal asegurados a diversos elementos de la policía municipal, mismos que habían sido desarmados". Afirmó que los estudiantes identificaron a los policías en fotografías que se les mostraron: "Si mal no recuerdo, fueron seis normalistas los que reconocieron a 19 elementos", especificó. Siempre en la versión de León Maldonado, Blanco Cabrera ordenó entonces: "De inmediato hagan detenciones, Víctor, no quiero errores".

La situación se tornó tensa en el Centro Regional de Adiestramiento Policial (Crapol) del gobierno estatal: "Los policías estaban muy agresivos" y había personas afuera que exigían a gritos su liberación.

El responsable de la averiguación previa fue el agente del Ministerio que hizo el pliego de consignación con el apoyo de un asesor del procurador, Jesús Villalobos.

"En el desempeño de mi encargo me fui enterando de que había grupos delincuenciales operando en el estado, entre ellos los Rojos y los Guerreros Unidos", acota el funcionario en su declaración ministerial.

Por su parte, el subprocurador Ricardo Martínez Chávez señaló en su propia declaración ante la PGR que a las 23:00 lo llamó por teléfono Blanco Cabrera: "Me dijo que había reportes de disturbios en Iguala, que la información era confusa", comenta. Pero en realidad el fiscal general de Guerrero ya tenía corroborado lo que sucedía por medio del Cisen.

Martínez Chávez llamó al fiscal regional Marco Antonio Vázquez Flores, quien le informó "que se decía que unos estudiantes de Ayotzinapa habían disparado contra policías y a su vez los policías contra dichos estudiantes, pero que esto era un rumor ya que no tenía una denuncia formal ni tampoco sabía de lesionados en los hospitales". Uno de los dos mintió: desde las 23:00 la Fiscalía Regional abrió la primera averiguación previa a partir del reporte de heridos en el Hospital General "Dr. Jorge Soberón Acevedo".

"Recuerdo que esa noche en particular estaba un aguacero", refirió Martínez Chávez. "Aproximadamente dos kilómetros antes de llegar a Iguala vimos muchas luces de policías federales y uno de mis escoltas me gritó que ahí estaba el otro subprocurador y un camión."

Se detuvo en ese lugar, donde observó que León Maldonado pedía ambulancias. "Vi gente del Ejército y a un montón de jovencitos que estaban mojándose y algunos llorando, recuerdo que uno de ellos se quiso mover hacia el camión, que estaba como a cinco metros, y el militar le gritó: '¡No te muevas!'"

Entonces declara Martínez Chávez: "Y yo creo, porque vi los camiones, que los confundieron con los ayotzinapos".

Un testigo de asistencia del Ministerio Público que acompañaba a Martínez Chávez afirma que cuando llegaron al cruce con Santa Teresa a las 0:40, vio el camión de los Avispones volcado y a varios menores de edad parados en la carretera; ya estaban ahí los militares, policías federales y el subprocurador León Maldonado. "Estaba lloviendo y ni los elementos del Ejército ni de la Policía Federal les habían brindado apoyo [a las víctimas]", afirmó dicho testigo en su propia declaración ministerial, que rindió ante la PGR el mismo día que los tres funcionarios de la Fiscalía.

Martínez Chávez narró que se llevó a casi todos los jugadores de Avispones a la fiscalía de Iguala en su vehículo y en el de sus escoltas. En aquella oficina sólo encontraron a un agente del Ministerio y dos policías, por lo que pidieron apoyo de más personal para tomar las declaraciones de todos los jóvenes y de sus familiares.

Posteriormente, Blanco Cabrera llamó por teléfono al subprocurador para darle indicaciones:

—Me dicen que participaron policías municipales; si no hacemos rápido las pruebas, no se podrá castigar a los probables responsables. Busca la manera de que les hagan las pruebas de Harrison, el comparativo de balas, y que te entreguen las armas.

—¿Quieres que los desarme? —preguntó Martínez Chávez al fiscal general.

—No estés jugando —respondió éste.

Fue entonces cuando el fiscal regional Vázquez Flores llamó por teléfono al secretario de Seguridad Pública de Iguala, Felipe Flores Velázquez, y le pidió que se presentara en menos de cinco minutos: Flores no huyó, sino que fue inmediatamente a la fiscalía de la ciudad.

Al explicar por qué no detuvo en seguida a Flores Velázquez, el subprocurador Martínez afirmó: "No había denuncias, no había testigos presenciales de los hechos, es más, no había flagrancia ni pruebas periciales que en ese instante nos dijeran qué había pasado, y quiero aclarar que ni en ese instante ni en las siguientes horas".

—¿Qué pasó? —le preguntó Martínez Chávez al jefe policiaco.

—Sé que vinieron unos ayotzinapos, hubo un conflicto en el zócalo después del informe de la primera dama, hubo disparos y sé que hubo persecuciones pero no me consta, ya que hasta el momento no tengo un reporte oficial ni tampoco usé radio para enterarme de qué estaba pasando —respondió Flores.

—Hay en la carretera dos muertos de estos niños de los Avispones y creo, de acuerdo a lo que tú me dices, que pudieron haber sido los policías municipales.

—¿Cuáles?

—Tú debes saber, no yo.

—¿Qué propone? —dijo Flores Velázquez en tono cooperador.

—Que voluntariamente los presentes a todos, incluyéndote, para que se les hagan las pruebas de balística a sus armas, las pruebas de Harrison y todas aquellas que sean necesarias para deslindar responsabilidades.

—Como prueba, la primera arma que quiero poner a disposición es la mía —respondió inesperadamente el jefe policiaco.

El subprocurador le dijo que no, porque debían entregar todas al mismo tiempo; no obstante, Felipe Flores sacó su pistola, le quitó el cargador y se la entregó a un escolta del funcionario estatal.

La mayoría de las armas de la policía municipal de Iguala estaban en su base y allá se dirigieron. Llegaron pasada la medianoche y reunieron a los policías municipales, aproximadamente 10:

—Por favor, obedezcan al subprocurador —ordenó Flores.

—Aquí su jefe pide que voluntariamente entreguen sus armas para periciales y que ustedes comparezcan a que se realicen las pruebas para deslindar responsabilidades —les dijo Martínez Chávez, según su propia versión.

Los policías pusieron sus armas sobre una mesa y les quitaron los cargadores frente al subprocurador, sus cinco escoltas y un agente del Ministerio. Los funcionarios del gobierno estatal eran menos que los policías; éstos o Flores pudieron negarse o enfrentarse con ellos pero no lo hicieron, mostrándose dispuestos a ser investigados. Incluso Flores observó que la base municipal no tenía espacio suficiente para que se presentaran todos los elementos de turno a entregar sus armas y sugirió que se trasladaran a la base de la Policía Federal ubicada a la entrada de Iguala.

Martínez Chávez salió de la base policiaca municipal para atender un reporte de lesionados en el hospital del ISSSTE; mientras tanto, policías ministeriales del estado se quedaron en la base de los municipales con Felipe Flores, quien se ocupó de buscar los documentos de su personal, así como de sus vehículos y armas.

Cuando Martínez Chávez estaba en el hospital recibió una llamada telefónica del fiscal regional Vázquez Flores: "Me decía que se tenía reporte de personas muertas por disparo de arma de fuego en Periférico Norte, por lo que me trasladé a buscar ese lugar, y de repente vi a gente del Ejército y a periodistas junto a un camión, si no mal recuerdo era de pasajeros, y vi que estas personas hablaban con los periodistas y a lo lejos vi al licenciado Víctor León, quien es el otro subprocurador". Entonces se le acercó el estudiante David Flores Maldonado, quien le dijo que era uno de los dirigentes del Comité de Lucha de la Normal de Ayotzinapa. "Después me enteré [de que] le decían *La Parka*, peculiar apodo para un líder estudiantil", prosigue el subprocurador jurídico. "Me dijo que del lado izquierdo de la calle estaban dos personas muertas y estaba su camioneta tipo van y otros vehículos, y que estaban tres camiones que habían sido motivo de dos agresiones en ese lugar [...] en la primera él no estuvo pero en la segunda sí, y que quería ver si los dos cadáveres eran de sus amigos. Le dije que ésa era una escena de crimen, que no podía acercarse porque me podía contaminar las evidencias pero que desde lejos podía verlos, lo cual hizo y en un primer momento me dijo que no los conocía, pero inmediatamente fue a los medios y empezó a dar una conferencia diciendo que eran estudiantes de Ayotzinapa y que habían sido muertos por policías municipales."

Martínez Chávez agregó: "La *Parka* en ese instante me dijo que tenía audios de qué había pasado, videos, y que tenía el número de [las] patrullas municipales que habían intervenido, y de su mano, porque lo traía escrito, recuerdo que me mencionó, pero me puedo equivocar, la 17, la 18, la 20, creo, la 26, la 28 y la 302; pero me dijo además que le habían dicho que [a] algunos de sus compañeros se los habían llevado a la comandancia de la policía (batallón o barandilla), le dije que yo venía de ahí y no había visto ninguna persona".

El líder estudiantil dijo que iría a declarar y pidió ayuda para buscar a sus compañeros que se habían escondido después de la balacera; el subprocurador llevó a Flores Maldonado con otro estudiante y una mujer a buscarlos. "Los tres bajo la lluvia iban gritándoles a sus compañeros, [a] los primeros los encontramos en la azotea de una casa", contó el funcionario. Fueron a dos domicilios particulares y a una tienda de la cadena Oxxo, de donde salieron más sobrevivientes.

Entonces *La Parka* le pidió ir al "batallón" y el subprocurador lo llevó a la base de la policía municipal de Iguala: afuera estaba la patrulla del Grupo Especial de Reacción Inmediata (GERI). "Les pregunté qué hacía ahí (la patrulla) y (los integrantes del grupo) me dijeron que los habían mandado a custodiarme, les pregunté si alguien había entrado o salido en el tiempo que ellos estaban ahí y me dijeron que nadie", abunda Martínez Chávez.

Felipe Flores le informó que no dejaban entrar a los policías municipales en la base de la Policía Federal; Blanco Cabrera le ordenó concentrar a los elementos en las oficinas del Crapol para que ahí se les tomaran las pruebas. "Esto —explicó— con el fin de evitar una pelea con las víctimas del delito, que se caracterizan por ser agresivos." Junto con *La Parka* y su amigo revisaron las celdas de la base municipal, con el mismo resultado: "No vimos a nadie".

El juez de barandilla Ulises Bernabé García "nos dijo que nunca había ingresado nadie, por lo que le pregunté a *La Parka* si a él le constaba eso (que había estudiantes detenidos) y me dijo que a un amigo (le constaba)… Le pregunté al ministerio público y al delegado regional de policía ministerial si habían visto entrar a alguien o salir y me dijeron que no".

Cuando el subprocurador regresó a la sede de la Fiscalía Regional ya estaban ahí los familiares de los Avispones y de los normalistas, maestros, peritos y personal del Ministerio; también había llegado ya el fiscal general Blanco Cabrera. Al tratar Martínez Chávez de convencer a los normalistas para que declararan, "éstos gritaban porras como si fuera un evento y decían que ésa era la forma de sacar su ira. Uno de ellos, que no sé quién sea, decía que para eso se habían preparado durante años".

El fiscal general se trasladó a la base de la policía estatal y ordenó al subprocurador que fuera para allá; todo ese tiempo el jefe policiaco municipal, Felipe Flores, estuvo esperando instrucciones en la explanada de la fiscalía de Iguala. Le preguntó al subprocurador si lo podía llevar, ya que no tenía vehículo y debía pedirles las armas a sus subalternos para ponerlas a disposición del Ministerio e indicarles que se hicieran las pruebas voluntariamente. El propio Flores sugirió citar en el Crapol a los dos turnos de policías municipales para investigarlos.

Cuando arribaron al Crapol ya estaban concentrados afuera los policías municipales y Flores Velázquez cumplió su compromiso de retirarles las armas y entregarlas al Ministerio Público; "Todos se fueron formando para darle sus armas a su secretario para después ponerlas a disposición del Ministerio Público", admite el subprocurador en su declaración. Los peritos tomaron fotos, huellas y pruebas de Harrison a los policías municipales, quienes se sometieron a ellas voluntariamente.

Las fotos fueron enviadas a la Fiscalía Regional y esa tarde se había identificado a algunos participantes en los operativos contra los normalistas: "Es decir, de aproximadamente 150 fotos, se había identificado por fotografía a 19 y había declaraciones de qué habían intervenido patrullas... La tarde del 27 de septiembre ya teníamos a 22 personas identificadas como probables responsables". A partir de entonces se comenzaron a tomar declaraciones, como la de Felipe Flores Velázquez.

El subprocurador dijo que afuera del Crapol se reunieron microbuseros y cerca de 300 personas, quienes gritaban que no iban a permitir que se llevaran a los policías; según Martínez Chávez, fue entonces cuando los uniformados municipales comenzaron a gritar lo mismo. Así justificó la detención de 22 de éstos, 19 de ellos supuestamente identificados por los estudiantes en las fotos, y los otros tres porque presuntamente estaban en las patrullas cuando se perpetraron los ataques.

En su declaración ministerial, el subprocurador jurídico aseguró que Felipe Flores y otros policías salieron corriendo y eran "cobijados o recibidos afuera como héroes por las 300 personas que estaban [...] y estos policías empezaron a rodearnos por las afueras del destacamento, es más, vi cuando algunos se quisieron subir al helicóptero en el que se fue el secretario de Seguridad Pública estatal (Leonardo Vázquez Pérez)". Ante esas supuestas amenazas, la fuerza estatal llevó hasta Acapulco a los primeros 22 policías municipales detenidos bajo el cargo de homicidio de dos estudiantes.

El secretario de Seguridad Pública municipal, Flores Velázquez, fue citado a ampliar su declaración ministerial al otro día. "En el momento en que declaró no se tenía nada en su contra por estos hechos (los ataques)", indicó Martínez Chávez. "Hasta ese momento pensé que ya habíamos cumplido, pero empezó el relajo de que había 57 personas desaparecidas y que se los habían llevado el Ejército, la Policía Federal, los municipales, y hasta ese momento se presentó una denuncia formal con nombres de supuestos desaparecidos, los cuales después bajaron a 43 personas", declaró el funcionario, y señaló que para él, desde un inicio, todo fue obra de la banda delictiva Guerreros Unidos.

A su vez, Iñaki Blanco Cabrera fue muy escueto al explicar los hechos del 26 y 27 de septiembre en su declaración ministerial. Afirmó que pasadas las 23:00 del 26, cuando iba llegando a su domicilio en la Ciudad de México, recibió información de que había ocurrido una balacera en Iguala y que al parecer estaban involucrados estudiantes de Ayotzinapa; cabe destacar que eso no fue lo que informó a sus dos subprocuradores cuando les ordenó ir a Iguala. Según él, la información le llegó por medio de su secretario particular, Cándido Joel Zamudio, además del secretario de Seguridad Pública del estado, Leonardo Vázquez Pérez, y de Jesús Ernesto Aguirre Gutiérrez, asesor de Ángel Aguirre, quien le transmitió la orden del gobernador de trasladarse a Iguala. "De igual manera me comuniqué con el delegado del Cisen en Guerrero, José Miguel Espinosa Pérez, quien me confirmó que tenía datos en el sentido de que se había suscitado un enfrentamiento en la ciudad de Iguala." Con esa información, Blanco Cabrera le encargó a su secretario particular que indagara más sobre el caso y contactara al fiscal regional y al director de la Policía Investigadora Ministerial; personalmente les ordenó a León Maldonado y a Martínez Chávez que fueran a Iguala.

Dice que llegó a la ciudad entre la 1:30 y dos de la madrugada del 27 de septiembre. En la Fiscalía Regional habló con los dos subprocuradores y el fiscal regional, quienes le informaron que los estudiantes de la Escuela Normal Rural "Raúl Isidro Burgos" se habían trasladado a Iguala para hacer boteo y tomar camiones con el fin de asistir a una manifestación conmemorativa del 2 de octubre. Explicó que giró entonces instrucciones para practicar las diligencias, pruebas periciales e investigaciones correspondientes, y que por la mañana ordenó concentrar al mayor número posible de policías municipales de Iguala en las instalaciones de la policía estatal.

Entre las siete y las ocho llegó Ernesto Aguirre Gutiérrez, asesor externo del gobernador, a quien Blanco Cabrera rindió un informe y éste lo pasó al mandatario estatal. Después, junto con el secretario general de Gobierno Jesús Martínez Garnelo y otros funcionarios, dio una conferencia de prensa para informar sobre los hechos, volviendo a responsabilizar de los ataques únicamente a la policía municipal de Iguala.

Posteriormente el secretario de Seguridad Pública estatal, Leonardo Vázquez Pérez, contó una historia distinta y puso en entredicho la versión de los dos subprocuradores y de Blanco Cabrera. En su primera declaración ante la PGR, el 21 de octubre de 2014, afirmó que a las 22:00 recibió una llamada de su subalterno responsable de la operación de la policía estatal, el subsecretario Juan José Gatica Martínez, quien le dijo que en Iguala se estaban reportando disparos y que José Adame, coordinador regional de Seguridad Pública estatal, decidió reforzar la vigilancia exterior del reclusorio de la colonia Tuxpan, a las afueras de Iguala.

Es decir, en la versión de Vázquez Pérez, al subsecretario Gatica Martínez "le fue reportado por parte del C4 que con motivo de dichas agresiones resultaron lesionados civiles, por lo cual el coordinador (Adame) se había trasladado al Hospital General que se ubica en Iguala, donde se enteró que los lesionados eran efectivamente civiles y que al parecer eran estudiantes de la Normal Rural de Ayotzinapa, quienes además refirieron que los elementos que los lesionaron eran [...] de la policía municipal de Iguala".

Vázquez Pérez dijo que ordenó "proteger y custodiar a los lesionados que se encontraban en el hospital"; luego habría hablado directamente con Adame, quien corroboró la información y le dijo que estaba en el nosocomio, donde ya se brindaba seguridad a los lesionados.

La versión de los hechos que el secretario de Seguridad Pública declaró ante la PGR fue cambiante: "Recibí una llamada por parte del gobernador Ángel Aguirre Rivero, quien me ordenó trasladarme de inmediato a Iguala, ya que estaba enterado de los eventos que se estaban suscitando, ordenándome también estableciera coordinación con el procurador (fiscal general) Iñaki Blanco Cabrera, así como con el secretario de Salud, Lázaro Mazón Alonso, y que pasara a recoger al titular de la Comisión Estatal de Derechos Humanos en Guerrero, Ramón Navarrete Magdaleno". Refirió que cuando iban hacia Iguala, en el poblado de Mezcala había un bloqueo sobre la carretera federal: dos tráileres con caja y dos vehículos particulares obstruían el paso, ya que ahí estaban heridos dos civiles. A decir del titular de la SSP estatal, éstos fueron enviados al Hospital General de Tierras Prietas y "los testigos de los hechos manifestaban que habían sido agredidos por varios sujetos cubiertos del rostro y que vestían ropas oscuras".

El secretario Vázquez Pérez agregó que llegó a Iguala a las dos de la madrugada del 27 de septiembre y se reunió con Blanco Cabrera en la Fiscalía Regional; poco después llegaron ahí estudiantes de Ayotzinapa y jugadores de Avispones. "Ante las circunstancias —declaró— se ordenó la inmediata coordinación con elementos del Ejército Mexicano a fin de resguardar las entradas y salidas de la ciudad y tomar el control de la seguridad del municipio de Iguala."

En la versión del titular de la SSP estatal, el procurador Blanco Cabrera primero ordenó que los policías municipales fueran concentrados en las instalaciones del 27 y 41 Batallones de Infantería, pero como el Ejército se negó, ordenó que se concentraran en el Crapol de la colonia Tuxpan. Dijo que fue él y no Vázquez Flores quien llamó al secretario de Seguridad Pública de Iguala, Felipe Flores Velázquez, para que se presentara con todo su personal, unidades y armamento en el Crapol; también señaló que él acompañó a los estudiantes a buscar a sus compañeros que se ocultaron por temor a ser atacados. "Como resultado de los patrullajes y búsqueda —especificó— se logró ubicar [a] alrededor de 30 jóvenes que se encontraban dispersos; a partir de ese momento nos dedicamos a realizar patrullajes en conjunto con elementos del Ejército Mexicano, vigilando las entradas y salidas de la ciudad."

Aseguró que desde el 27 de septiembre Iguala quedó dividida en seis áreas de vigilancia, de las cuales cuatro le correspondían a la Sedena y dos a la Semar; la policía estatal envió dos patrullas a cada área.

En una segunda declaración, rendida el 29 de octubre, Vázquez Pérez cambió algunas partes de su primera versión: señaló que los policías municipales de Iguala se concentraron en el Crapol a las cuatro de la mañana y aclaró que el personal de la Fiscalía les recogió el armamento y las unidades. "Nosotros como secretaría no tuvimos contacto con la policía, en ese lugar vi a Felipe Flores Velázquez, secretario de Seguridad Pública municipal, quien se presentó con personal de la fiscalía."

Según él, todo eso sucedió mientras coordinaba "los operativos para la búsqueda de estudiantes desaparecidos" con el comandante de la 35 Zona Militar, el general de brigada Alejandro Saavedra Hernández. En realidad, a esa hora ni siquiera había reportes de estudiantes desaparecidos.

Para coordinarse con otras dependencias de seguridad, el secretario Vázquez abandonó el Crapol; nada mencionó sobre las supuestas actitudes agresivas de los policías municipales y sus familiares o el supuesto intento de subirse al helicóptero en el que él salió de la base estatal. Nada de esto ocurrió.

Ante la PGR se deslindó de cualquier asunto relacionado con las denuncias recibidas en los números de emergencia 066 y 089: "No las tuve a la vista, sólo tuve conocimiento de manera general de su existencia". Afirmó que el responsable de esa área es el Consejo Estatal de Seguridad Pública, cuyo secretario ejecutivo, Porfirio Fabián Hernández Catalán, "es quien tiene a disposición esa información". Evadió también cualquier responsabilidad sobre las cámaras de seguridad y video del C4; indicó que la Dirección General de Telecomunicaciones se encarga de vigilar los aspectos técnicos de esos artefactos, mientras que el Consejo Estatal decide si sus contenidos se entregan a otras dependencias: "En relación a los videos de las cámaras de seguridad del C4, de fecha 26 de septiembre de 2014 del municipio de Iguala y Cocula, no tengo el control ni el conocimiento de dichos videos. Desconozco si han sido proporcionados o no a la Fiscalía General del Estado de Guerrero o alguna otra dependencia, ya que eso no está dentro de mis funciones sino del Consejo Estatal de Seguridad Pública".

Justamente las cámaras del C4 de Iguala, donde trabajaba en esos momentos personal de todas las dependencias de seguridad pública federales, estatales y municipales, eran claves para conocer las verdaderas circunstancias del ataque y, sobre todo, quiénes secuestraron y adónde fueron llevados los 43 estudiantes desaparecidos.

La mañana del 27 de septiembre el coordinador de la policía ministerial de Guerrero, José Luis Vega Nájera, acudió al C4 de Iguala, ubicado a unas cuadras de la calle Juan N. Álvarez, donde ocurrieron dos de los ataques contra los normalistas; en dichas instalaciones había personal de la policía estatal, telefonistas para atender las llamadas de emergencia y militares del 27 Batallón de Infantería, que esa noche estuvieron a cargo de las cámaras de seguridad con las cuales se monitorea la ciudad.

Personalmente, Vega Nájera extrajo cinco videos grabados por cuatro cámaras de seguridad instaladas en diferentes lugares de Iguala, que registraron los hechos de aquella noche; los grabó en discos compactos, que empacó y se llevó al Cuartel de Seguridad Pública estatal en Iguala: así quedó asentado en el documento de cadena de custodia, integrado en la averiguación previa HID/SC/ 02/0993/ 2014.

Vega Nájera llegó a la policía ministerial de Guerrero unos días antes de los ataques a los normalistas. Durante 15 años fue subcomandante de la corrupta Policía Judicial del Estado de México, donde desde febrero y hasta principios de septiembre de 2014 se desempeñó en la Fiscalía Especializada en Secuestros. Y aunque muchos mandos policiacos dejaron el cargo tras los hechos de Iguala, él continúa en la Fiscalía General del Estado de Guerrero.

Uno de aquellos cinco videos que se llevó era crucial: el que fue grabado por la cámara ubicada en Periférico Poniente, a la altura de la colonia Esmeralda. Las cámaras graban las 24 horas del día pero curiosamente este video quedó editado en un minuto y algunos segundos; el resto de las imágenes registradas por esa cámara durante toda la noche quedaron borradas para siempre, lo cual fue decisivo para ocultar la verdad y fabricar una versión falsa de los hechos.

El video, rotulado "26-09-2014 11-19-32 p.m. Personal de la policía trasladando a algunos detenidos", ha sido ocultado por el gobierno de Guerrero y la PGR: sólo han mostrado de él algunos segmentos que apenas duran segundos, la parte que convenía a los gobiernos estatal y federal. Pero en el transcurso de esta investigación se obtuvieron cinco videos. Éste es concluyente.

EL CONVOY DE LA MUERTE

A las 23:19 del 26 de septiembre un convoy de al menos 13 vehículos circulaba velozmente por la solitaria avenida Benito Juárez Poniente de Iguala, también conocida como Periférico Poniente: cruzó las colonias Emiliano Zapata, Esmeralda, Bugambilias y Villa de Guadalupe y pasó frente a la cámara en tan sólo 51 segundos. A unas cuadras de ahí, en la calle Juan N. Álvarez, acababa de ocurrir uno de los ataques contra los estudiantes de la Normal de Ayotzinapa: a las 23:15 fueron desaparecidos al menos 20 de los 43 normalistas.

Tres vehículos del convoy eran similares a las patrullas de la policía municipal de Iguala, según se aprecia en el video. Uno de ellos transportaba en la parte trasera al menos a seis civiles, quienes según los gobiernos estatal y federal eran algunos de los 43 normalistas desaparecidos.

No obstante, al contrario de lo que han dicho los gobiernos de Guerrero y federal, contra los estudiantes no sólo actuaron patrullas de la policía municipal de Iguala sino que se trató de un amplio operativo. Los vehículos de ese convoy tienen características similares a los que participaron en las agresiones contra los estudiantes, según entrevistas con algunos sobrevivientes; es probable que algunos fueran tripulados por servidores públicos.

Los automotores venían del rumbo donde ocurrieron las agresiones, en Juan N. Álvarez y Periférico Norte, en las proximidades del C4, y se dirigían en dirección de Ciudad Altamirano, Teloloapan y Cocula.

En la breve grabación se ve que una camioneta SUV oscura encabeza el convoy mientras que otra va hasta atrás. La de adelante llevaba al menos dos tripulantes con vestimenta del mismo color, como un uniforme; no se distingue si transportaba a más personas.

A lo largo de esta investigación periodística se obtuvieron testimonios de testigos presenciales de los ataques, quienes refieren que se utilizaron camionetas oscuras con hombres de apariencia militar en los primeros disparos contra los estudiantes en el centro de Iguala, así como al perseguirlos después de la medianoche tras el segundo ataque, en la calle Juan N. Álvarez.

Pegados a la SUV pasan rápidamente tres vehículos similares a las patrullas pick up usadas por la policía de Iguala: el primero lleva personas uniformadas en la parte trasera, el segundo transporta en la caja al menos a seis civiles sometidos y vigilados por dos o tres uniformados y la tercera unidad también lleva uniformados en la parte trasera. La primera y la tercera patrulla están rotuladas y pintadas igual, pero la segunda —donde llevan a los civiles—, aunque en general parece idéntica a las otras, tiene el techo pintado de distinta manera, por lo que podría tratarse de una patrulla "clonada".

Después se ve una motocicleta pegada a una pick up blanca sin rótulos que se alcancen a apreciar, del mismo tipo que las utilizadas esa noche por la policía ministerial de Guerrero; los estudiantes sobrevivientes dijeron en entrevista que, mientras huían de las agresiones, cuatro sujetos vestidos de civil bajaron de una camioneta pick up blanca de la policía ministerial y los atacaron.

En el video citado también se ve pasar un vehículo oscuro tipo sedán con torreta y un escudo en el cofre que iba escoltando a una grúa blanca, aparentemente sin distintivos, la cual remolcó un vehículo sedán oscuro; detrás de ellos pasa un vehículo sedán, totalmente oscuro y sin ningún distintivo. A la cola del convoy, otra motocicleta va junto a la camioneta SUV oscura. Cuando termina de cruzar ese grupo de vehículos, la calle luce desierta por unos segundos hasta que termina el video.

Estudiantes sobrevivientes señalaron que en diversos momentos de los ataques de esa noche detectaron que los vigilaban individuos en motocicletas; incluso uno de los jóvenes afirma que los motociclistas iban armados.

En cierto momento del video, la cámara controlada desde el C4 se mueve súbitamente: cuando iba pasando el convoy alguien la hizo apuntar hacia el cielo. Al volver a dirigirla al Periférico Poniente, cambia la cromática de la grabación de color a blanco y negro, lo que hace más difícil distinguir las características de los vehículos y de sus tripulantes, quienes se perdieron en la noche. De los estudiantes trasladados en esos vehículos no se volvió a saber su paradero.

Luego de que Vega Nájera extrajo los videos del C4, esa misma mañana del 27 septiembre el agente del Ministerio Público Miguel

Ángel Cuevas Aparicio, de la Fiscalía, solicitó a la perito Adriana Salas Domínguez que analizara sólo una parte del video mencionado, es decir, "extraer la secuencia de imágenes donde se observan circular por la avenida a tres vehículos tipo camioneta con luces en su parte superior (torreta) a las 11:19:34 pm", debido a lo cual Salas Domínguez omitió el resto de los que iban con las tres presuntas patrullas de la policía municipal.

La perito tomó ocho fotografías del video, todas de dichas unidades que la Fiscalía utilizó para incriminar y dirigir desde un inicio toda la investigación contra los uniformados municipales y el alcalde de Iguala, José Luis Abarca. En cambio, se ocultó la presencia de las camionetas suv y los otros vehículos durante el operativo para desaparecer a los estudiantes, aunque desde sus primeras declaraciones la mañana del 27 de septiembre los normalistas sobrevivientes describieron vehículos con características idénticas a los del convoy como parte del ataque nocturno.

Al analizar las declaraciones ministeriales de los 22 policías de Iguala detenidos en el Crapol por Blanco Cabrera, Martínez Chávez y León Maldonado, es evidente que se les mostraron los breves segundos en que aparecen las tres presuntas patrullas municipales, pero tendenciosamente nunca se les pasó toda la secuencia de un minuto donde se aprecia el convoy del que formaban parte esos vehículos.

Como parte de la averiguación previa PGR/SEIDO/UEDI MS/87/2014, la subprocuraduría abocada a investigar la delincuencia organizada, que en 2012 cambió sus siglas a SEIDO, envió a la fiscalía guerrerense el oficio 4529, fechado el 29 de octubre de 2014, donde solicitó a la dependencia "copia de las grabaciones de las cámaras de vigilancia de la vía pública (C4) de los días 26 y 27 de septiembre del año 2014 en el municipio de Iguala de la Independencia, respecto a los hechos de los desaparecidos de Ayotzinapa". Apenas empezaba a recabar información para investigar.

El 31 de octubre la Fiscalía entregó a la SEIDO los cinco videos en una memoria USB, pero la PGR nunca realizó indagaciones ni análisis sobre el convoy. La versión pública del expediente del caso sólo contiene el dictamen de la perito del gobierno de Guerrero sobre los cinco videos, pero la procuraduría federal censuró las imágenes.

Con dolo, hasta el 12 de noviembre de 2014 la SEIDO envió peritos en informática y video al C4 de Iguala para revisar las grabaciones relacionadas con los hechos del 26 y 27 de septiembre; sin embargo, el C4 quedó en manos de la División de Gendarmería de la Policía Federal desde el 29 de septiembre. Cuando el personal especializado de la PGR llegó al centro de cómputo se les informó que todos los videos de esa noche ya habían sido borrados.

El 13 de noviembre la SEIDO volvió a pedir al gobierno de Guerrero los videos del C4 de Iguala correspondientes al 26 y 27 de septiembre. Al día siguiente el director general del Sistema Estatal de Información Policial (Seipol) respondió que la información videográfica de esas fechas estaba borrada porque el propio sistema borra las grabaciones cada siete días. "Sin embargo no omito informarle que la información captada durante los días 26 y 27 de septiembre le fue entregada al agente del Ministerio Público de la federación", indica la versión pública del oficio del Seipol.

De acuerdo con las declaraciones ministeriales rendidas por militares del 27 Batallón de Infantería ante la PGR, obtenidas por esta reportera, esa noche efectivos castrenses estuvieron a cargo de las cámaras de seguridad aunque la Secretaría de Seguridad Pública de Guerrero era la responsable directa del C4: fueron dichos elementos los únicos que pudieron haber manipulado la cámara. No fue lo único que hicieron.

LA VERSIÓN DE LOS PRIMEROS 22 POLICÍAS DETENIDOS

El 26 de septiembre estuvieron en servicio 142 elementos de la policía municipal de Iguala según la bitácora de guardia, de la cual se tiene copia. Diecinueve de ellos no eran operativos y se encargaban de tareas administrativas y seis estaban en curso de formación inicial, por lo que en total eran 117 elementos operativos incluido el secretario de Seguridad Pública, Felipe Flores Velázquez.

La base de la policía municipal de Iguala se encuentra en la calle Ignacio López Rayón 109, colonia Centro, prácticamente en un callejón; no se trata de una zona aislada o alejada sino que está rodeada de casas, vecindades y comercios. La modesta instalación tiene una sola puerta y no es apta para vehículos, por lo que no pueden entrar las camionetas pick up con *roll bar* (estructura tubular con la función de pasamanos) usadas por la policía municipal: si tenían detenidos, debían bajarlos en la calle y entrar con ellos caminando a la base de una sola planta en forma de escuadra cuyas oficinas miran hacia un patio central con forma triangular, el cual se puede ver desde las casas aledañas.

Entre las 22:30 y 23:00 del 26 de septiembre, por órdenes de Flores Velázquez, los policías de turno fueron citados para concentrarse a las afueras de la base de la Policía Federal. Según el dicho de los policías, nadie les dijo por qué o para qué; ahí permanecieron durante varias horas hasta que en la madrugada del 27 recibieron la orden de ir a la base de la policía estatal, mejor conocida como Crapol, ubicada a las afueras de la ciudad. Cuando se presentaron en la base de la policía municipal, los elementos que entraban a trabajar al nuevo turno recibieron la orden de ir al mismo lugar.

Ahí entregaron su armamento los policías que no fueron desarmados en la base de la policía municipal, en total 97 pertrechos entre rifles semiautomáticos Beretta y G36 calibre .223 (5.56 × 45 mm) y pistolas 9 mm (9 × 19 mm), cartuchos y cargadores, así como las 19 patrullas que estaban en servicio. Sólo a 105 elementos se les hizo la prueba de rodizonato de sodio —para detectar si una persona ha disparado o no un arma de fuego recientemente—: se ignora si los demás no se presentaron, y si lo hicieron, por qué no se les practicó. Uno de los comandantes ausentes en la lista de los elementos a los que se les hizo el examen es Francisco Salgado Valladares.

Los policías fueron formados en un patio y pasaron al frente uno a uno mientras personas encapuchadas iban señalando a unos y a otros no. Según el expediente abierto por la Fiscalía General del Estado, los estudiantes Cornelio Copeño, Alejandro Torres Pérez, Brayan Baltazar Medina, Luis Pérez Martínez, Yonifer Pedro Barrera y Miguel Ángel Espino reconocieron a 19 elementos como sus atacantes y la Fiscalía señaló a otros tres, quedando así detenidos un grupo de 22 policías municipales, de los cuales sólo 16 dieron positivo en la prueba de restos de pólvora. Fueron identificados por los normalistas: Fausto Bruno Heredia (negativo), Margarita Contreras

Castillo (positivo), Juan Luis Hidalgo Pérez (positivo), Baltazar Martínez Casarrubias (positivo), Mario Cervantes Contreras (positivo), Arturo Calvario Villalba (positivo), Emilio Torres Quezada (positivo), Abraham Julián Acevedo Popoca (positivo), Raúl Cisneros García (positivo), Miguel Ángel Hernández Morales (positivo), Rubén Alday Marín (positivo), José Vicencio Flores (positivo), Iván Armando Hurtado Hernández (positivo), Zulaid Marino Rodríguez (positivo), Salvador Herrera Román (positivo), Hugo Hernández Arias (negativo), Fernando Delgado Sánchez (negativo), Marco Antonio Ramírez Urban (positivo) y Osvaldo Arturo Vázquez Castillo (positivo), en tanto que la Fiscalía decidió detener a Alejandro Andrade de la Cruz, Hugo Salgado Wences y Nicolás Delgado Arellano, quienes supuestamente también dieron positivo en la prueba de restos de pólvora en las manos.

Llama la atención que en el peritaje practicado también dio positivo el comandante Alejandro Tenescalco, quien usó la patrulla número 018. Tenescalco es uno de los comandantes de la Secretaría de Seguridad Pública de Iguala y coordinó una parte del operativo de esa noche según los testimonios rendidos el 27 de septiembre por los policías detenidos, quienes lo ubican en los eventos ocurridos en el centro de Iguala como frente al Palacio de Justicia. Pese a haber dado positivo en la prueba de pólvora no fue detenido, igual que el comandante Luis Francisco Martínez, quien la noche del 26 de septiembre estuvo directamente bajo las órdenes de Tenescalco en la patrulla 011 junto con Iván Hurtado Hernández. Ambos fueron protegidos por la Fiscalía y hasta la fecha siguen libres.

En las declaraciones ministeriales rendidas ante la Fiscalía General el 27 y 28 de septiembre por los 22 policías detenidos, 10 de ellos reconocieron haber tenido información sobre la toma de autobuses por parte de los normalistas y estar presentes en la calle Juan N. Álvarez y/o en el Palacio de Justicia, pero también dijeron que hubo presencia de patrullas de la Policía Federal y de la policía ministerial de la Fiscalía. Nunca se refirieron a haber arrestado a normalistas o subirlos a sus patrullas.

Según los dictámenes médicos practicados a los 22 elementos, no presentaban golpes ni huellas de tortura. Funcionarios de la CNDH estuvieron presentes en varios de los interrogatorios y se sabe que también la Oficina del Alto Comisionado para los Derechos Humanos de Naciones Unidas se manifestó para conocer la situación de los detenidos.

De 10 policías detenidos que se encontraban a bordo de las patrullas involucradas en los ataques —Alejandro Andrade de la Cruz, quien dijo estar a bordo de la número 028; Juan Luis Hidalgo, patrulla 026; Raúl Cisneros, patrulla 023; Fausto Bruno Heredia, patrulla 020; Mario Cervantes Contreras, patrulla 027 (compañero de Alejandro Mota y Edgar Vieira); Miguel Ángel Hernández Morales, patrulla 022; Rubén Alday Marín, patrulla 019; Emilio Torres Quezada, patrulla 024; Hugo Salgado Wences, unidad 028, e Iván Armando Hurtado Hernández, unidad 011—, tres de ellos, Andrade de la Cruz, Cisneros y Hurtado Hernández, admitieron haber disparado esa noche "al aire". Cabe señalar que en su primera declaración ministerial, a pregunta expresa del Ministerio Público, todos ellos declararon que no arrestaron ni subieron a normalistas a sus patrullas, y permitieron que se les hicieran las pruebas de rodizonato de sodio en ambas manos, se les tomaran las huellas dactilares y fotografías.

Además de tomar los testimonios de los 22 policías presuntamente identificados esa mañana en el Crapol, se hicieron pruebas de balística a todo el armamento entregado y se hicieron pruebas en las manos de todos para saber si habían disparado recientemente o no. Pese a los más de 190 cartuchos recolectados por el Ministerio Público durante la noche y madrugada en las escenas de las calles Juan N. Álvarez y el cruce a Santa Teresa, sólo se confrontaron 20 casquillos encontrados en este último punto. Uno solo correspondió, según el peritaje, al fusil 54, que esa noche portaba el policía Salvador Herrera Román, y otro al arma usada por el policía Raúl Cisneros García. "Los otros 18 casquillos restantes fueron percutidos [disparados] por otros fusiles distintos entre sí pero del mismo calibre", señala el dictamen del cual se tiene copia, lo que significa que de los 20 casquillos comparados sólo dos fueron disparados por elementos de la policía municipal y el resto por otras personas o corporaciones.

A las 7:30 de la mañana de ese 27 de septiembre, es decir, apenas unas horas después de la agresiones y desaparición de los normalistas, también se hicieron pruebas de rastreo de sangre y balas a las 19 patrullas de la corporación. Se revisó el interior y exterior de todas las unidades, incluida la batea, de acuerdo con el dictamen realizado por las peritos Dulce María Elías Bustamante y María Guadalupe Moctezuma Díaz, del cual se tiene copia.

Conforme a ese peritaje, se detectó que la patrulla 028 tenía roto el vidrio posterior izquierdo y se encontraron en el interior dos casquillos .223 percutidos. En la patrulla 002, a cargo de Raúl Javier Crespo, la cual fue usada para bloquear el paso de los tres camiones en los que viajaban los normalistas en la calle Juan N. Álvarez, se encontró que del lado derecho del parabrisas había dos orificios de disparos y al interior, en la puerta delantera izquierda, había una mancha "al parecer hemática [de sangre]" en forma de salpicadura y en el asiento trasero una mochila negra con manchas de sangre en un área de 17 × 10 centímetros. Al interior de la unidad 022 se localizaron tres cartuchos sin percutir calibre .223; en la 026, un cartucho percutido calibre .223 en el suelo debajo del asiento del conductor; en la 020, asignada al policía Fausto Bruno Heredia —quien esa noche se encontraba bajo las órdenes del comandante Alejandro Tenescalco—, se encontró un cartucho útil calibre .223; en la 024, sobre un impermeable localizado en el asiento trasero, un casquillo percutido calibre 9 mm. Asimismo, en la patrulla municipal 011 se encontraron dos casquillos calibre 9 mm, uno en la orilla inferior del parabrisas y otro en la base del limpiador, los dos en el exterior de la unidad. El hallazgo de casquillos y sangre muestra que los vehículos no fueron alterados o limpiados antes de su inspección, sin embargo, en la parte de la batea de las 19 unidades examinadas no se encontraron rastros de sangre, cabellos o algún otro indicio.

Andrade de la Cruz dijo que disparó en las calles del centro de Iguala cuando circulaban tres de los camiones secuestrados por los normalistas. Narró que pasadas las 21:00, luego de haber puesto a disposición del juez de barandilla a dos personas en estado de ebriedad, a través de su radio Matra escuchó que solicitaban apoyo en la calle de Galeana, "mencionando que venían unas personas agresivas a bordo de un autobús: al escuchar esto, lo que hice con mis compañeros fue trasladarnos a dicho lugar previa manifestación vía radio [de] que acudía al apoyo, por lo que al llegar a la calle de Galeana casi esquina con Bandera Nacional [en el centro] nos percatamos que se encontraba un autobús estacionado [y] junto a él unas personas del sexo masculino que tenían piedras en sus manos… al hacer alto y ver esta situación le dije al chofer 'Jálate', pero estas personas nos lanzaron las piedras logrando causarle daños al vehículo oficial a mi cargo y le quebraron el cristal de la ventana del lado izquierdo, por lo que nos retiramos del lugar…" El policía reconoció que en ese momento accionó su arma "por una sola ocasión y esto lo hice hacia al aire y que esto fue en la calle Bandera [Nacional] al cruce de la calle Galeana a la altura del Monumento a la Bandera de la colonia Centro en la ciudad de Iguala… y que esto fue porque me agredieron a pedradas [un] grupo de gente que se encontraban a un lado de un autobús y que esto lo hice cuando me encontraba a bordo de la patrulla 028 en compañía de mis elementos, de nombres Hugo Salgado Wences… y el policía raso Nicolás Delgado Arellano, después de que realicé el disparo nos retiramos del lugar…"

Señaló que tuvo un segundo encuentro con los normalistas. Al salir a Periférico Norte se dio cuenta de que en la calle Juan N. Álvarez "había otras unidades de la policía preventiva y que tenían la torreta prendida" y dijo que atravesó su patrulla para dar seguridad perimetral, permaneciendo allí varios minutos, y luego escuchó por radio que también se pedía apoyo en el puente donde se ubica el Palacio de Justicia, en la carretera federal a Chilpancingo, "por lo que indico a mis compañeros que nos subiéramos a la patrulla para trasladarnos a brindar el apoyo… al llegar a dicho lugar hice lo mismo, dar seguridad a la retaguardia semi atravesando la unidad, y me percaté que había varias patrullas, entre cinco o seis… sin observar los números económicos así como tampoco me pude dar cuenta del número de elementos que ahí se encontraban pero sí éramos varios, entre los que se encontraban los comandantes Hidalgo y Álvaro Ramírez Márquez, los cuales no se cubrían [el] rostro y de ahí me percaté que llegaron dos patrullas de la Federal de Caminos, así como una patrulla de la policía ministerial".

Por su parte, Torres Quezada señaló que "siendo alrededor de las 21:00 horas escuché a través del radio patrulla Matra que un compañero reportaba que iba siguiendo un autobús por la calle Aldama de la colonia Centro, y que el conductor no se quería detener. En ese momento mis elementos y yo nos encontrábamos en el filtro ubicado en la comunidad de El Naranjo, la cual se encuentra a cinco minutos de distancia del centro de Iguala, rumbo a la ciudad de Taxco, Guerrero; lugar en el cual me encontraba desde las cinco o seis de la tarde ya que mi comandante, de nombre Alejandro Mota Román, me dio esa indicación, por lo que al escuchar el reporte hice caso omiso... Aproximadamente cinco o seis minutos después del reporte mencionado escuché nuevamente por el radio de la patrulla las voces de varios compañeros que mencionaban sobre la persecución de un autobús indicando las calles hacia donde se dirigía y esta comunicación o diálogo que tenían los demás compañeros policías duró aproximadamente diez minutos y... era intensa, por lo que supongo que participaron varias patrullas ya que se escuchaban varias voces de las cuales no pude identificar a nadie, ya que el canal es abierto... aproximadamente quince minutos después escuché que ya habían logrado detener el autobús que perseguían y que lo tenían abajo del puente de la autopista México-Acapulco [en el Palacio de Justicia], por lo que les ordené a mis elementos, de nombres *Huri* [Ernesto Castro Bautista] y Abraham [Acevedo Popoca], que nos trasladáramos a la ciudad para apoyar a los compañeros..."

Afirmó que cuando llegaron se encontraba una patrulla de la policía municipal de Iguala y estaban otros dos compañeros deteniendo el autobús, que por las características que dio era el Estrella de Oro 1531. Dijo que cerró la carretera federal a Iguala atravesando su unidad y "quince minutos después me percaté que llegó al lugar una patrulla de la policía ministerial del estado, la cual era una camioneta tipo RAM doble cabina, color blanca, sin ver el número económico de la patrulla pero a bordo de ésta venían dos elementos, a los cuales no pude identificar porque pasaron por arriba del puente y bajaron por un retorno, y no los distinguí porque estaba un poco lejos, y no me di cuenta si llegaron más compañeros de nuestra corporación o de alguna otra... a dar el apoyo". Afirmó que estuvo ahí una hora y luego recibió la orden de concentrarse en la comandancia de la policía municipal; "en ese momento me percaté que la patrulla de la policía ministerial se retiró y enseguida se retiraron los compañeros de la policía municipal, pero no vi por dónde se fueron…"

Por su parte, Hurtado Hernández reconoció que disparó en la calle Juan N. Álvarez. Señaló que cuando llegó en su patrulla a la esquina de Juan N. Álvarez y Periférico, "escuché varias detonaciones y que… provenían de armas automáticas, de ráfaga. El conductor estacionó la patrulla y caminamos aproximadamente 40 o 50 metros. Mientras caminábamos alcancé a observar tres autobuses; también observé a un grupo de gente, sin poder precisar qué cantidad, pero eran muchos, todos del sexo masculino, y se tapaban el rostro con las playeras que vestían, dejando el torso al descubierto. También observé que otro grupo de los sujetos que se cubrían el rostro con la playera se encontraban ocasionando daños a otras patrullas de la policía preventiva que se encontraban ahí estacionadas…", señaló. "[En] ese preciso momento observé que de uno de los autobuses descendieron varios sujetos y corrieron en dirección hacia nosotros, que también llevaban el rostro cubierto con sus playeras y portaban palos y piedras, con los cuales hacían señas de intentar pegarnos, por lo que mis compañeros y yo corrimos hacia donde había quedado estacionada la patrulla en la que viajábamos. Como yo soy escolta de la patrulla me fue muy fácil abordar la caja, el comandante todavía alcanzó a abrir la puerta del conductor y abordó la patrulla en dicho asiento, encendió la marcha e hizo maniobra de reversa, pero no pudimos avanzar mucho porque los sujetos ya se encontraban muy cerca. Como nos superaban en cantidad tuve que hacer dos detonaciones al aire para que se espantaran, lo cual logré porque se regresaron hacia donde se encontraba el autobús del cual habían descendido…"

En tanto, Cisneros García afirmó que vía radio recibieron el reporte de un posible robo en la calle de Galeana y acudió por encontrarse muy cerca del lugar: "Llegamos con las luces de la torreta encendidas, sin la sirena activada, observando un autobús a una distancia aproximada de unos 20 metros, el cual estaba parado sobre la calle. Pero no pude apreciar alguna característica de dicho autobús por la poca iluminación ya que estaba oscuro, por lo que descendí de la unidad quedándose mi compañero Eleazar en la camioneta a la expectativa y me aproximé a pie hasta el autobús llevando empuñada mi arma larga antes descrita y me acerqué a una distancia de un metro y medio de la puerta delantera del autobús. Observé que el autobús tenía las luces interiores encendidas y repentinamente observé a dos individuos que estaban cubiertos del rostro con algún tipo de tela oscura, sin poder recordar qué tipo de ropa llevaban puesta… y como no había alguna otra patrulla de ninguna corporación, de inmediato me comuniqué por el radio portátil que llevaba con el radiooperador, informándole que efectivamente se encontraban dos individuos en el interior del autobús, encapuchados… Cuando a los tres minutos llegó la unidad 018, con el supervisor [Alejandro] Tenescalco con su chofer, quien también es elemento de la policía municipal, de quien no recuerdo su nombre ni apellidos pero es el elemento que tiene asignado de manera regular… por la calle de Galeana, colocándose atrás de nuestra unidad 023, y el supervisor Tenescalco, armado con [el] arma larga, dirigiéndose hasta donde yo estaba… Antes de que él llegara hasta mí dos individuos me sujetaron por el cuello por atrás… y en ese momento forcejeé tratando de quitármelos, y… el supervisor Tenescalco realizó unos disparos, al parecer con su arma corta, sin poder precisar cuántos, y en ese acto corté cartucho con mi arma larga y realicé dos disparos al aire, por lo que en ese momento los sujetos me soltaron y corrieron hacia el interior de otro autobús…" Según Cisneros, ésos fueron los únicos disparos que hicieron.

Zulaid Marino Rodríguez señaló que fueron concentrados a las afueras de la base de la Policía Federal poco después de las 22:30, "en la parte de afuera de las instalaciones de la Policía Federal ya se encontraban varios compañeros con sus unidades, y al llegar ahí, el encargado y mi superior se entrevistó con los demás encargados y sólo regresó para decirme que esperáramos instrucciones…"

Hugo Hernández Arias declaró el 28 de septiembre ante la Fiscalía que el día 26 fue comisionado a las 18:30 a dar seguridad en el perímetro del centro donde se llevó a cabo el informe de María de los Ángeles Pineda Villa como presidenta del DIF municipal, y que aún sin finalizar el evento fueron asignados a dar vigilancia a la unidad deportiva de Iguala, en la que se llevaba a cabo el partido de futbol entre el equipo local y los Avispones, de Chilpancingo, donde se quedó hasta las 21:30. El partido terminó con un marcador 3-1 a favor de los Avispones: "Serían las 22:30 cuando nos acercamos a la puerta principal, aproximadamente diez minutos [después] el encargado segundo, Tomás Martínez Beltrán, nos indicó que todos abordáramos la patrulla 16 y nos trasladáramos hacia la dirección de la policía preventiva, que se encuentra ubicada en la calle de Rayón número 1, colonia Centro. Al llegar ahí él solicitó por radio instrucciones para todo el personal, indicándome a mí que con los tres elementos con los que había llegado a la unidad deportiva me hiciera cargo de la seguridad de las instalaciones de la dirección. Posteriormente procedí a solicitar mi arma larga, ya que sólo portaba la pistola de la marca Pietro Beretta modelo PX4 Storm, con matrícula PX60575, calibre 9 × 19 milímetros... al banco de armas de la policía municipal de Iguala, siendo para esto un arma larga de la marca Beretta, modelo SC-70/90, matrícula A24966G, calibre 5.56 × 45 mm [.223], tal y como lo demuestro con mi credencial que me acredita como policía tercero, misma que exhibo en este acto en original, y posteriormente con mis tres elementos más Fernando Delgado Sánchez, Gilberto Jiménez Pérez y Juan Carlos Rodríguez Montes... Serían aproximadamente las 23:00 horas de ese día 26 que ya nos encontrábamos en la parte superior de las oficinas de la policía municipal para estar alerta y darle seguridad al personal de instalaciones, aclarando que sólo el suscrito portaba el arma y el fusil. Asimismo, vía radio el operador, el policía Natividad Elías, nos decía que había alerta roja (significa máxima alerta para estar al pendiente por cualquier situación), y fue que les indiqué a mis compañeros que se pusieran más truchas... [Asimismo] quiero agregar que tengo conocimiento que [de] las patrullas de la policía preventiva municipal de la ciudad de Iguala que estuvieron de servicio estaban al mando las patrullas... 16, [donde] se encontraba el policía segundo Tomás Martínez Beltrán [y el] policía raso Zulaid Marino Rodríguez, no recuerdo quiénes se encontraban a bordo de la... 17; en la 18, el policía segundo Alejandro Tenescalco Mejía y su chofer, que no recuerdo su nombre; en la 19, el policía tercero Rubén Alday y el policía tercero Juan de Dios Martínez Lluvias; [las] 20, 21, 22 y 23 son las que recuerdo que estaban en las calles tratando de controlar la situación. Había otros elementos de la policía preventiva en otras patrullas [de las] que no recuerdo los números, entrecortadamente por radio se escuchaban que decían 'diez' y 'once', que en clave significa 'heridos' y 'muertos', pero no ubicaba el lugar y solamente escuchaba las sirenas de las patrullas, [aunque] jamás escuché detonaciones de armas de fuego. De ahí transcurrimos como a las 2:30 de la mañana aproximadamente del día 27 de septiembre… y de ahí llegaron en varios vehículos el subprocurador de Justicia, que desconozco cómo se llama, con varios elementos de la policía ministerial a las instalaciones donde nosotros nos encontrábamos, aclarando que ya no llegaron más elementos nuestros a las instalaciones de la policía municipal, porque a ellos ya les habían ordenado concentrarse en las instalaciones de la PFP…"

Ésa fue la única declaración rendida por Hernández Arias y se tiene copia de ella. En la misma sesión el Ministerio Público le formuló 41 preguntas sobre los hechos y en ninguna refirió haber visto a jóvenes detenidos en la base de la policía municipal de Iguala, pero después la Fiscalía alteró esa declaración y añadió al expediente judicial enviado al juzgado para solicitar la orden de aprehensión de los 22 policías una pregunta número 42, que en realidad nunca le fue formulada.

Esto es lo que alteró la Fiscalía con el fin de incriminar a las autoridades locales de Iguala: "A la cuadragésima segunda: que proporcione el nombre del juez de barandilla de guardia ese día 26 de septiembre del año en curso. Respuesta: 'Sólo sé que le dicen licenciado Ulises'. A la cuadragésima tercera: que nos diga cuántas celdas hay en el área de seguridad. Respuesta: 'Hay tres celdas, una para delitos varios, otra para faltas administrativas y otra celda para mujeres. Cuando llegué a mis labores eran las 11 de la noche y me percaté que había como 10 muchachos detenidos en el patio de la policía preventiva municipal de Iguala, y que el licenciado Ulises, sin saber sus apellidos, dialogaba con ellos… Los vi de reojo y se encontraban a una distancia de 10 a 15 metros aproximadamente. Las celdas están al fondo pero ellos no estaban en celdas, estaban en el patio; existe una lámpara encendida e ilumina perfectamente toda el área. Después de haber tomado mi arma larga tipo fusil, marca Beretta, calibre 5.56 × 45 mm, abastecida con 27 cartuchos útiles, me retiré al recibir la orden del jefe del turno, policía segundo Alejandro Tenescalco Mejía, quien me había dado instrucciones antes por radio [de] que me hiciera cargo de resguardar la seguridad de las instalaciones, armamento y personal para repeler un eventual o posible ataque de individuos que quisieran atacar primeramente las instalaciones con el fin de llevarse armamento. Vi que llegaron elementos de la policía preventiva a bordo de dos patrullas y subieron en ellas a los muchachos que había visto que estaban hincados cuando platicaban con el licenciado Ulises 'N', juez de barandilla, que ignoro hacia dónde se los hayan llevado. Todo esto lo vi de reojo, que de ahí ya no me consta nada; veía que llegaban civiles a bordo de vehículos particulares no oficiales…"

La alteración de la declaración de Hernández Arias fue clave para la fabricación de la denominada "verdad histórica" creada por la Procuraduría General de la República en enero de 2016 para deslindar de responsabilidad al gobierno federal y al gobierno de Guerrero. Los padres de los 43 normalistas la han denominado la "mentira histórica".

El Ejército y la PGR impidieron inspección en instalaciones

Desde la madrugada del 27 de septiembre de 2014 la Fiscalía contaba con declaraciones de normalistas sobrevivientes y videos grabados por ellos durante los ataques, en los que así como señalaban la participación de la policía municipal de Iguala, también mencionaban la presencia de la Policía Federal y del Ejército en las agresiones.

Luis Pérez Martínez, estudiante de primer año de la Escuela Normal Rural "Raúl Isidro Burgos" cuyo testimonio fue válido para el arresto de 19 policías municipales, declaró esa mañana ante el Ministerio Público local que entre las 22:00 y 23:00 llegó con un grupo de alumnos a Iguala tras recibir una llamada de auxilio de sus compañeros cuando estaban siendo atacados. Al llegar a la calle Juan

N. Álvarez se encontraron con cerca de 30 normalistas: "Les pregunté qué les había pasado, diciéndome que los habían balaceado, es decir, les habían tirado balazos y habían matado a un compañero de quien no sé su nombre pero es alumno de la escuela, de primer semestre, y además resultaron heridos otros compañeros, ignorando la cantidad de éstos, por lo que pregunté que quiénes habían sido los que les habían disparado, manifestándome los compañeros que habían estado en el lugar de los hechos que primeramente fueron los policías municipales, quienes con un vehículo tipo patrulla les obstaculizaron la circulación, y unos compañeros se bajaron a hacer la patrulla a un lado para que los dejaran pasar, y que al momento… llegaron elementos de la Policía Federal y ellos fueron los que dispararon en contra de mis compañeros, hiriendo a varios… y resultó muerto uno de ellos, sin saber el nombre de éste, por lo que los demás compañeros se bajaron de los autobuses y salieron corriendo para protegerse de las balas de los federales, por lo que se pusieron atrás de los autobuses y otros se tiraron al piso… Uno de los federales se puso a fumar un cigarro en una esquina, y haciendo además que se arrimaran; ya de ahí los federales empezaron a recoger los casquillos para no dejar evidencias de los hechos y de ahí se retiraron…"

El normalista Francisco Trinidad Chalma declaró sobre lo que vivió esa noche, corroborando lo dicho por el policía municipal Cisneros García en el sentido de que tuvo un forcejeo con uno de los estudiantes: "Bajamos y rodeamos a los policías porque del tercer autobús, que era de Estrella de Oro, tenían rodeados a los compañeros", dijo refiriéndose al trayecto de la caravana de tres autobuses por el centro de Iguala, "y yo me puse atrás de un policía municipal, quien ya había cortado cartucho y estaba apuntando sus armas para disparar contra los compañeros, y en eso llegaron más compañeros, y sus compañeros, que vieron que estábamos atrás de él, nos encañonaron a mí y a mis compañeros… Para detener la acción de los policías tuve un pequeño jaloneo con el uniformado y agarré lo que fue la culata del rifle, y me amenazó [con] que si no lo soltaba iba a disparar contra nosotros y siguió el jaloneo… con el que estaba yo forcejeando disparó su arma en ráfaga, primero hacia el suelo, y luego la levantó y disparó contra mis compañeros como a una distancia de un metro, pero cuando levantó el arma para disparar hacia ellos, mis compañeros ya se habían abierto… los otros dos policías, cuando vieron que su compañero empezó a disparar, también… dispararon contra mis compañeros".

Pero igualmente se refirió a la actuación del Ejército esa noche después del tercer ataque perpetrado en la calle Juan N. Álvarez, pasadas las 23:00, cuando llevaron a uno de sus compañeros, que tenía un disparo en la cara, a una clínica privada que se encontraba sobre esa misma calle. "Estuvimos como media hora o más en ese lugar ya que no tenían médicos; en el transcurso de ese tiempo llegaron dos unidades de militares y al bajar de sus camionetas, escuchamos que cerrojearon sus armas y pidieron que abriéramos la puerta, fue lo que hicimos y el que iba a cargo de esas unidades preguntó si éramos los ayotzinapos, [a lo que respondimos] pidiéndole ayuda para nuestro compañero que se estaba desangrando, y lo que nos dijo [fue] 'que tuviéramos huevos para enfrentarlo como así hacíamos nuestro desmadre'. Cateó toda la clínica y nos hicieron sentarnos en la sala de espera y que nos alzáramos nuestras playeras y que vaciáramos nuestras pertenencias porque buscaban armas, pero nosotros no íbamos armados… les volvimos a pedir apoyo con una ambulancia para trasladar a nuestro compañero y nos contestaron que ellos iban a mandar a los municipales para que vinieran por nosotros, que ellos se iban porque estaban dos cuerpos en la carretera", afirmó Chalma.

Según el informe "Acciones realizadas por el Gobierno del Estado ante los hechos sucedidos los días 26 y 27 de septiembre de 2014 en el municipio de Iguala de la Independencia", fechado en octubre de 2014 y cuya existencia se reveló en diciembre de ese año en *Proceso* como parte de esta investigación periodística[2] retomándolo posteriormente el GIEI en sus investigaciones, durante las primeras horas tras los hechos del 26 de septiembre la Fiscalía recibió reportes anónimos denunciando que los normalistas desaparecidos se encontraban en la comandancia de la policía municipal de Iguala, otros en el 27 Batallón de Infantería, y unos más en el cuartel de la policía del estado. Con esta información, más las declaraciones rendidas por los

---

2 *Proceso* núm. 1989, "La verdadera noche de Iguala".

normalistas y los policías municipales el 28 de septiembre de 2014, dos ministerios públicos locales del Distrito Judicial de Hidalgo en Iguala decidieron hacer su trabajo: la primera, Maribel Morales García, envió un oficio al comandante Luis Antonio Dorantes, entonces responsable de la base de la Policía Federal en Iguala, para que con urgencia presentara informes sobre los números de las patrullas de la corporación, la copia de la licencia colectiva de las armas asignadas al personal de la base, "un registro de armamento del 24 de septiembre a la fecha", y que informara "a esta autoridad ministerial de manera urgente si los elementos policiacos a su mando participaron de manera activa en los hechos que se registraron el día 26 de septiembre...", además de pedir copia de la bitácora de entrada y salida de los policías federales los días 26 y 27 de septiembre. Solicitó la misma información a José Adame Bautista, coordinador en la Zona Norte de la policía estatal, que operó en Iguala esa noche, y pidió a Leonardo Octavio Vázquez Pérez, secretario de Seguridad Pública de Guerrero, con carácter de urgente, las imágenes registradas por las cámaras de video del C4 de las 18:00 horas del 26 de septiembre a las 0:00 horas del día 27; sin embargo, para el momento en que la Ministerio Público giró tal oficio la policía ministerial de Guerrero se había adelantado y sustrajo las grabaciones. La Policía Federal nunca dio respuesta ni explicaciones. El 4 de octubre de 2014 la averiguación previa y toda la investigación fue tomada por completo por la PGR.

Por su parte, el ministerio público Elmer Rosas Asunción ordenó el 28 de septiembre de 2014 a Wagner González, "coordinador de Periciales Iguala", hacer una inspección a las instalaciones del 27 y 41 Batallones de Infantería, ubicadas en Periférico Norte; al Centro de Operaciones Estratégicas de la PGR, localizado en la calle Nicolás Bravo de la colonia Centro; a la Policía Estatal Zona Norte, a la base de la Policía Federal y a la de la policía municipal para verificar si había o no personas recluidas y que se hiciera un dictamen de criminalística de campo y fotografía forense.

Tanto la base de la policía estatal como la municipal y la Policía Federal permitieron la completa inspección de sus instalaciones, según el informe del cual se tiene copia, pero el Ejército y la PGR se negaron. A las 15:00 de ese día los expertos se presentaron en las instalaciones del Centro de Operaciones Estratégicas, donde se negaron a permitir la búsqueda de los estudiantes: el oficial de guardia, de nombre Fidel Jiménez Morales, informó que sí cuentan con un centro de detención pero que por "motivos de seguridad" no se les podía permitir el acceso y debían enviar una solicitud por escrito.

Horas antes, al mediodía de ese mismo 28 de septiembre, se presentaron los peritos a los Batallones 27 y 41, que comparten las mismas instalaciones, pero el coronel José Rodríguez Pérez les impidió hacer una inspección general por supuestos motivos de "seguridad nacional" y que para poder hacerlo se debía hacer una petición a la 35 Zona Militar con sede en Acapulco, lo cual tomaría días. Rodríguez Pérez sólo accedió a permitirles el paso a un área de seguridad para el resguardo de las drogas decomisadas, pero nunca pudieron inspeccionar todo el batallón para ver si había rastros de los 43 estudiantes desaparecidos.

Desde entonces el 27 Batallón de Infantería se rehúsa a que se realice una inspección a fondo en su base militar y el secretario de la Defensa Nacional, Salvador Cienfuegos, se ha negado a que investigadores independientes de la Comisión Interamericana de Derechos Humanos interroguen a los militares que estuvieron activos esa noche en Iguala.

5

La historia de los Abarca

José Luis Abarca Velázquez, ex presidente municipal de Iguala, es un hombre que lo mismo genera simpatías que odios. Quien lo conoce lo odia o lo ama, pareciera no haber puntos intermedios. Así fue desde que a finales de los ochenta comenzó a figurar como vendedor de oro en Iguala en un pequeño local callejero cerca del mercado municipal de Iguala; muy pronto, durante el boom del metal precioso en la región, se convirtió en prominente comerciante que estableció negocios con joyeros en Estados Unidos e Italia.

Públicamente la PGR lo señala a él y a su esposa María de los Ángeles Pineda Villa como los principales responsables del ataque, desaparición y presunta muerte de los 43 normalistas, y de colaborar con el grupo criminal Guerreros Unidos.

Hay una historia que explica su figura controvertida desde hace años. De baja estatura, reservado y de actitud altiva, no se trata de un hombre carismático y no hay quien diga que es simpático. Quienes lo conocen lo describen como una persona empeñosa y obsesiva en cuestiones laborales: reventaba a sus competidores, pues era el primero en abrir su puesto de oro y el último en cerrarlo.

El ex presidente municipal puede ser inflexible, de ideas fijas, lo que tal vez lo ayudó a tener una buena visión de negocios y a invertir el dinero proveniente del oro en diversos desarrollos inmobiliarios. El éxito le generó más críticas: a pesar de que su holgura económica era considerable desde mucho antes que ocupara la alcaldía de Iguala, tenía fama de ser tacaño, incluso con su propia familia.

Tampoco ayudó mucho su matrimonio en segundas nupcias con María de los Ángeles Pineda Villa, hija de María Leonor Villa, una costurera que vendía ropa en la ciudad. María de los Ángeles, atractiva, de carácter fuerte, celosa y mandona, trabajaba junto a su esposo en cualquier negocio que él emprendiera. En 2009 se vinculó públicamente a sus hermanos, Mario y Alberto Pineda Villa, como lugartenientes de los Beltrán Leyva, lo cual provocó muchas dudas y especulaciones sobre el matrimonio Abarca Pineda.

En Iguala la población está dividida. Hay quienes preferirían que Abarca regresara a gobernar, pues consideran que gracias a él la ciudad prosperó y había seguridad en las calles; otros lo repudian y lo responsabilizan por la criminalidad desbordada. Lo cierto es que desde que pidió licencia al cargo, tres días después del ataque contra los normalistas, varios comerciantes y empresarios aseguran que en Iguala hay más extorsiones y secuestros.

A José Luis Abarca le han imputado el asesinato de Arturo Hernández Cardona —quien fuera líder de la Unidad Popular de Iguala—, así como ser integrante de Guerreros Unidos y lavar dinero del crimen organizado. Sin embargo, sólo una causa penal (de las seis que hay abiertas en su contra) lo vincula indirectamente, al lado de su esposa, con los ataques del 26 de septiembre de 2014.

Tras las desapariciones de los normalistas, el gobierno de Guerrero y la PGR sesgaron el repudio social hacia la pareja; tanto las autoridades como la opinión pública los condenaron sin un juicio legal. "La pareja que bailaba sobre cadáveres", se titulaba un artículo del periódico español *El País* a partir de una entrevista con Nicolás Mendoza, el chofer de Hernández Cardona, quien dijo haber visto cómo Abarca asesinó al líder social. Otros los llamaron "la pareja infernal", y a ella "la jefa de Iguala". Aunque polémica, la historia de los Abarca es muy distinta a la que ha contado el gobierno federal.

IBA A SER DOCTOR

José Luis Abarca, nacido en el municipio guerrerense de Arcelia en 1961, es hijo de Nicolás Abarca y Esther Velázquez. Tiene dos medios hermanos mayores que él y dos hermanos directos: Roselia y Javier. Cuando eran niños, el padre se fue a Estados Unidos como bracero; mientras su hermana vendía chicles y Javier periódicos, José Luis era bolero. El abuelo materno, Isidro Velázquez —quien murió a los 110 años en 2014—, tenía un negocio de sombreros. La madre atendía un puesto de ropa en el mercado de Iguala y vendía colchas en las rancherías cercanas; poco a poco abrió otros puestos de los que se encargaron los hijos y más tarde rentó un local para instalar Novedades Roselia, una tienda de vestidos de novia. Gracias a los ahorros del padre, la familia construyó una casa en la calle de Joaquín Baranda, a unas cuadras de la plaza principal, donde la señora Esther sigue viviendo. Otro personaje importante, soporte económico de la familia, es la tía María Velázquez, quien se ha dedicado a la venta de oro desde hace más de cuarenta años.

A los quince años, José Luis Abarca se fue a la Ciudad de México con un grupo de amigos y primos para continuar sus estudios en la UNAM: iba a ser doctor. En la universidad, José Luis comenzó a vender oro a plazos y ahí encontró su verdadera vocación. Sin que su familia lo supiera, en el último año abandonó la carrera de Medicina para dedicarse de tiempo completo al comercio. En la ciudad de McAllen, Texas, consiguió oro a un precio que le permitía tener un amplio margen de ganancias: con maletas llenas del metal, primero vendía en los pueblos cercanos a Iguala, más tarde se expandió a Acapulco y luego a otros estados como Puebla, Oaxaca, Tabasco y Chiapas.

José Luis siguió adelante con el oro a pesar de que su madre se molestó mucho al enterarse de que había dejado la escuela. Trabajaba en el mercado municipal todos los días desde las ocho de la mañana; vendía a crédito y sus clientes compraban al mayoreo para revender. Al mismo tiempo, ayudó a sus hermanos a establecer su propio negocio de oro.

Contrajo matrimonio con una joven llamada Rosalinda, con quien tuvo a su primer hijo, José David; la relación fue breve. Después conoció a María de los Ángeles, la mayor de los cinco hijos del matrimonio de Salomón Pineda Bermúdez y Esther Villa: le seguían Guadalupe, Mario, Alberto y Salomón.

"Este día es la fecha más linda de nuestra vida. Por eso quiero decirte que hoy y siempre te amaré sin límite", escribió María de los Ángeles el 14 de febrero de 1988, cuando contrajeron matrimonio; ella tenía veinte años y él veintiséis. Desde ese momento la pareja fue inseparable, incluso les gustaba vestir del mismo color.

José Luis Abarca declaró a la PGR el origen de su fortuna y que podía comprobarlo por medio de facturas, declaraciones de impuestos e incluso diversas auditorías de Hacienda previas a que él tuviera aspiraciones políticas.

Abarca realizó varias inversiones en bienes raíces: a su hermano Javier le compró un terreno rural pantanoso a las afueras de Iguala y después se fue haciendo de otras propiedades aledañas. Él mismo manejaba una retroexcavadora para rellenar y nivelar el terreno donde más tarde construiría una plaza comercial; en esa misma superficie aplanada celebró los quince años de Yazareth, su hija mayor, con tal de ahorrarse el gasto de un salón de fiestas.

En 2008 Abarca echó a andar un ambicioso proyecto: Galerías Tamarindos. Personalmente fue a la Ciudad de México a buscar inversionistas porque no tenía suficiente capital. El 21 de febrero de ese año la Asociación Yozy's, perteneciente a Abarca, vendió a Inmobiliaria Gleznova, en 20.2 millones de pesos, la fracción del terreno donde la Comercial Mexicana edificó su tienda en Iguala; dicho espacio representa 50% de la plaza comercial, que comenzó a operar a fines de 2008.

En esta investigación se pudo confirmar con documentos oficiales que Inmobiliaria Gleznova es una subsidiaria de Controladora Comercial Mexicana, como Costco de México, y es dueña de algunos inmuebles donde se encuentran las tiendas de autoservicio de esa cadena comercial.

La obra negra de Galerías Tamarindos se construyó a partir de tres préstamos de BBVA Bancomer por un total de 22 millones de pesos, así como del dinero que pagó Gleznova. Por lo menos hasta 2010, la pareja aún no acababa de cubrir la deuda bancaria.

Abarca no es dueño de todos los locales de Galerías Tamarindos. El director de Comunicación de McDonald's en México, Félix Ramírez, explicó que no son propietarios del local que ocupan sino que lo rentan. Afirma que la cadena hizo su propia inversión para acondicionar el lugar y señaló que desde que iniciaron operaciones, en diciembre de 2008, no han tenido dificultad alguna con Abarca o con Asociación Yozy's.

Otro 10% de Galerías Tamarindos lo ocupa una tienda Coppel y el resto el área de comida rápida y locales comerciales más pequeños, los que sí son propiedad de Abarca, su esposa y sus hijos; todos pagan renta en función de los metros cuadrados que ocupan. A pesar del proceso que la PGR inició contra la pareja, hasta ahora ninguno de los negocios o propiedades de la familia Abarca Pineda ha sido asegurado.

LOS HERMANOS INCÓMODOS

La PGR tiene versiones distintas de cuándo y cómo ingresaron en el mundo criminal Mario y Alberto Pineda Villa, hermanos de la esposa de Abarca. Según la supuesta declaración ministerial de su propio padre fue en el año 2000, pero de acuerdo con otros expedientes judiciales que datan de 2008 y 2009, corría el mes de junio de 2002 cuando Richard Arroyo Guízar, hijastro de Jesús Reynaldo Zambada, *el Rey* —hermano de Ismael Zambada García, líder del cártel de Sinaloa junto con Joaquín Guzmán Loera—, recibió la llamada de Mario Pineda Villa, *el MP*.

Gracias a su cercanía con *el Rey*, desde 1992 Arroyo Guízar era uno de los jefes de plaza de la organización criminal en la Ciudad de México. Le rendía cuentas a Ismael Zambada. Su responsabilidad era recibir la droga en la Ciudad de México por tierra o en el aeropuerto, y esperar instrucciones para enviar el cargamento a otras partes. Operó a sus anchas hasta que fue detenido en octubre de 2008 en la colonia Lindavista; después lo acogieron en el programa de testigos de la PGR bajo el seudónimo de *María Fernanda*.

Mario Pineda había secuestrado a unos narcotraficantes colombianos en la Ciudad de México porque los mismos colombianos habían secuestrado a su hermano Alberto Pineda, *el Borrado*, en Colombia, pues les debía cinco millones de dólares por droga que habían comprado y los colombianos exigían el pago, habría contado el propio Arroyo Guízar a la PGR el 28 de mayo de 2009.

Los colombianos buscaron a Arroyo Guízar para que intercediera con Mario. Se llegó al acuerdo de que ambas partes liberarían a los secuestrados y los Pineda Villa pagarían su deuda. De este modo los hermanos de la esposa de Abarca entraron a trabajar en la organización criminal haciendo una estrecha amistad con Arroyo Guízar. A su cargo tenían las operaciones del cártel en Ixtapa Zihuatanejo y en otras zonas de Guerrero, bajo las órdenes directas de Arturo Beltrán Leyva. Mario y Alberto probaron su efectividad en la recepción y el traslado de drogas que llegaban de Colombia y Venezuela en lanchas rápidas a las playas de Guerrero y en avión al aeropuerto de Acapulco. En 2008, cuando los Beltrán Leyva rompieron con el cártel de Sinaloa e iniciaron una cruenta guerra contra Zambada García y Guzmán Loera, los hermanos Pineda Villa se quedaron del lado de Arturo Beltrán Leyva.

Desde 2009 la PGR fracasó en hacer imputaciones de narcotráfico contra familiares de Mario y Alberto. A Salomón Pineda Villa lo arrestaron junto con sus padres en Cuernavaca y lo acusaron de delincuencia organizada. Los padres fueron liberados casi inmediatamente. Mientras que el 5 de abril de 2013 el Juzgado Segundo de Distrito en Procesos Penales Federales en Nayarit, absolvió y dictó una orden de inmediata libertad para Salomón Pineda Villa.

Cabe señalar que para esta investigación se buscó insistentemente en los expedientes que la PGR tiene sobre Mario, Alberto y Salomón Pineda Villa alguna mención o implicación previa a su hermana María de los Ángeles o su cuñado José Luis Abarca, pero no se encontró ninguna.

En diciembre de 2009 la SSP federal anunció las muertes de *El Borrado* y *El MP*, cuyos cadáveres supuestamente fueron encontrados en la autopista México-Cuernavaca; el suceso se atribuyó a Arturo Beltrán Leyva, presuntamente por una traición.

La noticia del doble homicidio de Mario y Alberto Pineda Villa como ex miembros del cartel de los Beltrán Leyva fue la comidilla en Iguala, conocidos en cuanto hermanos de la esposa del próspero joyero. "Cuando salió la noticia de que estaban involucrados en el narcotráfico, a María le daba mucha vergüenza con la gente del Centro Joyero, fue una época muy pesada y tenía miedo", señala Roselia Abarca en entrevista.

"¡Yo no tengo la culpa!", decía ella. Abarca también se veía visiblemente molesto, pero jamás imaginó las consecuencias que ese parentesco tendría en su vida.

José Luis Abarca y su esposa siguieron haciendo su vida en Iguala pero los comentarios nunca cesaron. La duda quedó sembrada, aunque eso no impidió que años después varios partidos políticos lo buscaran para ser su candidato a presidente municipal.

Exonerados en 2010 de uso de recursos ilícitos

La primera acusación "formal" contra la pareja sobre supuestas actividades ilícitas fue una denuncia telefónica anónima a la PGR el 1° de junio de 2010, antes de cualquier manifestación de las aspiraciones políticas del empresario.

Según el expediente PGR/GRO/IGU/M-I/64/2010, en esa llamada se dijo: "La herencia económica de los hermanos Pineda Villa está floreciendo en la ciudad de Iguala de la Independencia, Guerrero, bajo la de su hermana María de los Ángeles Pineda Villa y su esposo José Luis Abarca, quienes a últimas fechas han realizado inversiones importantes [por] más de 50 millones de pesos... en céntricos terrenos, edificios de departamentos, casas y una plaza comercial, Galerías Tamarindos, en esta ciudad de Iguala; se mueven en autos blindados y seguidos por un séquito de guardaespaldas que los cuida las veinticuatro horas del día". La indagatoria quedó a cargo del ministerio público Humberto Martínez Martínez.[1]

La acusación dio origen a una investigación por el presunto delito de operaciones con recursos de procedencia ilícita y ambos fueron citados por la procuraduría. El 23 de julio Abarca y su esposa se presentaron voluntariamente ante la PGR acompañados de su abogado,

---

[1] Se tiene copia de la resolución de dicha averiguación previa junto con su contenido y la resolución de no ejercicio de la acción penal resuelta por la PGR.

José Luis Argüelles, y se reservaron su derecho a declarar, pero acudieron nuevamente el 31 de agosto a rendir su declaración ministerial; el matrimonio pidió a la dependencia "una profesional, extensiva y minuciosa investigación con la finalidad [de] que indaguen sobre la denuncia ciudadana", según consta en el expediente. Abarca explicó que "desde temprana edad y por ser negocio de tradición familiar" se ha dedicado al ramo de joyería, compraventa de oro y otros metales similares, y que recorría poblaciones para vender los productos de casa en casa. Desde 1988, año en que se casó con Pineda Villa, trabaja en compañía de su esposa y sus hijas, y que en 2010 obtenía ingresos tanto por el negocio de joyería como por la administración del centro comercial Tamarindos. Declaró ser propietario de quince inmuebles en Iguala, de los cuales entregó los documentos de compra y justificantes sobre el origen del dinero para adquirirlos; entre sus bienes estaban seis locales en el Centro Joyero, en el centro de Iguala y otras colonias. Desde hacía veinticuatro años era dueño de la casa ubicada en la calle de Roble número 4 y desde hacía diecisiete del número 8, donde vivía con su esposa e hijos, inmuebles que adquirió entre enero de 1987 y mayo de 2010. Trece de las propiedades las adquirió entre 1987 y 2005, y el resto entre 2006 y 2010.

Afirmó que entre 2006 y 2009 sus ingresos por arrendamiento y por la actividad de joyero fueron de 19.5 millones de pesos y aclaró que no era propietario del Centro Joyero de Iguala, sino que los dueños eran los 145 locatarios bajo el régimen de condominio.

Abarca dijo a la PGR ser propietario de cinco fracciones de un terreno rústico en el Boulevard H. Colegio Militar, donde había construido una parte de Galerías Tamarindos. En mayo de 2003 creó ante notario público la persona moral Asociación Yozy's, S.A. de C.V., de la que entonces eran socios él, su esposa y su hija mayor, la cual quedó inscrita ante el Registro Federal de Contribuyentes —AYS0 39522UV2— para escriturar los cinco terrenos, adquiridos entre septiembre y octubre de ese año. "Asociación Yozy's, S.A. de C.V., ha presentado sus declaraciones fiscales, de donde se desprenden sus ingresos, perfectamente acreditables. Pueden observarse en forma clara tanto mis ingresos como el incremento de mi capital, las inversiones que he realizado y su origen de actividades lícitas, sin contravenir ley alguna; se desprende el modo de operar de las inversiones ligadas unas a las otras y su origen, por lo cual se considera y por ende niego lo afirmado en la denuncia anónima materia de la presente declaración", afirmó Abarca en su declaración a la PGR.

Por su parte, María de los Ángeles Pineda Villa declaró por escrito que en la averiguación previa debían estar incluidas "mis declaraciones hechas a los policías federales ministeriales que me han interrogado". Afirmó que desde 1988 trabajaba con su esposo en la administración del Centro Joyero, "obteniendo ingresos en conjunto de mi esposo en el ramo de la elaboración, venta y distribución de joyería", y luego en la administración del centro comercial Galerías Tamarindos.

Señaló que por sus ingresos se dio de alta en el SAT el 6 de mayo de 1991 y dijo haber pagado los impuestos correspondientes. Específicamente declaró que entre 2005 y 2009 tuvo ingresos por 5.2 millones de pesos. Declaró tener un inmueble en la colonia Tlatel, de Iguala, comprado el 17 de septiembre de 1996, y un local en el Centro Joyero, adquirido el 18 de abril de 2006.

De acuerdo con los documentos a los que se tuvo acceso, la Policía Federal Ministerial hizo su propia investigación. El 31 de diciembre se emitió el dictamen de "no ejercicio de la acción penal" contra Abarca y su esposa por enriquecimiento ilícito, con el folio 1138/169/2010. "Del estudio de todas y cada una de las diligencias practicadas de la indagatoria en que se actúa, se infiere que no se encuentran acreditados los elementos que integran el cuerpo del delito de operaciones con recursos de procedencia ilícita", afirma el escrito de la PGR. "Por lo anterior se llega a la determinación, en razón de que los elementos de convicción que obran en la indagatoria por los delitos de estudio no favorecen el ejercicio de la acción penal", quedó asentado en la resolución.

AMBICIÓN POLÍTICA

Lázaro Mazón, dos veces alcalde de Iguala, fundador del Partido de la Revolución Democrática y después secretario de Salud en el gobierno de Ángel Aguirre, era amigo de Abarca desde la infancia.

Fue él quien lo involucró en la política. Desde 2011, en su posición de empresario, el PRI y Acción Nacional (PAN) lo buscaron para hacerlo su candidato a alcalde de Iguala; el PRD también lo quería, pero Abarca los desairó tajantemente.

El entonces gobernador Ángel Aguirre, viejo integrante del PRI converso a perredista, quería imponer como candidato a la alcaldía a su alfil, Oscar Díaz Bello, pero otros grupos impulsaban a Abarca además de que existía el riesgo de que si no era candidato del PRD fuera abanderado del PAN; las encuestas claramente lo favorecían porque la sociedad lo veía como candidato ciudadano. Se le dijo a Abarca que fuera como diputado local, dejando la presidencia municipal a Díaz Bello, y que en la siguiente elección sería al revés pero se negó, así que se pactó que en 2015 el candidato a alcalde sería Díaz Bello y que Abarca lo apoyaría.

Cuando Abarca consultó con sus hermanos, le sugirieron no ingresar a la política porque estaba muy desprestigiada. En 2012 fue designado como candidato del sol azteca a la alcaldía de Iguala, con la molestia de varios grupos al interior de ese partido; ganó la elección y tomó posesión en septiembre de ese año. Su esposa se le hizo aún más inseparable y su tarea de presidenta del DIF se convirtió en poco tiempo en una plataforma política.

EL SECRETARIO DE SEGURIDAD PÚBLICA MUNICIPAL, PIEZA CLAVE

Felipe Flores Velázquez, de complexión robusta, cabello y bigote cano, secretario de Seguridad Pública en Iguala cuando ocurrió el ataque contra los normalistas y su desaparición, es una pieza clave del caso según la PGR. Durante poco más de dos años nadie supo su paradero hasta que en octubre de 2016 fue arrestado en Iguala, donde había permanecido oculto.

Flores Velázquez no era un jefe policiaco cualquiera, tenía una larga trayectoria como militar, principalmente en el área de inteligencia del Ejército Mexicano, y contrario a lo dicho por algunos medios de comunicación, no tiene ningún parentesco con el ex alcalde de Iguala. De acuerdo con la investigación realizada y testimonios recabados entre el personal militar que trabajó con él, en la década de los ochenta Flores Velázquez era el comandante del Pelotón de Información del 27 Batallón de Infantería en Iguala, agrupación clave para dar seguimiento al tema de las organizaciones guerrilleras así como otros grupos sociales e incluso la Normal Rural de Ayotzinapa, considerada por el gobierno federal como semillero de guerrilleros. De 1990 a 1994 el general Juan Heriberto Salinas Altés fue comandante de la IX Región Militar, con sede en Acapulco, y por su trabajo Flores Velázquez lo conoció y se fue a trabajar para él en tareas de inteligencia.

Flores Velázquez regresó al gobierno de Iguala cuando Lázaro Mazón, electo presidente municipal para el periodo 1996-1999, lo nombró secretario de Seguridad Pública, cargo en el que duró todo el periodo sin mayores escándalos. En 2005 Zeferino Torreblanca, el primer gobernador de Guerrero del PRD, nombró a Salinas Altés como secretario de Seguridad Pública, y este no dudó en nombrar a Flores Velázquez como coordinador operativo de la SSP estatal en la Región Acapulco, sin duda la zona más importante de Guerrero en materia económica y turística; la responsabilidad asignada indica el nivel de confianza que el general le tenía. En 2009 lo nombró coordinador de Seguridad Pública y Protección Ciudadana en la región de la Costa Grande con sede en Zihuatanejo, una zona política y criminalmente conflictiva.

Cuando José Luis Abarca asumió el cargo de presidente municipal de Iguala, le fue recomendado que nombrara a Flores Velázquez como encargado de la seguridad del municipio; se presume que fue Mazón quien lo sugirió.

Durante la investigación interna del PRD sobre los hechos ocurridos en Iguala y el papel de Abarca en ellos, se entrevistó a Mazón, quien dijo que Flores Velázquez le había sido recomendado por un coronel del 27 Batallón de Infantería. Por su parte, Abarca explicó que para nombrarlo tuvo que pedir permiso al gobierno de Aguirre, ya que en ese momento era comandante de la policía estatal.

Mandos superiores de Flores Velázquez entrevistados lo describen como un hombre "inteligente" y "honesto", cuando menos mientras estuvo activo dentro del Ejército; sus conocimientos sobre la guerrilla y el EPR eran tan profundos que algunos mandos superiores de la Secretaría de la Defensa Nacional le seguían haciendo consultas sobre esa materia. Tras los hechos de Iguala, el EPR fue el primero en responsabilizar al Ejército Mexicano.

Flores Velázquez estuvo en servicio el 26 de septiembre en Iguala, despachando en su oficina ubicada en el Palacio Municipal, muy cerca de donde se había llevado a cabo el evento del segundo informe de María de los Ángeles Pineda Villa como directora del DIF municipal, y de donde iniciaron los primeros disparos. Esa misma noche entregó su arma, concentró a su personal, lo desarmó y él mismo les giró la orden de presentarse en el centro policial estatal a las afueras de Iguala, donde veintidós de los elementos fueron arrestados, y puso a disposición de las autoridades de Guerrero todo el armamento, equipo y patrullas.

El ex militar rindió su declaración ministerial el 27 y 28 de septiembre en Iguala ante las autoridades de procuración de justicia de la entidad, donde afirmó que en todo momento mantuvo informados de los hechos a la Policía Federal y al alcalde; después desapareció, se lo tragó la tierra. La versión de Flores Velázquez es vital para esclarecer el caso no sólo por lo que dijo ante el Ministerio Público estatal sino por lo que comentó después a personas de confianza: una de ellas narró para esta investigación que el secretario de Seguridad Pública de Iguala le expresó que poco después de las 22:30, ya que se tenía conocimiento de las balaceras en la ciudad, estuvo constantemente acompañado por militares del 27 Batallón de Infantería ya que a partir de ese momento, dijo, estaba actuando sólo como coadyuvante porque el Ejército había tomado control de la situación y hacía los patrullajes mientras él había recibido la orden de concentrar a su personal.

LA DISPUTA CON *EL TIGRE DE HUITZUCO*

Como presidente municipal, la primera dificultad de Abarca fue con los mismos grupos sociales y políticos vinculados al PRD, a causa del

Programa de Fertilizante y Transferencia de Tecnología. Cada año el gobierno de Guerrero, por medio de los municipios, reparte abono a productores en el campo; durante años la empresa Agrogen fue proveedora de fertilizante en Iguala y en varios otros municipios de Guerrero y otros estados.

En Guerrero se afirma que uno de los dueños de Agrogen es el ex gobernador Rubén Figueroa Alcocer, mejor conocido como *El Tigre de Huitzuco*, hijo de Rubén Figueroa Figueroa, el enemigo del guerrillero Lucio Cabañas, patriarca este de la Normal Rural de Ayotzinapa. Huitzuco es un municipio colindante a Iguala, cuya cabecera municipal se encuentra a media hora de trayecto en automóvil; los Figueroa tienen tal poder en el lugar que el nombre oficial del poblado es Huitzuco de los Figueroa. Su policía municipal ha sido implicada en la desaparición de los 43 normalistas de acuerdo con testigos presenciales de los hechos.

Aunque su nombre no aparece en el acta constitutiva de la empresa, de la cual esta investigación tiene copia, el ex gobernador de Guerrero ha sido señalado públicamente en varias ocasiones como uno de los dueños: se trata de una de las dos productoras de fertilizante más importantes de México. En 1999 diputados federales de Guerrero denunciaron que el gobernador René Juárez estaba beneficiando con contratos al ex mandatario estatal a través de la compra de fertilizante a Agrogen; en su momento el gobierno del estado afirmó que desconocía si *El Tigre de Huitzuco* era o no propietario. En 2005 el periódico *El Sur* denunció en varias ocasiones el favoritismo hacia dicha compañía por ser propiedad de Figueroa Alcocer. En 2010 el ex alcalde de Arcelia, Nicanor Adame, y el ex diputado Martín Mora, afirmaron que Armando Sotelo Sotelo, originario de Arcelia, era prestanombres de Figueroa Alcocer en la empresa; en el acta constitutiva obtenida, Sotelo Sotelo aparece como uno de los seis socios de Agrogen y como director general.

Durante los primeros meses de su gobierno Abarca decidió cambiar de proveedor de fertilizante y entregarlo directamente a cada beneficiario en vez de que la distribución se hiciera a través de organizaciones sociales. Funcionarios del Ayuntamiento de Iguala señalaron que consiguió más barato el fertilizante en Veracruz; personas cercanas al ex alcalde apuntan que eso le ganó la enemistad del ex gobernador, quien no está acostumbrado a que alguien se enfrente a él.

Tres días antes del 26 de septiembre de 2014, el entonces diputado federal Salomón Majul, integrante del equipo de poder de Figueroa Alcocer, convocó a una conferencia de prensa en Iguala para dar una inesperada advertencia: "Iguala es un lugar muy peligroso, no se puede salir de noche", aunque en ese momento el municipio era en general tranquilo.

"A Figueroa no le gustaba Abarca porque no lo podía controlar", comentó un ex funcionario de la administración de Abarca.

La orden de Abarca fue que la entrega del fertilizante debía hacerse conforme a un padrón de beneficiarios aprobado en marzo de 2013, pero Arturo Hernández Cardona, líder de la Unión Popular y de la Unión Campesina Emiliano Zapata, lo pedía para sus agremiados con la queja de que el beneficio se concentraba en unos cuantos. Su pareja sentimental, Sofía Mendoza, regidora de Desarrollo Rural —del PRD—, lo apoyaba en la petición y la presión política.

A principios de marzo de 2013 el síndico Justino Carvajal Salgado y Hernández Cardona protagonizaron una intensa disputa derivada de otros asuntos. El día 4, en una entrevista de radio, Carvajal Salgado denunció que Hernández Cardona lucraba con el fertilizante entregado por el gobierno y lo revendía; en respuesta, Hernández Cardona acusó más tarde al síndico, en una sesión de cabildo, de ser un secuestrador.

En una entrevista al día siguiente, de la cual se tiene el audio, Hernández Cardona afirmó: "Ellos empezaron, no fuimos nosotros; hay otras cosas, no dije todo… Yo sé cosas tan graves como esa, la sostengo, ¿eh? Con todos los riesgos y con todas las consecuencias", dijo el líder de la UP. "Yo también voy a decir lo que no quiero decir que dijiste un día", dijo refiriéndose a Carvajal Salgado, "que aceptabas que habías secuestrado en tu vida y… los secuestros que tú habías hecho. Tú lo dijiste, ingeniero, tengo la fecha, tengo el lugar y los testigos: 'Yo soy secuestrador'. El hilo se va a reventar por lo más delgado, hay problemas en la política interior del estado con Rubén Figueroa Alcocer; ya le hablé por teléfono al senador de la República, Félix Salgado Macedonio…"

LA HISTORIA DE LOS ABARCA

"Yo acepto que fui secuestrador… yo acepto que los secuestros los hice porque me mandó Héctor Vicario, nunca hice un secuestro porque yo haya querido secuestrar, los secuestros que yo hice, los hice por mandato… Todos los secuestros que yo he hecho, los he hecho porque así me mandaron hacerlos… Secuestré porque así fue la indicación y solamente cumplí órdenes", añadió Hernández Cardona repitiendo lo que supuestamente Carvajal Salgado le había dicho en confidencia. "Yo sé lo digo, en qué lugar fue, cuándo fue, por qué fue, quién estaba, todo… y tengo más información grave como esta…", dijo en aquella entrevista radiofónica.

Abarca quedó en medio de la disputa de sus compañeros de partido y de las exigencias de la entrega de fertilizante. Días después, el 8 de marzo, Carvajal Salgado fue encontrado muerto en su domicilio con cinco tiros: al velorio acudieron Abarca y Hernández Cardona, quien fue echado del lugar con toda y corona fúnebre, según publicó el diario *El Sur* el 10 de mayo, en tanto que la presencia del alcalde fue aceptada por la viuda y sus hijos. Las primeras sospechas del asesinato apuntaron hacia el líder de la UP. Días después, el presidente municipal de Iguala informó públicamente que a petición del cabildo la PGR comenzó a coadyuvar en la investigación del homicidio, pero no se dieron a conocer los resultados.

El 29 de mayo Hernández Cardona y 10 líderes de organizaciones sociales pertenecientes a la Unión Popular presentaron un escrito ante la Fiscalía de Guerrero en el que hacían una reseña de los desencuentros con el alcalde de Iguala por el tema del fertilizante; entre otras cosas, se referían a una reunión celebrada en el cabildo el 1° de abril de 2013 en la que Hernández Cardona reclamó a Abarca que quería encarcelarlo por el homicidio de Carvajal Salgado, y lo acusó de no haber garantías para hacer política: "Ahí hay un muerto, que es Justino Carvajal Salgado, y entonces tenemos el temor fundado de perder nuestras vidas los que estamos al frente de las diferentes organizaciones que integramos la Unidad Popular. Aunque parezca injusto, te decimos que te hacemos responsable si alguien de nosotros fallece por balas criminales y asesinas…"

Según el escrito, que forma parte de la causa penal 100/2014, Abarca presuntamente se levantó de su asiento y dijo: "Estás loco y pendejo, ahora nomás falta que te andemos cuidando para que no te maten con tantos problemas que tienes, cabrón". Se señala que en esa reunión María de los Ángeles Pineda Villa intervino de manera imprudente para defender a su esposo y tuvo un enfrentamiento verbal con Hernández Cardona: "¡Mugrosos, delincuentes, vividores!", le habría gritado.

Los líderes sociales dijeron a la PGJG que temían que Abarca, su esposa o Felipe Flores Velázquez, secretario de Seguridad Pública municipal, pudieran ordenar matarlos, "porque hasta donde nosotros tenemos conocimiento no tenemos enemigos de [quienes] cuidarnos", señala el escrito.

El homicidio de Hernández Cardona

El 30 de mayo Hernández Cardona y otras siete personas desaparecieron luego de haber encabezado la toma de una caseta en el tramo de la autopista Iguala-Cuernavaca, en la que exigían la entrega de doscientas toneladas de fertilizante y obras públicas.

Los familiares denunciaron el 1º de junio la desaparición. Pablo Mendoza Angulo, hijo de Nicolás Mendoza Villa, declaró a la PGJG que su padre no tenía enemigos y que no sospechaba de ninguna persona; María Soledad Hernández Mena, hija de Hernández Cardona, señaló que "existe la presunción de mi parte de que en la desaparición del hoy agraviado podrían estar involucrados los tres niveles de gobierno".

Judith Ávila Pineda, esposa de Héctor Arroyo Delgado, denunció que antes de los hechos "el ingeniero Arturo Hernández Cardona tuvo un altercado con un federal de caminos de nombre Roberto Castillo Villa cuando se llevó a cabo la manifestación". El 3 de junio fueron encontrados los cuerpos de Hernández Cardona, Ángel Román Ramírez y Félix Rafael Bandera. El día 26 la regidora Sofía Mendoza solicitó al congreso de Guerrero revocar el mandato de Abarca "por violaciones graves y sistemáticas a las garantías individuales". Hizo referencia a la discusión de Castillo, inspector de la Policía Federal, con los dirigentes de la marcha: "posterior a la discusión ya señalada fueron desaparecidos", afirmó.

En una de las seis causas penales abiertas contra Abarca, la 100/2014, la PGR retomó esas denuncias para imputarle los delitos de homicidio y secuestro del líder de la UP. De acuerdo al expediente judicial, la única imputación que lo relaciona con la muerte de Carvajal Salgado es una declaración rendida un año después de los hechos, el 12 de marzo de 2014, por Nicolás Mendoza Villa, chofer de Hernández Cardona, quien dijo que cuando presuntamente fue secuestrado el 30 de mayo de 2013, escuchó de uno de sus atacantes: "'Pinche síndico, tenía muchas fuerzas', y que se les había escapado, pero que la segunda vez no se les había escapado, cumpliendo las órdenes de José Luis Abarca Velázquez, ya que este no estaba nada contento con el síndico Justino Carvajal Salgado, ya que… con su hermano Saúl habían ejecutado obras y no le habían dado participación…"

También se usó la declaración de Ernesto Pineda Vega, rendida el 1° de mayo de 2014: el ex colaborador de Hernández Cardona señaló que en una ocasión Abarca lo llamó en privado y supuestamente le dijo: "'A ver, hijo de la chingada, ya me tienen hasta la madre, o te separas de Cardona o vas a correr con la misma suerte'. También yo sé que había mandado asesinar al síndico municipal Justino Carvajal, quien es familiar de Félix Salgado Macedonio, y a Rafael Ochoa…" La causa penal 100/2014 se basa en los dichos de ambos testigos.

Respecto al secuestro de los integrantes de la UP, existen diferencias sustanciales en los testimonios de las víctimas, de las que se supone vivieron los mismos hechos. Mendoza Villa, el chofer del líder de la UP, declaró ante notario público el 25 de junio de 2014 que "es el presidente José Luis Abarca Velázquez quien le da un escopetazo [a Hernández Cardona] en la cara y otro en el pecho y lo dejaron tirado en la fosa". La declaración fue dada a conocer en noviembre de ese año por la Red Solidaria Década contra la Impunidad. Pero según la necropsia practicada al líder social, contenida en la causa penal contra Abarca y de la cual se tiene copia, su cuerpo presentaba tres tiros, uno en la cara, otro en la parte trasera de la cabeza y uno más en la pierna derecha; ninguno en el pecho, como afirmó Noé Mendoza. Las características y tamaño de las heridas muestran que no fue usada una escopeta.

El 31 de mayo de 2015, en una declaración ministerial ante la
PGR, Mendoza Villa cambió su versión: afirmó que estando a una distancia de diez metros vio cómo en presencia del secretario de Seguridad Pública de Iguala, Felipe Flores, Abarca supuestamente disparó
a quemarropa contra Hernández Cardona en la mejilla izquierda y
luego le dio otro tiro.

Héctor Arroyo Delgado, víctima del mismo secuestro, declaró a
la PGR algo diferente. El 14 de octubre de 2014 dijo que al sitio donde estaban secuestrados vio llegar a Flores y a Mauro Valdés, director
jurídico del Ayuntamiento, pero no señala en ningún momento la
presencia de Abarca. "Al compañero Arturo nada más oímos que [le]
dijeron que caminara hacia una fosa que ya habían escarbado desde
el día anterior; luego oímos dos disparos, deduciendo que habían
privado de la vida a Hernández Cardona."

Por su parte Efraín Amates Luna, quien también estuvo secuestrado, declaró: "Deseo manifestar que me percaté de que estaban golpeando a Arturo Hernández Cardona por sus gritos y lo cambiaron
de lugar… donde continuaron golpeándolo más fuerte, hasta que
ya no lo oí quejarse y escuché solamente dos balazos. Deseo agregar que eso lo escuché aproximadamente a diez metros de donde me
encontraba, ya no volví a escuchar al ingeniero Arturo Hernández
Cardona y me imaginé que ya lo habían matado".

ABARCA Y ÁNGEL AGUIRRE

La relación del alcalde de Iguala con el entonces gobernador del PRD,
Ángel Aguirre, era más que cordial, señalan los que la atestiguaron;
las visitas del mandatario al municipio eran constantes e incluso se
señala que llegaba a quedarse a dormir en la casa de Abarca, lo que
terminó unos meses antes de la noche del 26 de septiembre de 2014.

Desde que se acordó su candidatura, Abarca hizo con Ángel
Aguirre el compromiso de que su sucesor sería Oscar Díaz Bello,
quien ya había sido sacrificado en la elección anterior. Pero la experiencia de gobernar Iguala había dejado un buen sabor de boca a la
pareja Abarca Pineda, y ella se había hecho popular entre la pobla-

ción por los beneficios sociales que el DIF otorgaba: igual entregaba proyectos productivos que prótesis, medicamentos, sillas de ruedas, equipos para deporte, canalizaba a enfermos a hospitales en el extranjero y repartía desayunos y despensas; hacía regalos a periodistas, era madrina de graduaciones escolares y no perdía ni una oportunidad para hacerse notar. En muchos de esos eventos participó la esposa de Aguirre, Laura del Rocío Herrera. La figura política de Pineda Villa creció en Iguala y sus actos eran incluso más concurridos que los del mismo alcalde.

El matrimonio decidió romper el acuerdo y se propusieron que Pineda Villa fuera la sucesora de Abarca; para muchos, sobre todo para el gobierno de Guerrero, el evento del 26 de septiembre de 2014, donde ella rendiría su segundo informe de actividades como directora del DIF, era un destape de sus aspiraciones políticas. "Todo el mundo sabía que el evento era para lanzar su candidatura", señaló en entrevista un funcionario del gobierno de Abarca, quien añadió que ya había un equipo de cerca de 150 empleados del DIF que supuestamente ya conformaban el equipo de precampaña. Varias personas recomendaron a la pareja cumplir el acuerdo y que negociaran que después del mandato de Díaz Bello la esposa de Abarca fuera la próxima candidata del PRD a la alcaldía de Iguala pero se negaron, sintieron que ella tenía la suficiente popularidad para hacer el enroque en la presidencia municipal y él tenía aspiraciones de ser diputado federal.

Aguirre conocía las intenciones de ambos desde hacía varias semanas y eso había provocado un súbito enfriamiento en la relación. Lázaro Mazón, amigo y promotor de la carrera política de Abarca, era secretario de Salud del gobierno de Aguirre, pero tampoco apoyaba la idea de la pareja. Además de pelearse con *El Tigre de Huitzuco*, Abarca y su esposa fueron cosechando más enemistades.

El 26 de septiembre estaban invitados el gobernador y otros funcionarios estatales al acto de la esposa de Abarca, pero hubo un desaire unánime: sólo acudió Silvia Romero, quien era titular de la Secretaría de Educación del gobierno de Guerrero.

El evento de Pineda Villa se llevó a cabo en la explanada municipal de Iguala, a un lado del Palacio Municipal; asistieron cerca de

4 mil personas, empezó a las 19:00 e iba durar al menos dos horas porque se iba a proyectar un extenso video de todas sus actividades al frente del DIF, pero en el momento la tecnología falló y el acto se redujo a sólo una hora. Irónicamente, de haber funcionado el video, ella y su esposo aún habrían estado en la explanada durante el ataque contra los normalistas en la plaza principal.

El evento político terminó pasadas las 20:00, la pareja se quedó veinte minutos más tomándose fotografías y a las 21:00 se retiraron y fueron a cenar tacos con sus hijos y familiares a la taquería Lili, ubicada en las calles de Agustín Melgar y 13 de Septiembre, cerca de Galerías Tamarindos, a quince minutos del centro de Iguala; se trata de un modesto local totalmente abierto, sin puertas ni ventanas. En entrevista la señora Lili, la propietaria, confirmó que la familia Abarca Pineda estuvo ahí esa noche en compañía de tres escoltas, su guardia habitual.

De acuerdo con testigos presenciales ajenos al conflicto, el alcalde y cerca de ocho miembros de su familia, incluidos un hermano y su esposa, estuvieron en el local callejero hasta las 22:00; en ese momento ya había ocurrido el primer ataque a los estudiantes en el centro.

La primera noticia que recibió el secretario de Seguridad Pública de Iguala sobre lo que estaba ocurriendo esa noche no fue por parte del C4, que monitoreaba a los estudiantes desde hacía al menos tres horas y media, sino de una vecina de nombre Dey Lu Hernández (*sic*), quien le dijo que estaba en la central de autobuses y que un grupo de estudiantes de la Normal de Ayotzinapa estaban secuestrando autobuses. "Le contesto yo que guarde la calma, que no va a pasar nada, que sólo se van a llevar los autobuses y no van a causar daño a los pasajeros", reza la declaración ministerial rendida por Felipe Flores el 27 de septiembre de 2014. Dos minutos después Flores Velázquez llamó a Luis Antonio Dorantes, jefe de la base de la Policía Federal de Iguala, para notificarle de los hechos, "ya que es la colaboración institucional que tenemos con esas corporaciones policiacas, él me dijo que tomaría nota de ello y estaría alerta", pero en realidad Dorantes conocía de la situación desde antes por el C4; según el testimonio del jefe de la policía de Iguala, no contaba con radio. "Posteriormente, cuando serían las nueve con cuarenta y cinco minutos, escucho gritos y carreras de personas, los cuales provenían de la entrada del Palacio Municipal… que gritaban que había balazos, por ello salgo inmediatamente de mi oficina y doy la instrucción al guardia de mi oficina [de] que abra la reja para que las personas entren al inmueble para ponerse a salvo", declaró Flores Velázquez.

A esas horas un grupo de estudiantes viajaba en tres autobuses por las calles del centro de Iguala, intentando salir hacia Chilpancingo; contrario a la versión oficial, no tenían ninguna intención de sabotear el evento de Pineda Villa, y cuando cruzaron por ahí ya había concluido y ni el presidente municipal ni su familia se encontraban en el sitio.

Familiares de Abarca que estaban cenando con él esa noche señalaron en entrevista que ya habían ordenado tacos cuando aproximadamente a las 21:30 una de las cuñadas de Abarca recibió una llamada informándole que había desmanes en el centro por un "grupo de encapuchados"; según dicha versión, esa fue la primera noticia que Abarca tuvo sobre los disturbios y llamó al secretario de Seguridad Pública municipal.

Por su parte, Flores Velázquez declaró a la Fiscalía General de Guerrero que efectivamente, cerca de las 22:00 dio un parte de novedades al alcalde y este le pidió que investigara más detalladamente lo que sucedía. Durante la cena, otros familiares de Abarca recibieron más llamadas de amistades y conocidos que estaban cerca de donde ocurría el ataque en el centro. La cena terminó y Abarca, su esposa e hijos regresaron a su casa, localizada en la calle Roble no. 8, colonia Jacarandas, en el centro de Iguala. Según familiares del alcalde, intentó llamar a la Policía Federal, al Ejército y al gobierno del estado, pero según su dicho, nadie le informó lo que estaba pasando.

Abarca había firmado meses antes el llamado "Mando Único" policial, con lo que la policía de Iguala quedaría en manos del estado de Guerrero. "Nadie me dice nada, nadie me dice nada", habría dicho desesperado al no tener información de lo que ocurría, según el testimonio de su familia.

135

Perredistas pidieron a Abarca tres millones de pesos para "protección mediática"

El sábado 27 de septiembre era el segundo informe de gobierno de Abarca y este consultó con su abogado, José Luis Argüelles, si debía presentarlo o no, ya que el cabildo quería cancelarlo; el consejo legal fue que por ley debía entregar el informe por escrito, pero debía suspender el acto político y así lo hizo. El lunes 29 de septiembre viajó a la Ciudad de México para reunirse con integrantes de la cúpula del PRD, específicamente con Jesús Zambrano, entonces líder nacional de dicho partido, y con el diputado federal Sebastián de la Rosa, según reconoció él mismo en conferencia de prensa en noviembre de ese año (*El Universal*, 6 de noviembre de 2014). Lo que De la Rosa no dijo es que ese día él mismo le pidió a Abarca tres millones de pesos "para pagar a los medios de comunicación y controlar a la prensa", señalaron fuentes de información directamente vinculadas con el ex alcalde. Se afirma que Abarca sí entregó el dinero.

El PRD le exigió que renunciara inmediatamente al cargo, pero él se negó y se llegó a la negociación de que pediría licencia por un periodo de treinta días mientras la Fiscalía General de Guerrero deslindaba responsabilidades; al final lo hizo el 30 de septiembre ante el cabildo de Iguala, acto en el que estuvo acompañado de su esposa y familiares. "El viernes 26 de septiembre nuestra ciudad se vio envuelta en acontecimientos violentos graves en los que personas, al parecer ajenas a nuestra comunidad, perdieron la vida, resultaron heridas otras, vulnerándose la paz social tan deseada y por mi parte tan buscada. Rindo con sincera solidaridad mi mayor fraternidad, mis sensibles condolencias a los familiares y amigos de las personas fallecidas en esta dolorosa circunstancia. No se perciben los hechos como acontecimientos aislados. Las autoridades del estado y de la federación, en conjunción de las municipales, en forma permanente han desarrollado actividades para acotar la violencia, no tan sólo en lo correspondiente a este municipio que presido, sino en todo Guerrero…", dijo en su intervención. "Deben investigarse y sancionarse en aras de la justicia y no dejar impunes a los autores, sean materiales o intelectuales, de los atroces acontecimientos. El restablecimiento del

Estado de derecho significa una profunda investigación que responda a la altura de las circunstancias y con estricto apego al marco constitucional y legal."

"Como ciudadano guerrerense, como igualteco y como integrante del Partido de la Revolución Democrática, no puedo tolerar que lo acontecido en nuestro municipio quede en la impunidad y sin castigar a los culpables, y con dignidad, con la frente en alto, les digo a los que confiaron en mí y me eligieron como su presidente municipal, que mi convicción y compromiso social jamás [me] permitiría cometer semejante atrocidad… Con la convicción de que no he incurrido en ningún acto que pueda afrentarme ante la ciudadanía y con la finalidad de coadyuvar para que se realice una investigación a fondo, transparente e imparcial, en la que nadie ponga en duda la credibilidad de sus resultados, he tomado la decisión de separarme legalmente del cargo, solicitando una licencia temporal por el plazo de treinta días…"

Varios regidores intervinieron en esa sesión. Valentín Amador Mata reclamó que las autoridades estatales y federales no hubieran restablecido el orden esa noche; hasta entonces, la versión era que no habían intervenido en nada. "¿Las fuerzas federales no escucharon las detonaciones? Las fuerzas estatales, ¿por qué no intervinieron? Es obligación de las autoridades federales y estatales restablecer el orden, debieron haber auxiliado para que no hubieran ocurrido todos esos hechos lamentables, creo que es competencia del gobierno federal y del estado porque no acudieron al llamado que se les estaba pidiendo."

La regidora Soledad Mastache, ex dirigente del PRD en Iguala, intervino: "Solamente mi participación va en este sentido, al respaldo y al apoyo para nuestro presidente municipal". La regidora Sofía Lorena Mendoza, ex pareja de Hernández Cardona, dijo que se unía a la petición de investigar lo ocurrido el 26 de septiembre, "ya que yo llevo casi un año y medio pidiendo justicia por los hechos que ocurrieron a los que encabezaban las organizaciones sociales, yo más bien pido que se haga justicia", señaló sin hacer imputaciones a Abarca.

Inmediatamente después de que el alcalde con licencia abandonó el Palacio Municipal, elementos de la PGR y del gobierno de

Guerrero rodearon las oficinas preguntando por el paradero de Abarca, señalando que tenían una orden de presentación en su contra. Después se presentaron en su domicilio y lo catearon arrestando a las empleadas domésticas, de nombres Elvia Salgado y Adriana Figueroa. De acuerdo con el abogado Argüelles, esos actos fueron ilegales porque Abarca contaba con el fuero que le concedía el cargo. "El cateo fue cien por ciento ilegal", afirma, por lo que "en defensa de su libertad personal y la de su familia se sustrajo de la injusticia", y el alcalde y su esposa desaparecieron de Iguala.

LA HUIDA

A sus 53 años de edad recién cumplidos y luego de disfrutar de una posición económica y política importante en Iguala, en octubre de 2014 José Luis Abarca estaba sumido en la desgracia. Llevaba casi veinte días en fuga sin tener una orden de aprehensión en su contra; el linchamiento público lo había aniquilado física y moralmente, ya casi ni comía. Fue entonces cuando pensó en suicidarse. "Al no verle fin a esto, se sentía muy mal porque no entendía por qué estaban siendo acusados", narra uno de sus familiares en entrevista. La compañía de su esposa María de los Ángeles Pineda que evitó que llegara a ese extremo.

Después de enterarse del cateo en su domicilio, Abarca y su esposa abandonaron Iguala estrepitosamente para refugiarse en la Ciudad de México por consejo de sus abogados defensores; contaban con pasaporte para poder salir del país, pero no lo hicieron. El plazo de la licencia del funcionario terminaba el 5 de noviembre y según sus familiares pensaba regresar a su cargo en Iguala.

A partir del 1° de octubre los medios de comunicación y las autoridades de Guerrero comenzaron a hablar de Abarca como si fuera prófugo de la justicia porque había salido de Iguala, pero legalmente no existía ninguna orden de presentación ni aprehensión en su contra. El 8 de octubre Víctor León Maldonado, en su calidad de vicefiscal de Investigación del gobierno de Ángel Aguirre, presentó ante el congreso del estado la solicitud de juicio de responsabilidad penal y revocación de mandato contra Abarca: era la segunda vez que se solicitaba su salida del cargo luego de la moción presentada el 26 de junio de 2013 por la regidora Sofía Lorena Mendoza, pareja sentimental de Arturo Hernández Cardona, tras el homicidio del dirigente social, "por violaciones graves y sistemáticas a las garantías individuales", la que fue desechada por el congreso. La acusación del gobierno de Guerrero fue por "violaciones graves y sistemáticas a las garantías individuales", "conductas que alteran el orden público y la paz" y "por omisión reiterada en el cumplimiento de sus obligaciones". No lo acusaron de haber ordenado la muerte ni la desaparición de los estudiantes.

Abarca y su esposa llegaron con sus cuatro hijos a la Ciudad de México a un departamento de su propiedad, sin muebles, ubicado en la colonia Tepepan, al sur de la capital. Ante la persecución política, señalan sus familiares, "nuestra angustia, miedo y desinformación crecieron". Abarca no tenía acceso a televisión y sus llamadas telefónicas eran muy restringidas. Por temor a ser asesinados o detenidos arbitrariamente, al poco tiempo la pareja se cambió a un departamento ubicado en la colonia Olivar del Conde que su hija mayor, Yazareth, rentaba con unas amigas para estudiar en la Universidad Anáhuac, plantel sur; ahí se concentró toda la familia Abarca Pineda por unos días hasta que sus tres hijos menores regresaron a Iguala para ir a la escuela.

El 10 de octubre, tras la conferencia del fiscal general Iñaki Blanco, Abarca se enteró por los periódicos de que lo acusaban de los hechos del 26 y 27 de septiembre. El linchamiento público hizo que la Universidad Anáhuac solicitara a Yazareth Abarca dejar la escuela y ella aceptó interrumpir el semestre. La situación se hizo cada día más tensa; la familia e incluso trabajadores de los Abarca Pineda tenían miedo de salir a las calles de Iguala por temor a sufrir represalias por las acusaciones que se le estaban haciendo al alcalde con licencia.

Abarca convocó a sus cuatro hijos a una reunión en el departamento de Olivar del Conde, donde les dijo que todo iba a esclarecerse: esa habría sido la última vez que la familia estuvo reunida. Sabiendo que el gobierno federal les seguía los pasos, la pareja Abarca Pineda abandonó dicha propiedad y se fueron a vivir al departamento que una amistad les prestó en la Unidad Independencia, al sur de la Ciudad de México; la idea era quedarse ahí hasta que la licencia venciera y Abarca pudiera regresar a su puesto en Iguala. El matrimonio quedó aislado y prácticamente ya no tenían comunicación con nadie para no dejar rastro de su paradero. Inesperadamente, un día Yazareth Abarca recibió el mensaje "Ve a la Anáhuac"; era de su padre, pero no le estaba pidiendo que fuera a la universidad sino al departamento de Olivar del Conde. El alcalde con licencia y su esposa se encontraban con mal semblante, la noche anterior sus amigos los habían echado del departamento de Unidad Independencia porque les dio miedo tenerlos ahí. Ya no tenían adónde ir, hasta el chofer los había abandonado y su temor aumentaba día tras día. No tenían comida. Ese día su hija les llevó agua y víveres.

José Luis Abarca ya estaba desesperado y quería salir a hablar públicamente para defenderse de las graves acusaciones que le formulaban, pero su defensa legal le aconsejó continuar escondido porque "no era el mejor momento". La hija mayor del matrimonio los iba a ver cada dos o tres días. Ahí, aislado, Abarca pasó el 17 de octubre su cumpleaños número 53 con una gelatina, pan integral y una botella de whisky Old Parr Silver en recuerdo de las grandes fiestas de otros años. Ese mismo día la Fiscalía General de Guerrero solicitó al Juzgado Segundo de Primera Instancia en Materia Penal del Tribunal Superior de Justicia del Estado de Guerrero una orden de aprehensión contra Abarca por el delito de "homicidio calificado" en agravio de las personas asesinadas el 26 y 27 de septiembre, y por "tentativa de homicidio" respecto de quienes resultaron heridos o testificaron que fueron víctimas de la agresión. Pocos días después, aún sin que la orden de aprehensión fuera concedida, hubo un cateo en el departamento de Tepepan, donde según la familia del ex alcalde hubo muchos destrozos. Fue después de su cumpleaños que el alcalde con licencia pensó en quitarse la vida.

La primera orden de captura en su contra fue girada hasta el 21 de octubre por el Tribunal Superior de Justicia del Estado de Guerrero, momento a partir del cual Abarca se convirtió legalmente en un fugitivo. En la causa penal 217/2014 se acusa al ex alcalde del delito de "homicidio calificado" por la muerte de seis personas (entre ellas tres estudiantes) durante los ataques del 26 de septiembre, así como de "tentativa de homicidio" contra otras sesenta; no se le imputó la desaparición de los 43 estudiantes.

En su explicación, la FGE le atribuyó haber dado la orden de detener a los estudiantes "a como diera lugar, para evitar que interrumpieran el acto donde la presidenta del DIF rendía su informe de labores", aunque esta investigación periodística corroboró desde noviembre de 2014 que dicho evento había terminado y Abarca y su esposa se retiraron del lugar al menos antes de que los estudiantes tomaran los autobuses en la central camionera. La FGE dijo al juez que Felipe Flores declaró haber recibido esa orden, pero en las únicas declaraciones ministeriales que el jefe policiaco rindió, fechadas el 27 y 28 de septiembre, nunca hizo esa afirmación.

Hasta el 17 de octubre la PGR solicitó la primera orden de aprehensión contra Abarca y su esposa ante el juez de distrito de Procesos Penales Federales en turno en el estado de Tamaulipas como probables responsables de delincuencia organizada (causa penal 100/2014), pero dicha acusación no estaba relacionada con el caso de los normalistas sino era por su presunta participación en el secuestro y homicidio de Hernández Cardona, Román Ramírez y Bandera Román, y el plagio de Nicolás Mendoza Villa, Héctor Arroyo Delgado, Efraín Amates Luna y Dante Cervantes Delgado.

Aunque la PGR no presentó cargos contra Abarca y su esposa por su supuesta relación con el grupo criminal Guerreros Unidos, el 22 de octubre el procurador general Murillo Karam señaló a Pineda Villa como "la principal operadora de actividades delictivas [de Guerreros Unidos] desde la presidencia municipal, desde luego en complicidad con su esposo, el señor José Luis Abarca y el secretario de Seguridad, Felipe Flores Velázquez", afirmó contundente, aunque en la única acusación penal presentada en su contra no había mención de nada de eso. (cita: Ver capítulo V) El procurador repitió la versión falsa de la Fiscalía General de Guerrero de que el ataque contra los estudiantes fue para evitar que irrumpieran en el informe de Pineda Villa.

Dos días después, el juez primero de distrito en materia de Procesos Penales Federales en el estado de Tamaulipas concedió la orden de aprehensión en contra de Abarca por su presunto involucramiento en el homicidio de Hernández Cardona, pero según el expediente judicial, la negó contra Pineda Villa.[2]

Yazareth Abarca decidió sacar a sus padres del departamento de Olivar del Conde mientras vencía el plazo de la licencia y fue así que la pareja terminó en un humilde cuarto en la colonia Tenorios de la delegación Iztapalapa de la Ciudad de México, el cual les había prestado su amiga Noemí Berumen. Para mantenerse ocupado, Abarca lavaba las paredes; había perdido ya mucho peso y no quería comer. La pareja dormía vestida y con zapatos. Su hija les llevaba víveres, sabía que la Policía Federal la monitoreaba pero no había nadie más que se hiciera cargo de ellos. Ella vivía a dos casas, con su amiga Noemí, para cuidar a sus padres.

El 29 de octubre el secretario de Gobernación, Miguel Ángel Osorio Chong, avivó el fuego del linchamiento público al declarar en una entrevista de radio que tras los hechos de Iguala inmediatamente pidió al gobernador Ángel Aguirre vigilar al alcalde: "Le comenté que lo vigilaran, que lo cuidaran, que no se les fuera a ir, hablando del entonces presidente [municipal de Iguala] y el entonces secretario de Seguridad. Era fundamental dado lo que había ocurrido, tenía día y medio que había sucedido; fue el comentario directo, preciso, que le pusiera doble vigilancia para que no fuera a escapar, dado (*sic*) la responsabilidad que se le veía… después pidió licencia y escapó", dijo.

El sábado 1° de noviembre Abarca instruyó a Yazareth que fuera a Iguala: él estaba preparando su regreso. "Ya casi me presento", le dijo refiriéndose a que iba a concluir su licencia temporal, pero aún no entendía de qué se trataba aquello. El ex alcalde ya nunca regresó al municipio, tres días después fue detenido junto con su esposa.

La noche del 3 de noviembre de 2014 la Policía Federal cateó la casa donde Yazareth se encontraba con su amiga Noemí: policías armados la encañonaron y le tomaron fotos y video, imágenes que después fueron difundidas en los medios masivos de comunicación. La madrugada del 4 de noviembre Abarca y su esposa fueron de-

[2] Se tiene copia de la causa penal 217/2014-II.

tenidos. La hija del ex alcalde, su amiga, y la pareja fueron llevados por separado a las instalaciones de la SEIDO donde ya los esperaba el procurador Jesús Murillo Karam.

Ya en las instalaciones de la SEIDO Abarca fue interrogado por el propio Murillo Karam.

—Sólo te voy a hacer una pregunta —le dijo el procurador con desprecio—: ¿dónde están los estudiantes?

—No sé, señor —dijo Abarca en tono dócil.

—¡Te voy a dejar en la calle, te voy a quitar todas tus propiedades! —le dijo el procurador.

—Señor, si es su decisión.

—Usted mejor se hubiera matado.

—El señor está armado —dijo Abarca mirando a una de las personas que estaban ahí—, si usted gusta deme la pistola y se quita un problema.

—¡Eres un cínico! —habría dicho Murillo Karam y se retiró.

En el lugar se quedó Tomás Zerón, el oscuro jefe de la AIC. Siguieron interrogando a Abarca pero no aportó ninguna información, y comenzaron las amenazas.

"¡Tenemos a tu hija y la vamos a violar!", advirtieron a Abarca y lo presionaron para que se declarara culpable de los hechos del 26 y 27 de septiembre en Iguala; él se mantuvo impasible y se negó a declarar. "Si ustedes van a hacer eso, ¿yo qué puedo hacer?", les dijo provocando que Murillo Karam, quien se encontraba presente, se enojara aún más. "Yo qué culpa tengo de haber tenido como familiares a esa gente, esa no es mi culpa", dijo por su parte Pineda Villa al ministerio público que intentó interrogarla; en la PGR no obtuvieron de ellos ninguna declaración. A Yazareth la llevaron al sótano, a las mazmorras de la procuraduría, para intimidarla, pero luego la dejaron ir: no podían fincarle ningún cargo, ya que como hija no cometió ningún delito al haber ayudado a su padre. Noemí Berumen también fue liberada bajo caución.

El gobierno federal dio acceso a medios de comunicación al momento en que Abarca y su esposa fueron detenidos en la recámara que habían acondicionado dentro de la vivienda de Iztapalapa, pero en los expedientes de la PGR existen dos versiones distintas de cómo fueron capturados, ninguna semejante a la versión mostrada a la opinión pública.

Según el parte informativo PF/DI/COE/2625/2014 presentado ante la PGR, firmado por los elementos de la Policía Federal Daigoro Xiuhtecuhtli Herrera, José Hugo Espejel, Agustina Calvo y María Lucerito López, el 4 de noviembre, a las 2:30 de la mañana, llegó a Cedro número 50 un taxi de la Ciudad de México "y se observó salir del domicilio a una pareja", por lo cual los policías se acercaron y corroboraron que se trataba de Abarca y su esposa, quien supuestamente les ofreció medio millón de pesos a cambio de dejarlos ir; según los policías, se negaron a recibir el dinero, ella sacó entonces de su bolso de mano 23 mil pesos y les propuso entregarles un automóvil Mercedes-Benz con todo y factura, y fue en ese momento cuando los detuvieron ahí afuera por el delito de cohecho.

Por otro lado, en el expediente del juzgado donde se encuentra la causa penal 100/2014 aparece un oficio (PGR/AIC/PFM/UA IOR/DF/ATPI/1246/2014) firmado por los agentes de la Policía Federal Ministerial Javier Herrera Barrios, Elpidio Hernández Nájera, Aurelio Álvarez García y Juan Manuel Santiago García, donde afirman que el arresto de José Luis Abarca ocurrió el 5 de noviembre de 2014 "en las inmediaciones de avenida Paseo de la Reforma número 75, casi esquina con la calle de Violeta, colonia Guerrero, en el Distrito Federal"; es decir, en las inmediaciones de la SEIDO y no en un taxi en Iztapalapa, como dijeron los federales.

En junio de 2015 la PGR se vio obligada a abrir una investigación contra los funcionarios que elaboraron el parte informativo de la supuesta extorsión y de la detención de Abarca y su esposa. En septiembre de 2015 se determinó que los cuatro agentes que los detuvieron cometieron "conductas constitutivas de delitos" en su agravio, pero hasta octubre de 2016 los elementos no habían sido sancionados.

De acuerdo con la información proporcionada por el abogado José Luis Argüelles, defensor de Abarca y Pineda Villa, tenían amparos vigentes cuando fueron detenidos, por lo que su captura fue arbitraria. Argüelles afirma que sus clientes fueron arrestados al interior de dicho domicilio cuando se encontraban dormidos y que la policía los dejó recoger sus pertenencias para luego grabarlos en video, pero que fue una detención ilegal ya que no había orden de cateo ni de aprehensión contra Pineda Villa. "La única forma de poder detenerla es inventando el delito de cohecho", señala. "Los señores son inocentes. Los señores no han cometido el delito del que los acusa la procuraduría y menos aún de lo que se le acusa mediáticamente o lo que la gente piensa", añade el abogado defensor.

Para él, el móvil de la acusación contra Abarca y su esposa "es cien por ciento político" y afirma que a dos años de los hechos ocurridos en Iguala la PGR no tiene ni una sola prueba contra ellos ni por el asesinato de Hernández Cardona y otros líderes sociales, y tampoco de sus nexos con el grupo criminal Guerreros Unidos. Tan es así, afirma, que ninguna de sus propiedades ha sido asegurada ni incautada y aun estando en prisión sus negocios operan con regularidad.

A las 17:10 horas del 5 de noviembre Abarca fue ingresado al Centro Federal de Readaptación Social (Ceferso) no. 1, conocido como El Altiplano, donde se encuentra recluido desde entonces. Su estado de salud era precario: padece de hígado graso, tiene un tumor en la tiroides y cisticercos alojados en el cerebro. Pineda Villa fue arraigada sesenta días sin que la PGR pudiera encontrar elementos para incriminarla y obtener de un juez una orden de aprehensión en su contra. En el límite del tiempo que podía mantenerla privada de su libertad, en diciembre de 2014 la SEIDO recurrió al desprestigiado testigo colaborador Sergio Villarreal Barragán, alias *Mateo*, extraditado a Estados Unidos en mayo de 2012, para que declarara contra ella.

En esta investigación se ha tenido acceso a decenas de declaraciones ministeriales previas de *Mateo*, rendidas durante los cuatro años anteriores a 2014 sobre los Beltrán Leyva y los hermanos Mario y Alberto Pineda Villa, y jamás había implicado a María de los Ángeles Pineda Villa como parte de la organización criminal, mencionándola hasta fines de 2014 a petición de la PGR mientras que hasta ahora no ha ratificado ni ampliado su declaración contra la esposa de Abarca. Pero el testimonio de último momento de *Mateo*, rendido el 11 de diciembre de 2015 en un consulado de México en Estados Unidos, sirvió para que se girara contra ella la orden de aprehensión por el delito de delincuencia organizada "en las hipótesis de cometer delitos contra la salud y operaciones con recursos de procedencia ilícita": súbitamente *Mateo* recordó haber visto a Pineda Villa en reuniones en Cuernavaca con sus hermanos Mario y Alberto en 2006 y 2007. Supuestamente, la primera vez que la vio fue en una casa de seguridad en Cuernavaca, Morelos, a mediados de 2006; ella habría saludado a sus hermanos y estuvo presente en una conversación donde se habló de la llegada de lanchas con cinco toneladas de cocaína. El desacreditado testigo afirmó que en la noche, al retirarse, ella abordó un coche marca Bora que llevaba cajas de cartón para huevo llenas de dólares.

Villarreal Barragán dijo que durante una supuesta visita "les dijo a sus hermanos que habían comprado unas propiedades y que habían embargado otras... dándoles datos de las propiedades, de las joyerías y del centro comercial", afirmó. Cabe señalar que en la fecha señalada por el testigo, el "centro comercial" de la pareja Abarca Pineda aún no se construía. Aseguró también que ese día la hermana de los Pineda Villa supuestamente se habría ido en una camioneta BMW X5 color marrón que transportaba cinco cajas para huevo con dólares.

Añadió que en otra ocasión, sin referir el año, en otra supuesta visita ella se llevó un vehículo compacto claro con dos o tres cajas para huevo con dólares, "haciendo notar que el vehículo inclusive se encontraba asentado por el peso de las cajas". "El de la voz recuerda que en las dos ocasiones que ha referido en que la hermana de los Pineda Villa recibió cajas de dinero en vehículos compactos, los mismos iban sentados (*sic*) por el peso de las cajas que menciona". En su declaración, *Mateo* incluso insinuó que había habido una especie de romance entre Arturo Beltrán Leyva y Pineda Villa, a quien describió como una mujer "buenona".

Cabe recordar que los testimonios falsos dados por *Mateo* en el pasado causaron graves problemas a la PGR en el sexenio de Felipe Calderón al usarlo como testigo principal en la llamada "Operación Limpieza" y contra seis miembros del Ejército Mexicano, entre ellos el ex subsecretario de la Sedena Tomás Ángeles Dauahare, casos que al final se derrumbaron; a inicios del sexenio de Enrique Peña Nieto todos fueron liberados y Murillo Karam afirmó públicamente que se investigaría a fondo a los testigos falsos. Sin embargo, tuvo que hacer uso de *Mateo* como último recurso para fincar cargos contra la esposa de Abarca.

NUNCA TUVO PRUEBAS CONTRA ABARCA, DECLARÓ IÑAKI BLANCO A LA PGR

Pese a la leyenda negra que se había construido en torno a la pareja desde 2010, la Fiscalía General de Guerrero tampoco tenía pruebas contra ellos. En su declaración ante la PGR, rendida el 29 de octubre de 2014, Iñaki Blanco, entonces fiscal general y quien había hecho diversas acusaciones públicas contra Abarca, afirmó que en los testimonios que recabaron sobre el homicidio de Arturo Hernández Cardona, ocurrido en junio de 2013, "se advertían contradicciones o inconsistencias" como el número de personas, el tipo de armas supuestamente usadas y la mecánica con que se produjeron las lesiones. Aseveró también que la declaración supuestamente rendida por el chofer de Hernández Cardona, Nicolás Mendoza Villa, ante el notario público 27 del Distrito Federal, en la que afirma que vio a Abarca disparar contra el líder de la UP —la cual fue entregada a la FGE y circuló en varios medios de comunicación—, era falsa.

En su declaración, el vicefiscal Ricardo Martínez, quien también estuvo activo en Iguala el 26 y 27 de septiembre de 2014, testificó ante la PGR el 29 de octubre que durante una investigación relacionada con el grupo criminal Guerreros Unidos en mayo de ese año se había hecho una inspección en un terreno propiedad de Hernández Cardona —el líder social asesinado en 2013— conocido como *El Zapatero*, y afirmó que ahí se encontraron diecinueve cadáveres en fosas clandestinas y arrestaron a dos personas que estaban cavando fosas, según dijeron, por órdenes de una hija de Hernández Cardona.

Señaló que durante varios meses trabajaron con la PGR en las acusaciones contra Abarca por el homicidio del líder de la UP y su supuesta relación con Guerreros Unidos, pero que las declaraciones que había contra el ex alcalde eran débiles; "difícilmente algún juez les daría credibilidad", dijo. Y añadió que el 10 de septiembre de

2014 —apenas unos días antes de los hechos en Iguala— Jesús Villalobos, de la SEIDO, le dijo que las pruebas que tenían "no eran
suficiente para determinar que José Luis Abarca era parte de los Guerreros Unidos".

LA VERSIÓN DE ABARCA SOBRE LA NOCHE DE IGUALA

Desde la cárcel de máxima seguridad de El Altiplano el ex alcalde de
Iguala, José Luis Abarca, afirma que es inocente. Para esta investigación se le hizo una entrevista telefónica en el mes de junio de 2015
desde la casa de uno de sus familiares en Iguala, durante los diez
minutos de llamada telefónica familiar a que tiene derecho el interno; es la única que ha dado desde que fue detenido el 4 de noviembre de 2014 y hasta la fecha no ha rendido ninguna declaración ni
ante la PGR ni ante los diferentes jueces que llevan sus procesos penales. Pese a la premura de la conversación, la voz del ex alcalde se
escuchó tranquila y sin nerviosismo.

Según Abarca, la noche del 26 de septiembre su gobierno pidió
el apoyo del Ejército y la Policía Federal ante la situación que se estaba viviendo en Iguala, pero no acudieron.

—¿Cómo se enteró usted de lo que pasaba el 26 de septiembre
de 2014, señor?

—Me enteré por los medios de comunicación y en la noche
estuve hablando con mi secretario de Seguridad Pública, ¿verdad?,
de que había por allí ciertos disturbios.

—¿A quién llamó usted cuando el secretario de Seguridad Pública le informa que había disturbios?

—En primer lugar, el primero que me informa fue el secretario
de Gobierno [Jesús Martínez Garnelo], él fue que me informó, del
gobierno del estado.

—¿Y después quién le informó, señor?

—Él fue que [con quien] me estuve informando durante toda
la noche lo… qué era lo que estaba pasando. Él era el que estaba
sabiendo primero, ¿verdad?, lo que estaba pasando en la ciudad, ya
que, este, no sé quién le estaría informando pero él me decía: "hay

disturbios en eso", "hay disparos en esta zona", este, "hay muertos y heridos en esta otra zona", y así.

—¿Él le dijo que eran estudiantes de Ayotzinapa los que estaban siendo asesinados y atacados?

—No, en un principio no. En un principio me dijo nada más que había habido disparos y ya después me di cuenta yo, por el secretario de Seguridad Pública municipal, que eran unos estudiantes los que estaban secuestrando, este, autobuses. Sin embargo, no era que estaban siendo asesinados.

—Señor, ¿recuerda más o menos a qué hora fue la llamada con el secretario de Gobierno?

—Entre 9:30-9:45 [de la noche]… Apenas estaban comenzando los hechos, 9:40, diez de la noche a lo más tardar, porque a esa hora llegué yo a mi casa… Me estaba yo bañando cuando entró su… su llamada, de él, y desde allí hasta las dos, tres de la mañana seguimos hablando.

—Señor, ¿a qué hora llegó la procuraduría general de Guerrero a Iguala? Tengo entendido que llegaron el procurador, el subprocurador, a Iguala. ¿Usted sabe a qué hora llegaron?

—Sí, por medio del, este, del secretario de Seguridad Pública tuvieron la reunión a la una, una y media de la mañana, cuando encuartelaron a todos los policías; no se me invitó a mí y fue el subprocurador el que estuvo al tanto de esa reunión.

—¿Qué hizo usted cuando se enteró de toda esta información que poco a poco le fueron proporcionando?

—¿Qué hice? Pues, este, yo empecé a hablar a los medios, los medios me empezaron a entrevistar y estuve hablando con el secretario de Gobierno del estado, que me informara sobre los hechos ya que yo no tenía ningún reporte oficial, y de todas las reuniones que estuvieron haciendo a ninguna fui invitado; ya eso fue viernes en la noche, sábado, domingo, lunes y hasta el martes que yo pedí licencia, y todavía a esas alturas ni siquiera se me había dado un informe oficial.

—¿Usted llamó también esa noche a la Policía Federal, al Ejército, trató de comunicarse con ellos?

—Sí, los únicos [a los] que yo les hablé fue a la Policía Federal de Caminos [Policía Federal], ya que yo no tenía los otros teléfonos;

a los otros teléfonos siempre me comunicaba mi secretario particular. Estaban en [la] oficina y pues en ese momento lo primero que se me vino a la mente fue hablar a un oficial de la Policía Federal. Pero, sin embargo, yo le dije al secretario que si ya se había comunicado con todas las corporaciones, que se comunicara más bien, ¿no?, dije: "Comunícate con todas las policías y los militares", y me dijo: "Ya lo hice, señor, y me informan que no tienen elementos para salir". Le dije: "¿Cómo?". "Pues que no se están escuchando las balaceras", dice; "pues eso me informaron. Pero yo ya les informé a todos, tanto a la ministerial, la del estado", dice, "y a los militares."

—¿Qué le respondía la Policía Federal cuando usted se comunicó con ellos?

—No me contestaron e insistí dos veces; no me contestaron, entonces, en mi desesperación, lo único que hacía era seguirme comunicando con el secretario de Seguridad Pública para ver qué era lo que estaban haciendo y él era el que me estaba informando, que ya se estaban viendo y se estaban tomando acciones tanto para dar seguridad al municipio y mantenerlo en calma y también a los heridos, pues, transportarlos a las diferentes áreas, ¿verdad?, médicas que teníamos.

—Señor, la opinión pública en México necesita saber y se lo pregunto directamente: ¿usted ordenó a su policía municipal atacar, detener a los estudiantes?

—No, porque ni siquiera sabía yo y ni tengo yo un radio, ¿verdad?, para comunicarme con ellos, en ningún momento tuve yo ninguna comunicación con ellos. Siempre la tuve única y exclusivamente con el secretario de Seguridad Pública municipal.

—¿Usted ordenó la muerte de los estudiantes?

—De ninguna manera, eso sería algo espantoso. No, no, no.

—¿Usted pertenece o tiene relaciones con el grupo criminal Guerreros Unidos?

—¡De ninguna manera! Tampoco. Nosotros somos personas de trabajo y nunca hemos tenido relación con ningún grupo delictivo; siempre nos hemos dedicado al trabajo, ¿verdad?, y era la primera vez que incursionaba yo en la política. Siempre era gente empresaria y, este, nunca había estado ni siquiera en una reunión política ni siquiera cinco minutos.

Por primera vez José Luis Abarca reconoció que por miedo no salió esa noche a ver lo que sucedía en la ciudad que gobernaba.

—¿Por qué no salió esa noche? Usted era presidente municipal, el evento estaba ocurriendo en su pueblo. Era la gente que estaba en las calles, las que usted gobierna, las que estaban en peligro. ¿Por qué no salió a la calle?

—No salí a la calle. Bueno, pues el miedo de la… de que mucha gente me estaba llamando, de que había muchas balaceras por todos lados. Sí, no salieron los que tenían las armas supuestamente, ¿verdad? Pues yo me mantuve al margen para estar viendo qué era lo que lo que estaba pasando, porque de verdad que hay mucha, hay mucha seguridad policiaca en Iguala, Guerrero, y yo pienso que ese trabajo era de ellos, no del presidente municipal.

—Usted tiene hijos; usted tiene hijos a los que ha criado y ha cuidado. ¿Qué piensa de la desaparición de estos 43 jóvenes, que cualquiera de ellos podía tener la edad de sus hijos?

—Claro que en primer lugar, ¿verdad?, yo estoy consternado por lo que pasó: no debieron haber hecho absolutamente nada de ello. Yo fui el primero [en ponerme] en manos de las autoridades para que se hiciera la investigación ya que eso es un acto criminal, ¿verdad?, de mentes de a tiro mucho muy criminales que, este, ¿cómo le dijera yo? Repruebo por completo todo eso y me uno, como lo dije en un principio, a la pena que embargaba en ese momento a los familiares. Vamos, reprocho ese tipo de acciones.

—¿Lo que pasó esa noche, el 26 de septiembre, estuvo preparado? ¿Era un ataque contra usted? ¿Qué cree que fue lo que pasó?

—No, no; no, de ninguna manera. No, fue un… algo ocasional, porque ni siquiera se fueron directamente contra nosotros; ellos se fueron directamente a la central camionera, en ningún momento llegaron cuando nosotros estábamos.

—Me refiero a la desaparición, a los ataques en las calles, las balaceras. ¿Quién preparó eso?

—No sabría decirle. Yo estaba en mi casa y no tuve ninguna información oficial. Le vuelvo a repetir, todos los policías los mantuvieron a resguardo y solamente ellos supieron qué fue lo que pasó. Hasta el momento ni a mí me lo dijeron, más que… con lo que me he dado cuenta, las declaraciones que han hecho, ¿verdad?, y lo de los medios de comunicación que salió en ese momento.

—Pero ahora que ha pasado el tiempo, ¿usted qué cree que fue lo que pasó? ¿La policía municipal tenía el poder para organizar todo eso?

—No, no. No, claro que no.

—¿Quién cree que esa noche tenía el poder para organizar eso?

—Pues sinceramente yo sigo en la misma, no sabría decirle quién pudo haber tramado todo ello. Lo que sí se me hace injusto es que me tengan a mí, ¿verdad?, aquí por algo [con lo] que ni siquiera tuve nada que ver, con nada, de ningún tipo de conocimiento…

La versión pública dada por Martínez Garnelo días después del ataque y en su declaración ante la PGR fue que nunca pudo localizar a Abarca sino hasta la madrugada del 27 de septiembre y este le dijo que no sabía nada y que estaba dormido. El abogado del ex alcalde, Luis Argüelles, afirmó en entrevista que Abarca sí habló desde el día 26 con el secretario de Gobierno y la PGR tiene algunas grabaciones de esas llamadas.

El ex fiscal general de Guerrero, Iñaki Blanco, y el ex gobernador Ángel Aguirre declararon, el primero a la PGR y el segundo a la comisión especial creada en la Cámara de Diputados para investigar los hechos de Iguala, que la noche del 26 y la mañana del 27 pidieron apoyo al Ejército pero se las negaron. El 21 de octubre de 2015, en su reunión con la comisión especial, el secretario de Gobernación Osorio Chong y el entonces comisionado de la Policía Federal, Enrique Galindo, dijeron que nunca les pidieron apoyo.

"No merecemos esto": Pineda Villa

María de los Ángeles Pineda Villa también fue entrevistada para esta investigación vía telefónica desde el Cefereso no. 4 en Tepic, Nayarit; es la única entrevista que ha dado desde los hechos ocurridos en Iguala. A diferencia de su esposo, durante la entrevista su voz se escuchó por momentos deprimida y desesperada.

—El gobierno la acusa de estar vinculada al narcotráfico por sus hermanos Mario y Alberto Pineda Villa, ¿ellos son parte de su familia?

—Ellos son parte de mi familia pero yo soy inocente de cualquier cosa de que se me acuse. Yo jamás he cometido ningún delito.

—¿Tenía alguna relación con ellos?

—Claro que no. A mí nunca me van a poder comprobar alguna situación de ellos.

—¿Ha hecho usted o hizo negocios con el dinero de sus hermanos?

—Jamás, cada peso que mi esposo y yo hemos obtenido ha sido con el esfuerzo de nuestro trabajo, ha sido muy transparente y lo hemos comprobado siempre. Durante casi treinta años hemos trabajado arduamente casi todos los días y tenemos como testigos a la gente de nuestra ciudad, que nos conoce y nos quiere además.

—¿El señor Abarca tenía algún parentesco con el secretario de Seguridad Pública, Felipe Flores Velázquez?

—Claro que no, no son parientes, tienen el mismo apellido pero no son parientes.

—¿Por qué piensa que la PGR los acusa de la desaparición de los estudiantes y de todo lo que pasó esa noche?

—A nosotros no nos acusan de eso, yo fui privada de mi libertad ilegalmente con muchos agravios, sin ninguna orden de aprehensión, a mí me imputaron delitos que yo desconozco… Me amenazaron con detener a mis hijos también si yo no me hacía responsable de lo que me estaban imputando y eso me preocupa mucho —dice llorando.

—¿Y usted qué le respondió a la autoridad cuando la estaba amenazando con esto, señora?

—Yo me defendí, les dije que era inocente, siempre lo he dicho y lo voy a decir, soy inocente de todo lo que me acusan, a mí nunca me van a comprobar nada porque yo jamás he cometido un delito, mi esposo tampoco, nosotros somos personas responsables. Nos juzgó la sociedad y eso nos duele mucho porque nosotros somos muy inocentes, somos inocentes de lo que nos acusan, no merecemos estar en este lugar —dice desesperada, volviendo a llorar—. ¡Nosotros no merecemos estar aquí! ¡Este es un lugar deprimente, en el que no se puede estar! Estoy muy triste, me siento muy mal, nosotros no merecemos este trato, hemos sido autoridades responsables de nuestro trabajo, hemos sido empresarios responsables también, padres ejemplares, han expuesto a mi familia a la discriminación.

—¿Qué les dice a los padres de esos 43 estudiantes desaparecidos?

—Yo soy madre de familia al igual que muchos padres de familia de jóvenes y de adolescentes, yo cuido a mis hijos de cerca y por eso necesito estar con ellos, y [lo] lamento mucho. Yo he estado incomunicada desde el 30 de septiembre [de 2014], desconozco qué es lo que ha sucedido, los supuestos hechos que dicen, yo [lo] lamento mucho y [lo] siento como madre de familia; igual que yo quiero estar cerca de mis hijos, siento que ellos quieren estar cerca de sus hijos…

—¿Usted ha usado dinero ilegal?

—Jamás, nunca, yo trabajo todos los días de sol a sol y jamás he gastado un peso que no sea transparente y que yo no me haya ganado con mi trabajo y mi esfuerzo. Mi esposo me da todo lo que yo y mis hijos necesitamos, mi esposo es un hombre trabajador. Yo quiero que me comprendan ¡y que alguien me escuche! —señala y vuelve a llorar con desesperación—. ¡Es necesario que me escuchen! Le suplico por favor a la autoridad neutral que me escuchen y que ya nos permitan estar en nuestro hogar, por favor.

—La PGR la acusa de ser prácticamente la "jefa" de Iguala, la acusan de ser parte de Guerreros Unidos. ¿Qué dice de todo esto?

—¡Yo soy incapaz de hacer algo así! Soy inocente de todo lo que me acusan.

El "búnker" de los Abarca Pineda

Se hizo un recorrido por la casa de los Abarca Pineda, ubicada en la calle Roble número 8 de la colonia Jacarandas, en el centro de Iguala, semanas después de su detención. El gobierno de México acusa a José Luis Abarca y a su esposa, María de los Ángeles Pineda Villa, de ser los jefes de la organización criminal Guerreros Unidos, un supuesto cártel de la droga que según las autoridades controla el estado de Guerrero, pero la casa donde vivió la pareja hasta el día que él pidió licencia al cargo no refleja eso: dista mucho de ser la típica casona de narcos o de políticos encumbrados. Quien entra a su casa, descrita por varios medios de comunicación como un impenetrable búnker, se lleva una gran sorpresa.

La propiedad es amplia, es la fusión de dos terrenos y cuenta con dos casas en su interior. La barda del exterior luce aparatosa; por dentro hay una alberca de buen tamaño, pero las casas lucen pasadas de moda y deterioradas, sin muebles o artículos de decoración que parezcan de valor. Están mezclados todo tipo de muebles, algunos raspados y en malas condiciones. En una casa está la habitación del matrimonio y una sala y comedor que pretenden ser la parte formal de la vivienda. La recámara cuenta con un amplio vestidor y un pequeño baño. Sin duda la debilidad de la pareja es la ropa, la cual cuelga de todas las paredes y *racks*: Abarca posee una gran cantidad de camisas y camisetas que le quedaran entalladas, la gran mayoría de colores llamativos, decenas de corbatas y pares de zapatos; ella tiene más de un centenar de vestidos de marca, decenas de zapatillas multicolores con plataforma, algunos bolsos costosos y cajas repletas de joyas de bisutería.

En la otra casa dormían los cuatro hijos del matrimonio, hay una sala informal y está la cocina, donde hay mobiliario roto y descuidado desde hacía años; el comedor donde los Abarca desayunaban todos los días era de plástico blanco. El único *hobby* que se le conoce a Abarca es hacer ejercicio y pese a eso se negó a gastar dinero en aparatos para ejercitarse: en la cochera de su casa acondicionó un "gimnasio" con aditamentos hechos por un herrero.

Aunque no hay pruebas en su contra, hay quienes insisten en que Abarca y su esposa estaban involucrados con el crimen organizado. En una conversación informal, una persona directamente involucrada en la investigación señaló que el ex alcalde y su esposa no tenían posibilidades de haber orquestado el ataque y desaparición masiva de los normalistas de Ayotzinapa.

Hasta ahora Abarca y su esposa han sido señalados como los autores intelectuales de los hechos del 26 y 27 de septiembre de 2014 en Iguala y como el máximo nivel de autoridad involucrado. No es así.

6

Fabricando culpables

"De entrada le decimos que nosotros no tenemos confianza", manifestaron sin disimular su enojo los padres de los 43 normalistas desaparecidos a Miguel Ángel Osorio Chong. El 10 de octubre de 2014 se llevó a cabo en las oficinas de Bucareli el primer encuentro entre los padres de los normalistas y el secretario de Gobernación después de los acontecimientos de Iguala. El funcionario permaneció callado durante un largo tiempo ante la lluvia de reclamos.

Hasta ese momento la postura oficial había sido la indiferencia, pero en el equipo de Enrique Peña Nieto las alertas estaban encendidas. No era para menos: la historia ya había dado la vuelta al mundo. La masacre perpetrada por el Ejército en Tlatlaya estaba demasiado reciente como para que el gobierno federal quedara manchado por otro escándalo. Resultaba urgente preparar una estrategia para sofocar sin violencia la frase intuitiva y espontánea que retumbaba en las calles de México durante las marchas multitudinarias: "¡Fue el Estado!".

La prioridad era minimizar los crímenes y proteger la imagen del presidente ante la comunidad internacional. La gran confusión, incluso por parte de los estudiantes sobrevivientes, y las primeras maniobras del gobierno de Guerrero, ayudaron a la administración federal a ganar tiempo y planear un encubrimiento. A pesar del monitoreo que el Cisen y el Ejército realizaban sobre la Normal de Ayotzinapa desde hacía décadas, menospreciaron a los normalistas, a las familias de las víctimas y a organizaciones aliadas como "Tlachinollan" y el Centro Prodh.

Por su parte, Ángel Aguirre —amigo personal de Peña Nieto y Osorio Chong— tenía su propio interés en que no se conociera el papel que su gobierno desempeñó aquella noche. Para conseguir lo anterior era necesario manipular la investigación, una tarea que recayó en los siguientes funcionarios de Guerrero: Iñaki Blanco Cabrera, Víctor León Maldonado, Ricardo Martínez Chávez y Leonardo Vázquez Pérez.

En Los Pinos se decidió que los hombres idóneos para encargarse del caso serían Luis Enrique Miranda Nava, Humberto Castillejos Cervantes y Tomás Zerón de Lucio: el subsecretario de Gobernación, el consejero jurídico y el titular de la Agencia de Investigación Criminal (AIC), respectivamente, compartían una amplia experiencia en el trabajo sucio y contaban con el aval y apoyo incondicional del presidente.

En aquella reunión del 10 de octubre, donde también participaron Nava, Castillejos y el procurador Murillo Karam, los padres de los 43 y sus representantes legales reclamaban la actitud del 27 Batallón de Infantería contra los normalistas la noche del 26 de septiembre. Asimismo criticaron que el gobierno federal hubiera dejado pasar tanto tiempo sin tomar las riendas de la investigación: no fue hasta el 5 de octubre, nueve días después de los hechos, cuando la PGR anunció que atraería el caso. En contraste, cuando Alfredo Guzmán Salazar, hijo de *El Chapo* Guzmán, fue secuestrado el 15 de agosto de 2016 en Puerto Vallarta, la PGR atrajo la investigación en tres días y rápidamente liberaron al joven. Sí, el gobierno mexicano tiene sus prioridades.

"No tuvimos conocimiento de lo que pasó, hasta el día siguiente que nos enteramos tomamos cartas en el asunto […] Estamos tan indignados como ustedes, lo condenamos tanto como ustedes", afirmó Osorio Chong tratando de justificar la actitud del gobierno. Sin embargo, el titular de la Secretaría de Gobernación mintió. Un año después, en octubre de 2015, el propio Osorio Chong admitió ante la Cámara de Diputados que esa noche fue informado en tiempo real de los ataques contra los normalistas por medio del Cisen.[1]

---

[1] *Proceso online,* 20 de octubre de 2015.

Al final de la tensa e improductiva reunión se pactó un nuevo encuentro con el procurador, pero los padres de los normalistas decidieron que no bastaba hablar con Murillo Karam y exigieron tener un encuentro con Enrique Peña Nieto. Miranda Nava se molestó mucho y alegó que ya estaba arreglada la reunión con Murillo Karam: le preocupaba no haber sido capaz de contener el problema para que no llegara al presidente. Había fracasado.

El encuentro con Peña Nieto ocurrió el 29 de octubre de 2014 y duró más de cinco horas. De acuerdo con la información obtenida durante esta investigación, en ese momento el Cisen había notificado al presidente que tenía indicios de que los 43 estudiantes no habían desaparecido sino que estaban escondidos en la sierra.

LOS HOMBRES DEL TRABAJO SUCIO

Luis Enrique Miranda Nava

Pertenece al equipo del Estado de México que ha acompañado a Peña Nieto durante los últimos nueve años. Tienen una amistad muy cercana. Ambos comparten su afición por el golf, el cual practican en Valle de Bravo o Ixtapan de la Sal. Cuando habla del presidente lo hace llamándolo "Enrique"; afirma que son compadres.

Se trata de esos personajes que en cualquier circunstancia, haga lo que haga (así sea terrible), siempre está bien peinado y vestido, en lo que se parece a su amigo Peña Nieto. En el gobierno federal es intocable. Quienes conocen las entrañas de la Secretaría de Gobernación afirman que era él, y no Osorio Chong, quien realmente tenía el poder en la dependencia; astutamente prefirió el puesto de subsecretario y estar lejos del golpeteo de los medios de comunicación para actuar a sus anchas, señalan quienes vieron esto de cerca.

Se asume como experto en el área de inteligencia y es quien realmente controla el Cisen. Oficialmente el titular de esa dependencia es Eugenio Ímaz —gente de Osorio Chong, con quien había trabajado en el gobierno de Hidalgo—, pero su batalla contra el cáncer ha hecho que su cargo sea prácticamente honorario.

Finalmente, Peña Nieto recompensó la actuación de Miranda Nava ascendiéndolo al cargo de secretario de Desarrollo Social en septiembre de 2016.

El Cisen desarrolla tácticas para obtener información, implementa operaciones, alertas, realiza la agenda de riesgos y define objetivos de seguridad nacional. Es importante insistir en que uno de esos objetivos era la Escuela Normal Rural "Raúl Isidro Burgos".

Uno de los hombres de confianza de Miranda Nava es Gerardo García Benavente, quien lo llama compadre y también se ostenta como amigo personal de "Enrique". En 2005 García Benavente fue delegado del Cisen en el Estado de México, y durante el gobierno de Peña Nieto ocupó una dirección en la Agencia de Seguridad Estatal.

Cuando ocurrieron los hechos del 26 y 27 de septiembre de 2014 García Benavente era el coordinador general de Inteligencia del Cisen, área que monitoreó a los estudiantes varias horas antes del ataque. A principios de 2015 llegó a la coordinación general de Contrainteligencia; en el puesto anterior lo sustituyó Daniel Santos Gutiérrez Córdova, pero en el Cisen se afirma que García Benavente controla las dos áreas y le reporta directamente a Miranda. Por lo demás, era el jefe de los ocho elementos del Cisen asignados exclusivamente para vigilar a Joaquín Guzmán Loera cuando el capo se fugó de El Altiplano en julio de 2015.

Humberto Castillejos Cervantes

Se trata de uno de los hombres más poderosos del gabinete y de mayor influencia en Peña Nieto. Quienes lo conocen admiten sus habilidades como abogado, pero también su falta de escrúpulos; bajo la sombra ha tenido injerencia en decisiones importantes que han terminado en grandes errores.

A su llegada al despacho presidencial ya arrastraba una muy mala reputación, no sólo por haber sido cuñado y amigo del polémico jefe policiaco Luis Cárdenas Palomino —acusado por narcotraficantes de aceptar sobornos— sino también porque se vio involucrado en la presunta extorsión de funcionarios de la Agencia Federal de Investigación (AFI) contra Enrique Salinas de Gortari, lo cual derivó en el homicidio del hermano del ex presidente en 2004.

Cuando Castillejos Cervantes llegó a Los Pinos se convirtió en el principal protector de Cárdenas Palomino, quien fue denunciado penalmente por el delito de abuso de autoridad en el caso Florence Cassez, cuando —siendo jefe policiaco de la AFI— armó un operativo para acusarla falsamente de secuestro y la mantuvo más de siete años en prisión. La protección a Cárdenas Palomino se extendió al ex secretario de Seguridad Pública Federal Genaro García Luna y su equipo.

En 2001 fue asesor del procurador Rafael Macedo de la Concha, se dice que por la cercana relación de su padre con el entonces titular de la PGR. Es hijo del abogado Marcos Castillejos Escobar, quien fue asesinado al estilo de la mafia el 9 de julio de 2008, a plena luz del día, al salir de su despacho en la colonia Condesa de la Ciudad de México.

Al inicio del sexenio de Felipe Calderón, Eduardo Medina Mora lo llamó para que fuera su coordinador de asesores en la procuraduría. Ahí conoció a Yessica de Lamadrid, la directora general adjunta, quien fue pareja extramatrimonial de Peña Nieto cuando éste gobernaba el Estado de México. En abril de 2008 abandonó el cargo.

Humberto Castillejos Cervantes ha influido en Peña Nieto desde que éste se convirtió en gobernador y siempre ha tenido injerencia en sus decisiones respecto a su equipo de procuración de justicia. Fue él quien recomendó a Alberto Bazbaz como procurador general del Estado de México, quien renunció al cargo tras la desastrosa investigación sobre el controvertido caso de la desaparición de la niña Paulette Guevara en 2010. Cuando Bazbaz dejó el cargo, Castillejos Cervantes también recomendó al nuevo procurador: Alfredo Castillo Cervantes, quien como subprocurador fue el responsable material de la fallida investigación de Paulette.

Desde el Estado de México Castillejos Cervantes, Castillo Cervantes y Tomás Zerón de Lucio conformaron una triada inseparable. Son compañeros de juergas y excesos de los cuales les gusta hablar abundantemente.

En 2012 el Partido Verde Ecologista lo condujo a una diputación local en el Estado de México. Sin embargo, renunció a su curul para participar en el equipo de transición de Peña Nieto como asesor y más tarde como consejero jurídico de la presidencia. Miembros del gabinete de Peña Nieto afirman que durante su estancia en la Presidencia su poder se ha vuelto incomensurable y nocivo.

Uno de sus parientes incómodos es el propio Alfredo Castillo Cervantes, su primo hermano, quien también trabajó con Cárdenas Palomino en la Secretaría de Seguridad Pública federal en 2007. En 2012 fue nombrado coordinador de justicia en el gabinete de transición de Peña Nieto. En ese momento aspiraba a ser titular de la PGR pero fue nombrado Jesús Murillo Karam para ocupar el puesto. Los parientes tuvieron que conformarse con una subprocuraduría, de la cual Murillo Karam sacó a Castillo Cervantes porque se extralimitaba de sus funciones legales al asignar y eliminar jefes policiacos y delegados de la institución en los estados. Más tarde, el propio Humberto Castillejos Cervantes recomendó a su primo para la pacificación en Michoacán, y luego en la dirección de la Comisión Nacional del Deporte. Pese a sus errores en los cargos públicos, Peña Nieto lo ha mantenido en su gabinete a toda costa. La amalgama que los une desde el Estado de México parece indisoluble y dentro del gabinete muchos especulan las razones.

Tomás Zerón de Lucio

Este personaje completa la tríada encargada del caso de los 43 normalistas. Su carrera es corta y está marcada por irregularidades: hasta 2007 no tenía ninguna experiencia en el servicio público ni en la policía. Es egresado del IPN, de la carrera de Administración Industrial. En 1993 fue tesorero en la Compañía Industrial de Parras; en 2002 se desempeñó como director financiero de Grupo Control de Riesgo, y en 2006 trabajó dos meses en Construsistem también como director financiero.

Quienes lo conocen señalan que cuando el equipo de Genaro García Luna se apoderó de la AFI en 2001, Zerón tenía una relación cercana con dos de los principales hombres de esa corporación: Francisco Javier Garza Palacios, director de Operaciones Especiales, y Luis Cárdenas Palomino, con quienes compartía el gusto por lo ostentoso.

Cuando García Luna y su equipo se fueron a la SSP en 2006, Garza Palacios invitó a trabajar a Zerón, sin ninguna experiencia, como coordinador de Control Policial. En el poco tiempo que estuvo ahí, personas que trabajaron en la Policía Federal lo acusaron de vender plazas a comandantes de la AFI para transferirlos a la policía con cargos de comisarios; se dice que el costo del puesto era de 50 mil dólares, los cuales habría compartido con Garza Palacios y otros jefes policiacos.

El 18 de mayo de 2007 Zerón, Garza Palacios y otros cuatro mandos de la Policía Federal fueron despedidos por haber permitido que un grupo de 50 sicarios transitara libremente durante más de 300 kilómetros en una autopista federal para llegar a Cananea, Sonora, y masacrar a cinco policías y una decena de civiles: cuando ocurrió el ataque, la Policía Federal no prestó ningún auxilio. Entre los elementos cesados se encontraba Vidal Diazleal Ochoa, director general de Seguimiento Operativo, quien tiempo después sería titular de la Policía Federal Ministerial, cargo que ocupaba cuando ocurrió el ataque contra los normalistas en Iguala.

Durante el gobierno de Peña Nieto en el Estado de México, Zerón fue el "jefe de servicios de inteligencia" de la Procuraduría de Justicia de la entidad. A pesar de su escasa trayectoria le adjudicaron el mote de "experto en tareas de inteligencia"; se afirma que llegó al puesto con la ayuda de Humberto Castillejos y Alfredo Castillo. "Le sabe todo al presidente", argumentan quienes no se explican otra forma que justifique la protección que el jefe del ejecutivo le ha dado. "Zerón es de los que hacen el trabajo sucio, no le tiembla la mano y es muy hábil para hablar y justificar", dijo otra de las fuentes consultadas.

Para Peña Nieto, Zerón es un hombre útil capaz de todo. En 2015 el caso de Infraiber, la empresa que cuestionó los millonarios contratos que el gobierno de Peña Nieto dio a la empresa española OHL, se convirtió en un tema incómodo para el mandatario y atentaba contra una buena fuente de ingresos, afirmaron fuentes consultadas dentro del gobierno. El caso podía estallar en un gran escándalo de corrupción que involucraba directamente a Peña Nieto.

Como una forma de escarmiento, Zerón se inventó un operativo contra el abogado de la empresa, Paulo Díaz, y en una burda acción sus elementos de la Policía Federal Ministerial le sembraron un arma para justificar su arresto y callarlo. Cuando la defensa del abogado dio a conocer las imágenes de la siembra del arma la PGR se sacudió. Se consideró proteger a Zerón y sus policías, pero funcionarios de las áreas de asuntos internos de la Procuraduría argumentaron que debido a que el video ya era un asunto público, no se podía evadir la responsabilidad y se sometió a proceso a los 10 agentes de la PFM que participaron.

El 14 de septiembre de 2016, luego de que los padres de los 43 estudiantes desaparecidos exigieron durante varios meses su renuncia por haber manipulado la investigación y alterado pruebas, Zerón renunció a la Agencia de Investigación Criminal, pero no para que el gobierno lo sancionara: el fabricante de la llamada "verdad histórica" fue recompensado por sus servicios y el propio Peña Nieto lo nombró secretario técnico del Consejo Nacional de Seguridad. Mientras tanto, Vidal Diazleal Ochoa se quedó como encargado de despacho en la AIC.

Un día después de la dimisión de Zerón, Vidulfo Rosales afirmó: "Existe una investigación interna en su contra; ante su salida, no nos han informado qué pasa con ella. Hoy en día queremos decir los padres y las madres de familia, los estudiantes de Ayotzinapa, a los que acompañamos, que exigimos una resolución pronta a esta investigación y pedimos que [haya] una sanción, porque hay pruebas evidentes de su responsabilidad en la realización de las investigaciones y el obstáculo que él constituyó para el conocimiento de la verdad. De lo contrario, si hubiese una resolución que absolviera a Tomás Zerón, desde nuestro punto de vista se va a confirmar este mensaje de impunidad y protección que el día de ayer nos acaba de enviar el presidente de la República".

EL ABOGADO GUERRERO

Vidulfo Rosales tiene 39 años de edad. Es representante de los estudiantes de la Escuela Normal Rural "Raúl Isidro Burgos" y de los padres de los 43 normalistas desaparecidos. Nació en el poblado de Totomixtlahuaca, perteneciente al municipio de Tlacoapa, Guerrero, en la zona de la Costa-Montaña, donde el guerrillero Genaro Vázquez tuvo mucha influencia y donde hace décadas nació la policía comunitaria. Su abuelo y su padre colaboraron en el movimiento de Vázquez. Durante la *guerra sucia*, caciques de la región quisieron despojar a sus familiares de las pocas tierras que poseían y tuvieron que defenderse ante los tribunales; su padre le pidió que estudiara Derecho y así lo hizo en la Universidad Autónoma de Guerrero.

Años después, en la comunidad de Chilapa, Guerrero, demostró que el derecho se puede poner al servicio de los pueblos y de los procesos sociales organizativos. "El derecho también puede estar del lado del débil y del que menos tiene", dice Rosales en entrevista para esta investigación.

El abogado de La Montaña ha participado en diversas batallas al lado de los más necesitados, y junto con "Tlachinollan" les han ganado al gobierno de México y al Ejército dos luchas que han marcado la historia de Guerrero.

En apoyo al Consejo de Propietarios de Tierras Comunales y Comunidades contra la Construcción de la Represa de La Parota, Vidulfo Rosales logró bloquear judicialmente la construcción del proyecto hidroeléctrico, en 2003, uno de los principales programas del gobierno de Vicente Fox; ubicado a 30 kilómetros de Acapulco, significaría la inundación y desaparición de 13 poblados, la reubicación de más de 20 mil habitantes, y la afectación indirecta de más de 75 mil personas.[2]

Asimismo, Rosales representó a la indígena Valentina Rosendo Cantú ante la Corte Interamericana de Derechos Humanos. En 2002, a los 17 años de edad, Valentina fue víctima de abuso sexual por

[2] Información obtenida del Observatorio Latinoamericano de Conflictos Ambientales (OLCA).

parte de un grupo de ocho militares en Acatepec, Guerrero; el gobierno de México y la Sedena siempre negaron los hechos. El caso fue llevado por "Tlachinollan", la Organización Indígena de Pueblos Mixtecos y Tlapanecos y el Centro Prodh. En 2010 la Corte emitió una condena histórica contra el gobierno de México: "El Estado es responsable por la violación de los derechos a la integridad personal, a la dignidad y a la vida privada [...] en perjuicio de la señora Rosendo Cantú", se afirma en la sentencia.[3]

LA CONSTRUCCIÓN DE LA "MENTIRA HISTÓRICA"

De manera oculta Tomás Zerón y la PFM estuvieron a cargo de las investigaciones y detenciones realizadas por la Fiscalía General del Estado luego del arresto de los primeros 22 policías municipales.

La construcción de la "mentira histórica" por parte del gobierno federal comenzó la misma noche del 26 de septiembre de 2014 y corrió a cargo de la PGR y la AIC, que tiene bajo su mando a la PFM. Esa misma noche la PGR mandó a elementos de la PFM, que dependían de Zerón y Diazleal, a investigar el ataque contra los normalistas en el momento en que ocurría el asesinato de seis personas y la desaparición de los 43 estudiantes.

En las oficinas de la PGR en Iguala se abrió una investigación por "violación a la Ley Federal de Armas de Fuego y Explosivos" a raíz de las llamadas del C4 en Iguala por los ataques que estaban teniendo lugar.[4] De acuerdo con la documentación obtenida, inmediatamente se informó de la situación a Miguel Amelio Gómez, delegado de la PGR en Guerrero.

En un documento redactado por el Ministerio Público César Iván Pilares, fechado el 26 de septiembre, se ordena hacer una "minuciosa y exhaustiva investigación"; en ese mismo escrito se asienta que la indagatoria se inició por haberse recibido en su agencia investigadora una llamada telefónica por parte del C4 en la cual ma-

---

[3] Información tomada del documento "Caso Rosendo-Cantú y otra *vs* México". Sentencia del 31 de agosto de 2010, CIDH.

[4] AC/PGR/GRO/IGU/I/256/2014.

nifestaban que al parecer, aún sin confirmar, alumnos de la Escuela Normal de Ayotzinapa se enfrentaron a balazos con elementos de la policía municipal, originando un fuerte operativo en calles céntricas de Iguala, haciendo del conocimiento que dichos estudiantes tenían en su poder autobuses, los cuales se encontraban en las calles Galeana y Mina.

Esa misma noche los elementos de la PFM Romeo Ortiz Valenciana, José Manuel Dirzo Correa y Enrique Ramírez Hernández, este último encargado de la subsede en Iguala, salieron a las calles al igual que el Ejército y la Policía Federal.

De acuerdo con las tarjetas informativas que elaboraron, de las cuales esta investigación tiene copia, los agentes afirmaron que hicieron recorridos por la carretera federal Iguala-Chilpancingo y vieron el autobús Estrella de Oro 1531 con los vidrios rotos y las llantas ponchadas, del cual desaparecieron al menos 20 de los 43 estudiantes. "Por obvias razones se corroboró que efectivamente el día 26 de septiembre del presente año se realizaron desmanes por supuestos estudiantes", dice uno de los reportes.

Luego se trasladaron a la calle Juan N. Álvarez, donde vieron tres autobuses también con las llantas ponchadas, "así como a varios jóvenes que al parecer eran estudiantes [...] por lo que procedimos a retirarnos del lugar con la finalidad de no tener algún altercado con individuos que iban en el autobús". También informaron que la Fiscalía General del Estado ya había abierto una indagatoria por lesiones por arma de fuego. A partir de la narración hecha por los elementos de la PFM, la PGR debió de abrir la averiguación previa alrededor de las 21:30, antes de que ocurriera la desaparición de los 43 normalistas y la última agresión armada en la calle Juan N. Álvarez, donde dos estudiantes fueron asesinados y varios resultaron heridos. Así, los hombres de Zerón ya estaban en las calles cuando ocurrió el cruento trance de esa noche.

Para esta investigación se obtuvieron las declaraciones ministeriales sin censura tomadas por la PGR a 47 de las personas detenidas, quienes supuestamente confesaron tener conocimiento de los hechos o haber participado directamente en el ataque y la desaparición de los normalistas y actualmente se encuentran bajo proceso judicial en distintas causas penales; dichas declaraciones fueron revisadas y comparadas y se encontró que cada uno dio una versión distinta de cómo y quiénes atacaron a los normalistas, cómo fueron desaparecidos y cuál habría sido su destino final. Pese a que el gobierno de México ha detenido a más de 100 presuntos responsables, hasta la fecha ninguno ha señalado con veracidad cuál fue el paradero final de los 43 estudiantes.

A lo largo de dos años se entrevistó a decenas de familiares de los presuntos culpables, se tuvo acceso a documentación inédita y se revisaron los dictámenes médicos practicados a los detenidos. Además de la incongruencia en sus declaraciones, el común denominador fueron las heridas que presentó 100 por ciento de los "confesos".

Desde diciembre de 2014, en reportajes publicados en la revista *Proceso* como parte de esta investigación, se denunció la fabricación de confesiones y las conductas criminales ejercidas por el gobierno federal contra muchos de los presuntos culpables. Se ha documentado que conforme fueron llevándose a cabo las detenciones, la PFM, la Policía Federal y la Marina actuaron cada vez con mayor violencia.

Pese a que ningún dato del expediente de la PGR sobre el destino de los estudiantes era correcto y no contaban con algún indicio verdadero, a mediados de octubre de 2014 la SEIDO afirmó inexplicablemente que los estudiantes desaparecidos "al parecer fueron quemados hasta su total calcinación, por lo que posiblemente, si se llegaran a encontrar dichos restos, sea imposible identificarlos".[5] No importaba si lo que "confesaban" los detenidos bajo presión era real o no, la PGR ya tenía la conclusión de su investigación antes de terminarla.

LOS ASESINOS "CONFESOS" DE PUEBLO VIEJO

El 5 de octubre de 2014 el fiscal general de Guerrero, Iñaki Blanco Cabrera, dio por resuelto el caso: dijo que los 43 normalistas desaparecidos habían sido asesinados y enterrados en fosas clandestinas,

---

5 Fuente: Tomo XIII de la causa penal 100/2014.

y que los responsables eran los policías municipales de Iguala, José Luis Abarca y un grupo criminal llamado Guerreros Unidos. Para dar sentido a su dicho usó la declaración alterada del policía municipal Hugo Hernández Arias:[6] "Hugo Hernández Arias indicó haber visto a 10 detenidos en el patio de su comandancia, los cuales se llevaron otros elementos de la corporación, de quienes desconoce los nombres, a bordo de dos patrullas".

Aseguró que esa información coincidía "con las videograbaciones obtenidas de las cámaras de seguridad del C4 de Iguala correspondientes a las avenidas Periférico Benito Juárez a la altura del cruce con la carretera federal Iguala-Taxco, en las que se aprecian imágenes de vehículos, al parecer patrullas, dentro de las que destaca una, a las 23:21 horas, en la que se advierte una unidad oficial que circula en la citada vialidad en cuya batea llevan a civiles".

De nueva cuenta Blanco manipuló las evidencias: sólo mostró una fracción del video "26-09-2014 11-19-32 p.m. Personal de la policía trasladando a algunos detenidos",[7] pero para esta investigación se obtuvo el video completo. El fiscal expuso un fragmento donde aparecen presuntas patrullas municipales de Iguala, pero omitió mostrar el convoy que las custodiaba; el video fue grabado por una cámara de seguridad del C4 ubicada en Periférico Oriente, no en dirección a Taxco sino hacia Cocula.

El fiscal dijo que "derivado de labores de inteligencia y gabinete" se logró la detención de Honorio Antúnez Osorio, alias *El Patachín* (policía municipal de Iguala), Martín Alejandro Macedo Barrera, Marco Antonio Ríos Berber y Luis Alberto José Gaspar, alias *El Tongo*, todos ellos supuestos miembros confesos del grupo criminal Guerreros Unidos, quienes habrían implicado en los hechos directamente al alcalde con licencia José Luis Abarca y a la policía municipal de Iguala.

Según el fiscal, el 4 de octubre de 2014 Macedo Barrera y Ríos Berber confesaron haber capturado a 17 estudiantes para llevarlos a Pueblo Viejo. Blanco anunció que la fiscalía ubicó ahí fosas clan-

[6] Véase capítulo 4, "La primera operación de encubrimiento".
[7] Ídem.

destinas donde se encontraron 28 cuerpos, "algunos completos y otros fragmentados, los cuales presentan signos de calcinación".

Ese mismo día, en conferencia de prensa, Rodrigo Archundia Barrientos —entonces titular de la SEIDO— y Tomás Zerón dijeron que trabajarían en conjunto para esclarecer los hechos, pero su participación ya había ido más allá. El gobierno federal, con ayuda del estatal, detuvo a los supuestos asesinos confesos.

Desde entonces Zerón comenzó a fabricar versiones que dieran al gobierno federal una salida al caso. Llama la atención que aunque las versiones creadas por la PGR sobre el destino final de los estudiantes eran distintas, extrañamente coincidían en que todos o algunos normalistas habían sido "quemados".

Entre el 3 y el 4 de octubre de 2014 Antúnez Osorio, Macedo Barrera, Ríos Berber y José Gaspar fueron aprehendidos en Iguala: se trató de una operación conjunta entre la AIC, el Ejército y la policía ministerial de Guerrero al mando de Fidel Rosas Serrano. De acuerdo con el parte policiaco, los arrestos ocurrieron por una supuesta "actitud sospechosa" en la calle, es decir, no fue un trabajo de investigación, como dijo Blanco, sino que los detuvieron prácticamente al azar. Los detenidos rindieron su primera declaración ministerial en la Dirección General de Averiguaciones Previas de la Fiscalía de Guerrero y el 5 de octubre fueron puestos a disposición de la SEIDO.

Por medio de sus testimonios surgieron los apodos de supuestos miembros de Guerreros Unidos que habrían participado directamente en el ataque del 26 de septiembre: *La Mole*, *El Tíner*, *Amarguras* y un sujeto supuestamente apodado *El Choky*, cuyo sobrenombre se convirtió en una constante en las declaraciones de decenas de posteriores detenidos.

Antúnez Osorio, quien fue soldado en el 27 Batallón de Infantería de Iguala y perteneció al Ejército durante más de 20 años, fue el primero en dar los nombres de varios de sus compañeros en la policía municipal de Iguala, a quienes acusó de trabajar para Guerreros Unidos y recibir sobornos del grupo criminal a cambio de protección; entre ellos mencionó a Ulises Bernabé García, *El Gay*, quien dijo que era oficial de barandilla y miembro del grupo de reacción inmediata Los Bélicos. Aseguró que él no había estado presente, pero se enteró de que habían llevado a estudiantes a la base de la policía municipal de Iguala, y que Bernabé García los había entregado a "sicarios de Cocula" y al comandante Francisco Salgado Valladares. En noviembre de 2014, durante esta investigación, se descubrió que Bernabé García representa una pieza fundamental contra la versión oficial de los hechos.

Por su parte, Macedo Barrera afirmó que esa noche *El Choky* ordenó el ataque contra los normalistas. Aseguró que él mismo participó directamente en los hechos; además, dijo que los estudiantes iban armados y dispararon en el centro de Iguala, "logrando herir a varias personas", por lo que los persiguió y les disparó junto con otros miembros de Guerreros Unidos. Afirmó que se llevaron a 17 en vehículos particulares "a la Loma", donde mataron a varios con el tiro de gracia y a otros a golpes. A siete de ellos los habrían quemado parcialmente en una fosa:

> [los estudiantes] se pusieron muy violentos cuando estaban secuestrados, y para que no estuvieran chingando se decidió matarlos, creo que utilizaron la excavadora para enterrarlos en el mismo rancho que tenemos —dijo Macedo Barrera—. Yo participé matando a dos de los ayotzinapos dándoles un balazo en la cabeza y no son de los que quemamos.

Por otro lado, Ríos Berber dijo que *El Choky* era jefe de sicarios de Guerreros Unidos; también mencionó los apodos de otros supuestos integrantes: *La Mente*, *El Chino*, *El May* y *El Gaby*. En su primera declaración ministerial, afirmó que a las 18:00 *El Chino* le ordenó vigilar a los normalistas que habían llegado a Iguala en un camión Estrella de Oro y en una camioneta Urvan. No obstante, eso es imposible porque a esa hora los normalistas apenas iban saliendo de Ayotzinapa.

Según esa primera declaración, fue la policía municipal de Iguala, por órdenes de "Valladares", la que se llevó a 20 estudiantes a la comandancia mientras que *El Choky* se llevó por su cuenta a tres en un Mustang gris. Ríos Berber aseguró que él y *El Choky* se llevaron a 13 normalistas a un cerro en la comunidad de Pueblo Viejo, a las afueras de Iguala, donde vio cómo mataron a tres estudiantes y él mismo cavó la fosa en la que supuestamente los arrojaron y medio quemaron con diésel. Según su dicho, más tarde llevaron en una pick up blanca a otros 14 estudiantes y mataron a 10: "Yo les disparé a dos en la cabeza con el arma de *La Mente*, *Gaby* mató a otros dos, *El Choky* mató a otro, *La Vero* mató a otro y dejamos vivos a cuatro". Según su declaración, echaron los otros seis cuerpos en la fosa y también los quemaron.

Curiosamente, ni Macedo Barrera ni Ríos Berber mencionaron haber participado juntos en el ataque contra los normalistas, en realidad su narración se refería a dos hechos distintos. En efecto, se localizaron fosas clandestinas en Pueblo Viejo con 28 cuerpos; fue entonces cuando los abogados y familiares de los 43 desaparecidos pidieron al gobierno de Guerrero la intervención inmediata de los miembros del Equipo Argentino de Antropología Forense, quienes llegaron al lugar e intervinieron en la identificación de los restos, lo que truncó la primera versión con que el gobierno pretendía cerrar el caso: en los peritajes realizados bajo la supervisión del prestigiado grupo argentino se determinó que ninguno de los cuerpos era de los estudiantes pese a las detalladas confesiones de sus supuestos asesinos.

El 16 de octubre, en otra declaración ante la PGR, Ríos Berber dio un nuevo rumbo a la historia construida desde la SEIDO, que poco a poco ajustaba la trama hacia el final que tenían predeterminado, como el guionista que sabe de antemano cómo comienza y termina la película; esta vez no dijo que hubiera participado directamente en la muerte de los estudiantes, pero afirmó que sabía que cuando Guerreros Unidos levantaba personas en Iguala se las entregaba a un sujeto apodado *El Gil* y que siempre los llevaban a Cocula, "por lo que supongo que ahí los matan y los entierran": así se abría la puerta a lo que después sería la "verdad histórica".

Un mes después, el 24 de noviembre de 2014, estos cuatro supuestos miembros de Guerreros Unidos narraron al juez Guillermo Baltazar las condiciones en que fueron obligados a declarar en ese sentido. Eso explica por qué, a pesar del supuesto detalle de su narración, no encontraron a los estudiantes en el lugar que señalaron.

Los que "mataron" y "enterraron"
a los normalistas en La Parota

Ante el fracaso de la de Pueblo Viejo, la PGR creó una segunda versión sobre el destino final de los 43 normalistas: fosas comunes en un cerro denominado La Parota, donde también habrían sido quemados.

El 8 de octubre de 2014, al mediodía, integrantes de la AIC, con el apoyo de tres elementos de la Marina,[8] detuvieron en Cuernavaca a Carlos Pascual Cervantes Jaimes, así como a Miguel Ángel y Osvaldo Ríos Sánchez, comerciantes de ropa; pensaron que uno de ellos era Salomón Pineda Villa, hermano de la esposa del alcalde de Iguala, María de los Ángeles Pineda Villa.

—Tú eres *El Molón* —le dijeron a Osvaldo.

—No, jefe, yo vengo aquí nada más a comprar ropa, vengo a buscar rebajas —respondió.

Hasta el 9 de octubre presentaron a los detenidos en la SEIDO a causa de supuestas fallas mecánicas en los vehículos. En sus declaraciones ministeriales, Miguel Ángel y Osvaldo Ríos Sánchez revelaron la estructura de Guerreros Unidos, señalando como los integrantes más importantes a Raúl Núñez Salgado, alias *El Camperra*, además de *El Choky*, *La Mente* y *El Gil*; también añadieron el apodo de *El May* como un actor significativo en la noche del 26 de septiembre. Con dichas "confesiones" la PGR quiso involucrar a los 43 normalistas con el crimen organizado por primera vez desde la desaparición.

Los hermanos Ríos habrían declarado que el 26 de septiembre el grupo criminal Los Rojos, antagónico a Guerreros Unidos, entró a Iguala infiltrado con los normalistas, razón por la cual los agredieron; testificaron que se enteraron de que *El Choky* atacó a los normalistas y los llevó a La Parota. Según los documentos oficiales, hicieron un croquis de la ubicación exacta donde supuestamente quedaron los restos de los estudiantes.

---

[8] Los miembros de la AIC que participaron en la detención fueron Jazmín Galicia Guzmán, Carlos Villaseñor de la Rosa y Omar Evaristo Vega. Por parte de la Marina colaboraron Jairo Antonio Flores Hernández, Vidal Vázquez Mendoza y Rubén Edison Irraestro.

A las 6:30 de la mañana del 9 de octubre elementos de la Marina trasladaron en un helicóptero a los hermanos Ríos desde la Ciudad de México hasta la carretera federal Iguala-Teloloapan;[9] en vehículos militares llegaron luego a un paraje desierto en La Parota. Ahí los supuestos asesinos confesos mostraron el lugar donde habían quedado los restos de los normalistas. Según la fe de hechos que el Ministerio Público levantó, en el lugar habrían encontrado rastros de tierra removida.

De acuerdo con los dictámenes médicos de ese día, realizados por la PGR, Miguel Ángel presentaba más de 10 lesiones y Osvaldo 14 antes de rendir su declaración; algunos de sus parientes describieron, en entrevista para esta investigación, un viacrucis de dolor a manos de los marinos que los detuvieron, quienes incluso los habrían obligado a cavar sus propias tumbas.

El 10 de junio de 2015 la Visitaduría General de la PGR inició una investigación contra los elementos de la Marina y la policía federal ministerial que participaron en la aprehensión de Ríos Sánchez y Cervantes Jaimes por "conductas delictivas" frente a los detenidos.

Después de su declaración autoincriminatoria, la PGR liberó a los hermanos Ríos Sánchez y a Cervantes Jaimes por falta de elementos. Sin embargo, inmediatamente después, el 13 de octubre, dos policías ministeriales —Felipe Gutiérrez Díaz y Héctor Eduardo Estévez Girón— los detuvieron nuevamente afuera de las instalaciones de la SEIDO.[10]

Semanas más tarde, en la zona de La Parota se encontraron nueve fosas clandestinas con restos recientes de carne y sangre además de zapatos, mochilas y lapiceros, según quedó constancia en diversos medios de comunicación; ninguno de los restos humanos coincidió con el ADN de los estudiantes pese a los testimonios "detallados" y "precisos" de los supuestos responsables confesos.

La noche de ese mismo 9 de octubre, en la colonia Brisas de la ciudad de Iguala, a partir de supuestas denuncias ciudadanas anónimas

---

[9] En el operativo participaron 13 elementos de la Marina al mando del capitán Erik Jiménez López; contaban con la anuencia del Ministerio Público de la PGR César Enrique García Godoy.

[10] Fuente: Foja 621, tomo XI.

unos marinos detuvieron a un segundo grupo de presuntos miembros de Guerreros Unidos,[11] entre ellos a los hermanos Luis Alberto y Juan José Estrada Montes de Oca, así como a Raymundo Salvador Bernal. Según el informe de los efectivos, tenían armas de uso exclusivo del Ejército y "manifestaron de manera espontánea que pertenecen al grupo delictivo Guerreros Unidos".

Luis Alberto llevaba la nariz rota y estaba visiblemente golpeado cuando lo presentaron a declarar; argumentó que unos taxistas le habían pegado. En cualquier caso, la Ministerio Público Jazmín Jiménez Zúñiga le tomó la declaración, que fue muy breve: sólo dijo haber escuchado que Guerreros Unidos atacaron a los normalistas. La Ministerio Público le preguntó si quería presentar una denuncia contra algún funcionario público y él respondió que no.

Juan José también estaba golpeado cuando llegó a declarar; la Ministerio Público Denisse González Sánchez fue la responsable de tomar su testimonio. Él dijo que era naturista y se dedicaba a la venta de productos del Centro Botánico Azteca. No declaró nada sobre los hechos del 26 de septiembre.

Raymundo Salvador, el que iba más herido, declaró ante la PGR que no lo detuvieron en la vía pública sino que lo sacaron de su local de venta de celulares en el mercado de Iguala.

El 10 de junio de 2015 la Unidad Especializada en Investigación de Delitos Cometidos por Servidores Públicos y Contra la Administración de Justicia inició una indagación "por conductas delictivas" contra los marinos que detuvieron a los hermanos Estrada Montes de Oca y Salvador Bernal.

En esencia, ocurrió exactamente lo mismo que en el caso antes referido: según los propios documentos de la PGR, los tres fueron liberados por falta de elementos, lo que jamás trascendió a la opinión pública, presumiblemente por las huellas de tortura que presentaban. Sin embargo, en cuanto los dejaron ir, la procuraduría giró en su contra un oficio de localización y presentación, por lo que apenas salían de las instalaciones de la SEIDO el 14 de octubre, los mismos policías

---

[11] Los marinos que participaron son Artemio Navarro Jiménez, Ramiro Cruz de Jesús y Ricardo Alfredo Díaz Ambriz.

ministeriales mencionados —Felipe Gutiérrez Díaz y Héctor Eduardo Estévez Girón— los detuvieron y los "entrevistaron" nuevamente.

La PGR aplicó la misma fórmula con otras personas, haciendo creer a los confesos que pronto serían liberados. Una vez más por supuestas denuncias anónimas, los marinos Celso Mario Rendón Mejía y Reynel Calvo Molina dijeron que detuvieron el 9 de octubre a Ramiro Ocampo Pineda y a una mujer llamada Rosario Manuel Borja en las calles de Iguala porque presuntamente estaban relacionados con Guerreros Unidos; los elementos afirmaron que Ocampo Pineda llevaba una granada en una maleta. Siguiendo el mismo patrón de las otras detenciones, Ramiro declaró de manera "voluntaria" ser integrante de Guerreros Unidos.

Ocampo Pineda rindió su primera declaración ante la PGR el 11 de octubre. En una inspección ministerial médica había quedado constancia de que se encontraba mareado y presentaba lesiones; aun así el Ministerio Público Luis Armando García Sánchez lo hizo declarar. Lo primero que contó es que no lo detuvieron en Iguala sino en un hotel de Taxco. El 10 de junio de 2015 la misma unidad especializada de la PGR abrió una investigación por tortura cometida por los marinos contra Ocampo Pineda y Manuel Borja. Habría dicho ser parte de Guerreros Unidos y mencionó los nombres de otros supuestos miembros del grupo criminal, como Mario Casarrubias, a quien identificó como el líder, y Víctor Hugo Benítez Palacios, alias *El Tilo*. También se refirió a otros como *El Camperra* y *El Gil*.

Expresó que el 26 de septiembre trabajó supuestamente como *halcón*; *El Chuky*, *El Choky*, *La Mente* y *El May* habían cometido el ataque contra los normalistas en la calle Juan N. Álvarez y contra los Avispones en la carretera a Chilpancingo, en el cruce con camino a Santa Teresa, al confundirlos con los estudiantes. Dijo asimismo que en el puente del Tomatal (al lado del Palacio Judicial) la gente de *El Chuky* bajó a los estudiantes con el apoyo de la policía municipal de Iguala.

Según la PGR, Ocampo Pineda habría confesado que los policías municipales entregaron a los normalistas en Pueblo Viejo. También declaró que a los estudiantes se los llevaron a Pueblo Viejo, a un lugar cerca del rancho de *El Gil*, "en diversos vehículos" particulares y a otros en patrullas de la policía municipal de Iguala, y que ahí los rociaron de diésel, los quemaron y los enterraron.

En un primer dictamen médico practicado a Ocampo Pineda y Manuel Borja, ninguno presentaba lesiones; sin embargo, en otro dictamen médico, fechado ese mismo día, Ocampo Pineda tenía decenas de golpes en la cara, huellas de quemaduras lineales y el oído reventado.

Al igual que los hermanos Estrada Montes de Oca y Raymundo Salvador, Ocampo Pineda y la mujer fueron liberados por la PGR y recapturados inmediatamente el 13 de octubre de 2014 afuera de las instalaciones de la SEIDO por los agentes Gutiérrez Díaz y Estévez Girón, quienes presentaron el mismo informe de puesta a disposición que para los otros, cambiando sólo los nombres. El 14 de octubre la PGR quería que Ocampo Pineda rindiera una nueva declaración ministerial, pero se negó.

El 10 de octubre los policías federales ministeriales Jesús Omar Maciel Álvarez y Miguel Ángel Romero Hernández detuvieron en Iguala a David Hernández Cruz (o Cruz Hernández), de 20 años de edad; como en los otros casos, este bombero de Protección Civil de Iguala habría confesado ser miembro de Guerreros Unidos y encargarse del pago de la nómina de *halcones* y funcionarios públicos en Iguala.

Rindió una primera declaración muy breve a las 21:00 del mismo día, ante el Ministerio Público Antonio Suany López. Confesó que era *halcón* y afirmó que *El Chuky* y *El Choky* eran la misma persona, aunque otros declarantes se refirieron a ellos como sujetos diferentes; también involucró con la organización criminal a policías de Iguala y a un sujeto llamado Raúl Núñez Salgado, alias *El Camperra*. Además mencionó a los hermanos Víctor Hugo, Orbelín y Salvador Benítez Palacios como líderes de una banda conocida como Los Tilos, supuestamente aliados con Guerreros Unidos. En dicha declaración no dijo nada sobre el alcalde José Luis Abarca ni sobre lo ocurrido el 26 de septiembre.

Súbitamente, a las 4:30 de la mañana del 11 de octubre, Hernández Cruz rindió una nueva y abultada declaración de nueve fojas. Entre otras cosas, afirmó que el 26 de septiembre los estudiantes que viajaban en los camiones detenidos a la altura del Palacio de Justicia iban armados: "Observé que de los autobuses bajaron aproximadamente 40 personas, todos civiles, algunos de ellos portaban armas de fuego tipo escopetas, pero no escuché disparos". Esas personas habrían abordado una Urvan blanca y una Suburban blanca para dirigirse a la colonia Pajaritos.

Hernández Cruz habría dicho que después de las 23:45 el supuesto *Chuky* lo llamó a su celular para preguntarle quién le iba a entregar los "paquetes", aclarando que se refería a los estudiantes, y que le habría contestado que no sabía. En su declaración se puede leer: "Volviendo al momento en que me habló *El Chuky*, después de esta llamada escuché por el radio Matra que el [sub]director de la policía municipal [de Iguala], [Francisco Salgado] Valladares, dijo que por órdenes de A5 [había] que detener a los estudiantes, 'porque ya saben cómo son' […] la clave A5 se refiere al presidente municipal de Iguala, de nombre José Luis Abarca Velázquez".

De este modo Hernández Cruz implicaba directamente al alcalde en los hechos, pero su declaración es contradictoria ya que, según su propio dicho, cuando *El Chuky* le preguntó por los "paquetes" los estudiantes aún no habían sido detenidos.

Al mismo tiempo, Hernández Cruz fue el testigo que habría implicado por primera vez a la policía municipal de Cocula en la desaparición de los 43: afirmó que después de las 23:45 vio sobre Periférico cuatro patrullas de Cocula y que no tenía duda de que eran vehículos de esa demarcación porque los conocía bien. Aseguró haber visto que en la batea llevaban entre cinco y seis civiles "sentados y agachados", cada unidad custodiada por cuatro elementos que supuestamente iban de pie; se dirigían hacia la salida de Iguala a Cocula. Dijo que el comandante César Nava González, de la policía municipal de Cocula, lo llamó más tarde para preguntar a quién iba a entregar los "paquetes".

El testimonio del bombero es incongruente con la cronología de lo que realmente ocurrió esa noche, ya que a las 23:45 ya había ocurrido la desaparición de los normalistas. Por lo demás, está comprobado que esa noche la policía de Cocula usó sólo tres unidades y no cuatro.

La declaración del bombero tenía un común denominador con las declaraciones de los confesos anteriores: según el dictamen médico que le realizó la propia PGR, antes de rendir su primera declaración estaba severamente golpeado. Su familia alega que también fue torturado. En junio de 2015 la PGR se vio obligada a iniciar una investigación interna contra los elementos de la PFM Jesús Omar Maciel Alvarez y Miguel Ángel Romero Hernández, quienes detuvieron a Hernández Cruz por abusos cometidos en su agravio.

Después de su "confesión", Hernández Cruz fue puesto en libertad por la PGR el 14 de octubre, pero con la misma estrategia utilizada, fue inmediatamente reaprehendido a las afueras de la SEIDO por los policías federales ministeriales Israel Jiménez Cruz y Miguel Eduardo Castañeda. Lo llevaron de nueva cuenta ante el Ministerio Público, pero se reservó su derecho a declarar según consta en documentos de la PGR.

LAS 11 VERSIONES DE LOS POLICÍAS DE COCULA

El testimonio de Hernández Cruz llevó a la PGR a ordenar la localización de policías municipales de Cocula e Iguala. En ese momento la responsable de la averiguación previa era la Ministerio Público Lourdes López Lucho Iturbide, de conocida trayectoria por el trabajo sucio que llevó a cabo en la administración de Felipe Calderón, cuando en la PGR se fabricaron casos como el llamado "Michoacanazo", o la "Operación Limpieza" durante la turbia gestión de Marisela Morales como titular de la PGR.

Según el parte informativo de la PFM, el 13 de octubre de 2014 diversos agentes de esa dependencia detuvieron a 24 policías municipales en el palacio municipal de Cocula; once declararon haber ido a Iguala la noche del 26 de septiembre en tres patrullas tipo pick up para dar apoyo a la policía de Iguala en la "emergencia" generada por una "balacera" en esa ciudad, pero cada uno dio una versión distinta sobre los mismos hechos aunque dijeron haberlos presenciado o participado en ellos. Señalaron que actuaron bajo las órdenes del comandante Ignacio Aceves Rosales y del subdirector de la policía municipal de Cocula, César Nava González; los dos, piezas claves para entender el papel que esa policía desempeñó esa noche.

Policías de Cocula detenidos por policías ministeriales

1. Ignacio Aceves Rosales*+
2. Alberto Aceves Serrano+
3. Ángel Antunez
4. Willber Barrios
5. Salvador Bravo
6. Juan de la Puente+
7. Alfredo Alonso Dorantes
8. Pedro Flores
9. José Antonio Flores Traín+
10. Ignacio Hidalgo
11. Joaquín Lagunas+
12. Jorge Luis Manjarrez
13. Julio César Mateos Rosales+
14. Antonio Morales
15. José Luis Morales
16. Ysmael Palma Mena*
17. Jesús Parra Arroyo*+
18. Roberto Pedrote Nava*+
19. Arturo Reyes Barrera+
20. Nelson Román Rodríguez+
21. Marco Antonio Segura
22. Marco Jairo Tapia
23. Óscar Veleros+
24. César Yáñez

* Policías con exámenes de confianza aprobados del Centro Estatal de Evaluación y Control de Confianza, donde se incluye también César Nava González.
+ Policías que declararon haber ido a Iguala.

Policías ministeriales que detuvieron a policías de Cocula

1. Ehecatl Eduardo Águila Pineda
2. Román Almazán Hernández
3. Manuel Tadeo Camarena Porras
4. Roberto Campos Cruz
5. Jonathan Grishan Chimal López

Policías ministeriales que detuvieron a policías de Cocula
6. Julio Dagoberto Contreras Saucedo
7. Josefina de la Cruz Rosales
8. Luis Nicasio Díaz Elizalde
9. Rafael González Castelán
10. Ángel Alfredo Gutiérrez Chagoya
11. Carlos Antonio Hernández Campos
12. Sergio Hernández Carranza
13. Rafael Hernández Flores
14. José Eduardo Lavariega Pérez
15. Jesús Omar Maciel Álvarez
16. Arturo Martínez Pérez
17. Juan José Ortega Garcés
18. Miguel Ángel Pita Casco
19. Julio César Ramos Lorenzana
20. Jesús Rudimiro Rodríguez Reyes
21. Sergio Rojas Mireles
22. Miguel Ángel Romero Hernández
23. Javier Rosete Torres
24. Israel Ruíz Rodríguez
25. Mario Sánchez Ramírez
26. María Luisa Thome Lara
27. David Vargas Briseño
28. Lázaro Xochihua Atzin

María Elena Hidalgo Segura, operadora del número de emergencias 066 en Cocula, conectado al sistema nacional de radiocomunicación de la Segob, afirmó en calidad de testigo que el apoyo se proporcionó tras recibir una llamada del C4 de Iguala; esto significa que la solicitud de apoyo a Cocula se habría hecho con el conocimiento y la anuencia del Ejército, la Policía Federal, la Policía Estatal de Guerrero, la PGR y la policía municipal de Iguala, ya que todos están interconectados simultáneamente a través del C4. La PGR no ha abundado en esa línea de investigación.

La mayoría de los 11 policías de Cocula refirieron en sus declaraciones ministeriales que la noche del 26 de septiembre llegaron a

Iguala a la casa del subdirector Nava González, quien se encontraba en su día de descanso; en el domicilio se habría quedado de guardia el policía José Antonio Flores Traín y el resto se dirigieron a la esquina de Periférico y Juan N. Álvarez, donde habrían llegado entre las 22:30 y las 23:00.

Joaquín Flores Laguna afirmó que cuando llegaron a las inmediaciones de la calle Juan N. Álvarez, a la altura del depósito de Pemex ubicado en la esquina de la calle Industria Petrolera y Periférico, había cerca de ocho patrullas de la policía municipal de Iguala bloqueando la circulación y les abrieron paso cuando llegaron; cabe señalar que en esa misma calle se encuentra la base del C4. Casi todos los policías apuntan a que allí se encontraban tres de los cinco camiones en los que viajaban los normalistas esa noche y que habrían dado auxilio a uno de ellos, apodado *Pulmón*, que tenía un ataque de asma, entregándolo luego a una ambulancia, en lo que coinciden con los normalistas sobrevivientes. A partir de ahí, los testimonios de los municipales de Cocula son contradictorios entre sí en tres puntos esenciales: cómo supuestamente habrían llegado a la base de la policía de Iguala, cómo habrían sacado de ahí a los normalistas y a quiénes los habrían entregado.

Según Lagunas Franco, Nava González le ordenó ir a recoger a su compañero Flores Traín, quien se había quedado de guardia en la casa del jefe policiaco, y media hora después las tres patrullas se habrían reunido en Mextitlán y de ahí se fueron a Cocula sin ninguna novedad.

Alberto Aceves Serrano dijo que en la calle Juan N. Álvarez se encontraban "varias personas del sexo masculino tiradas, heridas presuntamente por impacto de bala". Ningún otro de sus compañeros hizo una declaración al respecto, ni tampoco los normalistas sobrevivientes entrevistados para esta indagatoria periodística.

Nelson Román Rodríguez declaró que de esa esquina se fueron directamente a Metlapa y luego a Cocula; otros policías dijeron que fueron a la base de la policía municipal en Iguala por órdenes de Nava González.

Ignacio Aceves Rosales señaló que cuando daban apoyo a la policía de Iguala estuvo presente el subdirector de la policía de ese municipio, Francisco Salgado Valladares, quien llamó por teléfono a Nava González para darle indicaciones. Asimismo afirmó que luego de estar presentes en la esquina de Periférico y Juan N. Álvarez se dirigieron a la comandancia de la policía municipal de Iguala y dejaron las patrullas de Cocula estacionadas afuera; él y Nava González habrían entrado caminando en la pequeña base municipal, donde supuestamente vieron a 13 jóvenes en el patio.

Pero Jesús Parra Arroyo dijo que después de que entraron a la comandancia llegaron patrullas de Iguala con 30 estudiantes a bordo, a los cuales bajaron uno a uno en la calle; en este mismo punto Aceves Rosales afirmó que patrullas vacías de Iguala entraron en la base de la policía municipal.

Sin embargo, Aceves Serrano declaró que al llegar a la comandancia de Iguala ya estaba ahí Salgado Valladares y también se encontraban más de 35 civiles; la cifra no coincide con la de Aceves Rosales ni con la de Parra Arroyo. Aceves Serrano dijo que los civiles fueron repartidos en tres unidades de Iguala y dos patrullas de Cocula, viajando en cada unidad 10 personas.

En la versión de Aceves Rosales, a petición de Salgado Valladares sacaron a los 13 jóvenes de la base de la policía municipal de Iguala, subieron a seis en cada una de las dos patrullas de Cocula y los habrían llevado a Loma de los Coyotes, donde supuestamente los entregaron a tres patrullas de la policía de Iguala; ahí los habrían entregado a su vez a un sujeto apodado *El Pato*, quien habría subido la carga humana a un camión de redilas blanco para llevarlo a Tianquizolco.

En la versión de Julio César Mateos Rosales, cuando llegaron a la base de Iguala una patrulla de Cocula ingresó al patio central y supuestamente salió de ahí con ocho o 10 personas acostadas a bordo; en otra patrulla de la misma corporación, en la calle, habrían metido a otro grupo de estudiantes, sin explicar cuántos eran en total o cómo los subieron. Mateos Rosales dice que los llevaron a Loma de los Coyotes y los entregaron sólo a policías municipales de Iguala; es el único policía que dice que formaron a los normalistas para entregarlos. Jamás refiere la existencia del camión de redilas.

La historia contada por Aceves Serrano fue que transportaron a los normalistas hasta un retén de la policía municipal de Iguala en

Loma de los Coyotes; ahí, dijo, subieron a los civiles detenidos a una camioneta de doble rodada "tipo ganadera" y a tres patrullas de la policía de Iguala que se fueron con "rumbo desconocido".

El policía Parra Arroyo dijo que después de bajar a los normalistas en la calle, ahí mismo subieron a cinco en cada una de las dos patrullas de Cocula y los llevaron a Loma de los Coyotes. También se refirió a un filtro de la policía municipal de Iguala donde habrían entregado a los 10 estudiantes que transportaban, los que fueron subidos a patrullas, yéndose los policías "con los muchachos" por una brecha. Jamás refiere la existencia de una camioneta blanca. Fue el único que dio un horario de los hechos, supuestamente las 0:45 del 27 de septiembre.

De todas las versiones, la del policía Roberto Pedrote Nava fue la más dispar: dijo que de la base de Iguala se movió a Metlapa en una patrulla de Cocula sin ningún estudiante a bordo, y que ahí esperó a Nava González y a sus otros compañeros; afirmó que a la medianoche llegó este al punto con el comandante Aceves Rosales en sus respectivas patrullas, y que cada una llevaba a ocho personas detenidas en la batea, las que supuestamente gritaban "¡Ayúdenme!" Nava González le habría ordenado esperarlo ahí, mientras que las dos patrullas que traían a los 17 normalistas se dirigieron hacia Iguala. Pedrote Nava aseguró que regresaron 20 minutos después ya sin la carga humana.

Aceves Rosales y Reyes Barrera refirieron que a las 2:30 del 27 de septiembre Nava González y cinco elementos salieron de la base de Cocula vestidos de civil y habrían ido a Pueblo Viejo, a la propiedad de un sujeto apodado *El Gil* —mencionado en testimonios de los supuestos miembros de Guerreros Unidos—, en el vehículo particular de Aceves Rosales; en el sitio había gallos de pelea y caballos.

Para esta investigación se entrevistó a vecinos de la base de la policía municipal de Iguala para saber si esa noche escucharon o vieron algo en particular y afirmaron que no; también se pudo constatar directamente que el zaguán de la base tiene poca altura y las unidades policiacas no lograban pasar por ahí a causa de las barras de metal que tienen en la batea: esto se comprobó porque las unidades de la Policía Federal que sustituyeron a las de la policía municipal tampoco podían ingresar, cuando llevaban a esas instalaciones a algún detenido debían bajarlo afuera de la base.

El 14 de octubre de 2014 también fueron presentadas como testigos la radiooperadora del 066 María Elena Hidalgo Segura y la asesora jurídica Magali Ortega. Hidalgo Segura declaró que el 26 de septiembre estuvo de guardia y se enteró de que había habido problemas en Iguala porque aproximadamente a las 21:00 la llamó una radiooperadora del C4 de Iguala, Sandy Ornelas, para preguntarle qué unidades habían salido a dar apoyo y que a las 2:30 del día 27 regresaron los policías y quemaron las hojas de servicio de un año. Afirmó que su compañera Xóchitl García le dijo que había visto videos del C4 "que estaban bien feos, de lo que había pasado ese día, y me contaron que al parecer había 30 muertos". Xóchitl, quien estuvo de guardia el 26 de septiembre, renunció súbitamente a su cargo cuatro días después y hasta la fecha no ha sido presentada a declarar.

Magali Ortega confesó haber modificado los nombres de los elementos en los informes del día y alterado los registros para hacer creer que el subdirector Nava González no había trabajado el 26 de septiembre porque tenía una incapacidad médica, lo cual era falso. El 13 de octubre de 2014 fue detenida en calidad de testigo junto con los 24 policías municipales de Cocula; Ortega afirmó que la obligaron a firmar la declaración donde incriminaba a los policías luego de amenazarla con ser abusada sexualmente y presenciar la tortura de algunos elementos policiacos. Tras su confesión forzada, Ortega fue detenida de manera definitiva el 15 de enero de 2016 tras negarse a ratificar su declaración; actualmente se encuentra en el Cefereso no. 16 de Morelos. Cabe señalar que familiares reconocieron en entrevista que Ortega sí consiguió un falso certificado de incapacidad a Nava González por medio de su hermana, que trabajaba en una institución de salud pública.

Lo cierto es que el parte informativo oficial elaborado por los policías municipales de Cocula que estuvieron de guardia la noche del 26 de septiembre omitió que acudieron a Iguala a prestar auxilio; tampoco fue registrado el reporte del C4 mencionado por la operadora de radio, y que al día siguiente de los hechos alteraron los números de las tres patrullas que acudieron a Iguala.

Al igual que en las detenciones hechas por la AIC, bajo la dirección de Tomás Zerón, el común denominador en las declaraciones de los policías municipales de Cocula detenidos, además de las marcadas contradicciones, es que en su gran mayoría presentaban golpes y lesiones, según los dictámenes médicos que se les practicaron en la SEIDO antes de su declaración ministerial.[12]

Se logró contactar a la esposa de Julio César Mateos Rosales, Minerva Ochoa, quien señaló en entrevista que su esposo fue obligado a declarar de esa manera en la SEIDO a partir de tortura física y psicológica. Resulta imposible que su esposo haya participado en los hechos porque el 26 de septiembre no le tocó trabajar, y durante la tarde y noche estuvieron juntos cocinando pozole para un evento de la iglesia; Minerva asegura que hay varios testigos de eso y confía en la inocencia de su esposo.

Cabe señalar que ninguno de los policías de Cocula que confesaron su supuesta participación explicó cómo habrían podido controlar a los estudiantes o si éstos iban heridos, y en ninguna de las 11 versiones mencionan que fueran 43 los supuestos civiles transportados.

La Visitaduría General de la PGR inició el 3 de junio de 2015 una investigación por tortura contra los elementos de la policía federal ministerial que participaron en la detención de los policías de Cocula.

LA VERSIÓN DE LOS POLICÍAS DE IGUALA

Los policías municipales de Iguala que no fueron detenidos el 27 de septiembre fueron enviados a un curso de entrenamiento en el V Regimiento de Caballería Motorizada de la Sedena, ubicado en Tlaxcala; el 14 de octubre arrestaron a 10 de ellos dentro del campo militar y los llevaron a la SEIDO.

---

[12] En esta investigación se tuvo acceso a los dictámenes médicos practicados a los 24 policías de Cocula.

Policías de Iguala detenidos por policías ministeriales

1. Héctor Aguilar Ávalos*
2. Verónica Bahena+
3. Leodan Fuentes Pineda*
4. Alejandro Lara García*
5. Edgar Magdaleno Navarro*
6. Alejandro Mota Román
7. Enrique Pérez Carreto*
8. Oscar Augusto Pérez Carreto*
9. Santiago Socorro Mazón Cedillo*
10. Edgar Vieyra

* Policías que no laboraron el 26 de septiembre de 2014.
+ Policía que que estaba en su periodo vacacional.

Antes de ser trasladados, Flor María Ayala, con el rango de mayor médico cirujano, en apoyo del Centro de Adiestramiento Regional de la VI Región Militar, hizo a cada uno de los 10 policías de Iguala detenidos un examen exhaustivo antes de salir, a los cuales se tuvo acceso para esta investigación. Ninguno de ellos tenía golpes ni algún tipo de lesión, pero cuando llegaron ante el Ministerio Público, antes de declarar la gran mayoría presentaban varias lesiones.[13]

Policías ministeriales que detuvieron a policías de Iguala

1. César Albarrán Beltrán
2. Daniel Cabello Vargas
3. Julio Pablo Cárdenas Ugalde
4. Carlos Espinosa Martínez
5. Rodrigo Refugio Hernández García
6. Julio César Herrera Sánchez

Al igual que otros policías federales ministeriales y marinos, la Visitaduría General de la PGR inició una investigación contra los elementos de la PFM que efectuaron la detención.

[13] En esta investigación se tuvo acceso a los dictámenes médicos hechos por el Ejército en Tlaxcala y los realizados por la PGR antes de las declaraciones.

De acuerdo con los testimonios recabados entre familiares de los policías agredidos, los hechos ocurrieron en las instalaciones de la propia SEIDO, donde había hombres corpulentos vestidos de negro y encapuchados para no ser reconocidos; durante el maltrato físico les preguntaban por los estudiantes desaparecidos y por Guerreros Unidos, en una mecánica similar con cada policía.

Siete de los detenidos no laboraron el 26 de septiembre de 2014. De los policías que trabajaron, Edgar Vieyra aseguró no tener información del ataque contra los normalistas y la desaparición de 43 de ellos. Alejandro Mota Román declaró que había pertenecido a la agrupación de policías municipales conocida como Los Bélicos "después de que nos certificara la Federal"; a los demás integrantes los identificó como Carlos, Prócoro, el comandante Francisco Salgado Valladares y Narciso; de este último dijo que ya no pertenecía al grupo. Afirmó que su función era hacer recorridos y dar auxilio a la ciudadanía a través del C4. Sin dar detalles de lo que realizó ese día, afirmó que entre las 20:00 y las 21:00 fue a la comandancia de la policía municipal de Iguala a recargar su radio Matra y saliendo de ahí atendió una denuncia de robo de una motocicleta:

> Cuando yo andaba en la búsqueda de la motocicleta entre las veintiuna horas con treinta minutos y/o veinte dos horas [*sic*] empezaron a reportar por el radio Matra que varios individuos bajaban de un autobús, sin mencionar qué tipo de autobús o línea, a robarles sus pertenencias a las personas que pasaban por la calle de Galeana a la altura de la central de camiones Estrella Blanca, y a su vez reportaron también que se habían apoderado de dos autobuses, [informándolo] a C4 a través del radio Matra.

Testificó que varias patrullas se ofrecieron entonces a dar auxilio, lo cual también fue notificado por medio de la frecuencia de radio. "Mientras yo estaba de recorrido iba escuchando eso y el radiooperador [del] C4 reportaba que al parecer había detonaciones de arma de fuego, por lo que yo procedí con el auxilio de la moto [robada]." Una hora después, según su dicho, encontró a dos personas a bordo de una motocicleta similar a la que habían reportado como robada, es decir, cerca de las 22:00; las llevó a la base de la policía municipal de Iguala y las presentó ante el juez de barandilla Ulises Bernabé García.

Aproximadamente a las 22:30, a decir de Mota Román, hubo una nueva señal del C4 donde se advertía que en Periférico Sur, a la altura de la colonia 24 de Febrero, "había varias personas armadas" y acudió al lugar de los hechos; al llegar observó a un grupo de jóvenes, los cuales corrieron hacia el cerro 24 de Febrero al ver las patrullas. El policía pudo reconocer que no iban armados, que sólo llevaban piedras. Según su declaración, ya no los persiguió.

Dijo que a las 22:45 hubo otro reporte del C4 en el que indicaron que ahora había "personas armadas" en la colonia Pajaritos; a las 23:00, en el puente del Palacio de Justicia, un grupo de cinco patrullas de la policía municipal de Iguala habrían acordado hacer un recorrido conjunto ante los múltiples reportes del C4 sobre la presencia de "personas armadas" en la ciudad. Mota Román expresó haber pasado con el grupo cerca de un punto entre Juan N. Álvarez y Periférico, donde se estaban reuniendo varias personas: por el horario que menciona, era cuando los normalistas sobrevivientes se estaban organizando para dar una conferencia de prensa en esa esquina antes del tercer ataque armado en su contra.

A las 23:30, afirmó, recibieron la orden de concentrarse en las instalaciones de la Policía Federal, donde se reunieron más de 10 patrullas y aproximadamente cinco motopatrullas, lo que coincide con lo que declararon los primeros policías de Iguala detenidos el 27 de septiembre. Después recibieron la indicación de agruparse en la base del Centro Regional de Adiestramiento Policial.

De acuerdo con las declaraciones ministeriales de los 10 policías de Iguala, al menos uno de ellos, Alejandro Lara García, pidió al abogado de oficio que se interpusiera una queja ante la CNDH "contra los policías federales que nos detuvieron, nos golpearon y querían a fuerzas que dijéramos dónde estaban los cuerpos…"

Hasta septiembre de 2016 la PGR no aportó más elementos, excepto las confesiones autoincriminatorias que "demostraban" que los policías municipales de Cocula e Iguala detenidos estaban involucrados con el crimen organizado. Ninguna de las supuestas confesiones dio con el paradero de los normalistas desaparecidos. Pese a

las torturas infligidas a los policías, ninguno pudo explicar verazmente cómo ocurrió la desaparición de los estudiantes ni cuál fue su
destino final.

En las declaraciones de los policías municipales de Cocula y de
los supuestos miembros de Guerreros Unidos detenidos se mencionaron constantemente los nombres de los subdirectores de la policía
municipal de Iguala, Francisco Salgado Valladares, y de la policía de
Cocula, César Nava González; éste fue detenido en Colima el 15
de noviembre de 2014. En la declaración que habría dado a la PGR
nunca admitió estar al servicio de un grupo criminal, pero señaló
que la noche del 26 de septiembre Salgado Valladares le había solicitado apoyo para el traslado de "10 u ocho personas" a Loma de los
Coyotes, a las afueras de Iguala, donde las habrían entregado a policías municipales de Iguala.

Salgado Valladares no fue aprehendido sino hasta el 7 de mayo
de 2015 en el estado de Morelos. En su declaración ante la PGR afirmó tener vínculos con Guerreros Unidos desde 2012. Dijo que tuvo
conocimiento de los incidentes del 26 de septiembre por medio de
su radio Matra, donde escuchó que la voz del operador J. Natividad
hablaba de detener a los normalistas por órdenes de A5, clave del
alcalde de Iguala. Narró que cuando llegó a la base de la policía municipal, cerca de las 23:00, vio en el patio a cerca de ocho personas
esposadas y con las camisetas cubriendo sus rostros, y que fue Nava
González quien los sacó de la base y se los llevó.

En diciembre de 2015 Nava González dio una declaración muy
distinta ante el juez que lleva su causa penal y dio un giro a la historia, al igual que las declaraciones proporcionadas por familiares de
Salgado Valladares acerca de lo que vivieron esa noche de septiembre.

LOS LÍDERES DE GUERREROS UNIDOS TAMPOCO CONOCÍAN EL PARADERO DE LOS NORMALISTAS

Raúl Núñez Salgado, *El Camperra*, tenía una carnicería en el mercado municipal de Iguala y se dedicaba a organizar bailes y jaripeos.
Fue detenido el 14 de octubre por dos elementos de la Marina, David

Ramírez Alcaraz y Carlos Gutiérrez Silva, cuando salía de un centro comercial en Acapulco, supuestamente en posesión de 299 dosis de cocaína y tan sólo 970 pesos. Su declaración sirvió a la PGR para "fortalecer" la implicación de los policías de Iguala y Cocula.

Núñez Salgado declaró que desde mediados de 2013 comenzó a trabajar para Guerreros Unidos como mandadero de un sujeto al que llamó sólo Marcos, *El Chaparro*, quien a su vez lo recomendó con Mario Casarrubias, presunto líder de dicha organización criminal. Afirmó que como no recibía un sueldo, organizaba bailes y jaripeos con Rogelio Figueroa.

Contrario a lo dicho por otros detenidos, señaló que Gildardo López Astudillo, *El Gil*, era el líder de Guerreros Unidos en Cocula, que un hombre apodado *El May* lo era en Teloloapan, y *El Cholo* en Taxco. Afirmó que cuando Mario Casarrubias se ausentaba de la ciudad, le enviaba dinero para repartirlo entre los policías municipales de Iguala por medio del comandante Francisco Salgado Valladares, mientras que *El Gil* era presuntamente el responsable de pagar los sobornos a la policía municipal de Cocula por conducto de César Nava González. Dijo además que tras el arresto de Mario, ocurrido en mayo de 2014, su hermano José Ángel se quedó a cargo de la organización criminal. En ninguna parte de su declaración mencionó el nombre del otro hermano de Mario, llamado Sidronio Casarrubias Salgado.

Núñez Salgado dijo en su primera declaración que se encontraba en el centro y después se fue a su casa cuando le habló uno de sus "empleados" del bar La Perinola, ubicado en el Periférico, para preguntar si cerraba el local, "ya que los estudiantes venían haciendo destrozos en la calle". Él mismo se habría trasladado al bar y lo cerró.

Al día siguiente amplió y cambió su declaración: narró que estaba comiendo en el mercado a las 19:00 cuando supuestamente presenció la llegada de unos sujetos "encapuchados" y otros sin camisa que portaban "palos" y "herramientas", se metieron a la central camionera y comenzaron a romper los vidrios del lugar para salir caminando después de media hora y detrás de ellos tres autobuses que tomaron la calle de Galeana.

Sin embargo, tales aseveraciones no coinciden con los hechos ocurridos esa noche. El video de las cámaras de seguridad de la central camionera, obtenido por el Grupo Interdisciplinario de Expertos Independientes, mostró que la llegada de los normalistas ocurrió a las 21:05, que no llevaban más que piedras en las manos, que no rompieron vidrios en las instalaciones de la central y que salieron cerca de siete minutos después.

Al momento de declarar, Núñez Salgado presentó una denuncia contra los marinos que lo detuvieron, por infligirle lesiones; al mismo tiempo quiso levantar una queja ante la CNDH. El defensor público Jorge Carlos Heredia García pidió que se le practicara un dictamen médico sobre la mecánica de lesiones y "de ser producto de tortura, se tenga por formulada desde este momento la denuncia correspondiente". De acuerdo con el propio dictamen médico de la PGR, cuando los marinos presentaron a Núñez Salgado ante el Ministerio Público tenía más de 26 lesiones en diversas partes del cuerpo, entre ellas derrames en los ojos, golpes en el cuello, rostro, brazos, manos, pecho y región renal.[14] En la PGR también se inició una investigación contra esos elementos de la Semar.

Cuando fue aprehendido, Núñez Salgado llevaba consigo un documento referente al inventario de La Perinola, firmado por Carlos Canto Salgado, quien le iba a traspasar el local; ese papel llevó al cateo del bar y a nuevas detenciones arbitrarias. El 22 de octubre de 2014 Carlos Canto Salgado fue arrestado por Ariel Agustín Castillo Reyes, de la Marina, y Ezequiel Peña Cerda, de la PFM: en su parte informativo aseguraron que se trataba de *El Pato*, señalado por el policía municipal de Cocula Ignacio Aceves Rosales, a quien supuestamente le fueron entregados los normalistas en Loma de los Coyotes.

Según los elementos federales, lo capturaron a las 13:00 cuando caminaba por la calle, y sin embargo no fue presentado ante el Ministerio Público hasta la madrugada del 23 de octubre; lo acusaron de delincuencia organizada y del secuestro de los 43 estudiantes.

Canto Salgado declaró ante la PGR que era profesor de una secundaria técnica en Iguala y que había sido propietario del bar La

---

[14] Fuente: Tomo X, foja 244.

Perinola, el cual iba a traspasar a Núñez Salgado. En su primera declaración ministerial, sólo con el apoyo de un abogado de oficio, habría "confesado" que los clientes más frecuentes de su bar eran Eury Flores López, el maestro Aguirre, Osvaldo Ríos Sánchez, alias *El Gordey*, Ernesto Martínez, alias *El Napo*, *El Camperra*, el comandante Salgado Valladares, y sujetos apodados *El Chiquilín*, *El Goku* y *El Pollo*, quienes "hacían comentarios de ser parte del grupo de los Guerreros Unidos".

Expresó que supuestamente había escuchado a Núñez Salgado decir que trabajaba para Guerreros Unidos; asimismo habría dicho que *El Camperra* entregaba dinero de la organización criminal a la policía municipal de Iguala, quienes supuestamente estaban "dispuestos a cumplir cualquier orden".

Canto Salgado también habría dicho que la noche del 26 de septiembre Eury Flores López y Osvaldo Ríos Sánchez estaban en el bar: este punto contradice lo que declaró Ríos Sánchez, en el sentido de que estaba en la calle persiguiendo a los normalistas. Según la declaración de Canto Salgado, *El Camperra* llegó sorpresivamente y cerró las puertas del bar diciendo que estaban persiguiendo a los normalistas: "Esto ya se salió de control, no eran así las cosas; ya está caliente el asunto, pero órdenes son órdenes", habría dicho.

A continuación, Canto Salgado afirmó que después de las cuatro de la mañana *El Camperra*, Flores López y Ríos Sánchez se habrían retirado del bar y salió él. "Si bien es cierto que tenía conocimiento de los movimientos de la organización criminal denominada Guerreros Unidos así como el nombre de algunos de sus integrantes, que eran mis conocidos, nunca supe el destino o paradero de los estudiantes de Ayotzinapa."

El 29 de octubre de 2014, en su declaración preparatoria ante el juez, Canto Salgado se retractó de su testimonio original y dijo que lo arrestaron no en la calle sino en la casa de sus padres el 22 de octubre a las tres de la mañana, y explicó con detalle la tortura que sufrió y que firmó su primera declaración sin leerla, intimidado por la presencia de quienes lo habían torturado. Afirmó que las personas que lo torturaron ya tenían una lista de nombres, y aunque no los conocía ni le constaba si eran miembros de la delincuencia, declaró así para que lo dejaran de golpear. Durante el proceso penal, la doctora de la PGR que le hizo el certificado médico afirmó que iba visiblemente golpeado y que le recetó analgésicos y desinflamatorios, y confirmó que los aprehensores estuvieron vigilando a Canto Salgado en todo momento, incluso durante la revisión médica.

En la queja con folio 114113 presentada ante la CNDH se denuncia que a Canto Salgado lo capturaron sin ninguna orden de presentación, lo llevaron a su domicilio, donde los marinos saquearon su casa, y luego lo trasladaron a otro lugar donde lo golpearon y le dieron toques eléctricos para obligarlo a implicarse e involucrar a otras personas con Guerreros Unidos; en el lugar de la tortura habrían participado más elementos del gobierno federal. También por este caso de tortura se inició una indagatoria en la PGR.

Para esta investigación se obtuvo la bitácora de entradas y salidas del fraccionamiento Joyas del Pacífico en Iguala, donde vivía Canto Salgado y adonde lo trasladaron de manera forzada luego de detenerlo en casa de sus padres; según ese registro, dos unidades (17325 y 17950) entraron en el lugar, identificándose sus tripulantes como "Policía Federal y Marina", lo cual da sustento a lo mencionado por Canto en su declaración preparatoria y muestra que en su captura participaron más elementos, diferentes a los que lo pusieron a disposición.

A partir de la declaración de Canto, Néstor Napoleón Martínez, hijo de un contador que trabaja en la Secretaría de Salud del gobierno de Guerrero, fue detenido el 27 de octubre en Iguala por los policías federales Isaac Alejo Hernández y César Reyes Escobar, según consta en los documentos obtenidos.

De acuerdo con el reporte, los federales recibieron la orden de localizar en Iguala a alguien con el nombre de Ernesto Martínez, alias *El Napo*; según los policías, fueron a "lugares públicos" a pedir referencias de alguien llamado así. En el mercado municipal, una persona cuya identidad se desconoce les habría dicho que no conocía a nadie con ese nombre, pero sí a alguien a quien le decían *Napo* y que lo podían encontrar en el centro cristiano Nueva Vida.

Napoleón Martínez, pasante de Contaduría y con empleo de auxiliar contable, fue detenido en las inmediaciones del sitio religioso;

los policías dijeron que intentó escapar, lo sometieron y encontraron que en la mochila traía una carabina AR-15, 30 cartuchos y 50 dosis de marihuana. Fue presentado ante la PGR el día 28 a las 2:52 de la mañana, por lo menos con 10 lesiones en la mano derecha, el pecho, un moretón de 13.5 × 6 centímetros en el área del estómago y cuatro heridas con costra en el muslo interno, cerca de la ingle. Acusó de las lesiones a los policías que lo detuvieron y se reservó su derecho a declarar. En octubre de 2016 Martínez fue liberado.

Cabe señalar que la gran mayoría de los detenidos y acusados de ser miembros de Guerreros Unidos tienen en común su participación en el mundo de las ferias, los jaripeos, los gallos de pelea, los caballos y el ganado.

LA PGR FABRICÓ HASTA LOS ROSTROS DE LOS SUPUESTOS ASESINOS

Para finales de octubre de 2014 la PGR había conseguido, bajo la presión infligida a los detenidos, los nombres y características fisionómicas de los supuestos autores materiales e intelectuales del ataque contra los normalistas, su desaparición y homicidio: *El Chuky* o *Choky, El May, El Gil* y *El Chaky*.

En esta investigación se analizaron las descripciones físicas que dieron de ellos quienes habrían afirmado conocerlos y ser testigos de su participación en los hechos, asimismo se compararon los distintos retratos hablados realizados por peritos de la PGR, y se descubrió que en realidad la SEIDO no tenía información confiable de quiénes y cómo eran los supuestos asesinos.

Los presuntos miembros de Guerreros Unidos detenidos describieron al mismo personaje con características totalmente distintas. Según Macedo Barrera, el temido *Chuky* o *Choky*, supuesto jefe de sicarios de Guerreros Unidos, quien habría matado a algunos normalistas la noche del 26 de septiembre, mide 1.50 metros de estatura, tiene entre 24 y 25 años, tez morena, no usa barba y llevaba la cabeza rapada; según Núñez Salgado, mide entre 1.55 y 1.60 metros, es moreno claro, de cara ovalada, ojos pequeños y cejas escasas, con el cabello corto tipo militar, y de acuerdo con Ocampo Pineda, mide 1.45 metros, es de tez blanca y tiene treinta años de edad.

Chaky, sicario al servicio de *Choky*, quien también habría participado en el ataque contra los normalistas, según Ríos Berber mide 1.50 metros de estatura, es robusto, moreno, lleva la cabeza rapada, tiene la nariz respingada y un tatuaje de un indio y una mujer; pero Miguel Ángel Ríos Sánchez describió a la misma persona como de 1.75 metros de estatura, cara redonda, ojos rasgados, poca ceja y cabello muy corto. Y según el retrato hablado de *Chaky* realizado por la PGR a partir del testimonio de *El Camperra*, mide 1.60 metros, tiene cejas pobladas, nariz chata, ojos grandes y lleva tatuadas dos lágrimas debajo del ojo izquierdo.

De *El May*, supuesto sicario y jefe de Guerreros Unidos en Teloloapan, el bombero David Hernández Cruz dijo que tenía entre 48 y 55 años de edad, tez blanca y bigote entrecano. Otro lo describió de bigote poblado y barba en forma de piocha, con 55 años de edad, tez morena clara y marcas de acné en el rostro, y Carlos Pascual Cervantes Jaimes dijo que era un hombre "ya grande de edad", canoso, con "botas de minero".

El Gil, de quien se afirmó era el líder de Guerreros Unidos en Iguala y se le acusa de ser la pieza clave en la desaparición de los normalistas, fue descrito por *El Camperra* como un hombre de 1.65 metros de estatura, tez morena clara, con bigote y barba de candado, cejas pobladas y labios gruesos, en tanto que un retrato hablado del mismo personaje realizado por peritos de la PGR señala que mide 1.74 metros, es de tez blanca y labios delgados. Hernández Cruz dijo que es blanco, con cejas escasas, labios delgados, de 1.70 metros de estatura y aproximadamente 42 años.

En septiembre de 2015, cuando la PGR detuvo a Gildardo López Astudillo, quien se dedicaba formalmente a la venta de oro y ganado, y lo presentó ante los medios de comunicación, su rostro no coincidía con ninguna de las descripciones hechas por quienes dijeron trabajar para él ni con el retrato hablado que la procuraduría había difundido.

Núñez Salgado también dio la descripción de un hombre a quien sólo identificó como *El Cepillo* y que supuestamente trabajaba para Guerreros Unidos. En enero de 2015 la AIC detuvo a Felipe Rodríguez Salgado, a quien identificaron como *El Cepillo* y lo acusaron de haber quemado a los 43 normalistas en el basurero de Cocula. Su rostro no coincide en nada (oídos, forma de cara, ojos) con la descripción hecha por *El Camperra*, quien dijo que no tenía señas particulares, mientras que la principal característica de Rodríguez Salgado es una deformidad sobre el labio superior.

La investigación de la PGR no buscaba encontrar la verdad, fue claramente una fabricación para ocultarla. Además de usar la tortura de manera sistemática para "resolver" el caso, el gobierno de México cometió incluso un homicidio.

7

La "mentira histórica"

"¡A este ya se lo llevó la chingada! ¡Ya se nos peló!", dijo con cierta sorpresa un elemento de la Secretaría de Marina que portaba el uniforme de infantería e insignias mientras contemplaba el cuerpo inerte de Miguel Alejandro Blas Patiño, alias *El Chiquis*, en el inmueble ubicado en las calles de 10 de Abril y Emiliano Zapata en Jiutepec, Morelos, la noche del 26 de octubre de 2014; el joven de Teloloapan acababa de ser detenido en un operativo de búsqueda de responsables de la desaparición de los 43 normalistas. A un lado se encontraban con vida Eury Flores López y Francisco Lozano Cuevas, quienes iban recobrando el sentido tras la brutal sesión de tortura: toques eléctricos en genitales y otras partes del cuerpo, golpes y asfixia con una bolsa de plástico que intentaban mordisquear para jalar aire.

La declaración rendida por Carlos Canto Salgado bajo tortura y amenazas sirvió a la PGR para engrosar la lista de detenidos; esa noche fue el turno de Eury Flores López, vecino de Iguala y licenciado en Administración de Empresas, quien tenía un negocio de camiones de volteo y organizaba eventos de charrería.

Según el parte informativo de la detención, firmado por el tercer maestre Santiago González Velázquez y el cabo Iván de Jesús Montes Trujillo, el arresto ocurrió a las cinco de la mañana del 27 de octubre, cuando un grupo de escuadras de marinos circulaban en vehículos oficiales por la calle y vieron a dos "sospechosos" a bordo de un automóvil compacto blanco que hablaban con un hombre parado en la calle; según los marinos, al notar su presencia el sujeto que estaba en la banqueta sacó un arma y entró al edificio. "Personal naval desciende y va en su persecución", señala el documento.

Conforme a esa versión, mientras unos efectivos entraron al edificio, González Velázquez detuvo a Flores López, quien habría declarado de inmediato que era miembro de Guerreros Unidos, que tenía relación con Ángel Casarrubias Salgado —presunto jefe de la organización criminal— y trabajaba directamente con *El Camperra*; supuestamente dijo ser persona de confianza de Abarca, a quien el grupo delictivo enviaba dinero para dejarlos operar, y que él por su trabajo recibía 40 mil pesos mensuales. Montes Trujillo detuvo a Francisco Javier Lozano Cuevas, quien habría confesado ser narcomenudista y trabajar de escolta de Flores López.

Según los marinos, les encontraron en el vehículo un fusil M1 calibre .30, matrícula PAT 3.382.766, con un cargador abastecido con veinticuatro cartuchos útiles, así como una pistola 9 mm modelo .84BB, matrícula D38925Y, y dosis de heroína.

La versión recabada de testigos de los hechos es distinta. Flores López, Lozano Cuevas, Blas Patiño y Paola Alejandra Rivera se encontraban en un departamento del tercer piso cuando la Marina irrumpió violentamente en el edificio a las 22:00 del 26 de octubre sin orden de cateo o presentación, molestando e intimidando incluso a otros vecinos al ordenarles que guardaran silencio sin importar lo que escucharan o vieran; la tortura contra los tres hombres detenidos habría iniciado en el interior del departamento y continuado en el jardín de inmueble, convertido con pavorosa prontitud y eficacia en una sala de tormento. Los vecinos alcanzaban a escuchar horrorizados los gritos de dolor.

El Chiquis era amigo desde la infancia de Lozano Cuevas y jugaban futbol juntos; había ido a visitarlo a Iguala y luego habrían ido a Morelos para cerrar un negocio entre Lozano Cuevas y Flores López relacionado con la construcción. De acuerdo con los testimonios recabados los tres hombres fueron torturados simultáneamente, perdiendo el sentido en diferentes momentos; en uno de ellos Flores López y Lozano Cuevas se percataron de que Blas Patiño había muerto. Después los dos sobrevivientes fueron llevados a un lugar cerrado para continuar con la tortura.

Para ocultar el homicidio, la Marina afirmó que Blas Patiño cayó de un cuarto piso mientras supuestamente huía. Por temor los familiares del joven se negaron a presentar una denuncia, sin embargo, se ha podido confirmar que la CNDH e instancias internacionales han estado investigando su muerte; al respecto se abrió una averiguación previa, la cual quedó separada de la causa penal de Flores López y Lozano Cuevas. Se ha podido saber que en ese expediente declararon vecinos testigos de los hechos, narrando la irrupción violenta de la Marina al edificio, al departamento del tercer piso, y ratificaron que fue de ahí de donde sacaron a los tres hombres y no los encontraron en la calle como dijeron.

Flores López y Lozano Cuevas fueron presentados ante la PGR en la Ciudad de México hasta la noche del 27 de octubre, acusados de delincuencia organizada, delitos contra la salud y violación a la Ley Federal de Armas de Fuego y Explosivos. En su declaración ministerial, rendida hasta las 22:00 del 27 de octubre, Flores López afirmó que se encontraba en un departamento en el cuarto piso en compañía de otras tres personas: Francisco Lozano Cuevas, alguien apodado *El Chiquis* y una mujer, cuando entraron los marinos y lo detuvieron a él y a Lozano Cuevas. No hizo ninguna declaración, pero en el documento elaborado por la PGR aparece que respondió a un interrogatorio formulado por el ministerio público Antonio Covarrubias Arce, durante el cual Eury habría "confesado" que entregaba la mitad de las ganancias de los bailes y jaripeos que organizaba en Iguala a *El Camperra* para que Guerreros Unidos lo dejara trabajar, y dio los nombres de otros supuestos integrantes de esa organización.

Por su parte, Francisco Javier Lozano Cuevas, de 35 años de edad, quien dijo que se dedicaba a la venta de cemento mezclado, rindió su declaración ministerial hasta las 0:00 del 28 de octubre y se reservó su derecho a hacerlo.

Paola Alejandra Rivera Avilés fue presentada a declarar en calidad de testigo; presuntamente bajo amenaza habría dicho que no escuchó nada, que sólo se dio cuenta de que una persona había entrado a su departamento, por lo que salió por la ventana y entonces escuchó un fuerte golpe, dando así soporte a la versión de la Marina.

De acuerdo con las constancias de integridad física que se levantaron en la PGR cuando rindieron su declaración, los dos presentaban heridas recientes, en el caso de Flores López un centenar de ellas: tenía derrame en los ojos y golpes en la cara, cuello, hombros, axilas, codos, en diversas partes del tórax, entre los muslos, tenía moradas las muñecas y presentaba heridas en los glúteos. Lozano Cuevas presentaba hematomas en las costillas del lado derecho, debajo del ojo derecho y parte inferior izquierda del labio, causados por los golpes que le propinaron los marinos y por los cuales presentó una denuncia por tortura.

—Que diga el declarante como se ocasionó dichas lesiones —preguntó el defensor de oficio en la diligencia.

—Me torturaron.

—Que diga el declarante por quién fue torturado.

—Por los elementos que llegaron al departamento —afirmó; dijo que iban encapuchados.

El abogado de oficio pidió al ministerio público que un perito analizara la mecánica de las heridas, "y en caso de resultar posible tortura se dé inicio al Protocolo de Estambul". Los dos detenidos negaron haber sido arrestados en posesión de armas y droga.

Además del homicidio ocurrido durante esta detención, en esta investigación periodística se descubrió que el rifle M1 que los marinos dijeron haber encontrado en el vehículo donde viajaban Flores López y Lozano Cuevas ya había decomisado por la policía judicial de Nayarit en septiembre de 2004. Según el boletín DPE/4653/04, el mismo tipo de arma con idéntica matrícula fue decomisado a Sabino Rivera López, quien estaba dentro de un vehículo en avenida Principal de Ciudad Industrial, en Tepic; según ese boletín también se le habría encontrado una pistola 9 mm, pero no se mencionan las características ni el número de matrícula. Sabino fue puesto a disposición del Juzgado Primero de Distrito con sede en Tepic y según dicho boletín el caso pasó a la jurisdicción de la PGR por ser un delito federal.

Esa misma arma, pues, le habría sido sembrada a Eury Flores López y Francisco Javier Lozano Cuevas. Todo indica que la "verdad histórica" debía construirse a como diera lugar; la maquinaria del Estado se había echado a andar.

LAS PRIMERAS PIFIAS DE MURILLO KARAM

"El 18 de octubre de 2014, la Agencia de Investigación Criminal de la procuraduría capturó a Sidronio Casarrubias Salgado, líder del grupo criminal Guerreros Unidos, quien ha aportado información en torno a los hechos acontecidos en Iguala el 26 de septiembre", afirmó triunfante el 22 de octubre el procurador Jesús Murillo Karam acompañado por Tomás Zerón, operador de Los Pinos y verdadero responsable de la investigación; era la primera conferencia de prensa dada por la PGR sobre el caso de los 43. "Este líder del grupo delictivo Guerreros Unidos señaló a la señora María de los Ángeles Pineda Villa, esposa del ex alcalde de Iguala, como la principal operadora de actividades delictivas desde la presidencia municipal, desde luego en complicidad con su esposo, el señor José Luis Abarca, y el secretario de Seguridad, Felipe Flores Velázquez", aseguró contundente.

"Hoy ya se tiene identificados por lo menos a tres de los integrantes del grupo delincuencial Guerreros Unidos que recibieron a los retenidos por los policías de Cocula e Iguala, y asimismo conocemos el camino por el cual fueron internados a un paraje. En la pantalla pueden ver ustedes los nombres y filiaciones de estos probables responsables, las fuerzas federales se encuentran en su búsqueda. Tienen nombres e imágenes; estos son cruciales para... su detención es crucial para la investigación", prosiguió. En ese momento se mostraron las fotos del alcalde José Luis Abarca y su esposa, María de los Ángeles Pineda Villa; Felipe Flores, director de la policía municipal de Iguala, y el falso retrato de *El Gil*.

Murillo Karam afirmó que la noche del 26 de septiembre los normalistas viajaban en cuatro autobuses cuando fueron atacados por la policía municipal de Iguala por órdenes del alcalde José Luis Abarca. "Con las declaraciones obtenidas, las investigaciones realizadas, los peritajes hechos, lo acontecido el 26 de septiembre en Iguala constituyó una represión violenta por parte de las policías de Iguala y Cocula, dirigidas por el grupo delincuencial que ya está muy señalado, con la intención de disuadir a un grupo de personas de hacer presencia en el evento de celebración que el alcalde y su esposa estaban realizando esa noche en Iguala, con motivo del informe de la segunda."

El fiscal general aseguró que se tenía acreditado el modo de operar y los móviles del grupo delictivo de las policías y funcionarios de Iguala y Cocula, "se tiene acreditado el aval de acción dado por Sidronio Casarrubias a sus elementos; se tiene acreditado el lugar donde los detenidos fueron entregados a este grupo delincuencial; se tiene plenamente identificados y acreditados a los policías municipales de Iguala y Cocula que incurrieron en los ilícitos de secuestro y delincuencia organizada, además se están concluyendo diligencias para acreditar el delito, de funcionarios municipales, de desaparición forzada".

Lo que no dijo el procurador es que la detención de Sidronio Casarrubias, alias *El Chino*, había ocurrido en un contexto de irregularidades como las demás. Según el parte informativo de la Policía Federal, Casarrubias, supuesto líder de Guerreros Unidos, fue detenido el 16 de octubre de 2014 en la autopista México-Toluca con armas y droga, pero en su declaración ministerial, rendida al día siguiente ante el ministerio público Juan Francisco Quezada López, afirmó que fue detenido el día 15 entre las 21:00 y 22:00 dentro del restaurante Fogon do Brasil, ubicado en Toluca, cuando estaba cenando, y que la Policía Federal le sembró las armas en una camioneta. Negó pertenecer a la organización criminal; dijo ser hermano del militar en servicio Alfredo Casarrubias Salgado y de Mario Casarrubias, otro presunto líder de Guerreros Unidos. Habría dicho que estuvo preso en Estados Unidos durante ocho años, acusado de narcotráfico, y que acababa de regresar a México hacía apenas cinco meses, agregando que buscó a antiguos empleados de Mario, de quienes se hizo amigo y que le dieron un dinero que le debían a su hermano, el cual ocupó para comprar ganado.

Sidronio habría explicado además que conoció a Raúl Núñez Salgado, alias *El Camperra*, quien lo habría presentado con *El Gil*, "quien es el líder del grupo delictivo Guerreros Unidos"; supuestamente, también dijo conocer a los hermanos Benítez Palacios, a *El May* y a muchos otros mencionados en las primeras detenciones.

Habría dicho, como los otros, que entre los estudiantes venían integrantes del grupo criminal antagónico Los Rojos; que José Luis Abarca daba bimestral o mensualmente cuatro millones de pesos al grupo criminal Guerreros Unidos, y que su esposa María de los Ángeles era amante del entonces gobernador de Guerrero, Ángel Aguirre.

"El día 26 de septiembre de 2014, aproximadamente a las 3:00 horas, recibí un mensaje a mi equipo telefónico de parte de *El Gil*, quien me dice que 'está la fiesta en grande', ya que se habían metido Los Rojos y llevaban varias horas peleando… después, siendo las 14:00 horas, me dice que ya tienen a diecisiete personas del grupo delictivo de Los Rojos…", afirmó supuestamente, pero la descripción de hechos realizada por Casarrubias era errónea de origen, ya que los normalistas llegaron a Iguala hasta las 21:00 del 26 de septiembre.

En la declaración ministerial quedó asentado que Sidronio habría asegurado que los infiltrados con los estudiantes habían llegado a matar a los hermanos Benítez Palacios: "…así mismo me platicó [*El Gil*] que en ese evento habían recuperado varias armas largas de calibre 9 mm y que en los autobuses también habían asegurado armas largas HK… en esa misma conversación *El Gil* me dice que los diecisiete rojos ya se habían ido al agua, o sea que ya los quemaron y que [tiraron] sus cenizas al agua, yo me imagino que en el río Cocula…".

El 18 de octubre amplió su declaración, donde habría dado información sobre los integrantes de Guerreros Unidos en otros municipios de Guerrero, pero el 21 declaró al juez que fue detenido por un grupo de hombres armados el 15 de ese mes en un restaurante en el municipio de Lerma, Estado de México, junto con tres acompañantes, entre ellos una mujer de nombre Teresa Rivera Díaz y otras personas, y el 15 de febrero de 2015, en una carta de veintiséis hojas, narró con detalle al juez la tortura, incluida tortura sexual, que habría sufrido a manos de cuando menos cinco elementos de la Policía Federal Ministerial, entre ellos Gabriel Valle Campos, Juan Aarón Estuardo Flores Ramírez, José Ulises Torres Acosta y Elpidio Raúl García Ramírez, responsables de su detención y custodia de acuerdo con el parte informativo relacionado, del cual se tiene copia. Al igual que el caso de algunos policías municipales detenidos, la tortura contra Casarrubias también es investigada por Naciones Unidas.

En entrevista Fracelia Salgado, su madre, señaló que de joven Sidronio había querido entrar al Ejército como su hermano mayor,

José Alfredo, quien llegó al rango de capitán segundo y hasta hace poco decidió pedir su retiro porque habría sido víctima de acoso por la situación de sus hermanos. La señora Salgado explicó que Sidronio se fue a vivir a Estados Unidos hacía veinte años al no ser aceptado en la milicia mexicana, luego cayó preso acusado de conspirar para traficar drogas y estuvo en prisión durante ocho años junto con su esposa; sus dos hijos, de apenas un año y año y medio de edad, quedaron prácticamente huérfanos. Y afirma que cuando su hijo regresó a México a principios de 2014 su única intención era recuperar el tiempo perdido respecto a sus niños, y quería dedicarse a la ganadería y poner un lavado de autos. Cuando se le preguntó si Mario estaba involucrado en narcotráfico respondió que no lo sabía pero sobre Sidronio afirmó que no, que estaba decidido a empezar una nueva vida.

Hasta octubre de 2016 Sidronio Casarrubias, a quien se señala como jefe máximo de Guerreros Unidos, había sido únicamente acusado de delincuencia organizada en su modalidad de delitos contra la salud y operaciones con recursos de procedencia ilícita, y portación de arma de fuego de uso exclusivo del Ejército. A mediados de septiembre de 2016 un juez federal le otorgó un amparo y desechó los cargos de delincuencia organizada por falta de pruebas, por lo que sólo permanece en prisión por la supuesta portación de arma; ante este revés la pgr apeló dicha decisión judicial y dos años después anunció que piensa acusarlo de la desaparición de los 43.

Días después de la primera conferencia de Murillo Karam, los hombres de Tomás Zerón hicieron nuevas detenciones e "interrogatorios" con los que la PGR pretendería cerrar definitivamente el caso sin que nada pareciera interponerse en su camino.

EL ENCUENTRO CON PEÑA NIETO

Frente a la postura gubernamental de tener el caso "resuelto", los familiares de los 43 desaparecidos se negaron a seguir teniendo encuentros con Miguel Ángel Osorio Chong y exigieron entrevistarse directamente con el presidente Enrique Peña Nieto. La reunión ocurrió el 29 de octubre de 2014 en la residencia oficial de Los Pinos, pero para ese entonces la procuraduría ya tenía las piezas para dar por "aclarado" el caso.

Estuvieron presentes Miranda Nava, Castillejos, Murillo Karam y Zerón; los grandes ausentes fueron Salvador Cienfuegos, secretario de la Defensa Nacional, y Enrique Galindo Ochoa, titular de la Policía Federal. En representación de las fuerzas del orden sólo hizo acto de presencia Monte Alejandro Rubido, comisionado nacional de Seguridad, pero marginado: en la antesala del encuentro permanecía como un espectador más junto a los padres de familia y sus representantes legales, mientras adentro del salón donde se iba a llevar a cabo el acto ya estaba reunido Peña Nieto con el equipo que realmente tenía en sus manos el caso.

Quien llevó los hilos del encuentro fue Miranda Nava. Peña Nieto fue anotando los nombres de cada uno de los padres; mostró una expresión receptiva y como si estuviera poniendo atención. Los familiares de los desaparecidos abrieron con una gama de reclamos y le señalaron directamente que el Ejército y la Policía Federal supieron en todo momento lo que estaba pasando en Iguala durante el momento del ataque y la desaparición, cuestión que fue omitida en todo momento por el presidente y su equipo: no quisieron abordarla.

"Nosotros definitivamente ya llegamos al límite de la tolerancia y de la paciencia, estamos ante la última instancia como mexicanos exigiéndole a usted como presidente respuesta inmediata a la presentación de los 43 jóvenes desaparecidos, así como el Ejército los fue a sacar de la clínica adonde habían llevado a su compañero para que lo curaran… ¿Dónde queda el papel del Ejército Mexicano cuando ve a jóvenes con mucha ilusión de ser profesionistas…?", reclamó a Peña Nieto Felipe de la Cruz, líder del grupo de padres de familia, cuyo hijo, Ángel, fue uno de los normalistas sobrevivientes de esa noche.

De la Cruz también estudió en la Normal Rural de Ayotzinapa y antes de los hechos de septiembre de 2014 daba clases en Acapulco, Guerrero. En entrevista explicó que su hijo no murió ni desapareció en Iguala, pero lo ha perdido un poco de otra forma: por las noches trata de calmarlo, ya que a dos años de la tragedia aún despierta a gritos de sus pesadillas. Desde que increpara al presidente, Felipe comenzó a ser blanco de una campaña de desprestigio al igual que Vidulfo Rosales, el abogado de "Tlachinollan".

"Creemos que usted es el representante de nuestro país y creemos que tiene calidad moral; entonces, caiga quien caiga, tope donde tope, queremos justicia. Si alguien que haya sabido no actuó en su momento, es culpable, y si usted no actúa también va a ser culpable", sentenció en la reunión. "Hoy estamos aquí con la intención de decirle a usted que le ponemos un plazo no mayor de dos, tres días para saber resultados concretos... Usted veía el enojo de cada uno de los padres, la desesperación; no creo que a partir de este día usted también pueda dormir tranquilo...", añadió De la Cruz mientras los integrantes del equipo presidencial lo miraban con ojos desorbitados.

En su intervención Peña Nieto les dijo que tenían su "compromiso claro" de ir al fondo en las investigaciones. Los padres y su abogado iban preparados para obtener del presidente un acuerdo, y Rosales había redactado diez puntos: el más importante era que se permitiera que la CIDH diera asistencia técnica al gobierno de México en la investigación de los hechos y la búsqueda de los estudiantes, a manera de fiscalizador externo e independiente. Sin embargo, esa intervención no podía darse de manera unilateral: la CIDH necesitaba la invitación del gobierno federal. Para los padres de familia y sus abogados era una meta no terminar la reunión sin arrancar siquiera ese compromiso a Peña Nieto, y el presidente fue aceptando al calor del encuentro cada uno de los puntos. Para garantizar tal compromiso los padres de familia le pidieron que se firmara una minuta del encuentro, y los encargados de redactarla fueron Castillejos y Rosales.

"No cabe el mínimo resquicio para la impunidad", afirmó el presidente en un mensaje público luego del encuentro, pretendiendo hacer sentir a los padres de los 43 desaparecidos que estaban en la misma lucha, estrategia con la que su gobierno pensó que podían controlarlos. El responsable de cumplir con lo establecido en la minuta era Osorio Chong, y para dar seguimiento al caso se conformó una comisión mixta conformada por seis padres, tres estudiantes y Osorio Chong, Miranda y Enrique Galindo, pero nunca funcionó: se rompió porque el gobierno no cumplió.

La reunión con los padres de familia y el aumento de las marchas en apoyo a los 43 desaparecidos empujó al gobierno a anunciar precipitadamente una nueva versión de los hechos de la cual ya no se movería jamás pese a todas las pruebas, incluso científicas, que la refutan.

LOS ALBAÑILES DE COCULA QUE LA PGR CONVIRTIÓ EN SICARIOS

Patricio Reyes Landa, alias *El Pato*; Jonathan Osorio Cortés, alias *El Jona*, Agustín García Reyes, alias *El Chereje*, y Felipe Rodríguez Salgado son jóvenes vecinos de Cocula, Guerrero, que tienen cuatro cosas en común: son albañiles, viven en la pobreza, y fueron torturados y acusados de ser miembros de Guerreros Unidos y autores materiales del asesinato y cremación de los 43 normalistas de Ayotzinapa en el basurero de Cocula.

"Hoy se cumplen 33 días desde la que la Fiscalía de Guerrero declinó la competencia y le turnó a la PGR la investigación sobre los hechos delictivos ocurridos entre el 26 y 27 de septiembre en Iguala, Guerrero. Han sido 33 días muy difíciles y dolorosos sobre todo para quienes no saben el paradero de sus hijos, pero también 33 días en los que no se ha dejado un día sin que haya habido una acción de búsqueda, sin que haya habido una acción con el propósito de encontrar a los desaparecidos por parte del gobierno de la República", aseguró Murillo Karam en conferencia de prensa el 7 de noviembre de 2014.

La sala estaba repleta de periodistas mexicanos y de diversas partes del mundo; ante ellos se presentó un procurador visiblemente malhumorado e impaciente. "También han sido 33 días en que los mexicanos hemos vivido la angustia, la indignación de la desaparición de 43 jóvenes estudiantes con quienes nos hemos solidarizado todos. El gobierno federal ha encabezado un gran esfuerzo en lo que se puede considerar una de las operaciones más complejas que se hayan hecho en tiempos recientes: diez mil elementos, entre policías, soldados, marinos, ministerios públicos, investigadores y peritos que han estado en la zona buscando la pista precisa para dar con la ubicación de estos jóvenes."

Murillo Karam afirmó que Reyes Landa, Osorio Cortés y García Reyes "son miembros de la organización criminal Guerreros Unidos, y al rendir su declaración confesaron haber recibido y ejecutado al grupo de personas que les entregaron los policías municipales de Iguala y Cocula".

"El gobierno de la República comparte con las familias y la sociedad en general la necesidad de dar transparencia a esta investigación, por ese motivo hemos considerado la importancia de hacer de conocimiento público, paso a paso, los avances dados... Sé del enorme dolor que produce a los familiares la información que hasta ahora hemos obtenido, un dolor que compartimos solidariamente todos", dijo el titular de la PGR en tono trágico sin lograr comunicar un sentimiento. "Los testimonios que hemos recabado, aunados al resto de las investigaciones realizadas, apuntan muy lamentablemente al homicidio de un amplio número de personas en la zona de Cocula."

En las fotografías de los nuevos asesinos "confesos" exhibidas por el procurador, Reyes Landa se veía notoriamente golpeado, el ojo izquierdo lo tenía prácticamente cerrado y su cara mostraba moretones. Murillo reiteró que los normalistas viajaban en cuatro camiones cuando fueron atacados. "El ex presidente municipal se encontraba en esos momentos en el informe que daba su esposa sobre sus actividades frente al DIF municipal... Después del primer incidente que sufren los normalistas, y al continuar su camino a los autobuses, elementos de la policía municipal de Iguala los detienen con violencia y los trasladan a la central policiaca. Desde ese punto, y con apoyo de la policía municipal de Cocula, trasladan en patrullas de los municipios al grupo de jóvenes hasta un punto entre Iguala y Cocula donde se abre una brecha hacia la zona que se denomina Loma de Coyote.

"Ha quedado acreditado por las investigaciones del Ministerio Público federal que en este punto entre Iguala y Cocula los policías municipales entregaron a los retenidos a miembros del grupo criminal de Guerreros Unidos... Las más recientes detenciones, entre las que figuran [las de] los tres autores materiales mencionados, nos han permitido conocer la última etapa de la cadena delictiva que hasta este momento tenemos. Los últimos tres detenidos declaran que en la brecha que lleva al paraje Loma de Coyote recibieron de los policías municipales a un número de personas que no pueden precisar con exactitud…"

Murillo Karam presentó a continuación fragmentos de un interrogatorio videograbado a los supuestos nuevos asesinos materiales, con claras muestras de estar editado; no ofreció las declaraciones ministeriales, las únicas que tendrían valor judicial de haberse efectuado conforme a derecho. "¡Despierten al que tiene el video!", dijo molesto cuando en la conferencia tardaron en proyectarse los aparentes testimonios claves.

—¿Cuántos estudiantes traían? —se escucha decir en la grabación a una voz masculina en tono autoritario sin observarse su rostro.

—Eran, dicen que eran 44, yo oí… Así que los haya contado uno por uno, no —responde nervioso García Reyes en un claro interrogatorio inducido.

—¿Quién te dijo?

—Ellos dijeron.

—¿Quién?

—*El Pato*, *El Güereque*, decían "Son 44 o 43", así yo nomás oí, pero que los haya contado, no. Pero sí eran hartos, entonces de ahí se pasó *El Pato*…

—¿Y en dónde venían los 43 o 44?

—Venían en la camioneta más grande…

"Dos de los detenidos declaran que algunas de las personas que trasladaron al basurero de Cocula llegaron sin vida o inconscientes y que los otros fueron interrogados por integrantes del grupo criminal para determinar quiénes eran y las razones de su llegada a Iguala", dijo Murillo Karam en la conferencia.

El procurador mostró las fotografías de dos camionetas de carga, una Nissan pequeña y otra de 3.5 toneladas, afirmando que ahí trasladaron a los estudiantes al basurero.

—¿Había algunos muertos en la camioneta antes de bajarlos? —pregunta de nuevo la voz, induciendo la respuesta.

—Sí, al momento que yo iba pasándole a los chavos, ya habían muertos, ya había como unos aproximadamente quince muertos —respondió Osorio Cortés agachado, casi balbuceando.

—¿Muertos de bala o de qué?

—De que se ahogaron, se asfixiaron.

"Los detenidos señalan que en ese lugar privaron de la vida a los sobrevivientes y posteriormente los arrojaron a la parte baja del basurero, donde quemaron los cuerpos. Hicieron guardias y relevos para asegurar que el fuego durase horas, arrojándoles diésel, gasolina, llantas, leña, plástico, entre otros elementos que se encontraron en el paraje. El fuego, según declaraciones, duró desde la medianoche hasta aproximadamente las 14:00 horas del día siguiente. Según declaraciones de uno de los detenidos, y otro, dijeron que el fuego duró hasta las 15:00 del día 27 de septiembre… Cuando los peritos analizaron el lugar, encontraron cenizas y restos óseos, que por las características que tienen corresponden a fragmentos de restos humanos", detalló el procurador. Usando las entrevistas hechas a los supuestos asesinos detenidos, la PGR explicó cómo bajaron a los normalistas de los camiones de carga; uno afirmó que los sujetaron de cada mano y cada pie, y balanceándolos los arrojaron al hoyo del basurero. "Los que estaban vivos se levantaban, ya los agarraban y después caminaban", habría dicho Osorio Cortés, videograbado en el basurero.

"Continuando el relato de los hechos, los detenidos declaran que cuando bajan al lugar donde se habían arrojado y quemado los cuerpos, recibieron la orden de quien apodan *El Terco* de fracturar los restos de los huesos calcinados para ser depositados en bolsas de basura negras. Según sus declaraciones, estas bolsas fueron vaciadas en el río San Juan salvo dos, que uno de los declarantes dice haber arrojado completas…"

—¿Y cuántas bolsas llevaban? —preguntó un policía federal ministerial a García Reyes.

—Eran ocho pero no llenas, este, eran como a la mitad.

—¿De qué tamaño eran las bolsas?

—De basura, de las grandes.

—¿De las negras?

—Sí, plástico.

—¿De las que tienen hilo?

—No, de esas no, de las más gruesas.

—Ajá, ¿dónde las compraron?

—Esas ya las traía *El Terco*, jefe.

—¿Ocho bolsas?

—Ajá, nos las llevamos en Estaquitas y llegamos al puente de San Juan, se llama, pero antes de llegar al pueblo, casi de poquito de llegar al pueblo, ahí dijeron "Bájense a tirar las bolsas", nos dijo *El Terco*. Cuando nos dijo "Tiren las bolsas", yo agarré dos y nomás las aventé, los otros agarraban, les hacían hoyos y las vaciaban ahí, y así las...

—¿O sea, tú dos la aventaste completas?

—Yo nomás las aventé así.

—¿Ellos... se hundieron o se quedaron ahí?

—No, pues tenía harta agua.

—Corrieron.

—Sí, corrieron.

—¿Y las otras?

—Las otras, unas se hundieron ahí y otras se fueron.

—¿Y otras las rompieron y echaron?

—Pues fue algo rápido. Pues sí, yo agarré dos, las aviento y otro y ya te subes, ya cuando vi unas iban y las demás ya no las vi.

"A decir de los peritos, el alto nivel de degradación causado por el fuego a los restos humanos hace muy difícil la extracción de ADN que permita la identificación", afirmó el procurador anticipando el final de la historia, pero como las otras versiones con que el gobierno federal intentó "resolver" anteriormente el caso, esta también estaba llena de incongruencias e irregularidades.

El procurador no podía concretarse a narrar las declaraciones ministeriales porque García Reyes, Osorio y Reyes Landa contaron versiones tan distintas de los mismos hechos que parecería una comedia de equívocos de no ser porque trágicamente la PGR manipuló todos esos dichos inconexos.

Jonathan Osorio Cortés, Agustín García Reyes y Patricio Reyes Landa fueron arrestados el 27 de octubre de 2014; los dos primeros rindieron su declaración ministerial la madrugada del 28, en tanto que Reyes Landa se negó y lo hizo hasta el 3 de noviembre bajo presión.

Los tres refirieron ante la PGR horas y situaciones distintas acerca del momento en que supuestamente se les ordenó agruparse para ir a matar y quemar a los normalistas, como afirmó el procurador.

Jonathan, de 20 años de edad, quien habría dicho ser *halcón*, afirmó que se reunieron a las 20:30 y que se fue con Patricio, Agustín, *Huasaco*, *El Primo* y otros en una camioneta Nissan Estaquitas a Loma de los Coyotes. Patricio, de veinticinco años, dijo que a las 23:30 Felipe Rodríguez Salgado, alias *El Cepillo*, pasó por él en la camioneta Nissan con personas distintas a las señaladas por Jonathan, en tanto que Agustín, de veintidós años, sin mencionar una fecha exacta, habría dicho que hasta las tres de la mañana del 27 de septiembre se reunió con *El Pato*, Jonathan y *El Güereque*, quienes pasaron por él en la camioneta Nissan.

En su deposición ministerial Jonathan dijo que cerca de las 21:00 Patricio, Agustín y otros llegaron a Loma de los Coyotes, donde se encontraron en el camino con una camioneta blanca de 3.5 toneladas en la que iban *El Cepillo*, *El Rana* y *El Duva*, "en la cual venían como cuarenta personas". Está probado que a esa hora en Iguala ni siquiera había comenzado el ataque contra los normalistas ni ocurrido su desaparición.

Por su parte, Agustín habría dicho que cuando pasaron por él a las tres de la mañana, en la parte trasera de la camioneta Nissan llevaban a cuatro personas que iban amarradas con lazos y que todos estaban vivos, que luego se trasladaron a Metlapa y por la carretera llegó un camión de redilas color blanco donde iba *El Cepillo*, el cual transportaba a hombres que supuestamente gritaban que eran estudiantes de Ayotzinapa.

Jonathan declaró que en Loma de los Coyotes *El Cepillo* transfirió a cuatro normalistas a la camioneta Nissan donde viajaba junto con Patricio y Agustín, y que uno de ellos estaba muerto por una herida de bala en la cabeza. Sobre ese mismo supuesto hecho, Patricio dijo que después de que *El Cepillo* pasó a recogerlo a las 23:30 fueron a Loma de los Coyotes y se metieron a una brecha donde encontraron a una patrulla de la policía de Iguala, y que de ella sacaron a cuatro personas que pasaron a la camioneta Nissan. Ni Jonathan ni Agustín mencionaron la presencia de algún policía.

Según Jonathan, cuando llegaron al basurero con el camión de redilas en el que iban cerca de cuarenta personas, quince estaban ya muertos "por asfixia". Agustín afirmó que cuando bajaron a los estudiantes del camión de redilas en el basurero todos estaban vivos, sin referirse a ningún número, en tanto que Patricio declaró que en el camión de redilas había cerca de treinta personas; es el único que menciona que esa noche estaba lloviendo.

Jonathan dijo que conforme los fueron bajando de la camioneta, a uno tras otro les iban disparando en la cabeza. Agustín dijo que a todos los acostaron en el piso y que *El Cepillo*, *El Güereque*, *El Primo* y *El Bimbo* dispararon simultáneamente sus armas hacia donde estaban amontonados los estudiantes, incluido *El Cochiloco*; Jonathan dijo que mataron a *El Cochiloco* y a un infiltrado por separado.

Agustín dijo que los que quedaron vivos los bajaron caminando al fondo del basurero. Jonathan afirmó que a todos los aventaron ya muertos al basurero desde arriba, agarrándolos de pies y manos.

Agustín dijo que *El Cepillo* les echó diésel y prendió fuego a los normalistas en el basurero. Jonathan aseguró que *El Cepillo* se retiró del basurero antes de que terminara la preparación de la fogata y que regresó hasta el otro día.

Agustín habría dicho que el mismo día 27, a las 17:00, recogieron los restos en el basurero y los echaron a cerca de ocho bolsas de basura, asegurando que las arrojaron completas al río San Juan. En el video grabado para la PGR, el mismo Agustín dio una versión diferente: dijo que él echó las bolsas completas y que otros les hicieron agujeros para dispersar las cenizas. En contraste, Jonathan dijo que a las 17:40, estando él en casa de Patricio, llegaron *El Primo*, *El Cepillo*, *El Rana* y *El Bimbo* con cuatro costales negros con cenizas que fueron a tirar al río San Juan.

Patricio afirmó que hasta el 28 de septiembre fueron a recoger las cenizas al basurero, y que no estuvo presente cuando las tiraron en el río San Juan. Por su parte, en la declaración de Jonathan quedó asentado que esa noche no veían muy bien y se alumbraban con el celular y lámparas; no obstante, al mostrarle fotografías de los 43 normalistas en el interrogatorio del ministerio público, supuestamente habría reconocido plenamente a once de los que fueron quemados en el basurero.

En esta investigación periodística, luego de analizar las declaraciones ministeriales de Jonathan, Agustín y Patricio, se encontró que ninguno de ellos dijo haber fracturado o triturado los huesos calcinados de los normalistas, ni que vaciaron las bolsas de cenizas al río San Juan. Según lo prueban las propias declaraciones ministeriales, de las cuales se tiene copia, esos supuestos hechos fueron inventados por el procurador Jesús Murillo Karam, argumento que sirvió al gobierno de México para justificarse, porque no era fácil demostrar con pruebas científicas que los restos eran de los normalistas.

Como "sello" de la forma en que la PGR ha conducido la investigación de la desaparición de los 43 normalistas, en los propios dictámenes médicos realizados por la procuraduría antes de sus declaraciones ministeriales se asienta que los tres jóvenes presentaban múltiples heridas.

El 3 de noviembre de 2014 Reyes Landa acusó que el parte informativo de la Policía Federal sobre su detención era falso y que fue víctima de golpes, toques eléctricos en genitales y hasta dentro de la boca, así como asfixia por agua y bolsa de plástico; Osorio Cortés también dejó asentado que las múltiples lesiones que presentaba fueron causadas por los policías que lo detuvieron. Junto con Agustín García, fueron mantenidos por la PGR en el centro de arraigo hasta enero de 2015, cuando fueron ingresados al Cefereso no. 4 en Tepic, Nayarit.

Según el expediente de la PGR, los tres eran piezas importantes de Guerreros Unidos en Cocula, andaban armados en coches o motocicletas, hacían funciones de vigilancia, secuestros y asesinatos y recibían un sueldo mensual de 7 mil pesos. Durante esta indagatoria periodística se visitaron sus domicilios y se entrevistó a sus familiares: los jóvenes hasta ahora acusados por la PGR de ser los asesinos materiales de los 43 normalistas en realidad eran albañiles y campesinos que vivían en pobreza extrema, tienen un bajo nivel educativo y no cuentan con recursos para contratar abogados y defenderse.

Aunque otro detenido se había referido a ellos antes, según el expediente de la PGR el 25 de octubre se recibió una llamada "anónima" en la que se denunció a un sujeto llamado "Patricio, alias *El Pato*" y a *El Cepillo*, vecinos de Cocula, de ser supuestos Guerreros Unidos, y así inició la cacería de la procuraduría: policías federales ministeriales dijeron en su parte informativo que preguntando por las calles de Cocula alguien les dijo que conocía a *El Pato*, y así dieron con su domicilio.

LA HISTORIA DE LOS TRES "ASESINOS"

La señora Eliodora Landa, vecina del barrio de San Miguel, en Cocula, y madre de Patricio Reyes Landa, de 25 años, afirmó que su hijo tiene el mote de *El Pato* desde que era un niño. Desde hace más de quince años reciben dinero del programa Oportunidades, de la Secretaría de Desarrollo Social (Sedesol), porque viven en extrema pobreza: *El Pato* y su familia habitan desde hace veintidós en un jacal de adobe desgastado, prestado por un hermano de la señora Eliodora. Hasta hace no mucho el piso era de tierra, pero logró poner cemento gracias a otro programa de la Sedesol para familias pobres.

Patricio, quien apenas terminó la secundaria, se casó muy joven y logró acomodarse con su esposa e hijas en un cuarto con el techo de lámina picado, tanto, que de él cuelgan cubetas para prevenir que la lluvia los moje. Y como en México la miseria se hereda, Patricio y su familia también han sobrevivido gracias al programa Oportunidades: para esta investigación se obtuvo el nombre y número de titular y/o beneficiario, y se pudo confirmar con el padrón actualizado hasta septiembre de 2015 que efectivamente la madre y la esposa de Patricio reciben beneficios por su situación de extrema pobreza.

La esposa de Patricio, cuyo nombre pidió mantener bajo reserva por temor a represalias, afirmó que su esposo no es el personaje que ha inventado la PGR; lo conoce desde que ella tenía dieciséis años y él dieciocho, y tienen siete años de casados. Dice que nunca vio nada raro en él ni en sus amistades, y que no tenía dinero. "Él era ayudante de albañil y a veces trabajaba con el suegro de Felipe Rodríguez Salgado. Cuando no había trabajo acarreaba ganado en Apetlanca o Apipilulco", señaló.

Sólo tenía una motocicleta destartalada que desde principios de 2014 no servía; aun así, cuando la PGR cateó su casa se la llevaron. Sus bienes eran una cama, un ventilador que pagaba en abonos, el cual también se llevó la PGR, un refrigerador igualmente comprado a plazos y un mueble que le regalaron a su esposa.

"Como no había trabajo vino una maestra, vecina de aquí, y le dijo que si no podía ir a plantarle unos postes a Apetlanca. Se fue y cada ocho días venía a dejarnos dinero", señala su esposa. Regresaba el sábado y se iba el domingo.

Afirma que el 25 de septiembre Patricio llegó de descanso a Cocula; el 26 estuvieron juntos y fueron a cenar a la casa de una hermana de él, avecindada en el centro, como a las 19:30 y a las 23:00 salieron de ahí porque "ya estaba feo, ya iba a caer el agua". Dice que llegaron y ya no salieron del cuarto. A las 23:30 o medianoche comenzó a llover muy fuerte y hasta las cuatro de la mañana paró la lluvia.

Al día siguiente Patricio fue a trabajar para hacer un "colado" en una gasolinera y toda la tarde se quedó en casa con su familia; hasta el domingo 28 de septiembre regresó a trabajar a Apetlanca.

La PGR llegó aproximadamente el 20 de octubre a casa de su mamá buscando armas: dijeron que Patricio pertenecía a Guerreros Unidos y que había participado en el ataque a los estudiantes. Cuando se fueron, su esposa lo llamó para reclamarle lo ocurrido y él le dijo que no tuvo nada que ver.

Autoridades federales lo detuvieron el 26 de octubre como a las nueve de la mañana en casa de la maestra Yesenia Delgado en Apetlanca; según contó a su familia, cuando entraron a la propiedad lo metieron al baño y ahí lo golpearon. Luego lo llevaron al cerro junto con Jonathan Osorio Cortés, quien también trabajaba ahí como albañil, le vendaron los ojos y durante cuatro horas lo golpearon, le pusieron una bolsa en la cabeza hasta casi asfixiarlo, le echaron agua y le dieron toques eléctricos en el paladar, en los testículos y en el recto, además de golpes diversos.

"Dice que le estaban diciendo que tenía que hablar [de] cosas que él no había hecho, y pues él se negaba y le pegaban más. 'Tú vas a decir lo que nosotros te vamos a decir, no lo que tú quieras', y que si no declaraba lo que los policías decían, iban a venir por toda su familia", narró su esposa.

Meses más tarde, el propio Patricio hizo llegar a la autora de esta investigación una carta de su puño y letra narrando el horror que vivió; las violaciones a sus derechos humanos están siendo investigadas por la ONU.

Jonathan Osorio Cortés, de veinte años de edad, estudió hasta la secundaria porque no había dinero para continuar; trabajaba de ayudante de albañil y taquero en la Ciudad de México, donde tiene familiares. La señora Elena, su madre, señala que cuando no había trabajo limpiaba maíz o ponía fertilizante. Iba y venía de la Ciudad de México por temporadas; no tenía coche, moto ni bicicleta. Llevaba algunos meses en Cocula, y cuando la maestra Yesenia le ofreció trabajo en Apetlanca para poner postes para una cerca, aceptó. Ahí se encontró con Patricio, a quien conocía en Cocula sólo de vista, no tenían una relación de amistad ni se frecuentaban, afirmó la madre de Jonathan.

"Mi pobre hijo siempre andaba sin dinero", explica la señora Elena. "Cuando sacaba algo me daba para el almuerzo pero casi nunca traía, me pedía prestados veinte pesos, pedía incluso que le invitaran una Coca Cola."

Jonathan contó a su mamá que personas vestidas de civil los detuvieron a él y a Patricio a las nueve de la mañana, los golpearon y torturaron. "Los que los agarraron dicen que los golpes eran porque se echaron a correr, que por eso iban golpeados", explica doña Elena, pero la historia es distinta. "Los vendaron, los tuvieron torturando, escuchó que estaban como escarbando y les dijeron que eso era una bolsa que les iban a sembrar a ellos. Me duele mucho", señala.

Su hijo le contó que le amarraron las manos, lo asfixiaban con una bolsa de plástico y perdió el sentido como tres veces; le echaron agua fría y hielo para despertarlo. También le dieron toques eléctricos.

"A él le salieron hasta costras en sus testículos, al otro muchacho le pusieron hasta la pistola dentro de la boca", dijo la señora Elena. "Cuando los subieron al helicóptero para trasladarlos les decían que si aventaban a uno, nadie se iba a dar cuenta." En el helicóptero Jonathan escuchó que alguien dijo: "Con estos pendejos vamos a tapar el caso".

La mamá de Jonathan señaló que le ofrecieron dinero a su hijo y que en la PGR querían inculpar incluso a los amigos de la preparatoria que tenía en su cuenta de Facebook. "Yo pude [verlo] al otro día que lo detuvieron, ahí los tuvieron más tiempo. Apenas lo pude ver cinco minutos, le vi un golpe en su cara, del lado izquierdo, y le pregunté: '¿Te pegaron?'. Él sólo me dijo: 'No te preocupes, mamá'".

Después de vencer el miedo, en diciembre fue a levantar una queja ante la CNDH porque tiene familiares que saben cómo moverse en la Ciudad de México.

Pocos días después de su arresto, las autoridades lo llevaron en un helicóptero al basurero de Cocula, donde la PGR grabó el video que luego Murillo Karam mostró en su conferencia de prensa del 7 de noviembre. La señora Estela afirmó que para hacer la grabación le ordenaron todo lo que tenía que hacer y decir; señaló que cuando él llegó al basurero ya había restos humanos acomodados.

Agustín García Reyes, de veinticuatro años, era campesino y albañil, y ganaba 130 pesos al día para mantener a su esposa y su hijo; en entrevista, su esposa afirmó que siempre tenían que pedir fiado porque no les alcanzaba para comprar la comida. *El Chereje* conocía sólo de vista a Patricio y a Felipe Rodríguez Salgado en los partidos de futbol y prácticas, pero no eran cercanos ni amigos. No tenía vehículo ni motocicleta, y siempre se desplazaba a pie. "Dicen [la PGR] que él andaba en moto y armado; jamás anduvo en una moto, nunca estuvo armado, no tenía ni bicicleta", señaló su esposa.

Su esposa, cuyo nombre se mantendrá bajo reserva, afirma que el 26 de septiembre de 2014 estuvieron juntos todo el día en casa de los padres de ella, y como quedaba lejos ahí se quedaron a dormir porque llovía fuerte. Afirma que durmieron juntos toda la noche y que él no salió de la casa; "no es posible que él haya hecho todo lo que dicen, porque estuvo todo el tiempo conmigo".

En la conferencia de Murillo Karam del 7 de noviembre, en el video que mostró hay una supuesta "reconstrucción de hechos" para la cual la Policía Federal Ministerial llevó a García Reyes al río San Juan.

—Tirada ahí, ya después de aquí las tiré —dijo ante la cámara rodeado por policías ministeriales, uno de los cuales lo llevaba sujeto.

—¿Aquí? —preguntó el elemento de la PFM.

—Sí.

—¿En dónde las tiras?

—Las aviento así.

—Okey.

—Porque había agua, y se las llevó.

—Perfecto —se escuchó decir al policía federal ministerial, como si García Reyes se hubiera aprendido bien el guion.

En el video se aprecia una bolsa de basura aparentemente atorada en la ribera mientras aparece en la pantalla la leyenda "RECONSTRUCCIÓN DE HECHOS", como si la bolsa, que supuestamente contenía restos de los normalistas, hubiera sido encontrada en ese momento.

Por primera vez familiares de García Reyes narraron cómo fue ese evento. Detenido el 26 de octubre en su domicilio de Cocula a las cuatro de la mañana, un grupo de marinos fue a buscarlo primero a casa de sus suegros sin orden de cateo, golpearon a su cuñado y lo obligaron a decir dónde estaba el domicilio de *El Chereje*. Su esposa narró que al cuarto que rentaban entraron personas uniformadas como marinos y también vestidas de civil: lo detuvieron, lo tiraron al piso, lo comenzaron a golpear y a su hijo de cinco años le pusieron un arma en la cabeza. Su esposa preguntó por qué se lo llevaban, y la golpearon y empujaron. "Fueron los de la Marina, yo vi las camionetas", dijo. Días más tarde, Agustín le contó lo que pasó después: "Dice que lo amarraron de una silla con las manos hacia atrás, lo ahogaban con una bolsa, le ponían la chicharra en todo el cuerpo, testículos; todo, todo le hicieron. Se desmayó, todavía le duele el oído y tiene dolor de cabeza", señaló su esposa.

Primero le habían preguntado a qué se dedicaba; "le dijeron que ellos sabían que había participado y él les dijo que no, que me hablaran a mí, que había estado todo el tiempo conmigo", señaló su esposa, "ya después le empezaron a decir que tenía que contar las cosas que hizo porque si no iban a ir directo conmigo, con mi hijo y con mi familia, que ya sabían dónde vivíamos, que me iban a matar y nadie se iba a dar cuenta adónde me iban a tirar a mí y a mi hijo".

Agustín también le contó que cuando lo llevaron al río San Juan lo seguían amenazando. Ahí le habrían ordenado que repitiera todo lo que ellos ya le habían dicho: "Él les decía, 'yo no sé a verdad qué cosa haya pasado aquí, ¿qué cosa quieren?'". Los agentes de la

PFM le habrían advertido que lo estaban grabando y que tenía que decir lo que le dijeran, o iban a ir por su esposa y su hijo y los iban a desaparecer.

Su esposa comentó que es de muy bajos recursos y tardó tiempo en regresar a la Ciudad de México para poner una queja ante la Comisión Nacional de Derechos Humanos, pero señala que sí lo hizo y pidió que le hicieran la prueba del Protocolo de Estambul, la cual supuestamente ya le practicaron.

Se obtuvo el parte informativo de la detención de García Reyes, firmado por la policía federal ministerial Jazmín García Martínez y por Vidal Vázquez Mendoza, de la Secretaría de Marina; los dos ya habían participado en la detención de los primeros supuestos asesinos confesos Osvaldo y Miguel Ángel Ríos Sánchez, y de Carlos Pascual Cervantes Jaimes.

"No he hablado con un abogado, nosotros no tenemos para pagar uno, eso es para la gente rica, ¡uno pues cómo, con trabajo alcanza para comer! ¡Yo sé que él no fue!", dijo en tono desesperado, "¡yo sé que él no fue porque ese día estuvo conmigo! No sé por qué acusan a personas que son inocentes, el presidente yo no sé qué más quiere."

En las camionetas la PGR no encontró ningún rastro de los normalistas

Esta investigación tuvo acceso a los peritajes hechos por la PGR tanto a la camioneta Nissan Estaquitas y a la camioneta de 3.5 toneladas que afirmó el procurador habían sido usadas para transportar a los normalistas. Desde el 16 de octubre de 2014 la PGR inspeccionó y aseguró el inmueble ubicado en Lomas del Encanto sin número, colonia Lomas de Pueblo Viejo, en Iguala, propiedad de Gildardo López Astudillo, a quien la PGR identificó como *El Gil*; en el lugar se encontraban vehículos de transporte colectivo y una camioneta blanca de redilas de 3.5 toneladas.

De acuerdo con el peritaje hecho por la PGR a la camioneta Nissan, que se encontraba en el corralón de Grúas Meta y mostrada por Murillo Karam como uno de los vehículos usados en el crimen, se le aplicó la prueba de luminol y no se encontró ningún rastro de sangre ni de huellas dactilares que la conecte con el supuesto traslado de los estudiantes. En realidad, la camioneta descrita en el peritaje no hubiera sido útil ni para transportar a un puerco: según el peritaje tenía el toldo sumido, el cofre con hundimiento, la defensa desprendida, los faros rotos y las llantas ponchadas, como si fuera un auto sacado del deshuesadero.

La PGR practicó el mismo examen al camión de redilas de 3.5 toneladas, que afirmó Murillo Karam fue usado para el traslado de los estudiantes. Según el dictamen fechado el 3 de noviembre de 2014, le practicaron las pruebas de luminol y otras y tampoco se encontró nada; la misma revisión se aplicó a dos camionetas de transporte colectivo estacionadas en el rancho de *El Gil* con idéntico resultado.

El 14 de enero de 2015 fue detenido en Cocula Felipe Rodríguez Salgado, *El Cepillo*, de veinticinco años de edad: su apariencia física no coincidía con la señalada por quienes supuestamente confesaron ser sus cómplices. Su esposa es maestra de secundaria y es su pareja desde 2008. Antes de su detención era albañil y trabajaba con el padre de ella, pero cuando no había trabajo se iba de peón y llevaba vacas y chivos a pastorear. Como albañil ganaba como 150 pesos al día. Las pocas posesiones que tenían en el cuartito que rentaban en la calle General Cuéllar, en Cocula, eran una cama, una cuna para su bebé, un refrigerador, un ropero, una mesa para comer, una televisión y una parrilla eléctrica; su esposa señaló que por el refrigerador aún paga 500 pesos al mes, y por la cama y la cuna 200 pesos a la semana.

La esposa de Felipe señaló que llegó a su casa el viernes 26 de septiembre a las 14:00 y él la llevó a cenar a las 21:30 a un puesto de antojitos a unos pasos de donde vivían; según la PGR, a esa hora Felipe encabezaba la operación para supuestamente matar y quemar a los estudiantes.

De regreso Felipe se quedó en la banqueta tomando una cerveza con un amigo, luego entró al cuarto donde vivían y ahí pasaron toda la noche juntos. Su esposa dice que al día siguiente él salió como a las 8:30 de la mañana y fue a casa de su abuela, volvió por ella al mediodía y acudieron juntos a la casa de la abuela, donde se quedaron toda la tarde.

En octubre él le dijo que estaba desesperado por no encontrar trabajo y que se iba a ir a Estados Unidos, donde vivían dos de sus hermanos; se fue el 20 de octubre, y una semana después llegó la policía a su casa.

La maestra habló con Felipe para reclamarle la visita de las autoridades: "¿Por eso te fuiste, verdad?". Él afirmó que no, que ella no se preocupara porque eso no era cierto. Durante varias semanas no supo de él. Felipe intentó cruzar la frontera pero se quedó varado en el desierto, hizo contacto con su esposa y volvió a su casa el 11 de enero de 2015, se vieron apenas por unas horas y ella se fue a su trabajo. La mujer afirma que lo detuvieron el 14 de enero en Cocula mientras caminaba rumbo a un trabajo, mientras que la PGR dijo que el arresto fue en el estado de Morelos y que lo detuvieron en posesión de marihuana. Cuando ella pudo verlo el día 17 él estaba golpeado pero no quiso decirle nada de lo que pasó, aunque sí se lo contó a su madre.

El 18 de enero fue ingresado al penal de máxima seguridad de El Altiplano, y presentó una denuncia formal contra quienes lo detuvieron y torturaron y lo obligaron a grabar el video de su supuesta confesión, que mostró la PGR para dar por resuelto el caso.

"Él ya sabía que aquí lo estaban buscando; si fuera culpable, nunca hubiera regresado", afirmó su esposa en su defensa y mostró la más de treinta cartas que vecinos de Cocula escribieron al juez sobre la buena conducta de Felipe. Al azar se buscó vía telefónica a uno de los firmantes de dichas cartas, y confirmó que lo conoce porque llevan tres años jugando juntos en el equipo de futbol San Francisco y organizaban partidos cada fin de semana en sábado o domingo con otros equipos de Cocula; afirmó que no era un muchacho violento y jamás lo vio armado o en actitud sospechosa.

Rindió su declaración ministerial hasta el 16 de enero y al igual que las de sus supuestos cómplices, está llena de absurdos y contradicciones. Contradiciendo lo dicho por sus coacusados, afirmó que fueron ocho patrullas de la policía municipal con más de treinta elementos quienes les entregaron a 38 o 42 personas; ningún policía detenido ni ninguno de sus supuestos cómplices refiere algo así. Supuestamente confesó que los normalistas venían ensangrentados y golpeados, pero nunca refirió que alguno estuviera muerto como dijeron otros de los detenidos. Nunca declaró haber dado la instrucción de quemar a los estudiantes ni de triturar los restos, como afirmó la PGR.

Paralelo a su declaración ministerial, se le hizo grabar un video en el que dice cosas diversas a su declaración, el cual fue usado por Murillo Karam para dar por cerrado el caso.

Según el peritaje médico practicado por la PGR a Rodríguez Salgado el 17 de enero de 2015 —un día después de su detención—, del cual se tiene copia, su cuerpo presenta al menos sesenta lesiones. Como parte de esta investigación, Felipe aceptó escribir una carta de su puño y letra explicando no sólo la brutal tortura que sufrió sino también el intento de soborno por parte de funcionarios de la PGR.

En su declaración ministerial denunció que los golpes que tenía se los habían provocado los policías federales que lo detuvieron. "Me metieron en un cuarto, me tiraron al piso, me estuvieron golpeando previo [a] llegar aquí… donde me encuentro detenido." El abogado de oficio pidió enseguida al ministerio público practicar a Rodríguez Salgado el Protocolo de Estambul para saber si fue torturado.

El 6 de diciembre de 2014 la PGR dio a conocer los primeros resultados de los análisis hechos a las supuestas bolsas arrojadas al río San Juan, y se identificó que unos restos correspondían a uno de los 43: Alexander Mora Venancio.

LA PRIMERA CONFRONTACIÓN ENTRE LA VERSIÓN OFICIAL Y LA REALIDAD

El 13 de noviembre de 2014 el secretario de la Defensa Nacional, Salvador Cienfuegos, se reunió por primera vez con legisladores federales de la Cámara de Diputados para hablar sobre el caso de Iguala. Según los reportes consignados en los medios de comunicación, afirmó que cuando personal del 27 Batallón de Infantería llamó al secretario de Seguridad Pública de la ciudad, Felipe Flores, para preguntar si la policía municipal había agredido a los normalistas, este les habría mentido. (*La Jornada*, 14 de noviembre de 2014.)

En ese encuentro Cienfuegos aseguró a los legisladores que el Ejército se enteró del ataque hasta dos horas después. Pidió a los diputados que no acusaran de omisión al coronel Rodríguez Pérez, responsable del 27 Batallón, porque tenía una "intachable" hoja de servicio de cuarenta años; esta sería una de muchas versiones distintas que el titular de la Sedena fue dando a lo largo de los dos últimos años.

El 14 de diciembre de 2014 la revista *Proceso*, en su número 1989, publicó el reportaje "La verdadera noche de Iguala": eran los primeros resultados de esta investigación periodística que continúa hasta la fecha. A partir de una primera revisión de miles de fojas de los expedientes de la PGR, entrevistas con normalistas sobrevivientes al ataque, vecinos, una inspección del lugar de los supuestos hechos y documentos hasta entonces inéditos, se probaron cinco falsedades de la versión oficial dada por la PGR, las cuales al final significarían su derrumbe. Aún no llegaban a México los integrantes del Grupo Interdisciplinario de Expertos Independientes (GIEI) de la Comisión Interamericana de Derechos Humanos, ni habían iniciado entonces su investigación independiente.

Los normalistas no llegaron a interrumpir el informe de la esposa del alcalde José Luis Abarca: cuando arribaron a la ciudad tenía más de una hora que el evento había acabado, y el ataque ocurrió más tarde. Con esto quedó eliminada la pretendida motivación para atacar a los estudiantes por parte del alcalde.

Los normalistas viajaban en cinco autobuses, no en cuatro como había dicho la PGR.

Se reveló la existencia del Centro de Control, Comando, Comunicaciones y Cómputo (C4) en Iguala, por medio del cual todas las fuerzas del orden —27 Batallón de Infantería, Policía Federal, Base de Operaciones Mixtas de la PGR, Policía Estatal y Policía Municipal de Iguala— estaban coordinadas e informadas en tiempo real de cualquier contingencia en la población. El C4 estaba a cargo del gobierno de Guerrero y todos estaban intercomunicados en tiempo real y conectados al Sistema Nacional de Seguridad Pública de la Secretaría de Gobernación. El reportaje también reveló que el 26 de septiembre de 2014, por medio de los C4 de Chilpancingo y de

Iguala, los normalistas fueron monitoreados por los tres niveles de gobierno, incluidos el Ejército, la Policía Federal y la PGR, desde que salieron de Ayotzinapa en los dos autobuses Estrella de Oro y durante toda la noche. Al final de la noche los dos autobuses fueron el principal blanco del ataque armado y de ahí desaparecieron la gran mayoría de los 43 normalistas.

Se entrevistó por primera vez al radiooperador José Natividad Elías Moreno, quien explicó que todos los reportes que llegaban al C4 iban simultáneamente a la Policía Federal, Ejército y a las instancias federales de seguridad; un día después de la publicación del reportaje, el 15 de diciembre, la PGR giró orden de localización y detención de Elías Moreno, quien fue arrestado.

Como ocurrió en el caso de otros detenidos, los elementos que participaron son sujetos a investigación por conductas delictivas cometidas contra Elías Moreno y otros siete policías municipales de Iguala que fueron detenidos con él.

También se revelaron videos inéditos donde los estudiantes afirman que la Policía Federal estuvo presente en al menos uno de los ataques, así como el testimonio de un vecino que los vio directamente, además de la declaración ministerial del estudiante Luis Pérez Martínez, rendida el 27 de septiembre, donde afirmó que los federales atacaron a sus compañeros.

Se dio a conocer por primera vez que el Ejército sí salió a las calles de Iguala a la hora del ataque y estuvieron enterados de todos los hechos en tiempo real por conducto del C4, desmintiendo lo dicho por el general Cienfuegos, y se dio a conocer el nombre del capitán Crespo —pieza clave esa noche—, quien con dos pelotones anduvo en la ciudad en horas en que ocurrió la desaparición, y que incluso se presentó en la base de la policía municipal de Iguala.

Se informó de la existencia de un informe realizado por el gobierno de Guerrero que contenía adjuntas tarjetas informativas de la policía estatal: en la número 02370, fechada el 26 de septiembre de 2014, el coordinador operativo de la zona norte de la Secretaría de Seguridad Pública y Protección Civil de Guerrero, José Adame Bautista, reportó que a las 17:59 el C4 de Chilpancingo informó que los normalistas estaban saliendo de Ayotzinapa en dos autobuses Estrella de Oro, números 1568 y 1531, "con estudiantes de la Escuela Normal Rural Ayotzinapa con dirección a la ciudad de Iguala". En la tarjeta quedó asentado de manera oficial que a las 20:00 la Policía Federal y la policía estatal llegaron por la autopista federal a la caseta de cobro número tres, donde se quedó uno de los dos camiones en que viajaban los estudiantes.

En dicho documento se consignan además los reportes del C4 de la llegada de los normalistas a la Central de Autobuses de Iguala a las 21:30 y de "detonaciones de arma de fuego" a las 21:40.

En uno de los doce videos grabados por los normalistas con sus teléfonos celulares durante los hechos, claramente se escucha la voz de uno de ellos que identifica la presencia de la Policía Federal en el ataque en la calle Juan N. Álvarez, antes de que ocurriera la desaparición de los 43. "¡Ya se van los policías... se quedan los federales y nos van a querer fastidiar!", se escucha en la grabación en voz de un estudiante. Dichos videos estaban en poder de la Fiscalía General de Guerrero y por ende de la PGR cuando atrajo la investigación a su jurisdicción, pero habían sido omitidos e ignorados por completo en las pesquisas del gobierno federal.

En el reportaje se publicaron por primera vez los nombres de dos policías federales que actuaron esa noche: Luis Antonio Dorantes y Víctor Manuel Colmenares Campos, y se descubrió que ambos dejaron la base de la Policía Federal en Iguala pocos días después del ataque contra los normalistas.

Dentro del informe elaborado por el gobierno de Guerrero también venía el reporte de vuelo del helicóptero UH-1H, matrícula XC-LLK, de la administración estatal, que el 27 de septiembre de 2014 sobrevoló Iguala y sus alrededores piloteado por Andrés Pascual Chombo López en busca de los estudiantes: se trataba de un experimentado piloto de la Fuerza Aérea Mexicana, quien había trabajado para la PGR por muchos años y ahora lo hacía para el gobierno de Guerrero. Aunque el sobrevuelo se dio en las horas en que según Murillo Karam el fuego donde supuestamente calcinaron a los estudiantes aún estaba encendido con llantas, plástico y madera, el piloto reportó que no vio nada extraño; una humareda de ese tamaño que se hubiera formado habría llamado su atención. También se dieron a conocer por primera vez los dictámenes médicos de los primeros detenidos, que apuntaban a prácticas de tortura.

El reportaje "La verdadera noche de Iguala" dio un giro radical al caso, fue retomado por diversos medios de comunicación de México e internacionales y causó molestia e incomodidad dentro del gobierno federal. A consecuencia de su publicación, el 16 de diciembre los familiares de los 43 normalistas desaparecidos convocaron a una conferencia de prensa en la que exigieron al gobierno federal abrir una línea de investigación sobre la participación del 27 Batallón y la Policía Federal en el ataque y desaparición de los estudiantes, y legisladores del PRD y PT en la Cámara de Diputados exigieron a la administración de Peña Nieto información sobre la participación de ambas instituciones; señalaron que los propios titulares de la Sedena y la PGR podrían ser sujetos a juicio político por mentir al Congreso.

"Con los informes periodísticos y evidencia documental que advierten de la intervención de soldados y federales, se prefigura una mentira que el titular de la Procuraduría General de la República, Jesús Murillo Karam, expuso ante la opinión pública y ante la comisión legislativa que investiga el caso", afirmó el diputado Silvano Aureoles refiriéndose al reportaje publicado como parte de esta investigación. (*La Jornada*, 16 de diciembre de 2014.) "Reconozco que el informe en cuestión introduce dudas severas y sólidas a la versión oficial de lo que pasó en Iguala en septiembre pasado", afirmó el entonces coordinador de la fracción parlamentaria del PRD en la Cámara de Diputados, Miguel Alonso Raya.

El entonces titular de la Policía Federal, Enrique Galindo, se vio obligado a reconocer por primera vez, a casi tres meses de los hechos, que la Policía Federal sí estuvo enterada de la llegada de los estudiantes y de la agresión contra ellos, pero insistió en que ningún federal participó: "Al menos no tenemos evidencia de una participación activa en los hechos concretos que conocemos del 26 de septiembre", dijo en tono precavido. Por el contrario, el procurador Jesús Murillo Karam salió públicamente a intentar desmentir la investigación periodística.

"Los militares rebasan la capacidad del presidente": Miranda Nava

Ante los engaños del gobierno federal y la negativa del 27 Batallón de Infantería a permitir a los padres de familia buscar a los desaparecidos en sus instalaciones, el movimiento fue tomando decisiones más drásticas. Luego de recorrer la Costa Chica, los padres de los 43 normalistas se reunieron en Ayutla con integrantes del Movimiento Popular Guerrerense, la Coordinadora Estatal de Trabajadores de la Educación de Guerrero, la Unión de Pueblos y Organizaciones del Estado de Guerrero y grupos de autodefensa, y decidieron que iban a sacar al cuerpo del Ejército presente en la zona; en ese momento existía la acusación por parte del gobierno federal de que a la reunión con Peña Nieto habían entrado guerrilleros y que estos estaban manipulando a los padres de familia.

El 17 de diciembre de 2014 las distintas organizaciones civiles y los padres de los normalistas de Ayotzinapa decidieron ir a sacar un retén militar instalado con el pretexto de que esa era una zona de influencia de la guerrilla del ERPI, y la confrontación estuvo a instantes de convertirse en una nueva masacre, ahora de los padres de los 43 desaparecidos. Cuando el contingente de protesta llegó a Ayutla "estaba atestado de militares, antimotines, tanquetas, como si fuera a haber una guerra", narra uno de los testigos en entrevista para esta investigación. "Nadie sabía cómo se enteraron. No importaba, la decisión ya estaba tomada." El contingente de protesta diseñó una estrategia y se dividieron por grupos para llegar al punto.

A unos metros de caminata el abogado Vidulfo Rosales, quien se encontraba en el lugar, recibió una llamada de Enrique Miranda Nava: los tenían bien vigilados.

"¡A ver, a ver!", reclamó en tono prepotente, "¿cómo está eso de que quieren sacar al Ejército de su cuartel, en qué estás pensando?", le reclamó a Rosales, pero este no era su lacayo ni su empleado, era un interlocutor, y Miranda se equivocaba si pensaba que su tono lo intimidaría.

"No sé de qué me está hablando", respondió el abogado tratando de ganar tiempo.

"¿Cómo que no sabes de qué te estoy hablando? ¡Yo aquí tengo información de que tú vas adelante, tú vas con la gente, así me están reportando! Habla con la gente, es una locura lo que van a hacer, te voy a responsabilizar a ti de lo que pase. ¡Si piensas que no vamos a actuar o que no va actuar el Ejército, estás muy equivocado!", amenazó el subsecretario. "Esas son cosas que escapan a mí, tú me entiendes, eso ya es cosa de los generales. ¡Si piensas que no les van a disparar, estás muy equivocado!". Terminaron la llamada y Vidulfo siguió caminando con el contingente cuando helicópteros comenzaron a sobrevolar la zona y empezó a llegar más gente del Ejército. Frente al contingente había al menos trescientos efectivos armados: los que protestaban eran cerca de cinco mil. El ambiente era tenso, el aire se cortaba con un cuchillo. El Ejército apuntaba con sus armas a los manifestantes y algunos de los que protestaban también iban armados. Aquello iba a ser una masacre.

El contingente se dividió en tres mientras el Ejército los cercaba también por la retaguardia. Los que protestaban llamaron a las comunidades aledañas haciendo resonar las campanas de la iglesia y bajó más gente; algunos pusieron barricadas y bloqueos en los pueblos para contener a los elementos del Ejército que llegaban de Chilpancingo como refuerzos.

La tensión duró tres horas. Una pequeña comisión, encabezada por Rosales, llegó al retén militar sin actitud violenta; curtido en esas batallas, el abogado dijo sereno "Tenemos un documento", y lo leyó. Era una explicación de por qué el Ejército no debía desempeñar tareas de seguridad pública ni ocupar los territorios de los pueblos indígenas, y en razón de eso se les pedía que se retirara el cuartel. El militar a cargo les dijo que no iba a recibir el documento y que no se iban a ir.

—Tenemos un mandato constitucional para estar aquí —dijo contundente.

—Eso del mandato está muy dudoso —le replicó Rosales.

—¿Tú quién eres? —preguntó el militar con azoro.

—Soy el abogado de los pueblos —dijo Rosales, y le explicó que la única manera en que el Ejército podría estar haciendo tareas de seguridad pública era con la orden de un juez; si en ese momento mostraban la orden judicial, el contingente se retiraría pacíficamente.

—Sí la tengo —mintió el militar, quien fue tomado por sorpresa.

—Enséñemela —lo retó Rosales.

—¿Yo por qué tengo que enseñártela?

—¡No a mí! A los pueblos, que están allá —dijo Rosales señalando al contingente—, ¿o no, compañeros?

—¡Síiiii! —gritaron.

Los manifestantes acordaron que les daban treinta minutos para recibir el documento y que se resolviera esto, y en caso contrario tomarían una decisión.

—¡Nadie de ustedes nos va a emplazar a nosotros! —gritó el militar muy molesto y el pequeño comité se retiró; en media hora llegó un helicóptero con el comandante de la IX Región de Acapulco y llamó a los dirigentes.

—A ver, señores, no hay problema, yo recibo el documento; yo lo recibo pero no nos vamos a mover de aquí, eso sí no, es un deber… Aquí hay gente del narcotráfico, maleantes, y de alguna forma los tenemos que proteger.

Los manifestantes reclamaron que el Ejército sólo hostigaba a la policía comunitaria.

—Es una instrucción presidencial de desplegar la fuerza en la zona, pase lo que pase no nos vamos a mover —dijo el comandante. El contingente insistió en que se salieran y pusieran el retén en otro lugar.

Miranda Nava volvió a llamar a Rosales. El mensaje fue claro: a los militares ni el presidente puede controlarlos. A dos años de los hechos en Iguala eso parece ser muy claro.

—Hay que dar una salida a esto, cabrón, se va a ir de las manos, está en las manos resolverlo ahorita. Te vuelvo a repetir, esto rebasa mi capacidad, rebasa la capacidad del presidente; este rollo está en manos de los militares y están encabronados, no se van a quitar de ahí. Antes me quitan a mí de aquí, que ellos quitarse.

—Oye, pero no estamos pidiendo que quiten un cuartel militar de los grandes, es un territorio de los pueblos, y ellos vinieron a poner un retén aquí a raíz de la muerte y desaparición de los estudiantes. ¿Cuál es el objetivo? ¿No estaban aquí?

—Ya te dije —respondió Miranda Nava.

Del gobierno llamaron a los directivos de "Tlachinollan" para decirles que les iban a "partir su madre" y se valoró que era mejor hacer una retirada, pero digna; la propuesta fue que aunque fuera de manera momentánea se retirara el Ejército y ellos se retirarían. Miranda Nava ofreció que el Ejército, que los estaba cercando por detrás, se retiraría, pero los manifestantes no aceptaron.

—Así no hay forma de convencer a la gente de que se retire, no se van a ir —dijo Rosales.

—Como sea, yo ya te advertí.

—Pues ni modo.

Pasaron quince minutos y el subsecretario ofreció que el Ejército iba a hacer una retirada táctica y que también se fuera la gente para no calentar más las cosas. En veinte minutos los militares comenzaron a replegarse y la gente celebró. Era una victoria momentánea.

El GIEI, en la misma ruta

El 27 de enero de 2015, en conferencia de prensa, el procurador Murillo Karam dio el caso por resuelto al dar a conocer la "verdad histórica" de los hechos ocurridos en Iguala, en una clara réplica al reportaje "La verdadera noche de Iguala".

Según esa versión oficial inamovible, los estudiantes fueron atacados única y exclusivamente por la policía municipal de Iguala y Cocula por órdenes del alcalde José Luis Abarca, habrían sido llevados a la base de la policía municipal de Iguala y después trasladados todos juntos a las afueras de la ciudad y entregados a *El Cepillo*, *El Chereje*, *El Pato* y *El Jona*, quienes esa misma noche los asesinaron y quemaron conjuntamente en el basurero de Cocula y arrojaron sus restos al río San Juan.

En marzo de 2015 el Grupo Interdisciplinario de Expertos Independientes de la Comisión Interamericana de Derechos Humanos comenzó su propia investigación como parte de un mecanismo de colaboración con el gobierno de México, establecido gracias a lo acordado entre los familiares de los 43 desaparecidos y el presidente a fines de octubre de 2014. Desde sus primeras conclusiones, en su primero (septiembre de 2015) y segundo (abril de 2016) informes, los cinco expertos —Carlos Beristain, Ángela Buitrago, Claudia Paz y Paz, Francisco Cox y Alejandro Valencia— ratificaron lo señalado en la serie de reportajes publicados a lo largo de dos años en la revista *Proceso* que forman parte de esta investigación periodística, llegando prácticamente a los mismos hallazgos alcanzados desde un inicio.

El GIEI afirmó categóricamente que el incendio en Cocula jamás pudo haber ocurrido, que no existe ninguna prueba científica que corrobore la versión de la PGR. La única explicación que hay para el absurdo contado por los cuatro albañiles es la tortura sistemática que todos sufrieron previamente a su "confesión".

En abril de 2016, en su último informe el GIEI presentó un video inédito de la visita que el 28 de octubre de 2014 hizo personalmente el director de la Agencia de Investigación Criminal, Tomás Zerón, con Agustín García Reyes, alias *El Chereje*, al río San Juan alrededor del mediodía; en imágenes grabadas por periodistas que se encontraban en la zona, se ve claramente en el río la presencia de unas bolsas de plástico negras que después resultó que serían las mismas donde se encontraron los supuestos restos de los normalistas. El GIEI señaló que dicha diligencia no quedó asentada en el expediente de la PGR y acusó que Zerón contaminó y manipuló las pruebas del río San Juan, quitando confiabilidad al supuesto hallazgo; los padres de los 43 estudiantes desaparecidos lo señalaron de haber sembrado los restos de Alexander Mora en dichas bolsas.

El grupo de expertos de la CIDH afirmó que Agustín García Reyes presentaba claros signos de tortura. El hallazgo del video corrobora la versión dada por la esposa del albañil, quien afirmó que cuando fue llevado al río se le obligó bajo amenazas a grabar un video hablando de hechos que desconocía, ya que afirmaba nunca haber participado en los sucesos de los que se le acusaba.

Como parte de esta investigación se revisó ese aspecto del expediente de la PGR, y la única actuación registrada sobre el hallazgo supuestamente casual de unas bolsas de plástico con restos humanos en el río San Juan está fechada el 29 de octubre, porque fue hasta ese día que se solicitó la intervención del Ministerio Público y del perito para dar fe de la prueba y que esta pudiera ser incluida en la averiguación previa.

Según los documentos de la inspección y fijamiento de pruebas, el hallazgo ocurrió el 29 de octubre de 2014, aunque en la propia acta se deja ver la manipulación de la evidencia; en ella el perito afirma que ese día elementos de la Marina ponen "a la vista de los peritos y del Ministerio Público, actuante, a las orillas del río en su planicie a 3.0 m al noroeste del árbol, una bolsa de material sintético, color negra, el cual es señalado como indicio y/o bolsa 1, la cual se encuentra abierta en una de sus caras, la cual al interior contiene un bolo húmedo con material tipo tierra color café y negro, no identificable a simple vista, en donde la perito de Antropología Forense procede a revisar encontrando en él material de fragmentos de huesos humanos expuestos a fuego directo".

Se afirma que la separación de los huesos y su embalaje se llevaron a cabo del 29 al 30 de octubre ahí mismo, y fue hasta ese momento que inició la cadena de custodia: es decir, que durante todo el 28 de octubre hubo la posibilidad de que dichas bolsas fueran sembradas o manipuladas.

Según quedó asentado en el acta del perito, el personal de la Marina dijo que había encontrado la bolsa al interior del río, adjunto a la ribera; esto es, cuando el perito llegó la bolsa ya había sido movida de su supuesto lugar de origen.

Para dar credibilidad al hallazgo la PGR asentó en los documentos que el Equipo Argentino de Antropología Forense (EAAF) había estado presente en el hallazgo de los restos, pero los argentinos siempre aseguraron que a ellos nunca les constó la forma en que la bolsa fue encontrada. Ya era la segunda vez que su intervención impedía la fabricación de la resolución del caso.

Tres estudios científicos diferentes —un peritaje hecho por el EAAF, otro por un equipo independiente consultado por el GIEI y uno más por expertos de la UNAM— afirman que en el basurero de Cocula no existe ninguna evidencia real de la cremación de los 43 normalistas ni de que haya habido una quemazón de tal magnitud en el lugar.

Los restos identificados de Alexander Mora Venancio que la PGR quería usar para cerrar el caso se convirtieron al final en un elemento que incrimina al gobierno federal. Si nunca hubo tal incendio, si las evidencias del río San Juan fueron claramente alteradas, como lo reconoce el acta del perito de la PGR, ¿cómo obtuvieron entonces las autoridades dichos restos? ¿De dónde?

8

En las mazmorras del gobierno de México

Él no sabe si es de día o de noche. Su cuerpo está boca abajo en el suelo, amarrado de las manos e inmóvil; siente que su rostro roza con una alfombra. Tiene la certeza de que no está en un lugar clandestino sino en oficinas de la PGR, a manos de policías ministeriales federales de la Agencia de Investigación Criminal. Es el 15 de octubre de 2014, y hace unas horas lo detuvieron en un restaurante sobre la carretera México-Toluca, donde se encontraba junto a una mujer y un socio; lo relacionaron con el caso de los 43 estudiantes desaparecidos en Iguala, Guerrero.

Minutos antes, un hombre vestido de traje entró al cuarto donde lo habían atado a una silla, se acercó lentamente y le habló al oído diciéndole que lo enviaba el procurador general de la República, Jesús Murillo Karam, encargado de resolver el caso de los normalistas; añadió que con él podía arreglar las cosas antes de que fuera "demasiado tarde". "Tienes tres minutos para decidir", le advirtió, pero no había nada que decir, no sabía qué había ocurrido la noche del 26 de septiembre en Iguala. En ese momento entró un grupo de siete agentes de la Policía Federal Ministerial con rollos de vendas, piezas de madera y metal como dildos y muchas bolsas de plástico negras, de las que se usan para la basura: "Esta gente va a hacer que manifiestes lo que se te ordene, el procurador me autorizó", dijo el hombre de traje, y mandó que comenzara el infame ritual y no pararan hasta que dijera lo que el gobierno quería. Entonces, con habilidad de verdugos, los policías le vendaron los ojos, lo acostaron boca abajo en el suelo y le ataron las manos con vendas.

Está así tendido y aún no comprende qué le espera; los minutos se hacen eternos, a cada tictac hay un nuevo dolor. Lo voltean boca arriba. Su cuerpo es una marioneta que los agentes manipulan como les place. Uno lo jala de los brazos con dirección a la cabeza para que su espalda toque mejor el piso, otro se sienta sobre su estómago y le pone una bolsa de plástico en la cabeza, mientras otro se sienta sobre sus piernas para inmovilizarlo por completo hasta que pierde el conocimiento. Por unos instantes no tiene más sensación de dolor ni de vida hasta que lo reviven con golpes en el pecho.

"Como quiera te vas a morir", dice uno de los agentes; él pide compasión, pero nadie lo escucha. "Esto apenas es el comienzo", remachan. Lo vuelven a voltear boca abajo y en ese momento le bajan el pantalón y el calzoncillo, le quitan las vendas con las que tiene amarrados los pies y le abren las piernas para echarle agua en los testículos, mientras con una bolsa de plástico lo vuelven a asfixiar; entonces un siniestro objeto de hierro es introducido en su ano y lo desgarra lentamente. El dolor es indescriptible. Lo violan mientras unos lo ahogan con la bolsa de plástico y otros le aplican descargas eléctricas en los testículos, hasta que vuelve a desmayarse.

Lo reviven de nuevo. Como las vendas se han aflojado logra ver a un hombre presionando su pecho; está sentado sobre él, sudando, parece nervioso y agitado. "Este hijo de puta ya revivió", dice uno de los agentes de la PGR. Le ordenan que se levante y se suba los pantalones y él se da cuenta de que está todo mojado y siente un intenso dolor en el ano, en el ombligo y en el pecho, justo en el corazón.

El hombre que ordenó la tortura, el que dijo ser enviado del procurador, le pregunta si ahora va a decir lo que ellos quieren que diga, y responde que sí: "Haré todo lo que ustedes quieran pero no me torturen más, por el amor de Dios". A continuación lo entregan a otros agentes que lo llevan a un nuevo calvario. Le duele cada parte del cuerpo. Cuando lo dejan ir al baño se da cuenta de que sangra por el recto y tiene costras de sangre en medio de las piernas; tiembla y está aterrorizado.

Tras más de 24 horas de tortura física y psicológica, la madrugada del 17 de octubre la PGR obtuvo la firma de una declaración amañada en la que Sidronio Casarrubias Salgado se inculpaba: el gobierno lo acusaba de ser el líder del supuesto cártel Guerreros Unidos y de haber dado el aval para que los 43 estudiantes de Ayotzinapa fueran asesinados y quemados en un basurero en el municipio de Cocula, Guerrero. Según el testimonio firmado tras el brutal tormento, su hermano, Mario Casarrubias Salgado, era el jefe de Guerreros Unidos, al cual pertenecían el alcalde de Iguala, José Luis Abarca; su esposa, María de los Ángeles Pineda Villa, y miembros de la policía municipal de Iguala. El gobierno de México también lo obligó a declarar que en los camiones en que viajaban los estudiantes esa noche iban miembros del grupo criminal Los Rojos, y que Gildardo López Astudillo, *El Gil*, junto con la policía municipal y con el apoyo de Abarca, había atacado los vehículos para impedir que Los Rojos invadieran Iguala.

Su testimonio fue usado para acelerar el desenlace del caso. Durante el juicio de Sidronio Casarrubias se llevaron a cabo los careos con los agentes de la PFM que lo detuvieron. Ante el juez identificó claramente a Gabriel Valle Campos como el policía que abusó sexualmente de él.

Valle Campos ingresó a la desprestigiada y corrupta Policía Judicial Federal en 1993, y ha permanecido ahí pese a los cambios de siglas de la dependencia en los que inútilmente se intenta borrar su negro pasado como AFI y ahora la PFM. Ha estado adscrito en Aguascalientes, Durango, y en 2013 fue transferido a la delegación de la PGR en el Estado de México donde, pese a la gravedad de las acusaciones en su contra, sigue activo al menos hasta mayo de 2016, cuando presentó su última declaración patrimonial.

El caso de Sidronio Casarrubias es tan grave que la Visitaduría General de la PGR abrió una investigación individual sobre el caso de la tortura de la que fue víctima.

Casarrubias no fue el único acusado del caso que sufrió tortura. Está probado que al menos otros 31 detenidos claves sufrieron golpes, asfixia y violencia sexual, como tocamientos, descargas eléctricas en los genitales e incluso penetración, amenazas de violación contra sus familiares y la consumación de algunas de ellas, acciones cuyo propósito era obligarlos a inculparse de los hechos, imputar a otras personas y firmar declaraciones previamente redactadas por la PGR.

De acuerdo con el contenido de la averiguación previa AP/PGR/SDHPDSC/OI/2015 a la cual se tuvo acceso al menos se ha ordenado la aplicación de noventa y cinco pruebas de Protocolo de Estambul contra detenidos acusados de estar involucrados en el caso de los 43 normalistas desaparecidos.

El gobierno de México amañó declaraciones bajo tortura y construyó la llamada "verdad histórica", en la que se afirma que los estudiantes fueron asesinados y quemados simultáneamente en un basurero cercano a Iguala y sus cenizas arrojadas a un río.

Lo cierto es que casi dos años después de la desaparición de los normalistas la PGR no tiene una sola prueba pericial o científica de que los estudiantes fueran calcinados en el basurero. De manera sospechosa, desde el inicio de la investigación la procuraduría ya tenía hecha su conclusión del caso: "[los estudiantes] al parecer fueron quemados hasta su total calcinación, por lo que es posible que si se llegaran a encontrar dichos restos sea imposible identificarlos", se señala en las primeras fojas del expediente obtenido durante esta investigación periodística. Hasta ahora el gobierno de México no ha podido justificar cómo y por qué sabía que los 43 normalistas presuntamente habían sido quemados, y la única prueba pericial de que uno de los estudiantes desaparecidos, Alexander Mora, fue calcinado, habría sido sembrada por la propia PGR en un río cercano al basurero.

La "verdad histórica" ha sido desmentida por esta investigación periodística desde los primeros meses después de los hechos; ha sido desmentida por dictámenes científicos que afirman que los cuerpos de los 43 estudiantes jamás fueron quemados en el basurero, y también ha sido desmentida por la investigación del Grupo Interdisciplinario de Expertos Independientes (GIEI) que la Comisión Interamericana de Derechos Humanos (CIDH) envió a México a petición de los padres de los estudiantes para conocer la verdad. El gobierno del presidente Enrique Peña Nieto no ha mostrado un verdadero interés en resolver el caso, sólo ha señalado culpables para intentar cerrar la supurante herida que ha exhibido ante el mundo el abuso de las fuerzas del orden y el fracaso del aparato mexicano de justicia.

Esta investigación periodística y los procedimientos especiales del GIEI, presentados en abril de 2016, han logrado documentar que al menos 33 detenidos claves, usados por el gobierno para elaborar la "verdad histórica", fueron brutalmente torturados por la administración federal. De acuerdo con los documentos y los testimonios obtenidos, las oficinas públicas fueron convertidas en mazmorras y los marinos, policías federales y policías federales ministeriales actuaron como verdugos. La información sobre la tortura sistemática en el caso, con base en los dictámenes médicos elaborados por la Marina, el Ejército y la PGR, y a partir de testimonios directos, fue revelada como parte de esta investigación periodística en distintos reportajes publicados en la revista *Proceso*, incluyendo los hechos ocurridos a Casarrubias, casos que después fueron abordados por el GIEI y la agencia de noticias AP.[1]

A raíz de estos reportes, las graves violaciones a los derechos humanos comenzaron a ser investigadas por la ONU mediante cuatro relatorías especiales: el Grupo de Trabajo sobre la Detención Arbitraria, el Grupo de Trabajo sobre Desapariciones Forzadas o Involuntarias, la Relatoría Especial sobre la independencia de los magistrados y abogados y la Relatoría Especial sobre la tortura y otros tratos o penas crueles, inhumanos o degradantes, las que en julio de 2015 enviaron una carta al gobierno mexicano para informar del inicio de procedimientos especiales ante las serias acusaciones de "detención arbitraria, tortura y tratos crueles, inhumanos y degradantes" por parte de 12 detenidos del caso Ayotzinapa, entre ellos Marco Antonio Ríos Berber, Raúl Núñez Salgado, Agustín García Reyes, Jonathan Osorio Cortés, Patricio Reyes Landa y Carlos Canto Salgado, todos detenidos y procesados por ser supuestamente miembros de Guerreros Unidos y haber participado en el ataque y la desaparición de los normalistas, y Verónica Bahena Cruz, Santiago Manzón Cedillo, Héctor Aguilar Ávalos, Alejandro Lara García, Edgar Magdaleno Cruz Navarro y Jesús Parra Arroyo, policías municipales de Iguala y Cocula igualmente imputados de haber intervenido en el ataque contra los normalistas y su desaparición.

---

[1] *Proceso* núm. 1989 / diciembre 2014, *Proceso* núm. 2028 / septiembre 2015; *Proceso* núm. 2059 / abril 2016.

Además de los 12 detenidos señalados por la ONU, se recibieron en esta investigación denuncias de otros 10: los policías municipales de Iguala Honorio Antúnez y David Cruz Hernández, y los supuestos miembros de Guerreros Unidos Gildardo López Astudillo, Felipe Rodríguez Salgado, Eury Flores, Luis Alberto José Gaspar, Francisco Javier Lozano, Napoleón Martínez Gaspar, y los hermanos Miguel Ángel y Osvaldo Ríos Sánchez.

En su primer informe, presentado en septiembre de 2015, el GIEI, integrado por los investigadores Carlos Beristain, Ángela Buitrago, Claudia Paz y Paz, Alejandro Valencia y Francisco Cox, informó de que de los 80 detenidos 80% presentaban huellas de maltratos, casos diferentes a los documentados por esta investigación periodística y la de la ONU: Miguel Ángel Landa Bahena, supuesto miembro de Guerreros Unidos, y los policías César Yáñez Castro, Roberto Pedrote Nava, Óscar Veleros Segura, Julio César Mateos Rosales, Alejandro Aceves Rosales, Alberto Aceves Serrano y César Nava González, de Cocula, y Edgar Vieyra y Alejandro Mora Román, de Iguala.

Las 30 víctimas señalan entre sus agresores a policías federales, policías federales ministeriales, militares y marinos, con la presunta complicidad del procurador general de la República, Jesús Murillo Karam; el director de la Agencia de Investigación Criminal, Tomás Zerón, y el titular de la Subprocuraduría Especializada en Investigación de Delincuencia Organizada (SEIDO), Gustavo Salas Chávez. Siendo estos tres los principales responsables de la investigación para localizar a los estudiantes y procesar a los culpables, en vez de hacerlo desviaron la indagatoria, amañaron testimonios e incluso sembraron pruebas falsas.

La desaparición de 43 estudiantes de la Escuela Normal Rural "Raúl Isidro Burgos" en Iguala, Guerrero, el 26 de septiembre de 2014, puso en evidencia de forma descarnada lo que los mexicanos viven a manos del Estado: desapariciones, muerte, corrupción e impunidad, así como el uso sistemático de la tortura como parte de la operación habitual de las fuerzas del orden y de las instancias de investigación criminal para encarcelar a inocentes y proteger a culpables. Los crímenes ocurridos aquella noche han quedado ocultos bajo un pacto de silencio que el gobierno de México no ha querido romper. Los perpetradores callan para protegerse unos a otros y los testigos porque sienten un profundo temor; ese mutismo impide conocer el paradero final de los jóvenes estudiantes.

Aunque en México se han producido más de 25 mil desapariciones injustificables durante los últimos ocho años, la de los 43 estudiantes no es un caso más. La diferencia con los otros casos no es sólo el perfil de las víctimas —jóvenes, pobres entre los más pobres, sólo apoyados por familiares y organizaciones civiles que valientemente se organizaron para luchar por que se conozca la verdad y su paradero— sino que es el único caso de desaparición colectiva en el que hay plena evidencia de que el ataque y el operativo posterior corrieron a cargo del Estado mexicano, ya que participaron el Ejército, la Policía Federal, la policía estatal y algunos elementos de la policía municipal de Iguala en una acción coordinada a través del Centro de Control, Comando, Comunicaciones y Cómputo de Iguala o C4, en el que los militares tenían la mayor jerarquía y controlaban las cámaras de seguridad de la ciudad, de las que los videos más importantes de esa noche fueron editados o borrados.

Conforme han transcurrido los meses, las víctimas de los hechos del 26 y 27 de septiembre de 2014 se han multiplicado: más de 100 estudiantes de Ayotzinapa fueron atacados, de los cuales 43 desaparecieron. Se asesinó a seis civiles: Daniel Solís, Julio César Ramírez, Julio César Mondragón, Blanca Montiel, David Josué García y Víctor Manuel Lugo, normalistas los tres primeros. Asimismo fue atacado a tiros el autobús en el que viajaba el equipo de futbol Avispones, que fue confundido con uno de los tomados por los normalistas; más de 20 personas resultaron heridas de bala. Y ahí no acaba el asunto: hay decenas de detenidos, acusados sin pruebas de un crimen que afirman no haber cometido, las víctimas menos visibles hasta ahora.

Los espantosos relatos de los prisioneros en las mazmorras del gobierno de México son una brutal prueba universal de que cuando las fuerzas del orden están entrenadas para infligir dolo en cada centímetro del cuerpo son peores que las hienas sobre su presa.

Los sobornos del procurador

Minutos después de ser violado y torturado, Sidronio Casarrubias fue conducido ante el jefe de la Agencia de Investigación Criminal, Tomás Zerón, que se hallaba en las mismas oficinas; éste lo llevó ante la mujer con quien supuestamente se encontraba cuando los detuvieron a ambos en un restaurante varias horas atrás. En su presencia le ordenó que estableciera un diálogo con ella. La mujer se llamaba Dulce y no era la persona que lo acompañaba cuando fue detenido: temblando y muerta de miedo, le dijo llorando que la habían torturado. Nunca más volvió a verla, y se desconoce su paradero.

Ante Zerón, los policías que torturaron a Casarrubias lo amenazaron para que no denunciara lo que le habían hecho: "Si no, ya sabes lo que te podemos hacer a ti y a tu familia; recuerda a tus hijos, a tu esposa y a tus padres".

Ya en las oficinas de la SEIDO, la madrugada del 17 de octubre el agente del Ministerio Público redactó su declaración. "Tú nomás la vas a firmar y a poner tu huella", le dijo. El mismo día que la PGR habría amañado la declaración de Casarrubias, el procurador Murillo Karam y Zerón dieron una conferencia de prensa en la que anunciaron su captura: "Ayudará a resolver el caso de la muerte de seis personas en Iguala y la posterior desaparición de 43 estudiantes de la Escuela Normal Rural de Ayotzinapa", afirmó el procurador.

Días después Sidronio Casarrubias fue encarcelado en el Centro Federal de Readaptación Social número 1, un penal de máxima seguridad conocido como El Altiplano; sus heridas aún no habían sanado y su infierno tampoco había finalizado. Durante los primeros 30 días de prisión lo visitaron en tres ocasiones funcionarios de la PGR para presionarlo y obligarlo a ratificar ante el juez la confesión que firmara bajo tortura; una de esas visitas fue la de Murillo Karam.

—Soy el procurador general de la República Murillo Karam —le dijo una vez reunidos en una oficina de la prisión mientras fumaba, nervioso—. Sé que fuiste torturado y quiero que me digas si puedes reconocer por medio de la voz a las personas que te torturaron, porque los que te hicieron eso son asimismo unos criminales. ¿También fuiste violado? —le preguntó el funcionario.

—Sí —respondió Casarrubias.

En ese momento el procurador le ofreció a Casarrubias 66 millones de pesos para que dijera dónde estaban los estudiantes, pero reiteró que no sabía nada.

—Te voy a refundir 80 años en una celda solo, nunca vas a salir de la cárcel; sé que no eres culpable de los hechos… Por lo visto no te quieres ayudar; sé que no tienes dinero y necesitarás los mejores abogados que haya, pero al parecer no vas a conseguir ninguno —dijo el procurador y se retiró molesto.

El 25 de febrero de 2015 Sidronio Casarrubias denunció ante el juez el intento de soborno del procurador general; de repente, el día 27 Enrique Peña Nieto destituyó del cargo a Murillo Karam.

El mismo 25 de febrero la ONU envió al gobierno de México una carta firmada por cinco de sus relatores en la que hacían constar las alegaciones de "detención arbitraria, tortura y restricción del derecho" por parte de Sidronio Casarrubias, y señalaban: "Quisiéramos expresar nuestra seria preocupación acerca de la detención, la tortura, incluida la sexual, y la restricción al derecho de defensa sufrido por el señor Casarrubias Salgado"; los firmantes eran Mads Andenas, presidente-relator del Grupo de Trabajo sobre la Detención Arbitraria; Ariel Dulitzky, presidente-relator de Grupo de Trabajo sobre Desapariciones Forzadas o Involuntarias; Gabriela Knaul, relatora especial sobre la independencia de magistrados y abogados; Christof Heyns, relator especial sobre las ejecuciones extrajudiciales, sumarias y arbitrarias, y Juan E. Méndez, relator especial sobre la tortura y otros tratos y penas crueles, inhumanos o degradantes. "También expresamos seria preocupación en relación con las alegaciones según las cuales la tortura y los malos tratos tuvieron el propósito de extraer confesiones forzadas y amañadas. Tememos que el uso de estos métodos podría no ser un caso aislado, y que la investigación del caso de la desaparición de los 43 estudiantes de Iguala podría estar también basada en informaciones recabadas por medio de actos de tortura", añadían.

Confesiones bajo tortura inconexas y absurdas

Marco Antonio Ríos Berber, Martín Alejandro Macedo Barrera, Luis Alberto José Gaspar y Honorio Antúnez fueron detenidos el 3 y 4 de octubre de 2014 por policías ministeriales de Guerrero en un operativo conjunto con la Policía Federal y el Ejército, implementado en Iguala a consecuencia de los hechos del 26 y 27 de septiembre (ver capítulo "Fabricando culpables"). De acuerdo con el parte policial, todos fueron capturados mientras caminaban por la calle; fueron los primeros supuestos miembros de Guerreros Unidos en ser arrestados.

Ríos Berber y Macedo Barrera habrían declarado bajo tortura que participaron en el ataque contra los estudiantes. Macedo Barrera dijo que unos murieron en la balacera en Iguala y a otros se los llevaron a una casa de seguridad en Loma de los Coyotes, donde dijo que los mataron. Ríos Berber dijo que la policía municipal de Iguala trasladó a 20 estudiantes a la comandancia, y que otros fueron asesinados en un cerro de Pueblo Viejo.

Ríos Berber contó a los representantes de la ONU cómo fue detenido sin orden de aprehensión y conducido a la procuraduría en Chilpancingo; allí fue amenazado, desnudado, y "[en] varios momentos, los actos de tortura lo habrían casi llevado a la asfixia". Al día siguiente fue trasladado a la SEIDO, donde firmó su declaración bajo amenaza.

Estaba sentado en la banqueta

Luis Alberto José Gaspar tenía 18 años cuando fue arrestado; declaró que era ayudante de albañil y que de él dependían económicamente su esposa, un hijo y dos hermanos a quienes les pagaba la comida, el techo y los estudios. Señaló que cuando fue detenido en Iguala el 2 de octubre de 2014 estaba sentado en la banqueta frente a una escuela: "En relación a los hechos que me imputan yo no tengo nada que ver en eso de lo que me están acusando, soy un hombre de bien, de trabajo, soy inocente de lo que me acusan", dijo desesperado ante el juez en audiencia el 25 de noviembre de 2014. Contó que lo detuvieron seis carros de la policía ministerial, quienes le dijeron que lo veían "sospechoso" y lo subieron a una de las unidades. Le preguntaron dónde estaba el 26 de septiembre y respondió que en su casa, entonces comenzó la golpiza y le pusieron una bolsa en la cabeza para asfixiarlo; sus torturadores le dijeron que era miembro de Guerreros Unidos, aunque él les dijo que no pertenecía a ninguna organización y que tenía pruebas para demostrar que era albañil. "No nos importan tus pruebas", le respondieron y lo llevaron a la procuraduría en Chilpancingo para que prestara declaración.

"En la madrugada me sacaron, me vendaron los ojos y me llevaron a un lugar solitario; después me encueraron, me amarraron con una venda, luego me pusieron cinta en la cabeza y me amenazaron para que dijera qué era lo que sabía de los estudiantes; yo les dije que cómo les iba a decir si no sabía nada de los estudiantes, y ellos me dijeron que cómo no iba a saber nada si era de Iguala. Después me echaron agua en la cabeza durante cuatro horas y me golpearon en las costillas y en la cabeza." Cuando lo llevaron para prestar declaración, contó la forma en que lo habían capturado, pero ignoraron su relato y le ordenaron firmar una declaración que no dejaron que una abogada leyera antes de signarla. En un principio se negó, pero los policías lo amenazaron con que si no firmaba lo llevarían de nuevo al lugar donde lo habían golpeado. "Yo por miedo firmé los papeles", le dijo al juez.

Al día siguiente por la noche lo llevaron en un avión a la Ciudad de México; ya en la SEIDO, le dijeron que debía declarar y se negó, pues no sabía siquiera de qué lo acusaban.

CÓMO CAVAR TU PROPIA TUMBA

El 8 de octubre policías federales ministeriales detuvieron en Cuernavaca, Morelos, a los hermanos Miguel Ángel y Osvaldo Ríos Sánchez, también por supuesta actitud sospechosa. Según los policías, llevaban armas y drogas, y tras ser informados de sus derechos declararon inmediatamente ser miembros de Guerreros Unidos, vender droga y que sabían que los normalistas habían sido asesinados y enterrados en el paraje La Parota, ubicado en las inmediaciones de Iguala.

Debido a supuestos fallos mecánicos en los vehículos, fueron conducidos ante la PGR en la Ciudad de México el 9 de octubre, antes del amanecer; Miguel Ángel presentaba más de 10 lesiones y Osvaldo 14. A las 6:30 de la mañana ambos fueron trasladados en helicóptero por elementos de la Marina a la carretera federal Iguala-Teloloapan, y en vehículos militares llegaron al paraje desierto llamado La Parota.

Viridiana Ramírez, esposa de Miguel Ángel, afirmó que su esposo y su cuñado fueron golpeados y torturados por los policías durante varias horas; mientras los trasladaban en el helicóptero de la Marina, le dijeron a su esposo que los iban a aventar, que nadie se daría cuenta, y le ordenaron que se declarara culpable de la desaparición y muerte de los estudiantes.

Su esposo le contó que cuando llegaron a La Parota los marinos los obligaron a cavar una fosa y les dijeron que se quedarían allí: "Querían que firmáramos una declaración que ya llevaban hecha", dijo Osvaldo, lo echaron a la fosa que le hicieron cavar y le dispararon causándole un rozón en el oído, y cuando intentó levantarse le dispararon cerca de la mano. El suplicio continuó al ponerles una bolsa de plástico en la cabeza y aplicarles descargas eléctricas; al final firmaron la declaración.

De forma inquietante, integrantes de la Unión de Pueblos y Organizaciones del Estado de Guerrero encontraron el 23 de octubre nueve fosas clandestinas en la zona de La Parota con restos recientes de carne, sangre y zapatos, mochilas y lápices.

Lo amarraron al sillón del dentista

Honorio Antúnez era policía municipal de Iguala; durante veinte años estuvo en el Ejército, y tras jubilarse entró a trabajar a la policía local. El 26 de septiembre de 2014 no laboró porque estaba en un curso de capacitación; el 3 de octubre se presentó a pase de lista y en ese momento llegó un operativo de la Policía Federal Ministerial y de la policía ministerial de la Fiscalía General del Estado quienes se lo llevaron detenido. "Tú eres policía municipal, ya te cargó tu chingada madre", le dijeron los policías federales. Lo subieron a un vehículo blanco y lo trasladaron a un lugar donde estaban estacionadas varias unidades, entre ellas un camión tipo torton donde se leía "UNIDAD MÉDICA MÓVIL DENTAL". Aunque participó la PFM sólo hay registro de los policías de Guerrero Fidel Rosas Serrano, Alfonso Casarreal Morales y Rodolfo Peralta Millán. Antúnez dice que entonces llegaron dos personas que había visto en el cuartel de la policía estatal el 27 de septiembre, uno de ellos el procurador general de Guerrero, Iñaki Blanco. A continuación lo interrogaron sobre el alcalde José Luis Abarca y su esposa, y le preguntaron dónde se encontraban los normalistas desaparecidos; respondió que no lo sabía. "¡Tú sabes dónde los enterraron!", le gritaron entre insultos. Los policías federales lo metieron esposado a la unidad médica dental y lo sentaron en el sillón de los pacientes, lo amarraron y lo torturaron. Le decían que debía revelar dónde estaban enterrados los normalistas. "Nadie sabe que estás aquí, si te mueres en plena tortura no hay problema", le dijeron. "Después de colocarme las bolsas de plástico en la cabeza me colocaron un trapo en la cara, cubriéndome los ojos, la nariz y la boca, y empezaron a echarme agua en la cara para que me tragara el agua por la nariz y por la boca; también me golpeaban en el estómago", narró al juez durante la primera audiencia de su proceso judicial.

Más tarde los policías federales ministeriales lo sacaron de allí y lo entregaron a policías de la Gendarmería Federal en la carretera hacia Chilpancingo, en el cruce de Rancho del Cura. "En dirección a Tepecoacuilco se orillaron hacia debajo de la carretera en la maleza; allí empezó otra tortura, golpeándome en el estómago y preguntándome por los muchachos normalistas." Luego lo llevaron a Chilpancingo.

Esa noche prestó declaración. Le empezaron a decir nombres de policías municipales; "como no les dije nada y no contesté a las preguntas que me hacían, me llevaron a otra oficina y me enseñaron fotografías". Afirmó que le mostraron fotos de compañeros que sólo conocía de vista; le preguntaron si eran de Guerreros Unidos y él dijo que no lo sabía. "No ratifico la declaración que me hicieron firmar en Chilpancingo, no la ratifico porque fue por medio de tortura", afirmó ante el juez.

La declaración de Honorio Antúnez, amañada y firmada bajo amenazas, fue usada por la PGR para detener a más de 20 policías municipales de Iguala y Cocula, a quienes se acusa de haber atacado y desaparecer a los estudiantes.

GRITOS EN LAS MAZMORRAS

La Policía Federal Ministerial le venda los ojos, la meten en una oficina y la sujetan a una silla, donde la amenazan con quitarle su casa y violar a sus familiares; la golpean en las costillas, la patean en las piernas y le aplican descargas eléctricas. Debido al miedo, Verónica Bahena, policía municipal de Iguala, se orina en la ropa y los policías que la torturan aprovechan para humillarla e insultarla. Sus gritos hacen coro con los de otros 10 policías que junto con ella fueron detenidos el 14 de octubre de 2014 en un campo militar cuando realizaba un entrenamiento.

De acuerdo con los testimonios recabados entre familiares de los policías, la tortura ocurrió en las oficinas de la PGR y la infligieron hombres corpulentos vestidos de negro y encapuchados para no ser reconocidos. Durante el maltrato físico les preguntaban por los estudiantes desaparecidos y Guerreros Unidos, en una mecánica similar con cada policía: "¿Por qué los mataste?", un golpe; "¿Por qué se los llevaron?", y seguían golpeándolos de nuevo hasta dejarlos en el suelo, algunos semiinconscientes.

Sue Martínez está casada con el policía Héctor Ávalos desde hace 13 años y viven desde entonces en una casa de cartón y lámina en un suburbio popular de Iguala; su esposo había sido antes militar, no le gustaba pero era la única forma de salir adelante en su pueblo y mantener a su familia. Afirmó que su esposo estaba franco el 26 de septiembre; de acuerdo con el documento oficial de la fatiga de labores, efectivamente estaba de descanso. Era chofer de una patrulla.

Estuvo todo el día en su casa cuando ocurrió el ataque y la desaparición de los estudiantes, y como el 27 era el cumpleaños de su hijo, lo llevó a comer a McDonald's; alrededor de las 20:40 se fueron a casa y ya no salieron de allí hasta la mañana siguiente.

Después de su arresto pasaron cuatro largos días hasta que Sue pudo volver a verlo en una cárcel en el estado de Nayarit. "Cuando vi a mi esposo, estaba tan desesperado que sentí que se iba a morir ahí de lo fuerte que lo habían golpeado", dijo, y añadió que él se había desmayado dos veces a causa de los golpes propinados en la PGR y que luego lo despertaron a patadas. Narró llorando que tras la golpiza en las oficinas sacaron a su esposo y los demás a un pasillo y los dejaron allí: "Querían que se autoinculparan. Les preguntaban dónde estaban los estudiantes". Señaló que su esposo les decía que no sabía nada porque ese día no había trabajado. "Debes inculparte", le ordenaron.

Laura Martínez, esposa de Alejandro Lara, afirmó que su esposo también estaba de descanso y que el día 26 estuvieron juntos todo el día: "A dondequiera que yo fuera él me acompañaba, en su día de descanso siempre andaba conmigo y yo siempre andaba con él". Señaló que ese día fueron a pagar el abono de una cadenita de oro que empeñaron porque no tenían dinero y a las 21:00 (cerca de la hora del ataque a los estudiantes) estaban en un entrenamiento de basquetbol de su hija, lejos del centro; afirmó que él había reunido varias cartas de buena conducta porque nunca tuvo problemas con nadie y que las personas que estuvieron en el entrenamiento fueron a declarar para corroborar que lo habían visto.

Después de su detención pasaron muchos días hasta que pudo verlo; cuando se encontraron, Alejandro rompió en llanto, apenas podía hablar y le contó los horrores vividos, entre ellos golpes cada vez más fuertes en todo el cuerpo, en particular en el abdomen, descargas eléctricas y sofocamiento con bolsa de plástico. "Este episodio de violencia habría durado alrededor de cuatro horas, durante las cuales el señor Lara habría escuchado cómo otras personas detenidas junto a él también estaban siendo torturadas", señalaron los relatores de la ONU en la carta referida del 10 de julio de 2015. De hecho, Lara fue uno de los primeros que decidieron denunciar la tortura ante la

Comisión Nacional de los Derechos Humanos "contra los policías federales que nos detuvieron, nos golpearon y querían a la fuerza que dijéramos dónde estaban los cuerpos".

De los 10 policías detenidos, ocho presentaron en los dictámenes médicos lesiones múltiples, muchas de ellas a la altura de la pelvis y en los muslos, que mostraban las quemaduras de descargas eléctricas. Cuando Verónica Bahena fue evaluada, tenía al menos cinco golpes; de acuerdo con los testimonios de sus compañeros, durante varios días tuvo una severa hemorragia uterina.

"VAMOS A VIOLAR A TUS HIJAS"

El 27 de octubre de 2014 detuvieron a Patricio Reyes Landa y Jonathan Osorio Cortés en Apetlanca. La operación corrió a cargo de los policías federales Jesús Emanuel Álvarez Alvarado, José de Jesús Palafox Mora y Jorge Edmundo Samperio Rodríguez. A Reyes Landa lo golpearon y le abrieron la cabeza con un arma. En vez de presentarlos de inmediato ante una autoridad judicial, los transportaron en helicóptero junto con Agustín García Reyes, a quien ese mismo día detuvieron en Cocula los marinos Vidal Vázquez Mendoza y Jazmín Edith García Martínez. Los trasladaron a instalaciones oficiales.

En una carta escrita de su puño y letra para este reporte, y en un testimonio ofrecido a Naciones Unidas, Patricia Reyes Landa afirmó que permaneció sentado en el suelo en el interior de las instalaciones militares durante mucho tiempo, escuchando los gritos de dolor de los otros hasta que le llegó su turno. "Vinieron dos personas vestidas de marinos y me metieron en un cuarto; empezaron a atarme las manos con una venda hacia atrás y me amarraron los pies, [...] luego comenzaron a aplicarme descargas eléctricas en los testículos, en el ano y en la boca, [...] también me ponían una bolsa en la cara hasta el punto de no poder respirar, y en cuanto perdía el conocimiento me golpeaban en el pecho y el estómago; así estuvieron unas tres horas, mientras me decían todo lo que tenía que decir", contó Patricio en su descarnada carta. Durante la tortura le mostraron varias fotos de su familia para aumentar su terror: "Me dijeron que tenía que cooperar con ellos, y que si no lo hacía iban a matar a mi esposa y a mis dos niñas, pero que antes de matarlas las violarían, que les meterían el lado del cañón por el ano y que a mi esposa la iban a violar entre todos, [...] que de todos modos yo era un muerto de hambre".

De acuerdo con el análisis de las lesiones que le fueron infligidas, realizado durante la investigación del GIEI, se determinó que tenía al menos setenta: la misma suerte habrían corrido Jonathan y Agustín.

"A Jonathan le ataron las manos y lo asfixiaban con una bolsa de plástico, y perdió el sentido unas tres veces; le echaron agua fría y hielo para despertarlo. También le aplicaron descargas eléctricas en los testículos y el recto", dijo en entrevista la señora Estela, madre del joven de veinte años que fue arrestado junto con Patricio, ya que ambos trabajaban como albañiles en Apetlanca. Estela señaló los mismos sitios que refirió la familia de Patricio. "A él le salieron hasta costras en sus testículos, al otro muchacho incluso le pusieron la pistola dentro de la boca", dijo con la voz entrecortada.

Jonathan estudió hasta la secundaria porque no había dinero para más; trabajaba de ayudante de albañil y taquero en la Ciudad de México, donde tiene familiares. Su madre contó que cuando no había trabajo limpiaba maíz o ponía fertilizante. Iba y venía de la Ciudad de México por temporadas; no tenía coche, moto ni bicicleta. "Cuando los arrestaron los vendaron y los torturaron; oyó que estaban como escarbando y les dijeron que eso era una bolsa que les iban a sembrar a ellos [...] Me duele mucho...", señaló. Su hijo también le reveló que cuando los trasladaron en helicóptero les decían que si aventaban a uno nadie se enteraría. En el helicóptero, uno de los marinos dijo con sorna: "Con estos pendejos vamos a tapar el caso".

La madre de Jonathan comentó que a él también le ofrecieron dinero para que se inculpara e incluso a los amigos y los contactos que tenía en su cuenta de Facebook. "Decía que no iba a hacer eso, que ya era suficiente lo que les estaban haciendo a ellos." Miembros de la PGR lo llevaron al basurero para que supuestamente les mostrara cómo habían matado a los estudiantes, pero lo que ocurrió allí es que las autoridades le dijeron cómo escenificar los hechos e incluso le marcaron los puntos por donde debía caminar; la farsa fue grabada en video sin que él lo supiera, según dijo a los representantes de la ONU. El procurador Murillo Karam mostró ese video el 7 de noviembre de 2014 y afirmó que gracias a las "confesiones" de Jonathan se había aclarado la muerte y posterior calcinación de los normalistas. De acuerdo con el análisis hecho por el GIEI, Jonathan sufrió al menos 94 lesiones.

Para Agustín García Reyes, de 23 años, las cosas no fueron mejores: lo detuvieron el 26 de octubre de 2014, pero fue presentado ante el Ministerio Público al día siguiente. También refirió a los representantes de la ONU haber sido torturado por la Marina en instalaciones militares y que luego lo volvieron a torturar en la PGR. "Estos mismos efectivos le habrían obligado a memorizar ciertos datos y nombres para posteriormente incluirlos en su confesión ante el Ministerio Público", afirma la carta enviada por los relatores de la ONU al gobierno de México el 10 de julio de 2015. "En días posteriores, personal de la Procuraduría General de la República lo habría llevado hasta el basurero de Cocula para que escenificara cómo habrían sido los hechos y varias personas le habrían coaccionado, y en parte indicado, qué tenía que decir", añade. El 27 de octubre fue conducido a las inmediaciones del río San Juan y obligado a mostrar dónde se habían supuestamente arrojado las cenizas; el 24 de abril de 2016 el GIEI denunció que ese día el propio Tomás Zerón, titular de la Agencia de Investigación Criminal, llevó a García Reyes a hacer el montaje y su personal habría sembrado una bolsa de plástico negra que contenía restos de Alexander Mora —el único estudiante desaparecido que se sabe está muerto gracias a dicha evidencia—, alterando de ese modo toda la investigación.

En una entrevista con la esposa de Agustín, dijo que su marido le contó que en la visita al río —grabada por la PGR en el lugar, donde se supone que él mostró dónde arrojaron las bolsas con cenizas— fue guiado por los propios funcionarios respecto hacia dónde tenía que caminar y qué debía hacer. En la investigación del GIEI se afirma que el cuerpo de Agustín presentaba al menos cuarenta heridas. El 10 de junio de 2015 la Subprocuraduría Especializada en Investigación de Delitos Federales inició una indagatoria contra los federales que detuvieron a Osorio Cortés y Reyes Landa, y contra los marinos que arrestaron a García Reyes.

Felipe Rodríguez Salgado, de 25 años, a quien la PGR señala como jefe directo de Patricio, Jonathan y Agustín, fue detenido la tarde del 15 de enero de 2015 en Cocula, aunque la Policía Federal dijo haberlo capturado en Morelos. Trabajaba como albañil con el padre de su esposa, que es maestra. Ella afirmó que la noche del 26 de septiembre estuvieron juntos con otros familiares, por lo que es imposible que participara en los hechos de los que lo acusa la PGR. También fue torturado para obligarlo a firmar una confesión amañada; su cuerpo presentaba al menos 64 lesiones. En una carta denunció que días después de haber sido detenido, Tomás Zerón fue al penal federal de Nayarit donde se encuentra preso: "Quería que me autoinculpara de la desaparición de los estudiantes, que le firmara unos documentos y señalara a gente que ni conozco; quería que dijera que ellos eran mis patrones y que eran los que me pagaban, un tal Sidronio y el ex presidente de Iguala. A cambio le daría dinero a mi familia y le compraría una casa. [...] Dijo que a mí me echarían ocho años de cárcel". Afirmó que el 18 de febrero el funcionario volvió a visitarlo en la prisión para insistir en su oferta. Al negarse de nuevo, le advirtió: "Dejas ir una gran oportunidad, y cuidadito, no le cuentes a nadie esta conversación porque te puede ir muy mal y también a tu familia". En la misiva, Felipe responsabiliza al ahora ex director de la Agencia de Investigación Criminal de lo que le pueda pasar a él y a su familia.

Todos los detenidos firmaron declaraciones en las que afirman que mataron a los 43 normalistas simultáneamente en un basurero, que los quemaron allí mismo hasta convertirlos en cenizas y después arrojaron sus restos en una bolsa de basura a un río; aunque se supone que estuvieron en la misma escena del crimen, sus declaraciones son contradictorias entre sí e incluso lo que dice uno hace imposible que haya ocurrido lo que dice el otro. Difieren en las horas en que se supone ocurrieron los hechos, cómo y quiénes les entregaron a los normalistas, y en cómo mataron y supuestamente quemaron sus cuerpos.

Durante los dos últimos años Amnistía Internacional y Juan Méndez, relator especial de la ONU sobre la tortura y otros tratos o penas crueles, han elaborado reportes que denuncian la práctica sistemática y generalizada de la tortura en las instituciones mexicanas de seguridad pública y militares como medio para obtener confesiones falsas. En México, muchas instalaciones del Ejército y la Marina, la PGR, la Policía Federal y las estatales y municipales se han convertido en réplicas de prisiones como Abu Ghraib y Guantánamo, cuyos tratos crueles e inhumanos sacudieron al mundo, pero da la impresión de que el grito de las víctimas en México aún no es lo suficiente desgarrador para ser oído por la comunidad internacional.

Los propósitos de la tortura siempre son perversos, pero en el caso relacionado con la investigación sobre los 43 estudiantes desaparecidos alcanzaron un grado mayor. El gobierno de México se centró en detener personas y obtener confesiones falsas para cerrar el expediente y a la par evitó investigar los testimonios, videos y elementos periciales.

Hasta el cierre de esta investigación la PGR había tenido que someter a investigación a decenas funcionarios públicos responsables de las torturas perpetradas contra detenidos y acusados de haber atacado, desaparecido y supuestamente asesinado a los 43 normalistas. La mayoría de los funcionarios investigados son de la Secretaría de Marina. En septiembre de 2015 una indagación interna de la PGR determinó responsabilidad de al menos 19 de esos funcionarios, el resto sigue bajo examen. Ninguno ha sido sancionado. (Véase la lista completa al final del libro.)

9
Las horas del exterminio

Fernando Marín está afuera del camión de pasajeros Estrella de Oro 1568 bañado en su propia sangre, sometido en el suelo como sus otros compañeros de la Escuela Normal Rural "Raúl Isidro Burgos". El balazo que le dieron minutos antes casi le destroza el antebrazo derecho y los tendones reventados son tiritas blancas que salen de su cuerpo; la herida aún está caliente y todavía no duele tanto. Respira agitadamente, a sus 20 años de edad no le cabe la menor duda de que esa noche va a morir.

Pasan de las 22:40 del 26 de septiembre de 2014 y la calle Juan N. Álvarez, en Iguala, Guerrero, está desierta aunque se localiza a unos metros del centro de la ciudad. Comerciantes y clientes están apertrechados detrás de las cortinas metálicas de sus negocios, que cerraron en cuanto comenzó la balacera; los que pueden, corren hacia otras calles.

Los vecinos, entre ancianos, adultos y niños, están aterrorizados, tirados pecho a tierra dentro de sus propias casas; tiemblan y les parece que en vez de ladrillo las paredes son de papel. Las mismas balas que atacan a los estudiantes pueden atravesar los muros y herirlos también a ellos. Algunos, en la oscuridad detrás de las ventanas, se atreven a asomarse de vez en vez. Lo que ven es la peor pesadilla.

"¿Sabes qué? ¡Te vas a la chingada!", espeta un policía estatal a Marín en un tono que parece más un ladrido que un grito. "¡Mátalo de una vez, porque ése está herido, ya mátalo de una vez!", lo alienta otro de los policías presentes. En ese momento Fernando, a quien sus compañeros apodan *Carrillas*, siente el metal frío del arma en la sien justo arriba de la oreja izquierda: sí, esa noche lo van a matar, se repite a sí mismo.

Policías estatales, municipales y civiles armados tienen acorralados en la esquina de Juan N. Álvarez y Periférico Norte a tres camiones en los que viajan estudiantes de la Normal de Ayotzinapa; unas cuadras atrás, la Policía Federal desvía hacia otras calles el tránsito y a los curiosos. Quieren hacer la operación sin testigos, pero los hay.

Como si fuera obra de un milagro, el policía quita el arma de la cabeza de *Carrillas* y se hace a un lado; en vez de disparar llama a una ambulancia para que vengan a recoger al estudiante herido. Los rescatistas no quieren acercarse porque tienen miedo de que los normalistas estén armados al otro extremo de la calle y vayan a disparar.

"¿Cómo les van a disparar mis compañeros si no tenemos armas, no tenemos nada?", piensa *Carrillas* pero no pronuncia palabra, el miedo lo consume. Los segundos palpitan en su pecho, en su antebrazo destrozado y su cabeza.

La cuenta regresiva comenzó a las 13:00 de ese 26 de septiembre.

CARRILLAS

Fernando Marín ingresó el 25 de julio de 2013 a la Escuela Normal Rural "Raúl Isidro Burgos", como habían hecho sus primos y hermanos. Como todos, hizo su "semana de adaptación", que consiste en que los compañeros más grandes les creen conciencia política, social, y al trabajo colectivo. En su mayoría hijos de campesinos, los llevan a chaponear al campo, a cuidar los puercos que crían en las instalaciones de la Normal y a trabajar en las parcelas de los vecinos, a quienes coloquialmente llaman "tíos"; después los adoctrinan en la historia de lucha de la Normal y hacen tareas de boteo para recaudar fondos para la Normal.

"La Normal ha tenido muchísimos problemas con el gobierno, en la escuela nos enseñan que tenemos que estar en pie de lucha todo el tiempo, desde primero hasta cuarto grado", explica en una entrevista llevada a cabo a mediados de 2015, la única que ha dado.

"Nos quieren tener sumisos, menos preparados; siempre a los hijos de campesinos nos quieren tener sumisos, no quieren que salgamos adelante."

Fernando tiene clara una cosa sobre el ataque que él y sus compañeros sufrieron esa noche: "¿Por qué nosotros? Porque de aquí ha salido gente de buenos ideales, gente que le dice las verdades al gobierno… Gente como Lucio Cabañas, como Genaro Vázquez, gente como el *Che* Guevara, como nuestro jefe, Raúl Isidro Burgos… Gente que se va a la guerrilla, que tiene ese ideal. Por eso no quiere el gobierno que salga más gente de aquí, esta escuela es grandísima, es más grande de lo que el gobierno se imagina…"

Después del primer año en la Normal, por sus cualidades Fernando fue electo por los estudiantes de base de la Normal para ser encargado del Comité de Orden y Disciplina. "Mi trabajo consistía en tener todo en orden en la Escuela Normal Rural 'Raúl Isidro Burgos' de Ayotzinapa, que mis compañeros no tomaran bebidas alcohólicas y que tuvieran una buena disciplina desde el primer año hasta el cuarto."

Ahí se hizo muy amigo de Bernardo Flores Alcaraz, *Cochiloco*, quien fue electo secretario de Lucha. Eran muy amigos, inseparables, hasta esa noche en Iguala.

Esa mañana de viernes Fernando se despertó a las nueve, fue a Chilpancingo, donde estuvo paseando, y después regresó a la Normal; fue a su cubículo dentro de la escuela, en el área conocida como "La Gloria", luego fue a las modestas canchas techadas de la escuela y ahí se encontró a *Cochiloco*.

13:00. El Ejército en Chilpancingo. El preludio

Con el tiempo encima para reunir todos los autobuses que se necesitaban y usarlos en la protesta anual por la masacre de estudiantes ocurrida la noche del 2 de octubre en Tlatelolco, *Cochiloco* salió al mediodía de Ayotzinapa con un grupo de compañeros hacia la central de autobuses de Chilpancingo para secuestrar algunos: jamás hubiera imaginado que esa noche en Iguala los masacrados serían ellos.

Aún les faltaba reunir 12 camiones, y mientras *Carrillas* había salido a pasear, su amigo Bernardo intentó una nueva incursión a Chilpancingo. En los días anteriores apenas habían logrado capturar ocho autobuses y requerían tener veinte a más tardar a fines de septiembre para que alumnos de otras normales rurales se concentraran en Ayotzinapa y viajaran juntos a la Ciudad de México para la tradicional protesta; *Cochiloco* estaba resuelto a conseguirlos a como diera lugar.

La empresa camionera Estrella de Oro, S. A. de C.V., interpuso el 25 de septiembre la denuncia BRA/SC/06/2630/2014 ante la Fiscalía General del Estado en Chilpancingo por el robo de siete de sus camiones en los días anteriores, entre ellos los autobuses números 1568 y 1531 que a toda costa la policía estatal de Guerrero y la Policía Federal intentaron impedir que se llevaran, pero Bernardo y otros estudiantes habían logrado burlarlos. "Es importante referir que esta actividad de que las unidades de la empresa Estrella de Oro, S. de C.V., fueran robadas por los estudiantes de la Escuela Normal Rural de Ayotzinapa, Guerrero, es un hecho que ha ocurrido desde hace más de siete años, por lo que de manera puntual se han presentado las correspondientes denuncias de hechos sin que hasta el momento tengamos conocimiento que se hubiere ejercido acción penal en contra de persona alguna", declaró ante la PGR el representante legal de la empresa el 28 de octubre de 2014, pero esta información hasta ahora era desconocida.

Con un grupo de estudiantes Bernardo intentó tomar más camiones en la Central de Autobuses de Chilpancingo, pero para su sorpresa, cuando llegaron toda la estación estaba rodeada por unidades de la policía estatal de Guerrero y del Ejército Mexicano, cuyos elementos iban uniformados y equipados con armas de grueso calibre, según se pudo constatar en fotografías de esos hechos obtenidas durante esta investigación. Pero la PGR y la Sedena han ocultado esta información, y el GIEI tampoco lo consignó en sus reportes.

La presencia del Ejército en la central era algo inusual, narraron testigos de los hechos en entrevistas: nunca antes había hecho un despliegue de fuerza para impedir el robo de autobuses. Era evidente el estado de alerta, de coordinación y de confrontación previo a las horas de violencia en Iguala: los aires de animadversión de las autoridades estatales y federales hacia los normalistas de Ayotzinapa estaban ya desde esa hora en su punto máximo.

"La sola presencia de elementos de las fuerzas estatales policiacas y elementos del Ejército federal disuadió a un grupo de estudiantes de la Escuela Normal Rural 'Raúl Isidro Burgos' de Ayotzinapa en su enésima intentona de robar autobuses en la entrada de la Central Camionera de esta capital", informó el 27 de septiembre el periódico *El Diario de Guerrero* en su edición impresa.

Según el diario, los estudiantes ya estaban a punto de abordar otro camión Estrella de Oro cuando llegaron al lugar policías estatales y militares; de acuerdo con la misma información, los normalistas habrían intentado provocar a ambas agrupaciones mientras la gente salía huyendo del lugar pero al final no hubo una confrontación violenta, sólo verbal.

"Posterior al incidente, en las inmediaciones de la terminal de autobuses y calles cercanas se desplegaron patrullas policiacas cargadas con equipo antimotín y algunos elementos de tropas militares que, según se dijo, se quedarían de manera permanente en la zona para evitar que los normalistas sigan hurtando camiones de líneas comerciales", publicó el diario.

Ante el cerco, *Cochiloco* y sus compañeros regresaron con las manos vacías a la Normal, frustrados; el tiempo apremiaba para conseguir los camiones faltantes. El punto más cercano era Chilpancingo, pero la situación ya era muy tensa allá. Fue así que en una rápida asamblea realizada la tarde del 26 de septiembre con los pocos estudiantes que había en la escuela, en su mayoría de primer año porque los de los otros grados ya habían salido, se discutió la necesidad de ir a buscar camiones a Iguala. "Sabemos que siempre estamos monitoreados, por eso se optó por ir a Iguala, porque en Chilpancingo ya había ido muchos problemas", dijo en entrevista Ángel de la Cruz, de 19 años, sobreviviente del ataque, quien iba en el segundo año de la licenciatura: "Siempre que había problemas en Chilpancingo se iba a Iguala, o sea, ya era como un plan B".

Ángel acababa de regresar de sus prácticas la noche del 25 de septiembre y tenía que preparar el reporte para sus materias; la tarde del viernes *Cochiloco* lo abordó y le pidió que lo acompañara por unos autobuses. Ángel refirió que algunos no estaban de acuerdo porque se estaba haciendo tarde, pero la mayoría votó que sí. "Por disciplina, había que ir", dijo, él mismo ya había ayudado en la toma de autobuses el 22 de septiembre y personalmente persuadió a un estudiante de tercero para que los acompañara.

Afirmó que ya antes había habido confrontaciones con las policías por la toma de autobuses, pero no pasaba de que los cercaran y les aventaran gases lacrimógenos para impedirlo, "pero nunca de tal magnitud como ésta, pues, jamás nos habían hecho esto".

17:59. SALIDA DE AYOTZINAPA

A las 17:15, cuando los estudiantes estaban abordando los camiones Estrella de Oro 1568 y 1531, Bernardo se encontró con Fernando en las canchas y lo invitó a ir a un boteo y por unos camiones para acudir a la marcha del 2 de octubre en la Ciudad de México; para *Carrillas* era una petición de su mejor amigo y no pudo negarse.

Junto con cerca de 100 estudiantes, la gran mayoría de primer ingreso, *Cochiloco* y *Carrillas* abordaron los dos Estrella de Oro que habían robado días atrás en Chilpancingo; eran los autobuses de la muerte, pero ninguno de los dos lo sabía.

Desde el momento en que las dos unidades salieron de la escuela todos los niveles de gobierno fueron notificados del movimiento a través del C4 de Chilpancingo, según la tarjeta informativa 02370 de la Secretaría de Seguridad Pública de Guerrero, a la que se tuvo acceso; el gobierno estaba en alerta. "A las 17:59 reportaron vía telefónica de C4 Chilpancingo sobre la salida de dos autobuses de la línea Estrella de Oro con número económico 1568 y 1531 con estudiantes de la Escuela Normal Ayotzinapa con dirección a la ciudad de Iguala de la Independencia", señala la tarjeta informativa elaborada por José Adame Bautista, coordinador operativo de la zona norte de la Secretaría de Seguridad Pública de Guerrero.

En el C4 estaban coordinados y presentes elementos del Ejército, la policía estatal, policía ministerial estatal, bomberos del estado y la policía preventiva municipal de Chilpancingo, mientras que la

Policía Federal estaba directamente interconectada.

Al mismo tiempo que Adame era informado de la salida de los normalistas, también fueron notificados elementos del 27 Batallón de Infantería y personal de la policía estatal y la policía municipal presentes en el C4 de Iguala, además de la Policía Federal y Policía Federal Ministerial, interconectadas con el C4 en tiempo real. De acuerdo con información obtenida a través de la Ley Federal de Transparencia, la Secretaría de Gobernación que encabeza Miguel Ángel Osorio Chong tenía acceso a esas comunicaciones a través del Centro Nacional de Información del Secretariado Ejecutivo del Sistema Nacional de Seguridad Pública.

Aunque Osorio Chong dijo a los padres de los desaparecidos —en la primera reunión que sostuvieron con él, en octubre de 2014— que el gobierno federal no tuvo conocimiento de nada hasta varias horas después, mintió: los documentos oficiales obtenidos durante esta investigación son una clara prueba.

Los camiones iban llenos, señaló Fernando Marín: "Mis compañeros de primer grado iban con sus teléfonos hablándole quizá a su mamá, a sus hermanos o sus novias… todos íbamos contentos". Ninguno sospechaba que estaban siendo monitoreados segundo a segundo.

Después de casi tres horas de camino, el camión 1531 paró en la desviación a Huitzuco, en la comunidad Rancho del Cura; el autobús 1568, en el que viajaban *Carrillas* y *Cochiloco*, continuó el trayecto y se detuvo en la caseta de peaje Iguala-Puente de Ixtla, un punto ubicado a 15 minutos de Iguala. En ese momento, de acuerdo con el procedimiento de interconexión de las policías, la municipal de Huitzuco también debió ser informada.

La estrategia de los estudiantes estaba planteada: los dos grupos debían tomar en la carretera el mayor número de camiones posible.

19:30. LLEGANDO A LAS INMEDIACIONES DE IGUALA

Carrillas y *Cochiloco* estaban en la caseta cuando de pronto llegaron tres patrullas de la Policía Federal con cinco elementos bajo las órdenes de Víctor Manuel Colmenares, así como tres elementos de la

Secretaría de Seguridad Pública de Guerrero encabezada por Adame; al mismo tiempo arribó una motocicleta roja con un solo tripulante que vestía de civil e hizo rondines en el área.

En el marco de las investigaciones que lleva a cabo la PGR sobre la desaparición de los 43 estudiantes, el coronel José Rodríguez Pérez, comandante del 27 Batallón de Infantería, ubicado en Iguala, reveló en su declaración que dentro del Ejército Mexicano hay un grupo llamado Órgano de Búsqueda de Información (OBI), que viste de civil y hace operaciones encubiertas, y que la noche del 26 de septiembre mandó uno a la caseta para vigilar a los estudiantes; de manera inexplicable, la PGR nunca ha investigado las operaciones militares de esa noche.

"La motocicleta empezó a patrullar, ahí donde estábamos nosotros daba vueltas", comentó *Carrillas*; después de la motocicleta llegó otro vehículo civil y comenzó a dar vueltas también, vigilando con mucha obviedad a los normalistas. Al ver el movimiento, *Carrillas* se inquietó y pensó que ya no podrían conseguir más unidades: junto con *Cochiloco* estaba ya a punto de abortar la misión y regresar a Ayotzinapa otra vez con las manos vacías, cuando inesperadamente llegó una llamada de los estudiantes que se quedaron en Rancho del Cura para alertar de que unos compañeros que habían logrado tomar un autobús estaban atrapados dentro de la central camionera de Iguala. Los dos camiones, cada uno desde el punto donde se encontraban, salieron veloces al rescate de sus compañeros, en el camino se juntaron y entraron a Iguala cuando ya era de noche; estas acciones fueron en todo momento monitoreadas por el C4 de Iguala.

21:16. LA TOMA EN LA CENTRAL CAMIONERA

A su llegada a la central camionera, la mayoría de los normalistas llevaban el rostro cubierto con su camiseta o con un trapo; en las cámaras de seguridad quedó constancia de que ninguno iba armado. El rescate de sus compañeros resultó más sencillo de lo esperado y Bernardo Flores decidió aprovechar la oportunidad para tomar más camiones.

La toma, con piedras y palos, fue violenta. Según refieren los choferes, hubo golpes, insultos y amenazas para llevarse las unidades; algunos se quejaron en su declaración ministerial, rendida el 27 de septiembre ante la Fiscalía, de que a uno lo cargaron los estudiantes para obligarlo a subir a un camión para que condujera, a otro lo sacaron en ropa interior de su camarote y a uno más lo amarraron y dejaron dentro del autobús. Pero ante las preguntas insistentes de la fiscalía sobre si los estudiantes iban armados, todos afirmaron que no, que dentro de los camiones sólo llevaban piedras para defenderse.

Tomaron un autobús Costa Line del andén número 5, otro de la misma compañía que estaba estacionado en el patio de maniobras, y un Estrella Roja de Cuautla que estaba en el andén número 12: lo hicieron al azar y los 100 estudiantes se distribuyeron entre los cinco camiones para regresar a Ayotzinapa. "En esos momentos llegaron un grupo de aproximadamente treinta personas del sexo masculino, quienes se subieron al autobús que yo conduzco y el declarante, al ver esto, le quité la llave al autobús y uno de los muchachos me decía que arrancara el autobús y que me jalara y yo les decía que no tenía la llave y me empezaron a gritar que me jalara o que me bajara, porque si no me iban a partir mi madre, y uno de ellos me quitó la llave de mi mano y después me quitó del asiento del conductor y uno de ellos arrancó el autobús y yo les dije que yo lo manejaba porque si no lo iban a descomponer y después puse en movimiento el autobús", declaró a la fiscalía el chofer Hugo Benigno Castro Santos, quien condujo uno de los camiones Costa Line en ropa interior.

Nadie hizo un registro de quién iba en qué camión por la urgencia de huir de ahí cuanto antes, y aunque hubieran querido hacerlo habría sido imposible: por la propia dinámica de represión histórica en Guerrero, los normalistas de Ayotzinapa se conocen muy pocas veces por sus nombres y más bien se refieren entre sí por sus apodos: además de *Cochiloco* y *Carrillas*, en los camiones iban *Teletubi*, *Manotas*, *La Ambulancia*, *El Canelo*, *Komander*, *Chiquito*, *Beni*, *Acapulco*, *Fresco*, *Chaner* y *Jenny*, entre otros; por esa razón fue difícil elaborar la primera lista de desaparecidos esa noche incluso para los propios estudiantes.

Por una puerta de la central salieron un autobús Estrella Roja y el Estrella de Oro 1531 y lograron tomar una vía rápida hacia

Chilpancingo para trasladarse a Ayotzinapa. Dos camiones Costa Line y el Estrella de Oro 1568, en el que viajaban *Carrillas* y *Cochiloco*, se equivocaron y salieron a la calle de Galeana en el centro de Iguala, donde quedaron varados en el tráfico ante los ojos de cientos de testigos y vigilados por la policía municipal de Iguala.

"Los muchachos me decían que me jalara para Chilpancingo y yo les decía que no sabía la salida porque me obligaron a sacar el autobús sobre la calle de Galeana y pasé por el centro, y ellos me decían que no me hiciera pendejo, que yo sí sabía la salida y que me fuera derecho, así mismo agrego que todos traían la cara tapada con sus playeras y traían piedras en sus manos, y cuando iba avanzando los muchachos les aventaban las piedras a los carros que se atravesaban y después como diez muchachos se bajaron e iban caminando al costado derecho del autobús y preguntaban a la gente que por dónde era la salida para Chilpancingo", declaró otro de los choferes.

Era viernes por la noche y el centro estaba más concurrido de lo habitual porque había terminado el segundo informe de labores de María de los Ángeles Pineda Villa, esposa del alcalde José Luis Abarca, quienes para ese momento ya se habían retirado y estaban cenando tacos a varios kilómetros de distancia de la plaza donde transitaban perdidos los tres autobuses con los estudiantes a bordo.

"Lo curioso es que cuando ellos llegan a la terminal inmediatamente salen, y en cuestión de diez minutos ya la policía municipal está afuera. Eso permite concluir que ya había seguimiento, que ya los venían siguiendo; no se pudo armar un operativo en diez minutos, pues", explicó en entrevista Vidulfo Rosales, abogado de "Tlachinollan".

Los estudiantes intentaban abrir paso a los camiones entre el tráfico, según señalaron ellos mismos y testigos de los hechos; los policías municipales, en coordinación con el C4, intentaron bloquearles el camino. "Yo iba en el segundo autobús, que después se convirtió en el primero, pero nosotros íbamos abajo pues escoltando el autobús, parando el tráfico para que pudiéramos salir lo más rápido posible porque exactamente queríamos evitar la confrontación con los policías. Queríamos salir lo más pronto posible porque nosotros no conocíamos Iguala", narró Ángel.

En ese momento comenzó a llegar la policía, cortaron cartucho y les apuntaron con las armas. "Somos estudiantes, ¿por qué nos apuntan?, ¿por qué tenemos que bajarnos?", gritó a los policías el propio Ángel, y a pedradas lograron hacer que las patrullas se abrieran para continuar su ruta.

21:30. EL PRIMER ATAQUE

"No me fijé si eran estatales o municipales y debido a esto detuve la marcha del autobús, y como llevábamos abierta la puerta los muchachos se empezaron a bajar y les empezaron a tirar de pedradas a los policías y los policías les empezaron a disparar a los muchachos y también le dispararon al autobús, yo lo que hice fue prender la luz de la cabina y les gritaba que era el operador para que no me confundieran con los muchachos que iban conmigo, y después me agazapé abajo del volante", relató el conductor.

Fue entonces cuando se escucharon en la plaza las primeras detonaciones, sobre las calles de Bandera Nacional y Galeana; el ruido hizo que la gente que se encontraba en el centro corriera en diferentes direcciones sin comprender si lo que escuchaban eran fuegos artificiales o balas. Nadie resultó herido.

"Al llegar al zócalo bajamos de los autobuses, para responder los disparos y distanciarnos un poco de ellos les lanzamos piedras, siguió la persecución... rodeamos a los policías porque del tercer autobús, que era de Estrella de Oro, tenían rodeados a los compañeros y yo me puse atrás de un policía municipal, quien ya había cortado cartucho y estaba apuntando sus armas para disparar contra los compañeros, y en eso llegaron más compañeros, y sus compañeros, que vieron que estábamos atrás de él, nos encañonaron a mí y a mis compañeros y para detener la acción de los policías tuve un pequeño jaloneo con el uniformado y agarré lo que fue la culata del rifle, y me amenazó que si no lo soltaba iba a disparar contra nosotros y siguió el jaloneo... con el que estaba yo forcejeando disparó su arma en ráfaga primero hacia el suelo y luego la levantó y disparó contra mis compañeros como a una distancia de un metro, pero cuando levantó el arma para disparar hacia ellos, mis compañeros ya se habían abierto. Los otros dos policías, cuando vieron que su compañero empezó a disparar, también ellos dispararon contra mis compañeros", señaló el normalista Francisco Chalma en su declaración ante la fiscalía estatal el 27 de septiembre de 2014.

Mientras esto ocurría, hubo otra balacera, muy peculiar, cerca de ahí: los comerciantes y clientes de la esquina conformada por las calles Juan N. Álvarez y Emiliano Zapata, a una cuadra de la plaza central, no se enteraron de lo que estaba pasando hasta que vieron parado en medio de la calle a un joven con el rostro cubierto por un paliacate que miraba en todas direcciones: vestía pantalón de mezclilla, una camisa desgarrada por la parte de atrás, como si hubiera participado en una trifulca, y se veía visiblemente alterado. En ese momento llegó una camioneta Suburban (SUV) de color oscuro y una patrulla; de la camioneta bajaron cuatro o cinco hombres armados vestidos de civil, con el rostro descubierto. A los testigos llamó la atención que todos tenían el pelo muy corto, tipo militar: "Yo lo que pensé es que eran militares, veían a la gente muy feo, uno era barbón", señaló una de las personas que atestiguaron ese evento.

En la patrulla iban a bordo seis policías de negro, con chalecos antibalas y equipo antimotines; no eran policías municipales de Iguala. "¡Párense, cabrones!", gritó un policía y ahí comenzaron nuevos disparos. Un testigo grabó el audio con su teléfono, del cual se tiene copia: se escuchan más de 14 disparos secos y con una breve pausa entre ellos.

"¡Ya se van, ya se van!", se escuchó la voz de una mujer entre el griterío; nadie resultó herido pero hubo tres carros con impactos de bala. Algunos de los hombres de la camioneta se fueron corriendo tras el joven con el rostro cubierto y otro se llevó el vehículo en dirección al Periférico Norte, en tanto que los policías fueron detrás de ellos: en ese momento pasaron frente a las miradas de varios testigos los tres autobuses donde viajaban los normalistas con el rostro cubierto.

Después de la balacera, llegó al lugar un automóvil Focus azul marino sin placas y descendió de él un sujeto también de apariencia militar y sospechosamente recogió los casquillos que habían quedado en la calle; hasta ahora ninguna autoridad ha ido a investigar lo que pasó en ese punto, otra de las deficiencias de la investigación realizada por la PGR.

"Los puestos cerraron porque sí fueron varias las detonaciones que se hicieron allí en el zócalo", recordó Ángel, aún traumatizado por el episodio.

21:40. Acorralados

Los tres camiones estaban a punto de lograr salir al Periférico Norte cuando policías municipales de Iguala atravesaron una patrulla a mitad de la calle frente al primer autobús y se bajaron, y al menos tres patrullas bloquearon la retaguardia de la caravana: los estudiantes podrían haber empujado la patrulla con el camión pero no quisieron hacerlo por temor a que alguien resultara herido. "Fue allí cuando ya no pudimos avanzar a otra parte", explicó *Carrillas*.

Cinco estudiantes se bajaron del camión que iba a la cabeza para mover la patrulla, entre ellos Ángel de la Cruz y Aldo Gutiérrez, de 19 años de edad, quien cursaba el primer año. "Ya la íbamos a empujar cuando en ese momento empiezan los disparos hacia nosotros", recordó Ángel; los normalistas quedaron atrapados. Estaban presentes la policía municipal, la policía estatal, personas vestidas de civil y militares encubiertos cuando comenzaron los disparos directos contra los autobuses en ambos costados.

De pronto todos vieron caer en el pavimento a Aldo: "Yo pensé que había sido por la movida de la camioneta y al verlo vi que era por un impacto de bala, ya que por el orificio le brota un chorro de sangre de la cabeza, y lo que hice fue acercarme y tratar de taparle el orificio. Los policías seguían accionando sus armas para que nos quitáramos de ahí y nos resguardamos de los impactos de bala entre el primer y segundo autobús... cada vez que nos asomábamos nos disparaban", dijo Francisco Chalma.

"Las primeras (patrullas) eran municipales... nosotros sabemos aquí en Guerrero, aquí conocemos qué tipo de policías son estatales, municipales y federales; en su forma de vestir, en su apariencia más que nada. Por ejemplo, los primeros policías traían pues nada más su rifle y su gorra, así nada más y ya, y sus camionetas todas deterioradas casi, pero hubo un momento en que llegaron otras patrullas y en éstas incluso los policías ya eran diferentes: éstos que llegaron eran tipo Policía Federal", explicó Ángel de la Cruz.

Efectivamente, uno de los videos grabados por los estudiantes, a los cuales se tuvo acceso, registra la pequeña patrulla municipal tipo pick up bloqueando el camino a los autobuses, pero en otros ángulos había más patrullas.

A bordo del tercer camión *Carrillas* pudo ver hacia atrás con claridad que entre sus atacantes había policías municipales y estatales; distinguió perfectamente los logotipos en la parte trasera de los uniformes. Los municipales usan su atuendo normal de policías: los estatales llevan equipo antimotines y la leyenda de "POLICÍA ESTATAL" en la parte trasera de sus vestimentas. A pesar del testimonio de Fernando Marín, el secretario de Seguridad Pública estatal, teniente Leonardo Vázquez Pérez, declaró a la PGR que su personal no salió esa noche porque no había suficientes elementos y supuestamente se quedaron a proteger su cuartel: la PGR nunca ha sometido a investigación a los policías estatales que estuvieron de turno esa noche.

Carrillas narró cómo rafaguearon las llantas y los vidrios del tercer camión: prácticamente todo el fuego se concentró en el Estrella de Oro número 1568, según corroboraría después el peritaje hecho por la Fiscalía, en el que se detectaron al menos 30 orificios de disparo y múltiples impactos de esquirlas.

"Los policías trataban de matarnos a todos", narró *Carrillas*.

En ese momento estalló el terror, como testigos están vecinos y clientes de los locales de comida y de la tienda Aurrerá; los puestos de pollo, tacos y tienditas de abarrotes inmediatamente cerraron sus cortinas metálicas para resguardar a sus clientes.

"¡Ya mataron a uno, culeros!", gritó desesperado un normalista del primer camión. "¡Bájense, bájense!", gritó otro.

Los grupos de los dos primeros camiones se refugian entre los dos autobuses mientras Aldo sigue en el suelo, agitando los brazos en el aire; los estudiantes del tercer autobús quedaron aislados, solos.

"¡Márquenle!", ordena uno de los jóvenes para que llamen a la Normal para pedir apoyo.

"¡No tiene saldo Vega!"

"¡Ya mataron a uno!, ¡ya mataron a uno!", exclama un normalista reclamando a los policías mientras Aldo sigue agitando los brazos con el soplo de vida que le queda. "¡Ya mataron a uno! ¡Háblenle a la ambulancia, háblenle a la ambulancia!", señaló el mismo estudiante nuevamente, con desesperación.

"En el transcurso del tiempo me acerqué a un coche que estaba en el costado izquierdo para ver al compañero, si todavía tenía señas vitales o ya había fallecido, y todavía mostraba reacción en su cuerpo porque medio temblaba, y ahí volví a acercarme al compañero y le puse mi playera en el cráneo, donde estaba sangrando…", declaró Francisco Chalma.

Transcurrió más de media hora de disparos; dentro de los comercios la gente lloraba, los estudiantes que estaban en la calle también. Los normalistas de los primeros autobuses que tenían a la mano sus teléfonos móviles comenzaron a llamar a sus compañeros que se encontraban en las instalaciones de la Normal, para pedir refuerzos. Julio César Mondragón, de 22 años, también de primero, comenzó a grabar con su teléfono las imágenes del ataque.

Vecinos y comerciantes testigos de los hechos observaron que contra los estudiantes no sólo disparaban policías municipales uniformados sino también personas vestidas de civil; por parte de los normalistas no hubo ni un solo tiro, no iban armados.

Una de las camionetas de los policías tenía encima el aditamento para una metralleta y desde ahí disparaba a mansalva, atestiguó un vecino que recordó el episodio lleno de terror. Ángel de la Cruz también vio esas patrullas: ninguna unidad de la policía municipal de Iguala o Cocula aseguradas por el gobierno de Guerrero o la PGR tenía ese tipo de aditamento.

El sonido de los rifles de asalto resonaba en la calle. Segundos después se escucharon ráfagas de mayor poder, de armas de más calibre y potencia; los vecinos que estaban asomados a las ventanas se tiraron al piso.

"¡No tenemos armas! ¡No disparen!", gritaron los muchachos.

"Cuando dejé de escuchar los balazos me salí del autobús arrastrándome por las escaleras y después me metí debajo. Yo escuchaba únicamente gritos de los chavos, que les gritaban que eran estudiantes y que los dejaran salir, y después, como a los cuarenta minutos, cuando ya no escuché ruidos salí de debajo del autobús y me subí a cambiarme de ropa… después de que me cambié, bajé y me fui al autobús que estaba atrás de mí para ver si mi compañero chofer estaba bien, y cuando iba observé que en un costado de la calle estaba tirado un muchacho y éste estaba sangrando y no supe si estaba vivo o muerto", señaló el chofer Castro Santos.

Lo peor estaba por venir.

10

El último aliento

Los 39 normalistas del camión Estrella de Oro 1531 están atrapados en la calle Juan N. Álvarez entre las balas que les llegan desde distintos puntos; adentro del autobús, se tiran en el angosto pasillo para salvar sus vidas.

Carrillas piensa que si no hace algo pronto para salvar a sus compañeros, los van a masacrar a todos. Entonces toma el extinguidor y baja del autobús para intentar replegar a los policías que les disparan: no puede ver lo que sucede delante del primer autobús y el cuerpo de Aldo desangrándose en el pavimento. Pese a la lluvia de balas alcanza a arrojar el extinguidor contra los policías, cuando uno de los disparos impacta en su brazo y cae al suelo; consigue volver a subir al camión pero a cada paso deja un charco de sangre.

"En ese rato, en mi mente pasó que yo ya no tenía salvación. Dije: si a mí me dieron en el brazo, pues a mis compañeros los van a matar en ese rato…", recordó Fernando Marín.

Carrillas le sugiere a su amigo *Cochiloco* que llame a David Flores, *La Parka*, quien es secretario general de la escuela y se había quedado en Ayotzinapa, para pedirle apoyo, mientras el chorrete de sangre que brota de su brazo va ensuciando todo el camión; Miguel Ángel Hernández Martínez, *El Botas*, su compañero de primer año, con cara de espanto le hace una especie de torniquete en el brazo para intentar parar la hemorragia. En el piso del autobús van quedando charcos de sangre.

Al ver a su amigo desangrándose, *Cochiloco* toma la decisión más difícil de esa noche: rendirse. "¿Sabes qué? Hay que darnos por vencidos porque al *Carrillas* ya lo balearon, ya no va a poder acompañar-nos, apóyanos", le dice al chofer del autobús Estrella de Oro 1568 y le pide que baje para intentar negociar con los policías.

Al bajar e identificarse como el conductor, los policías le gritan con desprecio: "¡A nosotros no nos importa quién seas tú! Tú eres uno de ellos, eres igualito que ellos… Eres también *ayotzinapo*".

En ese momento los policías comienzan a bajar del autobús a todos los estudiantes con las manos atrás de la nuca y los pasan a la banqueta del lado izquierdo; los acuestan uno a uno en el piso, boca abajo, en una especie de callejón que se forma en el garaje de una de las casas. *Carrillas* observa que quienes los ponen en el suelo son los mismos policías estatales y municipales, aproximadamente 20; uno de ellos le dice que lo va a matar y apoya el cañón frío de su arma sobre su sien.

Adentro, las personas que viven ahí escuchan todo aterrorizados, los balazos, los golpes, pero lo que menos olvidan es el llanto de algunos de los normalistas sometidos. Ángel de la Cruz, quien está en el primer camión, hasta el otro lado de la calle, alcanza a ver con sus compañeros cómo los policías bajan a los del tercero pero no distinguen más porque los policías los ciegan con los faros de sus patrullas y las lámparas que llevan en la mano; no ven lo que hay al final del convoy de autobuses.

22:30. LOS FEDERALES

Un vecino del centro de Iguala sale de su casa y toma camino rumbo a la calle Juan N. Álvarez, donde estaba ocurriendo el ataque; su hermano le llamó de emergencia para pedirle ayuda, ya que se encontraba dentro de uno de los locales de comida cercanos cuando inició la balacera. Al llegar al cruce de Juan N. Álvarez con la calle Revolución, se topa de frente con patrullas de la Policía Federal: las unidades no tenían la torreta encendida pero los ve a escasos metros de distancia y distingue claramente los logotipos de los vehículos estacionados formando una v y las insignias de los uniformes. No tiene dudas. Los federales están armados.

Desesperado por rescatar a su hermano, rodea por calles aledañas pero tampoco puede llegar a Juan N. Álvarez porque las demás vías que desembocan allí también están cerradas por patrullas; la periferia del punto donde ocurrió la agresión contra los estudiantes estuvo custodiada de manera organizada. No puede acercarse más y llama a su hermano, quien sale de una casa a la que pudo correr cuando comenzaron los disparos y donde le permitieron refugiarse. Él le platica que vio pasar autobuses y carros de civiles que les disparaban.

En la calle Juan N. Álvarez, el ataque a balazos parece haber terminado: cerca del último camión hay un conjunto de torretas encendidas. Los del primero tienen una nueva crisis ya que a Manuel Ángel Espino Honorato le da un ataque de asma, apenas tiene dos meses de haber entrado a la Normal. "¡Háblenle a la ambulancia!", suplica un normalista.

"Varios de los presentes gritábamos a nuestros agresores que ya habían privado de la vida a uno de nuestros compañeros y lesionado a varios, que dejaran de tirarnos, haciendo caso omiso a nuestra súplica ya que continuaron disparándonos; no obstante de gritar que estábamos indefensos y desarmados e incluso [que] varios compañeros levantaron las manos en señal de rendición, aun así continuaron disparándonos", narró Espino Honorato a la Fiscalía General del Estado a la mañana siguiente. "Comencé a tener problemas de respiración ya que anteriormente sufrí un colapso, por lo que ante el temor de un segundo colapso, mis compañeros gritaron a los policías que dejaran de dispararnos para poder recibir atención médica, pero no fue posible ya que ellos continuaron disparándonos; minutos después arribó una ambulancia de la Cruz Roja, cuyos ocupantes lograron acercarse hasta donde me encontraba y procedieron a trasladarme al Hospital General de esta ciudad de Iguala para atención médica, lugar en el cual recibí transmisión de oxígeno y nebulización", dijo el sobreviviente.

"¡Ya se van los policías…!", exclama uno de los normalistas, escondido entre los dos primeros camiones. "Aguanten, aguanten", lo interrumpe otro. "Pero se quedan los federales, nos van a querer fastidiar, güey", termina la frase el primero.

Los atacantes se disponen a abandonar la escena del crimen como si su participación hubiera concluido y ahora entraran otros al relevo. "¿Por qué recoges los casquillos, cabrón? ¿Sabes lo que hiciste, verdad, mierda?", vocifera otro estudiante al ver que atrás unas sombras recogen casquillos percutidos. "¿Por qué nos andas buscando?", señala otro, pero no hay respuesta. "¡Pinche perro lamehuevos!", grita el mismo estudiante que reclama sobre los casquillos.

Del otro lado de la caravana las cosas están peor.

22:45. El sometimiento de Cochiloco

Después de que el policía estatal quita la pistola de la sien de *Carrillas*, comienza el sometimiento de todos los demás estudiantes del tercer camión, el Estrella de Oro 1568, el cual había sido monitoreado desde su salida de Ayotzinapa hacía varias horas. Con el último soplo de su liderazgo como secretario de Lucha de la Normal, *Cochiloco* se niega a someterse y tirarse al suelo: "¿Sabes qué? Yo no me voy a acostar", dice a uno de los uniformados y éste le pega salvajemente en la sien con la cacha de su arma, dejando la pared salpicada de sangre; lo somete y lo tira al suelo junto con los demás.

Al ver caído a su líder ya ningún normalista protesta ni se resiste, ya no intentan gritar o escapar aunque no están amarrados. *El Botas*, uno de los estudiantes más jóvenes, no puede contener el pánico y comienza a llorar: "¿Qué vamos a hacer? ¿Por qué hacen esto?", dice entre lágrimas a *Carrillas*, quien también está en el suelo.

"Tranquilo, compa, ahorita vienen nuestros camaradas a sacarnos; no te preocupes, no te agüites", le responde para darle algo de esperanza aunque a él ya no le queda ninguna.

En el cemento frío de la banqueta *Carrillas* se retuerce por el dolor: ahí tirado, le dan de patadas en las costillas y la cara. Es entonces cuando arriban más policías; el momento coincide con el grito que retumbó en el primer autobús: "¡Ya llegaron los federales…!"

Esa noche la Providencia le tenía un regalo a Fernando Marín: conservar la vida. Para su suerte, en ese momento llega la ambulancia y lo sube para trasladarlo al Hospital General de Iguala.

Por la parte de Periférico, donde está el primer autobús, llegan más ambulancias para llevarse a los estudiantes heridos y a Espino Honorato; hasta ese instante aún no se había tomado la decisión de exterminar a los normalistas sino que algunos fueron salvados.

El dolor es intenso, lo último que ve *Carrillas* mientras lo suben a la ambulancia es a su amigo Bernardo Flores Alcaraz, *Cochiloco*, y a otros 37 compañeros del tercer camión Estrella de Oro número 1568, sometidos en el suelo por las policías municipal y estatal de Guerrero, con la custodia de la Policía Federal y la presencia de civiles, según narran vecinos. Desde esa noche no los volvieron a ver jamás, ni él ni nadie. Todos están desaparecidos, forman parte del grupo de 43 normalistas de los que no se ha vuelto a saber; *Carrillas* es el único sobreviviente de ese autobús y esa carga le pesa en el pecho como un yunque.

"Quizá fue grande Dios que a mí no me llevaron, o quién sabe: no sé qué se le vino al policía, en realidad no sé. Soy el único", señaló con dolor meses después. No solía ser muy creyente pero no duda de que fue un poder supremo el que esa noche fatal lo salvó.

A las 23:15 todas las patrullas abandonaron la calle Juan N. Álvarez, según videos tomados por vecinos. En ese momento ocurrió la desaparición de los normalistas del tercer camión.

22:30. EN EL ATAQUE EN EL PALACIO DE JUSTICIA
TAMBIÉN HUBO FEDERALES

Mientras tres autobuses quedaron atrapados en la calle Juan N. Álvarez, los otros dos que huyeron de la central, un Estrella Roja y el Estrella de Oro 1531, lograron salir hacia la carretera federal a Chilpancingo.

Aproximadamente a las 22:30, cuando se daba el ataque en la calle Juan N. Álvarez, la Policía Federal estuvo presente y participó en el ataque contra los estudiantes en la carretera Iguala-Chilpancingo a la altura del Palacio de Justicia; ahí detuvieron a los dos autobuses. El Estrella Roja nunca fue reportado en los peritajes de la Fiscalía General del Estado y la PGR afirmó durante varios meses que sólo cuatro camiones con normalistas habían sido atacados y no cinco, como realmente ocurrió.

"En el camión veníamos solamente catorce compañeros de la escuela, en ese momento un compañero de apodo *El Pato* recibió una llamada a su teléfono celular donde se le informaba de una balacera entre compañeros de la escuela y la policía municipal, y que había un compañero muerto, lo que provocó mucho miedo y coraje entre nosotros; posteriormente el chofer del camión tomó la carretera federal Iguala-Chilpancingo, a una velocidad de sesenta kilómetros por hora, y precisamente a cien metros antes del puente peatonal, donde hay puestos de ferretería, de pronto observamos que una camioneta de la policía municipal se encontraba atravesada, por lo que el chofer se detuvo totalmente, descendió de la unidad y empezó a platicar con los policías municipales; enseguida los compañeros y yo decidimos bajarnos voluntariamente del autobús y ya abajo nos empezaron a insultar, diciéndonos 'Hijos de su pinche madre, se van a morir como perros'", narró el estudiante Alexander Torres Pérez a la Fiscalía General del Estado el 27 de septiembre; él viajaba en el autobús Estrella Roja, del cual no desapareció ningún normalista.

Pero no sólo había policías municipales: en el operativo para bloquear el paso de los camiones en que viajaban los normalistas participó la Policía Federal y estuvo presente al menos un elemento del 27 Batallón de Infantería vestido de civil, integrante del OBI.

Hubo coordinación entre las fuerzas del orden para instalar dos retenes con el fin de ejecutar la detención de los dos camiones: uno en un paso a desnivel anterior al del Palacio de Justicia, señalado por familiares del equipo de futbol Avispones que acompañaron a sus hijos al partido celebrado en Iguala, aproximadamente a un kilómetro del Palacio de Justicia, con el que la Policía Federal desvió el tránsito hacia un camino de terracería que salía a la autopista Iguala-Cuernavaca. El segundo bloqueo se instaló alrededor del Palacio de Justicia: ahí estuvieron presentes policías estatales y la Policía Federal. Tras el cierre se hizo sobre la carretera federal una larga fila de automóviles y decenas de testigos, entre conductores que quedaron varados y empleados de negocios cercanos, vieron directamente que era la Policía Federal la que encañonaba a los normalistas y a insultos los bajaba de los autobuses, según narraron algunos.

"Los policías federales los encañonan, les intentan disparar, les marcan el alto, ellos bajan, les avientan piedras, se hace un enfrentamiento ahí con los federales y ellos (los normalistas) corren por los cerros", confirmó en entrevista el abogado Vidulfo Rosales, quien hizo la reconstrucción de los hechos con los estudiantes sobrevivientes. "El cuarto camión Estrella de Oro está rodeado de policías municipales; atrás, como respaldo, están policías federales", afirma Rosales.

"Salimos con dirección a Chilpancingo, pero a la salida de la ciudad de Iguala, a la altura de la procuraduría (Palacio de Justicia) se encontraban dos patrullas de la Federal de Caminos (Policía Federal), ya estando cuatro oficiales debajo de las patrullas con sus armas en la mano apuntando al autobús", narra el chofer del camión Estrella Roja en una declaración escrita contenida en el expediente de la PGR. "Los policías federales apuntaron contra los estudiantes y por medio de insultos los bajaron", contó otro testigo directo de los hechos en entrevista para esta investigación periodística, un conductor varado por el bloqueo hecho por la Policía Federal.

Metros más adelante del Estrella Roja quedó el camión Estrella de Oro 1531: fue atacado por uniformados con golpes de palos o toletes para obligar a bajar a los normalistas, arrojaron gas lacrimógeno al interior y poncharon las llantas. Las policías federal, estatal y municipal de Iguala estaban presentes: todos los elementos, con uniformes oscuros, se confundían fácilmente entre sí. En entrevista, ex integrantes de la policía municipal de Iguala aseguraron que ellos desde hacía varios meses no tenían equipo antimotines y entre sus utensilios de trabajo no contaban con gas lacrimógeno; afirmaron que en la base de la policía había escasez incluso de cartuchos.

"Se escuchaban los golpes contra el metal, le estaban pegando al camión y se escuchaba que le estaban ponchando las llantas", narró un testigo directo de los hechos, quien señaló que eso ocurrió cerca del Palacio de Justicia pasadas las 22:00; "Teníamos miedo, no sabíamos lo que estaba pasando." "En el momento de ahí estuvo la Policía

Federal… sí estuvo la Policía Federal", confirmó el empleado de un negocio cercano al lugar.

Todos los automovilistas miraban la escena pero ante la acción policiaca nadie pudo ayudar a los normalistas, ni siquiera los empleados de seguridad del Palacio de Justicia: durante el ataque, desesperados, unos estudiantes alcanzaron a correr hacia el edificio y suplicaron a los guardias que les permitieran entrar: "¡Nos quieren matar, nos están secuestrando!", gritaban. Temerosos, los encargados se negaron a abrirles la reja y les dijeron que rodearan el Palacio y fueran a la agencia del Ministerio Público que se encontraba a un costado, pero nunca lograron llegar ahí y salvarse.

Los cerca de 20 estudiantes que viajaban en el Estrella de Oro 1531 fueron sacados del autobús y desde entonces nadie sabe su paradero; en el lugar sólo quedaron piedras, ropa ensangrentada y moléculas de gas lacrimógeno dentro del autobús.

El chofer, quien quedó con los ojos lastimados por el gas lacrimógeno, fue momentáneamente detenido y metido a una patrulla de la policía estatal. Declaró al GIEI: "Desde la patrulla pude observar cómo iban bajando poco a poco a los estudiantes y los estaban golpeando brutalmente con unos palos en la cabeza, a los que podían caminar los subían a la patrulla, y a los que no, entre dos policías los arrastraban y los aventaban a las patrullas".

Al ver la agresión, los estudiantes del Estrella Roja empezaron a recoger piedras; los policías, quienes llevaban lámparas, les echaron la luz a la cara y les apuntaron con sus armas, por lo que los normalistas huyeron del lugar y se refugiaron durante más de 40 minutos en una casa abandonada.

Meses después de la masacre, el comandante del pelotón de información del 27 Batallón declaró a la PGR que estaba presente, supuestamente sólo observando, cuando la policía municipal habría sacado a los estudiantes del camión Estrella de Oro 1531 cerca del Palacio de Justicia, pero omitió señalar que también estaba la Policía Federal. Los militares declararon sobre esa noche mucha información a medias o contradictoria.

23:15. El ataque contra los Avispones

Poco después de que familiares de los Avispones pasaron por el primer retén de la Policía Federal, cruzó también el autobús con los jugadores a bordo: era de color blanco con franjas verdes, similar a los dos autobuses Estrella de Oro en los que viajaban los normalistas, los cuales habían sido ya blanco de la agresión coordinada entre las fuerzas del orden en Iguala.

Según las declaraciones de los familiares y de uno de los adultos que viajaban con los jugadores, el camión no fue desviado y pasó cerca del Estrella de Oro 1531, de donde habían sido ya desaparecidos los estudiantes: sólo vieron el camión con los vidrios rotos y vacío. Diez kilómetros más adelante, la unidad de los Avispones fue brutalmente atacada sobre la carretera federal Iguala-Chilpancingo, cerca del cruce de Santa Teresa: dicho tramo carretero estaba bajo la jurisdicción de la Policía Federal.

Cuando los normalistas que lograron huir del Estrella Roja decidieron salir de su escondite y volver a la carretera federal donde habían dejado los camiones, se toparon de nuevo con policías que intentaron perseguirlos, según narró Alejandro Torres Pérez, quien viajaba en el autobús, "optando nuevamente por escondernos en el monte por espacio de media hora", señaló.

El empleado de uno de los negocios cercanos al lugar contó que a la medianoche regresaba de Chilpancingo y cuando pasó por el Palacio de Justicia aún estaba el camión Estrella de Oro. "Casi abajo del puente quedó un autobús abandonado, tenía los vidrios rotos; todo estaba solo, no se veían autoridades", dijo un trabajador de otro de los negocios que se encuentran cerca del Palacio de Justicia, quien cruzó por el punto en la madrugada del 27 de septiembre; afirma que sus compañeros le dijeron que estudiantes fueron atacados ahí, que unos alcanzaron a huir corriendo y a otros se los llevaron.

Los normalistas que huyeron del Estrella Roja intentaron por tercera ocasión salir de su escondite: "Decidimos nuevamente caminar por la carretera hacia el autobús que traíamos desde Chilpancingo, pero decidimos no abordarlo por temor de que hubiera policías en su interior y fuéramos detenidos; regresamos caminando a Iguala por la carretera", recordó Torres Pérez.

0:00. LA CACERÍA HUMANA

Los testigos de la calle Juan N. Álvarez ven que tienen en el suelo a los estudiantes por más de media hora. En un video tomado por uno de los vecinos las torretas de las patrullas que inundaban la calle desaparecen a las 23:11, después la calle queda vacía: policías estatales, municipales y personas vestidas de civil se van. Los estudiantes del tercer camión se esfuman con ellos pero nadie ve con claridad en qué vehículos los sacan de la escena; *Carrillas* afirma haber visto que a algunos los subieron a patrullas.

Minutos después arriban un vehículo Chevy y una camioneta Urvan blanca con estudiantes a bordo: son los normalistas de Ayotzinapa que recibieron las llamadas telefónicas de auxilio, pero han llegado demasiado tarde. Los sobrevivientes de los dos primeros camiones se reúnen con ellos y cuentan lo que pasó, los periodistas se acercan poco a poco. Como pueden, los estudiantes intentan preservar la escena del crimen y van juntando los casquillos disparados, hay regados por doquier; toman fotografías que semanas después entregaron para esta investigación periodística. Aunque a unos minutos del sitio están el 27 Batallón de Infantería, la base de la Policía Federal y la Base de Operaciones Mixtas de la PGR, ninguna autoridad llega a protegerlos.

Aún en *shock*, los *ayotzinapos*, como los llama la gente, improvisan una rueda de prensa. Un periodista que se encuentra ahí cubriendo la historia identifica a una persona que trabajaba para el Centro de Investigación y Seguridad Nacional del gobierno federal y también ve infiltrados a elementos del Ejército vestidos de civil; no tiene dudas de quiénes son porque los conoce bien en otro contexto.

Documentos del Cisen obtenidos después del ataque confirman que por los antecedentes de vínculos con guerrillas la Normal de Ayotzinapa es monitoreada de manera permanente; en la colonia Floresta, a 400 metros del Palacio de Justicia, donde fue desaparecido el segundo grupo de estudiantes, hay una casa que sirve como base del Cisen en Iguala.

Enojados, los estudiantes denuncian lo ocurrido a los periodistas en la esquina de Juan N. Álvarez y Periférico Norte: han llegado en apoyo estudiantes de la Normal de Iguala y maestros de la Coordinadora Estatal de Trabajadores de la Educación de Guerrero (CETEG). Entonces ocurre un último ataque.

"Como a la hora vi dos carros sospechosos, primero una camioneta Lobo blanca con un sujeto en la cajuela y otra camioneta con una antena que se retiró, y como a los quince minutos se acercó un vehículo tipo Ikon de color negro con las ventanas abajo y se vieron los flashazos de una cámara, de lo cual se dieron cuenta varios compañeros", señaló Brayan Baltazar Medina, también de nuevo ingreso, describiendo el momento en que daban la conferencia de prensa. "Enseguida se empezaron a escuchar detonaciones de armas largas, fue cuando empezaron a hacer los disparos hacia nuestra integridad y corrimos en la misma dirección hacia la carretera con dirección al boulevard, y como nos agachábamos porque no dejaban de disparar, nos tuvimos que refugiar entre unos vehículos un grupo como de catorce compañeros."

Era una lluvia de plomo. Un grupo armado, vestido de color oscuro, desciende de vehículos civiles, primero disparan al aire y luego hacen fuego directamente contra la concentración. Hay una estampida, las balas pasan silbando por todas partes: periodistas y estudiantes son blanco por igual.

"Es obvio que era gente muy capacitada, muy capaz, por la forma en que disparaban; yo he visto, he sido testigo de muchas balaceras en muchos lugares, no porque ande metido en eso, sino porque uno las vive, las ve y sé cómo actúa alguien que no es profesional. […] Esa gente que disparó, los destellos se veían perfectamente formados, en formación; estaban ahí reunidos y fue una concentración de fuego hacia el lugar donde estábamos. Era gente capacitada, a nosotros no nos hacen tontos… Fíjate, había una balacera proveniente del lugar a una altura, y otra proveniente de otra altura", afirmó en entrevista para esta investigación Omar García, de segundo año.

Omar llegó viajó junto con otros normalistas desde Ayotzinapa para auxiliar a sus compañeros después de haber recibido las llamadas pidiendo auxilio; es líder del Comité de Orientación Política e Ideológica de la Escuela Normal Rural "Raúl Isidro Burgos", el cual es un órgano fundado por el guerrillero Lucio Cabañas y es el corazón de la escuela.

En un instante, los que disparaban recargaron al mismo tiempo: "Porque hubo ese espacio de segundos, todos pudimos levantarnos y correr; claro, se intuye que hubo algo muy bien organizado y se trataba de profesionales", explicó Omar, entrevistado en la escuela en noviembre de 2014. "¡Corro! Corro con los demás compañeros, fuimos hacia la calle Álvarez rumbo al centro; éramos como veintisiete", recordó.

El comando avanza hacia los que huyen, no se contentan con disolver a la multitud sino que van tras ellos en franca cacería y se meten por las calles aledañas. En ese instante dos estudiantes quedan tendidos en el asfalto, aún con el último respiro de vida: son Julio César Ramírez y Daniel Solís, quien alcanzó a gritar "¡Ayuda!" mientras el disparo le penetraba por la espalda. Los demás se dispersan corriendo: en la huida, un estudiante heroicamente salva la vida de una reportera echándosele encima para que no le den las balas.

"Al ir corriendo, vi un bordito y me tiré al suelo con un compañero ya que seguían los disparos, y de pronto volteé la cabeza hacia la derecha y a una distancia como de diez metros vi tirados a dos compañeros", señaló uno de los estudiantes sobrevivientes, José Santiago de la Cruz, el 27 de septiembre de 2014 ante la Fiscalía General del Estado. "Muchos corrimos y junto a mí iba un compañero de los que ya murieron, al cual vi caer al suelo ensangrentado; quise ayudarlo pero no pude. Estos tipos iban a matarnos, porque tiraron muchas veces —narró— me escondí debajo de un carro que estaba estacionado, luego dejaron de disparar… fue cuando salí de donde estaba escondido, luego seis de los que estábamos nos fuimos a esconder a un cuartito que estaba abandonado, pintado de color blanco; luego, para estar seguros, brincamos una barda y nos subimos a una azotea."

Omar corre y corre, "la cosa era correr para donde fuera, ya no teníamos escape; ésa era la mentalidad de todos los compañeros, corran porque tarde o temprano nos van a alcanzar". Mientras corre, va pensando que en cualquier momento caerá como los estudiantes que lo acompañaban. En la huida, cerca del tercer camión, ya vacío, vio a Edgar Andrés Vargas con la boca destrozada por el rozón de una bala: "Fue tan grande el impacto, que ni siquiera se daba cuenta de la gravedad de su herida. No sentía, yo recuerdo —narra— se dio cuenta un ratito después, cuando empezó a sentir que se estaba mojando (en su propia sangre)".

No lo abandonaron a su suerte, entre varios compañeros lo cargaron y se internaron en la calle Juan N. Álvarez. Los vecinos habían vuelto a asomarse, los muchachos preguntan por un sanatorio y una familia se apiada de ellos y les dice que ahí a unos metros hay uno: es el hospital Cristina. Los que huyen por otra ruta van suplicando a los vecinos que los dejen entrar: como gatos, tratan de saltar rejas, bardas, treparse a los árboles. Algunos lo logran, otros no.

0:50. "¡POR FAVOR, AYÚDENNOS!, ¡NOS ESTÁN MATANDO!"

"¡Ayuda!, nos están matando, ¡ayuda!", gritan los estudiantes mientras corren despavoridos por Juan N. Álvarez en dirección contraria al Periférico; tras ellos van los sonidos de las metrallas, secos, constantes, inmisericordes. A esa hora en esas calles está presente el capitán José Martínez Crespo y su escuadrón.

Los vecinos escuchan sus gritos pero nadie les abre la puerta. La mujer que mira por la ventana tampoco tiene el valor, sus ojos están llenos de terror y su corazón de culpa; no puede hacer más, en su casa están sus nietos y teme que si abre, los que asesinan a los estudiantes también la maten a ella y a su familia.

En la desolada noche comienza a llover. Testigos que oyen la balacera en las calles paralelas ven circular una Suburban oscura, como con una burbuja de vidrio arriba, de donde bajan hombres de tipo militar vestidos de civil que también cazan normalistas; la desaparición de algunos de los 43 estudiantes ocurrió en esos momentos. La persecución ocurre sin que ninguna autoridad lo impida.

Finalmente una vecina se compadece de un grupo, se lleva el dedo a los labios para pedirles silencio y deja que se refugien en su casa. Un núcleo de ocho estudiantes se agazapa y esconde entre los coches de una calle perpendicular a Juan N. Álvarez y a lo lejos ven a su compañero Julio César Mondragón, el mismo que con su teléfono celular había estado grabando el ataque; en ese momento finalmente se abre la puerta de una casa y los dejan entrar, hacen señas a Julio César de que venga con ellos pero él no los ve y sigue corriendo.

"Cuando estábamos en el hospital Cristina pidiendo atención, me dijeron que no podían darla porque definitivamente cerraban a determinada hora de la noche y no había personal… Nosotros lo entendimos, dijimos que por un día nos dieran refugio a todos porque nos estaban persiguiendo y entonces nos dieron chance las dependientes, pues muy humanas, las personas que estaban ahí nos dieron chance de por lo menos refugiarnos, y al poco ratito llegó el jefe", narra Omar.

Al poco tiempo de que los normalistas logran refugiarse en el hospital, al lugar llegó un pelotón militar: Omar no sabe el nombre del responsable pero se trata del capitán José Martínez Crespo, un hombre clave en esas horas aciagas. "El Ejército llegó rápidamente y entró, cortaron cartucho a modo de que iban, no sé, contra delincuentes, nos acusó de que estábamos allanando morada… que nos iban a llevar a todos, pues éramos delincuentes, y dijimos 'No, señor, lo que venimos a hacer es atender a nuestro compañero que está herido'", recuerda el estudiante. Con desprecio los militares respondieron que se lo habían buscado, que eso les pasaba por revoltosos: "Tengan huevos para enfrentar las cosas así como los tienen para armar sus desmadres", dijo uno de los uniformados.

Los militares reúnen a todos los normalistas y a un profesor que estaba con ellos, les piden alzarse las camisetas, los revisan para ver si no están armados y les toman fotografías; en sus adentros, Omar piensa: "Ahorita el Ejército va a hacer con nosotros lo que quiera, no vamos a tener chance ni de oponernos".

"¡Denme sus nombres reales! —ordenó el capitán—, No quiero que me den nombres falsos, porque si me dan un nombre falso, nunca los van a encontrar." Omar y sus compañeros no sabían hasta ese momento que 43 de los normalistas habían sido ya desaparecidos.

"Sí teníamos miedo —reconoce Omar—. Nos estaban insinuando que nos iban a desaparecer, o que nos iban a tener en algún lugar... Nosotros conocemos la historia, la *guerra sucia*, aquí, en México. Obviamente, los que más desaparecieron gente y eran expertos en eso sin dejar rastro alguno fueron precisamente el Ejército Mexicano o las fuerzas armadas, de marinos y todo, ¿no? O sea, yo sentí como una insinuación, una insinuación como de que nos iban a desaparecer", habló Omar refiriéndose a esa herida aún abierta que supura impunemente en Guerrero.

Los estudiantes suplican atención médica para su compañero porque en el hospital no quieren dársela, los militares dicen que llamarán a la policía municipal para que vengan por ellos y salen del hospital para regresar a la esquina donde están abandonados los cuerpos de Daniel Solís y Julio César Ramírez.

Tras la trágica noche, al despuntar el sol los normalistas sobrevivientes caen en cuenta de que varios de sus compañeros han desaparecido y presentan la denuncia formal ante el gobierno de Guerrero, cuya policía también participó en la desaparición; un grupo de normalistas aceptan dar sus nombres al denunciar, otros dan nombres falsos y unos más se niegan a revelar su identidad con sobrada razón.

Pasan de las nueve de la mañana del 27 de septiembre cuando el teniente de infantería Jorge Ortiz Canales reporta al Ministerio Público el hallazgo de otro normalista: se trata de un cuerpo masculino con playera roja tipo polo, pantalón de mezclilla negro y tenis blancos con negro y gris, abandonado a unos metros de la calle Industria Petrolera, donde se encuentran las instalaciones del C4 de Iguala, desde el que todos los niveles de gobierno, federal, estatal y municipal, monitorearon a los normalistas. Se afirma que se trata de Julio César Mondragón, quien presenta claros signos de tortura y como muestra de la brutalidad de las horas de exterminio tiene fracturado el cráneo y su rostro está desollado.

En la masacre de Iguala fueron asesinados tres estudiantes y tres civiles; al menos 29 personas resultaron heridas por arma de fuego, entre ellas cuando menos 10 estudiantes, y 43 normalistas fueron desaparecidos.

Durante las negras horas de cacería, miedo y desolación en Iguala, mientras el Estado mexicano atacaba, mataba y desaparecía a los normalistas, hubo ocho familias que abrieron las puertas de sus casas y lograron salvar la vida de al menos 60 estudiantes, gracias a lo cual los sobrevivientes pudieron contar lo que pasó esa noche.

11

Noche de perros

El escuadrón del capitán Martínez Crespo

Transcurren los primeros minutos del 27 de septiembre de 2014. En la calle de Juan N. Álvarez esquina con Periférico acaba de ocurrir el tercer ataque contra los normalistas; en las calles aledañas, hombres vestidos de civil con aspecto militar descienden de camionetas SUV oscuras para perseguir estudiantes. En ese momento desaparece Julio César Mondragón, a quien encontrarán al día siguiente con el rostro desollado.[1]

De pronto, en esa esquina se presenta un escuadrón del 27 Batallón de Infantería, integrado por 14 elementos que llevan chalecos antibalas, cascos y rifles de asalto G3; viajan en dos vehículos Cheyenne de la Sedena. Comandan al grupo el capitán segundo de Infantería José Martínez Crespo, y en segundo rango el subteniente de infantería Fabián Alejandro Pirita Ochoa. Al menos uno de los vehículos lleva en el techo una metralleta bajo el control de un soldado. Además de Martínez Crespo y Ochoa Pirita, el escuadrón estaba compuesto por trece elementos de tropa, de los cuales se obtuvieron once nombres: Gustavo Rodríguez de la Cruz, Francisco Narváez Pérez, Eduardo Mota Esquivel, Juan Sotelo Díaz, Ramiro Manzanares Sanabria, Juan Andrés Flores Lagunas, Eloy Estrada Díaz, Uri Yashiel Reyes Lasos, Emanuel Peña Pérez, Roberto de los Santos Eduvigez y Omar Torres Marquillo.

---

[1] La presencia de estas camionetas la corroboraron diversos testigos que las vieron ahí y en otras partes de Iguala esa noche.

El escuadrón se detiene donde yacen mojados e indefensos los normalistas Daniel Solís y Julio César Ramírez; en el lugar no hay ninguna otra autoridad y los militares actúan a sus anchas, asumen que no hay testigos. Tres elementos bajan de los vehículos: uno de ellos dirige su G3 hacia los dos jóvenes y a los otros dos los patean con fuerza. No les ofrecen auxilio, no llaman a una ambulancia o al Ministerio Público. No hay conmiseración, ni siquiera se inmutan ante el horror que se observa alrededor: huaraches sin dueño, pedazos de dedos, charcos de sangre. Enseguida los vehículos militares se marchan cobijados por la oscuridad y dan la vuelta por la calle Juárez, paralela a Juan N. Álvarez. Su tarea aún no termina.

Un testigo presencial dijo en entrevista para esta investigación que la acción duró unos minutos: "Yo creo que querían saber si aún estaban vivos", explicó, visiblemente conmovido por la brutal actitud de los militares.[2]

El 27 de septiembre la Secretaría de Salud de Guerrero practicó las necropsias a los cuerpos de Daniel Solís y Julio César Ramírez, calculándose que el primero murió alrededor de las 0:50 de la noche y el segundo cerca de la una de la mañana. A partir de esas horas y de lo que refirió el testigo, se puede inferir que los estudiantes probablemente aún estaban vivos cuando el escuadrón del capitán Martínez Crespo pasó por ese punto.

De acuerdo con el expediente de la Fiscalía de Guerrero, no fue a la una de la mañana sino hasta las 2:40 del 27 de septiembre cuando el cabo de infantería Juan Carlos Peralta del 27 Batallón llamó al Ministerio Público de Iguala "para informar que entre el Periférico Norte y la calle Juan N. Álvarez de la colonia Juan N. Álvarez se encontraban privados de la vida dos cuerpos del sexo masculino por impactos de arma de fuego y que también se encontraban varios vehículos dañados por impactos de arma de fuego", por lo que solicitaba que el personal de actuaciones se trasladara hasta ese lugar.

Martínez Crespo y 11 de sus subordinados aseguraron ante la PGR que sí pasaron por ese lugar a la hora señalada por el testigo,

---

[2] La entrevista con el testigo se hizo bajo la condición de que se reservara su identidad.

pero que no se bajaron de sus unidades y se siguieron de frente. Sin embargo, el soldado de infantería Uri Yashiel Reyes Lasos contó que varios soldados sí descendieron de sus vehículos:

> Al pasar por el Periférico nos dimos cuenta de que se encontraban dos autobuses obstruyendo el paso vehicular hacia la calle de Álvarez, también me percaté de que por la parte de enfrente de los autobuses se encontraban dos cuerpos bocabajo de dos personas, al parecer sin vida, quedándose una camioneta a verificar el lugar y los cuerpos.

Según el testigo entrevistado, habría sido en ese momento cuando los militares vejaron a los estudiantes. Por su parte, el subteniente Pirita Ochoa confesó que observaron

> a los autobuses que se encontraban con los vidrios rotos por impactos de balas, sin ingresar [en ellos] [...] Asimismo observamos dos cuerpos sobre el asfalto, al parecer sin vida, que correspondían a personas del sexo masculino, y diversos vehículos con impactos de bala, recibiendo la instrucción del capitán segundo de infantería, José Martínez Crespo, de retirarnos del lugar sin realizar anotación alguna o preguntar qué es lo que había acontecido.

Por otro lado, el Ministerio Público interrogó al soldado de infantería Óscar Cruz Román sobre el hallazgo de los dos normalistas en esa esquina: "Que diga el compareciente por qué al momento de pasar donde se encontraban los dos cuerpos no se detuvieron a dar auxilio o seguridad perimetral", le preguntaron. "Desconozco, las órdenes las da mi jefe inmediato, el comandante Pirita", respondió.

Los militares en la noche de Iguala

Habría sido aproximadamente a la medianoche del 26 de septiembre cuando Martínez Crespo recibió la orden del coronel Rodríguez Pérez de salir con su escuadrón. El primer punto al que dicen haber llegado es al Palacio de Justicia, pero según ellos ya no había

LA VERDADERA NOCHE DE IGUALA

estudiantes ni policías. Como se ha visto, las declaraciones de Martínez Crespo y los miembros del batallón son diferentes en puntos sustanciales. La mayoría dijo que una unidad se estacionó frente al Estrella de Oro y otra atrás. Dos militares declararon que se hizo una revisión al autobús, la cual habría durado entre 20 y 30 minutos, pero otros nueve integrantes del escuadrón, incluyendo a Martínez Crespo, omitieron esa información.

Para esta investigación se obtuvieron las declaraciones ministeriales de 34 militares del 27 Batallón de Infantería, incluida la del coronel José Rodríguez Pérez, quien fungía como comandante. De acuerdo con ellas, el Ejército monitoreó a los estudiantes desde que llegaron a Iguala a las 19:30, es decir, dos horas antes del primer ataque. También admitieron que contaban en tiempo real con los detalles de las agresiones contra los normalistas y que esa información la tenía al mismo tiempo la 35 Zona Militar, ubicada en Chilpancingo.[3]

La PGR no llamó a Rodríguez Pérez a declarar hasta el 4 de diciembre de 2014; fue citado posteriormente para ampliar su testimonio el 2 de marzo de 2015, y confesó que desde las 19:00 horas del 26 de septiembre hasta las diez de la mañana del día siguiente hubo militares en las calles de Iguala.

Estas afirmaciones contradicen la versión oficial, que asegura que ni el Ejército ni alguna otra institución del gobierno federal participaron en los hechos y que no tuvieron conocimiento de lo que ocurrió hasta varias horas después, aparte de desmentir lo dicho por el secretario de la Defensa, Salvador Cienfuegos, el 13 de noviembre de 2014, cuando argumentó que "el Ejército actuó de buena fe y en función de la investigación que tenía en ese momento […] es mentira que sí sabían del hecho y no acudieron".[4]

Ante legisladores federales de la Comisión Especial para investigar la desaparición de los normalistas, Cienfuegos declaró que "siguieron un protocolo y este protocolo tiene que ver con que el Ejército

---

[3] El general Alejandro Saavedra Hernández era comandante de esa zona. Tres meses después lo ascendieron a comandante de la IX Región Militar, también ubicada en Guerrero.

[4] *La Jornada*, 14 de noviembre de 2014.

no puede actuar en acciones civiles o de seguridad pública si no es a petición de una autoridad local". La diputada del Partido del Trabajo, Lilia Aguilar, señaló que el secretario pidió no acusar de omisión al coronel Rodríguez Pérez, de quien aseguró tenía un historial intachable.[5]

Sin embargo, Rodríguez Pérez declaró algo muy distinto, pues dijo que el personal castrense adscrito al C4 de Iguala —Felipe González Cano y David Aldegundo González Cabrera— le informó en tiempo real lo que sucedía. Además reveló que el batallón cuenta con Órganos de Búsqueda de Información (OBI), los cuales reportan "las situaciones que ocurren dentro del municipio de Iguala", y reconoció que al menos dos de esos elementos, Ezequiel Carrera Rifas y Eduardo Mota Esquivel, monitorearon a los normalistas desde que llegaron a la ciudad y que uno de ellos estuvo presente cuando ocurrió la desaparición de más de veinte estudiantes del camión Estrella de Oro 1531 frente al Palacio de Justicia.

Rodríguez Pérez también admitió que desde las 22:30 dos escuadrones salieron a las calles de la ciudad, cuando ocurrió el ataque contra los estudiantes: uno iba a cargo del capitán Martínez Crespo y otro a cargo del teniente de infantería Roberto Vázquez Hernández, del servicio de Fuerza de Reacción, quien tuvo bajo su mando a catorce elementos de tropa.

Una fuente militar de alto rango consultada para esta investigación explicó que los batallones, las zonas, las regiones militares e incluso la propia Sedena tienen un OBI; la información que recaba un batallón llega al jefe de operaciones y de ahí se transmite al coronel, este la manda a la zona militar y de ahí llega a las oficinas centrales de la Defensa. Los OBI forman parte de la sección segunda de la Sedena, donde se realizan trabajos de inteligencia y contrainteligencia. La misma fuente manifestó que los militares que trabajan en el pelotón de información no van uniformados y se camuflan entre la población para hacer vigilancia y obtener información; muchos de ellos no usan casquete corto y no suelen dormir en las bases militares, aunque están dados de alta en el Ejército y gozan de prestaciones.

---

[5] *Milenio*, 14 de noviembre de 2014.

Entrevistados, testigos que se encontraban el día de los ataques en la calle Juan N. Álvarez esquina con Emiliano Zapata señalan que a las 21:00 horas, a la altura del gimnasio Star Gym, personas vestidas de civil comenzaron a hacer disparos, de lo que grabaron audios en ese momento. "Eran civiles que estaban persiguiendo a los estudiantes", dijo uno de ellos. Del mismo modo, vecinos y comerciantes de la calle Juan N. Álvarez esquina con Periférico confirmaron que personas vestidas de civil participaron en el ataque armado.

Rodríguez Pérez declaró que ese día lo habían invitado al informe de María de los Ángeles Pineda Villa, aunque no asistió y en su lugar envió al capitán segundo Paul Escobar López y también a Carrera Rifas. Antes de que terminara el acto de la presidenta del DIF, él mismo le habría ordenado a Escobar López trasladarse a la caseta de cobro de la autopista Iguala-Puente de Ixtla para verificar la información de que ahí había estudiantes de Ayotzinapa, lo cual corroboraron el OBI y el personal militar adscrito al C4.

El coronel dijo que minutos después le informaron en tiempo real que los estudiantes habían tomado uno de los camiones y se dirigían a la central de autobuses; luego, que al llegar ahí "se robaron dos camiones e hicieron destrozos". "Sabemos que la policía municipal hace su arribo porque los estudiantes ya llevan tres autobuses —dice Rodríguez Pérez—, los paran en la calle Hermenegildo Galeana y Melchor Ocampo, nos enteramos de que ahí son detenidos por policías municipales, ahí descienden los estudiantes y agreden a los policías municipales." Fue el propio Carrera Rifas quien informó de lo anterior al coronel, así como de las detonaciones que se escucharon en las calles; no obstante, este integrante del OBI omitió esa parte en su declaración ministerial.

Carrera Rifas no declaró ante la PGR hasta el 11 de septiembre de 2015. Dijo que el día de los hechos estuvo en el centro de Iguala, en la calle de Galeana, donde ocurrió la primera persecución contra los estudiantes; sin embargo, explicó que se encontraba ahí por casualidad y que no vio nada, aunque aceptó haber escuchado comentarios de la gente sobre una confrontación entre policías municipales y estudiantes y sobre las detonaciones.

Por su parte, Eduardo Mota Esquivel, el otro elemento del OBI que menciona Rodríguez Pérez, rindió su testimonio el 3 de diciembre de 2014. Este soldado declaró que el 26 de septiembre su superior, el teniente de infantería Joel Gálvez Santos, le ordenó a las 22:00 horas que fuera a verificar si había "un autobús abandonado o que al parecer tiene estudiantes" en la carretera que conduce a Chilpancingo; según él, se trasladó solo al lugar en su motocicleta. Mota Esquivel puntualizó que

> al circular por la carretera justo abajo del puente que cruza la carretera que va a Chilpancingo, cerca del Palacio de Justicia, vi que se encontraba un autobús de pasajeros de la empresa Estrella de Oro [el 1531] rodeado de elementos de la policía municipal de Iguala, quienes iban en camionetas tipo pick up con logotipos de la policía municipal, [los que] trataban de bajar a las personas que venían en el autobús, pero como… venían muy agresivas, no podían bajarlos.

El soldado comunicó estos pormenores a Gálvez Santos, quien le habría pedido que permaneciera "ahí por otro rato para ver qué se ve, pero no te arriesgues ni te acerques mucho". Admitió que se quedó en el lugar durante una hora y que en ese lapso vio que los estudiantes lanzaban piedras desde adentro del autobús mientras los policías intentaban abrir la puerta; luego se dio cuenta de que "llegaron otras tres camionetas oficiales de la policía municipal de Iguala a apoyar a los elementos municipales que se encontraban en el lugar, pero estos últimos llegaron más agresivos ya que les aventaron dos granadas lacrimógenas por las ventanillas del autobús".

"¡Bájense, hijos de la chingada!", habrían gritado los policías. Mota Esquivel refiere que bajaron a los estudiantes, los esposaron y los tendieron bocabajo en el piso; en ese momento él dice haberse retirado. Eran las 23:30 horas. De acuerdo con la reconstrucción de hechos, entre las 22:30 y las 23:00 horas ocurrió la desaparición de los normalistas en ese punto.

Testigos presenciales que cruzaban ese tramo del Periférico afirmaron en entrevista que policías federales le cerraron el paso al camión donde viajaban los estudiantes; por medio del altavoz, con groserías los agentes les habrían exigido que se bajaran.

Mota Esquivel —quien no hizo mención de policías federales en su declaración— dijo haber regresado al 27 Batallón a las 23:40, desde donde reportó todo nuevamente a su superior. Luego se sumó al escuadrón que comandaba Martínez Crespo, quien le habría pedido que lo llevara a donde estaba el autobús. Su declaración sobre los hechos ocurridos cerca del Palacio de Justicia durante el patrullaje con el capitán segundo tiene muchas omisiones en comparación con las de los otros elementos del escuadrón.

El 11 de septiembre de 2015 Mota Esquivel alteró su dicho al ampliar su declaración: manifestó haber estado un tiempo más corto en el lugar de los hechos y añadió que policías municipales de Iguala le quitaron la motocicleta. En esa versión aclaró que se fue con el escuadrón de Martínez Crespo para recuperar su vehículo y no a petición del capitán, como había afirmado en un inicio. En su primera deposición aseveró que llegó con él a las inmediaciones del Palacio de Justicia y que de ahí se habrían ido directamente al hospital Cristina luego de que les reportaron la presencia de hombres armados, pero en la ampliación dijo que del Palacio de Justicia se trasladaron a la base de la policía municipal de Iguala, lo cual es un punto clave en el caso.

Tres integrantes del escuadrón declararon a la PGR que después del Palacio de Justicia, Martínez Crespo se dirigió precisamente a la base, mientras que el capitán omitió esos hechos en su declaración de diciembre de 2014. Después de haber ido a la policía municipal, Mota Esquivel habría recibido vía telefónica la información de que hombres armados entraron en el hospital Cristina a sacar enfermeras del lugar, y les ordenaron ir al punto. Antes de llegar a la clínica, se habrían detenido a patear a los dos normalistas que yacían en el pavimento.

Según Mota Esquivel, cuando llegaron al hospital Cristina primero descendieron de las unidades el capitán Martínez Crespo y un subteniente de infantería; los siguió de inmediato el resto del escuadrón, que se distribuyó en una estaca, "formación que se utiliza para intervenir en inmuebles cuando se presume que existe peligro inminente de que nos vayan a disparar". Mota Esquivel precisó que cinco militares entraron en el hospital y que él tomó una foto al estudiante que tenía el balazo en el labio, aunque esta no se encuentra en los expedientes de la PGR ni en los informes que el 27 Batallón envió a la 35 Zona Militar.

Es el momento que refiere Omar García, líder del Comité de Orientación Política e Ideológica de la Normal de Ayotzinapa, cuando además de serles negada la atención médica a su compañero herido se ven encañonados por soldados con las armas listas para disparar, los cuales los obligan a quitarse las camisas, los revisan en busca de armas, les toman fotografías y les piden su nombre verdadero, con amenazas de llevárselos detenidos bajo cargos que iban inventando al vuelo; la peor insinuación es que si no proporcionan su nombre completo es posible que nadie vuelva a saber de ellos.

Los militares estuvieron en el hospital entre 0:55 y 1:10 de la mañana y luego se dirigieron a la esquina de Juan N. Álvarez y Periférico, según sus declaraciones.

En otro pasaje de su declaración, el coronel Rodríguez Pérez relató que por medio del C4 se enteró de que tres personas heridas por arma de fuego ingresaron en el Hospital General de Iguala. Explicó que esa información la obtuvo por conducto del teniente de infantería Roberto Vázquez Hernández, del servicio de Fuerza de Reacción; Vázquez Hernández declaró que fue al hospital por órdenes del teniente coronel de infantería Benito Cegueda Hernández, el que a su vez dijo que quien estaba girando órdenes era el propio Rodríguez Pérez.

Vázquez Hernández habría salido antes de las 23:00 horas del 27 Batallón, al mando de un escuadrón compuesto por catorce elementos de tropa: "El personal del C4 nos informa, dijo Rodríguez Pérez, que unos estudiantes se encuentran en el Periférico bloqueados por policías municipales, otro vehículo más se encuentra enfrente del Palacio de Justicia, en la carretera Chilpancingo-Taxco, también detenidos por policías municipales, y al parecer también eran estudiantes", dijo. Para justificarse, el coronel afirmó que al saber esto se comunicó con el secretario de Seguridad Pública de Iguala, Felipe Flores Velázquez, "a quien le pregunto si tiene algún problema con los estudiantes, a lo que me dijo que no, que no tenía ningún problema, que su personal ya se encontraba en los filtros".

El teniente de infantería Joel Gálvez Santos, adscrito al Centro de Información, Instrucción y Operaciones del batallón, declaró haber sido el responsable de recibir desde la tarde del 26 hasta la mañana siguiente las llamadas de Felipe González Cano, quien estaba de turno en el C4; fueron en total nueve informes detallados que abarcan el intervalo desde la llegada de los estudiantes hasta el hallazgo del cuerpo de Julio César Mondragón. Gálvez Santos aseguró que de cada llamada rindió inmediatamente un informe tanto a su superior en el batallón como a la 35 Zona Militar en Chilpancingo. A las 21:30 horas, según su dicho, González Cano le reportó que había una confrontación entre la policía municipal de Iguala y los normalistas,

> por lo que se ordena al soldado Eduardo Mota Esquivel que realizara un recorrido por el Periférico, informándome aproximadamente a las 22:30 que frente al nuevo Palacio de Justicia había un autobús con los normalistas a bordo, el cual estaba rodeado por varias patrullas de la policía municipal, quienes estaban encapuchados en camionetas rotuladas y [portaban] uniforme de policías municipales, asimismo que los policías ordenaban con groserías a los normalistas que se bajaran del camión de pasajeros, haciendo caso omiso… por lo que los elementos de la policía municipal arrojaron gas lacrimógeno.

Lo que narra Gálvez Santos se refiere al ataque contra el autobús Estrella de Oro 1531 ocurrido frente al Palacio de Justicia, cuyo saldo fue la desaparición de cerca de veinte estudiantes que viajaban en el vehículo ante la presencia de al menos un elemento del Ejército.

En concordancia con las otras declaraciones citadas, Gálvez Santos atestiguó que en una de las llamadas que recibió del sargento González Cano, cerca de las 23:00 horas, le informó que personas heridas habían ingresado al Hospital General "Dr. Jorge Soberón Acevedo", "por lo que el coronel [Rodríguez Pérez] ordena que la Fuerza de Reacción salga a verificar dicha información". A diferencia de la declaración de Gálvez Santos, la declaración ministerial de González Cano fue muy escueta.

El Ejército manipuló las cámaras de seguridad en Iguala

El soldado de infantería David Aldegundo González Cabrera no se presentó a declarar ante la PGR hasta agosto de 2015; ocupaba un puesto clave, pues el 26 de septiembre de 2014 era el operador de las cámaras de seguridad en Iguala. Según su dicho, de las veinticinco que existen en la ciudad, el día de los hechos funcionaban sólo cuatro: asimismo indicó que en ese momento "únicamente me encontraba yo monitoreando las cámaras de seguridad", por lo que se trata del único testigo que habría podido ver lo que registraron los aparatos.

De acuerdo con lo que explicó, una de las cámaras se encontraba en Periférico Poniente y Prolongación Karina, a unos metros de la esquina donde ocurrió el ataque contra los normalistas en Periférico y Juan N. Álvarez. Por su ubicación estratégica, esta sería la que podría aportar imágenes de la desaparición de los normalistas y de quienes intervinieron en el crimen, pero de ese aparato se conserva sólo un video de un minuto visiblemente manipulado.

También había cámaras en la carretera Iguala–Taxco esquina con Periférico Norte, otra en la colonia Ciudad Industrial y Avenida C, aún más próxima a la calle Juan N. Álvarez, y una más en la carretera Iguala–Taxco, a la altura de la Central de Abasto.

Para esta investigación se obtuvieron los únicos cinco videos de las cámaras del C4 que obran en el expediente de la fiscalía guerrerense y de la PGR. Llama la atención que de ellos cuatro corresponden a la de la carretera Iguala–Taxco esquina con Periférico Norte, y uno solo a la de Prolongación Karina. Los primeros duran entre 30 y 56 minutos mientras que este último, como se mencionó, es de apenas un minuto. En el expediente no existen videos de las otras dos cámaras.

En la escueta y vaga declaración de González Cabrera nunca se mencionan horas específicas de los sucesos que observaba en las cámaras; por lo demás, algunas de las escenas que describe no aparecen en los videos que la fiscalía de Guerrero obtuvo del C4. Por ejemplo, afirma que la cámara de Periférico y Prolongación Karina grabó a tres patrullas en dirección a Periférico Norte, es decir, hacia Juan N. Álvarez, y después de regreso hacia Periférico Oriente, con la de en medio transportando a civiles en la batea; no obstante, justamente este es el video que dura un minuto y tiene imágenes sólo del convoy donde se observa a la patrulla que transporta civiles, pero nunca aparecen imágenes de cuando las patrullas van vacías.[6]

De acuerdo con su propia declaración, González Cabrera manipuló esa cámara enfocando sólo a las tres patrullas; como era el único encargado, sería quien cambió la cromática y habría movido la cámara hacia el cielo cuando pasó el resto del convoy. Con todo, no explica por qué hay sólo un minuto de grabación, y omitió hablar sobre el convoy. "Los eventos que señalé se me hicieron ordinarios —explicó— toda vez que los policías municipales atienden las denuncias del orden común." Añadió que los videos quedan guardados siete días en el sistema de monitoreo.

Al mismo tiempo declaró que a las siete de la mañana del 27 de septiembre le cedió el servicio a otro compañero, que se habría hecho cargo del monitoreo de cámaras; sin embargo no dijo su nombre y hasta ahora se desconoce la identidad de ese militar, quien debió de entregar las grabaciones a la policía ministerial de Guerrero, que pasó a recogerlas a las ocho.

Llama la atención que el ministerio público Víctor Manuel Reséndiz no le haya hecho ningún cuestionamiento a González Cabrera, uno de los testigos más importantes de esa noche. Pero sorprende más que quien firma como testigo presencial de esas declaraciones sea Lourdes López Lucho, una de las responsables directas de la indagatoria y persona de toda la confianza de Tomás Zerón de Lucio.

EL PRIMER ESCUADRÓN

De acuerdo con las declaraciones de los militares, el primer grupo de Fuerza de Reacción partió del 27 Batallón entre las 22:15 y las

---

6 Véase "La noche de Iguala: el video escondido": https://www.youtube.com/watch?-v=xk_zQyfig6E

22:30; iban en dos vehículos Cheyenne bajo el mando de Roberto Vázquez Hernández, comandante de sección, jefe de veintisiete elementos.

Esa primera salida no se registró en las bitácoras del batallón. Oficialmente fueron al Hospital General, justo a un costado de la base militar, a investigar si habían llegado personas heridas de bala. Vázquez Hernández declaró a la PGR que cerca de las 21:00 horas habían ingresado tres o cuatro personas en el hospital y que regresó al batallón a entregar la información a Benito Cegueda Hernández; inmediatamente después recibió la orden urgente de volver a salir con su escuadrón para atender la emergencia del ataque ocurrido en Santa Teresa. Salieron por segunda vez de la base alrededor de las 23:00 con un vehículo de guerra Sandcat; integraban el escuadrón Francisco Morales Merino, Eduardo Castillo Rea, César Augusto Martínez Ocampo, Rodolfo Antonio López Aranda, Jesús Marbán González, Eusebio Jiménez González, Cruz Javier Gómez Nicasio, José Luis Rodríguez Ortega, Camilo Espinoza González, Francisco Montaño Juárez y Erik Abel Márquez Bahena. Francisco Morales Merino, soldado de infantería, declaró a la PGR: "Recibimos la orden del comandante Vázquez, que nos dijo: 'Ármense, que vamos a salir'; también nos dijo: 'Pónganse vergas porque hay personal armado que anda matando gente'". Ése fue el ánimo con que el Ejército salió a la calle esa noche.

Se dirigieron hacia la autopista Iguala-Guerrero, pasando primero por el Palacio de Justicia; varios elementos del escuadrón declararon haber pasado cerca del camión Estrella de Oro 1531, vacío y con los vidrios rotos y las llantas ponchadas. Según ellos, cuando iban rumbo al crucero de Santa Teresa había policías federales y dos taxis baleados, separados por algunos metros de distancia, y más adelante se hallaba un camión de pasajeros donde viajaba el equipo de futbol Avispones. Los testimonios de los militares coinciden en señalar que, cuando llegaron, los sobrevivientes del autobús comenzaron a salir de sus escondites.

La justificación de Vázquez Hernández es que salió a las 23:00 horas para atender la emergencia en Santa Teresa, pero según las declaraciones de jugadores y personal de Avispones, el ataque ocurrió hasta las 23:40 horas a manos de hombres armados a quienes no pudieron ver. Esto prueba que Vázquez Hernández partió del batallón hacia Santa Teresa antes de esa agresión.[7]

De acuerdo con miembros de ese escuadrón, permanecieron en dicho punto hasta las tres de la mañana y regresaron a la base militar a las 3:30. Inmediatamente volvieron a salir en dos vehículos al hospital contiguo para preguntar de nuevo el nombre de los lesionados, que a esa hora ya habían aumentado a más de una docena.

LOS MILITARES INSPECCIONARON LA BASE MUNICIPAL

Ulises Bernabé García, juez de barandilla de la policía municipal de Iguala, fue un testigo clave de la noche del 26 de septiembre de 2014. En una conversación que se llevó a cabo para esta investigación aseguró que, contrario a lo que ha dicho la PGR, nunca llevaron a la base de la policía municipal a los 43 estudiantes.

Bernabé García sustituyó en julio de 2014 a la persona que tenía ese cargo, quien pidió permiso para ausentarse durante tres meses. Su trabajo consistía principalmente en establecer multas y horas de cárcel por faltas administrativas: beber, escandalizar u orinar en la vía pública. Cuando el encargo terminara, el 30 de septiembre, volvería a su puesto de asesor jurídico. "O sea, lo mío fue mala suerte más que nada, fue mala suerte estar en ese encargo en ese momento", señaló en entrevista, la cual se realizó en abril de 2015, antes de que cruzara la frontera hacia Estados Unidos.

Su primer testimonio se publicó en *Proceso* en diciembre de 2014, e inmediatamente después la PGR giró una orden de aprehensión en su contra. Su nombre se menciona en averiguaciones previas de la FGE y de la PGR:[8] se dice que supuestamente interrogó a los normalistas en el patio de la base de la policía municipal y se le acusa de estar al servicio de Guerreros Unidos. En realidad se trata del

---

[7] Francisco Javier Medina Bello y Daniel Antonio Marcos Fabián, jugadores del equipo Avispones, en una declaración ministerial afirman que el ataque fue a las 23:40, al igual que Félix Pérez, médico del equipo.

[8] HID/SC/02/0993/2014 y AP/PGR/SEIDO/UEIDMS/1017/2014.

primer testigo que aseguró que el Ejército sí estuvo en las calles durante las horas en que ocurrieron los ataques en Iguala; también fue el primero en mencionar el nombre del capitán Martínez Crespo. Desde abril de 2015 se encuentra en el centro de detención migratoria de Florence, Arizona, esperando que el gobierno estadounidense resuelva su solicitud de asilo político.[9]

Bernabé García refiere que cuando llegó a su trabajo el 26 de septiembre de 2014 había sólo dos detenidos; pagaron su multa limpiando las oficinas y los dejó ir antes del mediodía. Por la tarde y noche policías municipales llevaron a seis más, de entre 30 y 35 años de edad, por beber y hacer desmanes en la vía pública; afirmó que a cada uno se le hizo una boleta de multa y los encerró en la celda para hombres de la base municipal. El último detenido llegó alrededor de las 21:30.

La versión del juez suplente se contrastó con las declaraciones ministeriales de policías municipales del 27 de septiembre. Estos mencionaron la detención de seis personas: una en la calle Nayarit, cerca de la panadería Elvia, y cinco más en un puesto de revisión en la carretera Iguala-Chilpancingo que iban manejando en estado de ebriedad.

Bernabé García dijo que nunca se enteró del ataque porque no tenía radio; tampoco contaba con arma, uniforme o equipo de policía, ya que era sólo personal administrativo. Explicó que el encargado de la puerta de entrada de la base le avisó entre las 23:00 y las 0:00 horas que un militar quería hablar con él: era el capitán Martínez Crespo.

El oficial entró en las instalaciones con cinco personas más; todos iban armados. Con el pretexto de buscar una motocicleta blanca, inspeccionó cada rincón de la comandancia: celdas, baños, oficinas e incluso el pequeño despacho del juez de barandilla. Ahí estaban aún

[9] La reconocida abogada Margo Cowan, quien lleva este proceso legal en Estados Unidos, ha dicho: "El caso de Bernabé García es bastante sólido, no tengo ninguna duda, las leyes de asilo en Estados Unidos ofrecen refugio a quien está en peligro, y el señor está en mucho peligro por ser un abogado honesto. Él habló de lo que vio aquella noche, aunque corría peligro al decir la verdad. Reportó lo que sucedió, pero justo por eso su seguridad y su vida están en peligro en México".

los seis hombres que habían sido detenidos en estado de ebriedad. Según la PGR, a esa hora los 43 estudiantes habrían estado en la base policiaca, desde donde los llevarían a Loma de los Coyotes.

"Era la primera vez que lo veía —dijo Bernabé García sobre Martínez Crespo—, hasta se me hizo sospechoso porque me dio una palmada en la espalda, me habló muy como si nos conociéramos […] Le di toda la libertad, 'Puedes revisar la comandancia'". La inspección duró aproximadamente quince minutos y cerca de la medianoche los dos vehículos militares se retiraron. Los horarios señalados por el juez de barandilla son distintos a los señalados por los militares que reconocieron haber ido a la base. Señaló que poco después de la visita del capitán llegó el secretario de Seguridad Pública municipal, Felipe Flores, con el subprocurador de la Fiscalía de Guerrero, Ricardo Martínez Chávez, quienes concentraron a todas las personas que estaban en el lugar. Les informaron que había una "alerta roja" a causa de una balacera contra estudiantes; a los policías armados se les pidió entregar sus armas para hacerles peritajes.

Según el juez de barandilla, Flores y Martínez Chávez constataron que había sólo seis personas encerradas en la base; el subprocurador se fue, pero el lugar quedó bajo el control de la policía ministerial de Guerrero. En ese momento llegaron familiares de los detenidos y ofrecieron pagar las multas correspondientes. Bernabé García explicó: "Me dieron los nombres, pagaron su multa, la mínima […] en ese momento ya nos habían dicho lo que pasaba. Digo, no vaya a ser que vengan aquí, nos den, nos ataquen en la comandancia y yo voy a tener una pérdida de vida humana dentro de la celda". Cuando el último pagó y salió eran alrededor de las 2:20. Más tarde regresó el subprocurador y se molestó porque el juez los había liberado, pero nunca le indicaron que no podía hacerlo; de cualquier manera, le mostró al funcionario estatal las papeletas que comprobaban la entrada y la salida de los detenidos. Dice que días después le pidieron un reporte y que entregara copia de las boletas a la fiscalía y así lo hizo.

Bernabé García cuenta que en el Crapol lo interrogaron como a los policías de Iguala: "Me pasan inmediatamente con el subprocurador y me dice: '¿Dónde están los estudiantes?'. '¿Cuáles estudiantes?

Yo no sé de qué me habla'." Personal de la Fiscalía alegó que había estudiantes en la base, pero el juez respondió que eso no había pasado. Bernabé García quiso testificar ante el Ministerio Público pero no le tomaron declaración, la que claramente entorpecería la versión que el gobierno de Guerrero y el federal estaban fabricando.

La PGR lo citó a declarar el 21 de noviembre de 2014 en las oficinas en Iguala y ahí reveló la presencia del Ejército y que no hubo estudiantes en la base. La PGR lo dejó libre, pero después de su declaración el Ejército comenzó a buscarlo.

"Un compañero me hizo un comentario", dijo Bernabé García, "que fueron a preguntar a la Secretaría [de Seguridad Pública] por mí. Y que le dijeron: 'Pues pónganlo'. ¿Con qué intención? ¿Darme una madriza, desaparecerme, o qué situación? No entiendo por qué el Ejército pregunta por mí. Yo no temo que me presenten, hasta estaría contento de que me presentaran. Pero temo que no me presenten, que digan: 'El licenciado está diciendo cosas que pasaron, que el Ejército salió a revisar la comandancia [...] a lo mejor tuvieron algo que ver'. Yo no digo que tengan que ver, pero doy la pauta de que sí salieron porque ellos manifestaban que no salieron."[10]

El segundo testimonio de Bernabé García fue publicado en junio de 2015, tres meses después el capitán Martínez Crespo amplió su declaración ministerial ante la PGR. Por primera vez dijo que sí fue a la base de la policía municipal, pero según él habría sido a las 0:55 horas del 27 de septiembre, con la intención de preguntar por la motocicleta; "permanecí por un espacio no mayor a cinco minutos, sin percatarme de nada más". No obstante, ya había ocultado el hecho en dos declaraciones anteriores, y en cada una dio horarios distintos de sus actividades.

Por añadidura, la Comisión Estatal de Derechos Humanos de Guerrero confirmó que no había evidencia de que los normalistas hubieran estado en la base de la policía municipal. Ramón Navarrete, presidente de dicho organismo, afirmó que la misma madrugada

---

[10] Maximiliano Martínez García, encargado de la puerta de la base municipal aquella noche, confirmó en entrevista el testimonio de Bernabé García; cabe señalar que hasta la fecha Martínez García está libre y no hay orden de aprehensión en su contra.

del 27 de septiembre fueron a recorrer la base: "Hicimos una investigación muy minuciosa para encontrar cualquier indicio que nos llevara a asegurar que los muchachos estaban ahí". Asimismo sostuvo que al día siguiente intentaron inspeccionar el 27 Batallón, pero no se los permitieron: "Si no había nada ahí, pudimos haber entrado".[11]

LOS FEDERALES PARTICIPARON EN LOS ATAQUES

Por documentos internos de la base de la Policía Federal en Iguala se conocen los nombres de los siete agentes de esa corporación que entraron en acción la noche del 26 al 27 de septiembre de 2014. Son Luis Antonio Dorantes Macías, suboficial jefe de la base; el subinspector José Carlos Hernández Romero; los oficiales Víctor Manuel Colmenares Campos y Arturo Gómez Gómez, y los suboficiales Emmanuel de la Cruz Pérez Arizpe, Marco Antonio Pérez Guzmán y Alfonso Ugalde Cámara.

Colmenares Campos y Pérez Arizpe son dos de los policías reconocidos por el chofer del camión Estrella de Oro 1531, Gregorio Jaimes Reyna, ante la Comisión Nacional de los Derechos Humanos[12] como cómplices en la desaparición de los 15 o 20 normalistas que viajaban en el autobús Estrella de Oro que quedó detenido en el Palacio de Justicia, según documentos de la propia PGR. En abril de 2016 la CNDH reveló que, según ese testigo, entre las 22:00 y las 22:30 horas Colmenares Campos y Pérez Arizpe contemplaron y permitieron que ocurriera la agresión de los policías municipales a los estudiantes en la autopista federal 95 para obligarlos a bajar del autobús

---

[11] *Aristegui Noticias*, 17 de junio de 2015.

[12] Como se puede leer en la página electrónica de la CNDH, este organismo "se comprometió con las víctimas y con los familiares de los normalistas a contribuir en la búsqueda de la verdad, a lograr que los derechos de las víctimas sean reparados, a que los responsables sean sancionados. [...] Desde el mismo 27 de septiembre de 2014, la CNDH inició de oficio un expediente de queja con objeto de investigar presuntas violaciones a derechos fundamentales que se habrían cometido. Asimismo, ejerció su facultad de atracción respecto a los expedientes iniciados por la entonces Comisión de Defensa de los Derechos Humanos del Estado de Guerrero".

y subirlos a vehículos de la policía municipal de Huitzuco en un tramo carretero bajo jurisdicción federal.

"¿Qué pasó con los chavos?", preguntó Colmenares a policías municipales que se encontraban en el Palacio de Justicia. "Allá atrás chingaron a un compañero, se los van a llevar a Huitzuco, allá que el patrón decida qué va hacer con ellos", habría dicho un policía municipal de Iguala a Colmenares Campos y Pérez Arispe, mientras subían a los estudiantes a patrullas de la policía municipal de Huitzuco. "¡Ah! Okey, okey, está bien", respondieron mientras veían cómo se llevaban a los normalistas.

En abril de 2015 la CNDH señaló que dos agentes federales:

> habrían consentido que de manera indiscriminada dos corporaciones policiales municipales operen en dicha zona de jurisdicción federal; además asienten que los normalistas detenidos por la policía de Iguala sean llevados al territorio de un municipio diferente, contando con el auxilio de una policía que actúa fuera de su demarcación, como es el caso de la de Huitzuco.

Otros testigos entrevistados en septiembre de 2015 señalaron que a la altura del Palacio de Justicia los policías federales también apuntaron sus armas contra los estudiantes, a la vista de decenas de automovilistas que habían quedado varados por el bloqueo instalado para interceptar el autobús en que viajaban.

En vez de someterlos a investigación por esos hechos, en lo que parece una acción de encubrimiento Colmenares Campos y Pérez Arizpe fueron transferidos a otras bases de la Policía Federal, el primero a Tlaxcala y el segundo a Tlalnepantla, Estado de México, ambos en funciones de vigilancia.

Algunos de los siete federales mencionados también detuvieron el camión donde viajaban los jugadores de futbol del equipo Avispones, a la altura del Palacio de Justicia, mientras ocurría el ataque contra los normalistas; tras dejarlos ir, kilómetros adelante fueron baleados con armas de grueso calibre según la denuncia hecha por padres de los futbolistas a principios de marzo de 2016 ante la Comisión Especial de la Cámara de Diputados que investiga el caso Ayotzinapa.

En esta investigación se cuenta con pruebas documentales que demuestran que la base de la Policía Federal de Iguala vigiló a los normalistas de Ayotzinapa desde el 25 de septiembre, cuando llegaron a las inmediaciones de Iguala para hacer un primer boteo; en la tarjeta 1348/2014, fechada ese mismo día, Dorantes Macías informó a sus superiores que la Policía Federal vigiló durante tres horas en la autopista Iguala-Mezcala a cincuenta estudiantes de la Normal que viajaban en un autobús Estrella de Oro. "Por parte de esta estación Iguala se encuentra monitoreando a distancia el movimiento, para prevenir cualquier acto violento, de igual manera se solicita el apoyo y presencia de la policía estatal", señaló y luego informó que los normalistas se retiraron a las 15:00 horas.

"Acciones inmediatas: se mantiene personal de esta estación pendiente en el tramo carretero en coordinación con autoridades estatales para llevar a cabo acciones preventivas", señaló en otra tarjeta informativa.

Y el 26 de septiembre, junto con el Ejército y la policía estatal, Colmenares Campos y otros federales vigilaron el camión Estrella de Oro 1568 desde las 20:00 horas, cuando los estudiantes llegaron a la caseta número tres a la entrada de Iguala.

De acuerdo con las pruebas documentales, a las 21:55 el policía estatal Erik Nazario Hernández, desde el C4 de Iguala, informó a la base de la Policía Federal que "los estudiantes de la Escuela Normal Rural de Ayotzinapa, a bordo de dos autobuses de la empresa Estrella de Oro, ocasionaron disturbios en la calle Juan N. Álvarez y sobre la avenida Periférico de esta ciudad contra elementos de la policía preventiva municipal", señala la tarjeta informativa 1369/2014, rotulada con la leyenda "DISTURBIOS POR ESTUDIANTES DE AYOTZINAPA EN LA CIUDAD".

Fue después de que la Policía Federal recibió esa información cuando sus efectivos fueron vistos por testigos en el Palacio de Justicia —incluido el de la CNDH— y en la calle Juan N. Álvarez. Asimismo, dos policías municipales de Iguala declararon el 27 de septiembre que vieron a agentes federales en al menos una de las escenas del crimen.

Alejandro Andrade de la Cruz, quien aseguró que iba a bordo de la patrulla 028, declaró ante la Fiscalía General de Guerrero:

Atravieso mi unidad sobre el Periférico para dar seguridad y fue que permanecí varios minutos escuchando que solicitaban el apoyo por el Puente del Chipote, donde se encuentra el Palacio de Justicia, enfrente, por lo que indico a mis compañeros que nos subiéramos a la patrulla para trasladarnos a brindar el apoyo al Puente del Chipote y al llegar a dicho lugar hice lo mismo, dar seguridad a la retaguardia semiatravesando la unidad y me percaté que había varias patrullas, entre cinco o seis […] y de ahí me percaté que llegaron dos patrullas de la Federal de Caminos (*sic*), así como una patrulla de la policía ministerial.

Nicolás Delgado Arellano, otro tripulante de la patrulla 028, atestiguó lo siguiente:

No recuerdo la hora exacta, porque no uso reloj, cuando pidieron el auxilio para que nos trasladáramos frente al Palacio de Justicia ubicado en carretera nacional México-Acapulco. Me dijo el comandante Alejandro Andrade de la Cruz que le habían reportado una riña, y al llegar a este lugar ya no había casi nadie; encontramos una patrulla de la Policía Federal, después nos retiramos a hacer recorrido.

"[Los estudiantes] no refieren expresamente que hayan visto disparar a policías federales, pero sí estaban ahí, había presencia de policías federales, ¡había!, eso es claro, lo tienen muy presente", afirmó Vidulfo Rosales, abogado de los normalistas y de sus padres en entrevista el 21 de marzo de 2015.

Un testigo presencial también señaló en entrevista que vio cómo mientras se llevaba a cabo el ataque contra los normalistas en Juan N. Álvarez, dos pick up de la Policía Federal bloqueaban la calle facilitando la agresión.

Pese a las tarjetas, oficios y los señalamientos contra la Policía Federal, seis de los siete agentes no fueron llamados a declarar por la PGR sino hasta el 11 de mayo de 2015.

En el caso de Dorantes Macías, la PGR no tomó su declaración hasta el 11 de septiembre de 2015. En su escueta deposición omitió decir que la Policía Federal monitoreó a los estudiantes desde que llegaron a las inmediaciones de Iguala horas antes del ataque, y que los elementos a su mando participaron en los hechos ocurridos en el Palacio de Justicia y en la calle Juan N. Álvarez. También omitió la conversación telefónica que tuvo con el jefe de la policía de Iguala, Felipe Flores Vázquez, sólo dijo que tuvo un primer reporte sobre la toma de autobuses a las 21:50 horas y que notificó esto a la Dirección de Operaciones y Seguridad Regional y al Centro de Mando en Iztapalapa, en la Ciudad de México. Esta información no había sido reportada por Enrique Galindo, ex titular de la Policía Federal.

Reconoció que además de los Chevrolet con que contaba la Policía Federal también tenían dos pick up, de las que dijo no recordar su número; curiosamente, cuando el ministerio público le preguntó quién estuvo a bordo de esas unidades, respondió que ese día no fueron asignadas. En una segunda declaración admitió que en días previos al 26 y 27 de septiembre la Policía Federal había tenido reportes sobre la toma de vehículos de parte de los estudiantes, pero dijo no recordar fechas ni lugares, "toda vez que no se encontraban denuncias interpuestas ante las autoridades"; mintió, ya que la empresa Estrella de Oro había denunciado el 25 de septiembre el secuestro de algunos de sus autobuses, incluidos los dos que la noche del 26 de septiembre fueron objeto de los ataques. Cuando le preguntaron si la Policía Federal usaba gases lacrimógenos, respondió que "ninguna unidad cuenta con ese tipo de indumentaria".

Por su parte, Colmenares Campos también mintió ante la PGR, de acuerdo con la copia íntegra que se tiene de su declaración. Dijo que el 26 de septiembre, cubriendo su turno de las 15:00 a las 23:00 horas, junto con Pérez Arizpe estuvo en la patrulla 09908; señaló que le tocó el tramo carretero Puente de Ixtla-Iguala.

Admitió que el 26 de septiembre participó en un operativo con la policía estatal, pero mintió sobre la hora en que estuvieron ahí y omitió decir que vigilaron a los normalistas. Dijo que entre las 22:15 y las 22:30 los llamó Dorantes Macías para ordenarles ir a la base de la Policía Federal ubicada sobre la carretera 95, a la entrada de Iguala; de acuerdo con el mapa carretero, pudieron pasar por el Palacio de Justicia en el tiempo en que el testigo de la CNDH ubica su diálogo con policías municipales mientras ocurría la desaparición.

Colmenares Campos no mencionó en su declaración el incidente. Dijo que, ya en la estación, Dorantes Macías les ordenó ir al Palacio Municipal a entrevistarse con Felipe Flores, jefe de la policía municipal de Iguala, para investigar la balacera sobre la que alertara la PGR. Afirmó que habló con el jefe policiaco, quien, según él, le dijo que hubo detonaciones de arma de fuego en el centro de Iguala y que cuando los municipales acudieron al lugar fueron agredidos por los normalistas, "viajando estos a bordo de un autobús Estrella de Oro, iniciando una persecución que terminó frente al Palacio Judicial, el cual se encuentra ubicado en carretera nacional Cuernavaca-Chilpancingo [tramo municipal], dejando abandonado dicho autobús en el lugar", escribió en una tarjeta informativa de la cual se tiene copia, sin mencionar que él mismo estuvo presente en los hechos. Pero también mintió en eso: el Palacio de Justicia ya está dentro del perímetro de jurisdicción federal.

Colmenares Campos declaró que después de hablar con Flores regresaron a la comandancia y pasada la medianoche salieron seis agentes al sitio del ataque contra los Avispones en las patrullas 09908, 11744, 11740 y 09910; dicho tramo también es jurisdicción de la Policía Federal. Al lugar también llegó Dorantes Macías en la patrulla 11742 y después arribó el subprocurador de Guerrero, Ricardo Martínez, con dos asistentes.

Pérez Arizpe, quien iba a bordo de la misma patrulla que Colmenares Campos, mintió igualmente en su declaración sobre los horarios en que estuvieron en el operativo con la policía estatal y omitió decir que vigilaron a los normalistas. También faltó a la verdad al decir que prestaron auxilio a los futbolistas: dijo que al llegar al lugar del incidente, cerca del cruce con Santa Teresa, "se les brindó seguridad y se solicitaron los servicios de emergencia". De acuerdo con la información de la Cruz Roja, fue un taxista quien llamó a la ambulancia. "Estaba lloviendo y ni los elementos del Ejército ni de la Policía Federal les habían brindado apoyo [a las víctimas]", afirmó en declaración rendida el 29 de octubre de 2014 un funcionario del gobierno de Guerrero que esa noche acompañaba al subprocurador Ricardo Martínez Chávez.

En las declaraciones de Colmenares Campos y Pérez Arizpe, la PGR no les formuló ni una sola pregunta.

De acuerdo con la documentación de la PGR, el mismo día que el chofer identificó a los dos federales se inició la indagatoria por la probable comisión de "abuso de autoridad, ejercicio indebido de servicio público y lo que resulte" contra Colmenares Campos y Pérez Arizpe. Se desconoce el estatus de dicha investigación.

COLMENARES Y DORANTES: NEGRO HISTORIAL Y SANCIONES

Como parte de esta investigación, desde noviembre de 2014 se inició una pesquisa sobre Colmenares Campos y Dorantes Macías, elementos federales que desempeñaron un papel importante esa noche. Por medio de la Ley de Transparencia se obtuvo el historial de arrestos y sanciones de ambos policías, tanto de la Secretaría de la Función Pública como de la propia Policía Federal.

Colmenares Campos fue dado de alta en la Policía Federal de Caminos en 1987 por órdenes del comandante Enrique Harari Garduño, detenido en 2000 por presuntos vínculos con la delincuencia organizada. Desde el principio, Colmenares Campos acumuló decenas de arrestos por horas y días e incluso fue sujeto de investigaciones ordenadas por la Auditoría Superior de la Federación tras su paso por Baja California Norte, Texcoco e Iguala; entre las muchas faltas cometidas en su labor están no presentarse a sus servicios, fallas operativas, no elaborar partes informativos, abandono de su puesto de trabajo, desobediencia, falta de supervisión del personal a su cargo, no entregar sus armas al terminar sus servicios, utilizar su vehículo particular sin placas, "haber hecho mal uso del radio-transmisor en servicios de seguridad y vigilancia", "relajar la disciplina en oficinas" y "participar en conato de bronca en centro de vicio, resultando [en] daños al establecimiento".

En 2003 el Órgano Interno de Control de la Policía Federal le inició un procedimiento cuando estaba adscrito a Texcoco: se le acusó de sustraer de la carpeta de novedades la licencia médica de un policía federal y de alterar el documento "imprimiendo la leyenda 'VIH (Sida)' en el rubro de diagnóstico", exigiendo a otros policías testigos "no mencionar nada al respecto a nadie". Como consecuencia fue suspendido treinta días.

En 2014, ya en Iguala, la Auditoría revisó el desempeño del "Apoyo en política migratoria" de la Policía Federal y descubrió irregularidades en la actuación de Colmenares Campos y otros cuatro agentes; se les acusó de abuso de autoridad y uso indebido de atribuciones por haber detenido a un ciudadano de Ecuador en las inmediaciones de Morelos sin tener autoridad para hacerlo, para después ponerlo a disposición del Instituto Nacional de Migración. La Policía Federal los protegió y el 9 de septiembre de 2014, días antes de la desaparición de los normalistas, fue absuelto por el propio Órgano Interno de Control.

Dorantes también acumula irregularidades en su carrera policial, como "falta en el desempeño de su servicio de guardia", "no rendir novedades", "no llenar correctamente el libro de control de vales de gasolina", faltar a sus servicios, no hacer su trabajo y omitir consultar el banco de datos de vehículos robados, no cumplir con las órdenes de servicio y omitir la revisión de vehículos que transportan productos y derivados del petróleo, así como "relajar la disciplina dentro de las instalaciones de la comisaría". El 23 de octubre de 2014 presentó su renuncia "irrevocable" a la Policía Federal.

ENCUBRIMIENTO Y CENSURA DE LA PGR

El 4 de marzo de 2016 la Oficina Especial para el Caso Iguala de la CNDH envió una carta a Eber Omar Betanzos Torres, subprocurador de Derechos Humanos y Prevención del Delito de la PGR, en la que solicitaba la detención de los policías federales Colmenares Campos y Pérez Arizpe, a quienes acusó de participar en la desaparición de los estudiantes: así se consigna en el documento "Presentación sobre la investigación focalizada en la participación de elementos de la Policía Federal en los hechos de Iguala", firmado por José Trinidad Larrieta, encargado de la Oficina Especial.

En abril de 2016 la CNDH dio a conocer públicamente su informe y exhortó a la PGR a llevar a cabo el ejercicio de la acción penal o al menos el arraigo de los dos policías, pero hasta noviembre de 2016 no se había procedido en manera alguna; la procuraduría se limitó a señalar que sí estaba investigando la participación de los federales y de la policía municipal de Huitzuco mientras que la Policía Federal, protegiendo a sus elementos, dijo que hasta ese momento no se había comprobado ninguna responsabilidad en su contra.

La CNDH puntualiza:

> En el expediente está acreditado que [Colmenares Campos y Pérez Arizpe] fueron readscritos fuera de Guerrero a los pocos días de los hechos, lo cual pudiera constituir algún indicio de pretender deslindarse de los hechos y evadir su responsabilidad.
>
> Llama la atención que dos de los policías federales involucrados en los hechos, de acuerdo con esta línea de investigación, en sus respectivas declaraciones ministeriales y en sus partes informativos sospechosamente omiten referirse a cualquier circunstancia que los ubique en el evento suscitado en el Puente del Chipote.

De este modo, la CNDH pidió a la PGR que realizara una "investigación integral y exhaustiva" de los federales, incluyendo vínculos con la delincuencia organizada, lavado de dinero o enriquecimiento ilícito; también solicitó que se investigara el retén instalado por la policía municipal de Iguala y la Policía Federal metros antes del Palacio de Justicia. "Resulta fundamental determinar cómo incidió este hecho en la desaparición de los estudiantes y la responsabilidad en que pudieron incurrir los elementos de la Policía Federal."

En la investigación realizada en Iguala se encontraron testimonios que señalan que la noche del 26 de septiembre algunos normalistas suplicaron a los guardias del Palacio de Justicia que les permitieran entrar a refugiarse, pero se negaron y les dijeron que rodearan el edificio para acudir a la agencia del Ministerio Público que estaba del otro lado. Hasta ahora, en el expediente de la PGR no se han tomado las declaraciones de dichos guardias, quienes también habrían sido testigos de la agresión contra los estudiantes y de la participación de policías federales.

La intocable policía de Huitzuco

En el documento enviado por la CNDH a la PGR se afirma que el chofer del Estrella de Oro reportó los hechos ocurridos y la participación de la Policía Federal a representantes legales de esa empresa de autobuses, "quienes lo asesoraron para que no proporcionara esta información a las autoridades ministeriales, argumentando que se trataba de un tema delicado, que no dijera nada y que no se metiera en problemas", por lo cual no mencionó la presencia de la Policía Federal en su primera declaración ministerial.

Según el testimonio del chofer, durante la agresión contra los normalistas escuchó que uno de los policías municipales de Iguala dijo a un compañero que los estudiantes ya no cabían en la patrulla, a lo que este respondió: "No te preocupes, ahorita vienen los de Huitzuco" y poco después arribaron más patrullas azules con blanco, a las que subieron a los jóvenes; dio la misma versión al GIEI, que la presentó en su primer informe en septiembre de 2015. Pese a eso, la policía municipal de Huitzuco sigue intocable.

En junio de 2016 una parte de esta investigación se condujo directamente en la cabecera municipal de Huitzuco: la entrada principal estaba custodiada por dos policías municipales armados con rifles de asalto Beretta. Uno de ellos, Jesús Sánchez, con siete años de antigüedad en dicha corporación, señaló en entrevista que la policía de Huitzuco está conectada al C4 de Iguala; por esta razón, si hay una emergencia, ellos son llamados a colaborar.

Se sabe que en el C4 de Iguala había militares, policías estatales, elementos de Protección Civil y agentes municipales de Iguala, y está interconectado en tiempo real tanto con la base de la PGR en Iguala como con la de la Policía Federal y la policía de Huitzuco; así, todas esas corporaciones tuvieron información en tiempo real de lo que ocurría.

Sánchez explica que cuando hay una emergencia también se pide el apoyo de Huitzuco para participar en operativos conjuntos con la policía de Iguala, el Ejército y la Policía Federal, pero según su versión él mismo estuvo de guardia la noche del 26 de septiembre de 2014 en el punto de entrada principal al centro de Huitzuco y no vio nada extraño:

Yo estuve ese día aquí en la noche. Aquí estamos nosotros un día, y un día patrullamos. Ese día me tocó a mí con ocho compañeros, porque supuestamente en la noche nos apoyamos; ahorita ve poquitos [agentes], pero ya en la noche llega más apoyo. Ese día estaba lloviendo, aquí estábamos con mangas [coberturas para la lluvia].

El policía entrevistado informó que antes de los hechos en Iguala había en Huitzuco cerca de noventa elementos, y ahora son cerca de sesenta: muchos renunciaron voluntariamente poco después del 26 de septiembre de 2014, y luego otros fueron dados de baja porque no pasaron los exámenes de confianza. Pese a que la policía de Huitzuco estaba interconectada al C4 de Iguala, en las primeras investigaciones de la fiscalía de Guerrero los agentes nunca fueron interrogados ni sus armas sujetas a peritaje; la PGR lo hizo más de un año después.

Entre los que renunciaron están el jefe de la policía municipal, Javier Duarte Núñez, y su hijo; la CNDH y el GIEI han pedido que sean investigados, pero ahora nadie los localiza.

Testimonios recabados en Huitzuco de los Figueroa evidencian que ahí no parece haber más "patrón" que el poderoso Rubén Figueroa, el ex gobernador de Guerrero destituido por la matanza de Aguas Blancas, jefe y amigo del también ex gobernador Ángel Aguirre. Norberto Figueroa, pariente del otrora mandatario, era alcalde de Huitzuco cuando presuntamente su policía participó en la desaparición de los normalistas.

El policía Sánchez menciona que la PGR los llamó a declarar a él y a su colegas hacía apenas unos cuatro meses y hasta entonces les preguntaron si habían ido a ayudar a los de Iguala, pero él dijo que nunca fueron a dar apoyo. Hasta hacía unas semanas, explicó, llegó personal de la PGR a hacer peritaje a sus armas, un año y ocho meses después de la desaparición de los normalistas.

12

La verdadera noche de Iguala

Se instruye al Titular de la Oficina de Investigación a girar instrucciones a quien corresponda para que se amplíe la investigación
respecto al Capitán José Martínez Crespo con la finalidad de que se
averigüe sobre las imputaciones que se le han hecho en relación a
sus posibles vínculos con la delincuencia organizada y cuyo resultado
sea remitido a la Subprocuraduría Especializada en Investigación de
Delincuencia Organizada (SEIDO).

Se instruye al Titular de la Oficina de Investigación a girar instrucciones a quien corresponda para que de conformidad con los artículos 13 último párrafo, de la Constitución Política de los Estados
Unidos Mexicanos (*Nota a pie de página*: cuando en un delito o falta
del orden militar estuviese complicado (involucrado) un paisano (ciudadano), conocerá del caso la autoridad civil que corresponda); 2, 3,
16, 134, 168 y 180 (*Nota a pie de página* del Código Federal de Procedimientos Penales, se valore las conductas omisas en que pudo haber
incurrido personal de Sedena del 27 Batallón de Infantería, con sede
en Iguala, Guerrero, en los hechos ocurridos el 26 y 27 de septiembre
de 2014 en donde fueron atacados estudiantes de la Escuela Normal
Rural "Raúl Isidro Burgos" de Ayotzinapa y demás personas civiles,
para que de contar con datos y elementos de prueba suficientes se
amplíe la investigación respecto de posibles ilícitos que se les pudiesen
atribuir, como podría ser Encubrimiento, o del Abuso de Autoridad
o de cualquier otra circunstancia indebida en el ejercicio de sus funciones. (*Nota a pie de página*: compete al MP federal llevar a cabo la
averiguación previa y ejercer en su caso acción penal ante los tribuna-

les. [...] 3. Las policías actuarán bajo la conducción y mando del MP; 16. Al expediente de la AP únicamente tendrán acceso el inculpado, su defensor y la víctima u ofendido o su representante legal. 134. En cuanto aparezca en la AP que se han acreditado el cuerpo del delito y la probable responsabilidad del indiciado, en los términos del artículo 168 [...] el MP ejercitará acción penal ante los tribunales; 168. El MP acreditará el cuerpo del delito de que se trate y la probable responsabilidad del indiciado. 180. Para la comprobación del delito y de la probable responsabilidad del indiciado, el MP y los tribunales gozarán de la acción más amplia para emplear los medios de investigación que estimen conducentes.)

Así se afirma en las "recomendaciones generales" del borrador de la "Evaluación Técnico Jurídica" practicada por la Visitaduría General de la Procuraduría General de la República, encabezada por César Alejandro Chávez Flores, a toda la averiguación previa AP/PGR/SDPDS/01/001/2015 abierta en el tiempo del procurador Jesús Murillo Karam, y que acumula todas las indagatorias relacionadas con la desaparición de los 43 normalistas.

Estas conclusiones preliminares de la auditoría legal realizada a las actuaciones de la PGR y los resultados del expediente de investigación DGAI/510/CDMX/2016, elaborado por la Dirección General de Asuntos Internos de la Visitaduría contra el titular de la Agencia de Investigación Criminal, Tomás Zerón de Lucio, y su equipo, por sus actuaciones en el río San Juan, en Cocula, Guerrero, fueron la razón por la cual Chávez Flores se vio obligado a presentar su renuncia el 12 de septiembre de 2016.

LA INVESTIGACIÓN DE LA VISITADURÍA GENERAL

Tras la llegada de Arely Gómez a la PGR en abril de 2015, la Visitaduría General de la PGR quedó a cargo del abogado Chávez Flores, de 41 años de edad, originario de Chihuahua y con una larga experiencia en órganos internos de control e investigaciones contra la corrupción. La Visitaduría es el área que se encarga de hacer las investigaciones internas sobre irregularidades cometidas en las averiguaciones previas y por parte de los servidores públicos, incluyendo ministerios públicos, peritos y policías federales ministeriales.

Dado el desgaste de la PGR por el caso Ayotzinapa, Gómez y Chávez Flores acordaron hacer una "evaluación técnico jurídica" de la averiguación previa del caso. Esa evaluación significaba revisar cada una de las actuaciones de la PGR para esclarecer los hechos ocurridos el 26 y 27 de septiembre de 2014, y determinar si desde el inicio de su intervención la Procuraduría había actuado conforme a derecho y apegada a los estándares internacionales de derechos humanos. Chávez Flores acordó con la procuradora que la auditoría contemplaría "los más altos estándares internacionales en materia de investigación de desaparición forzada".

De este modo, el Visitador General de la PGR llevó a cabo una "evaluación técnico-jurídica" cuya documentación resulta fundamental para conocer los pormenores de una investigación que ha estado llena de irregularidades.

La auditoría general a la averiguación previa relacionada con la desaparición de los 43 normalistas ya estaba planeada y acordada entre la procuradora y Chávez Flores cuando el GIEI presentó su último informe el 24 de abril de 2016. Ese día los expertos de la CIDH denunciaron la alteración de la supuesta escena del crimen en el río San Juan y la posible siembra de restos humanos por parte de Zerón de Lucio. Los padres de los 43 normalistas desaparecidos exigieron una investigación contra el funcionario y pusieron como condición conocer rápidamente sus resultados para continuar el diálogo con la PGR.

Como defensa, el entonces titular de la AIC presentó un video donde se le observa con el detenido Agustín García Reyes en el río San Juan antes de iniciar las diligencias ministeriales; sin embargo, antes que salvarlo ese registro lo incriminaba y exponía al público las irregularidades en el supuesto hallazgo de las bolsas con restos de los normalistas.

Para mala suerte de Zerón y su equipo, Chávez Flores no es un hombre que se tome las cosas a la ligera. Durante su gestión había roto el récord de sanciones contra funcionarios de la PGR: a lo largo de un año y medio procesó penalmente a ciento setenta servidores públicos y destituyó administrativamente a más de doscientos.

Ante la escalada internacional del escándalo, el Visitador General le advirtió a Arely Gómez que el Estado mexicano estaba ante un caso que, de no zanjarlo sus propias instituciones, podría terminar en la Corte Interamericana de Derechos Humanos e incluso en la Corte Penal Internacional: debía ser la propia PGR quien realizara la indagatoria con todo el rigor técnico, no había margen para la simulación. La procuradora aceptó que la investigación se hiciera a fondo a sabiendas de que se trataba de un tema sensible, pues Tomás Zerón era un hombre directamente designado y protegido por Enrique Peña Nieto; desde su llegada a la procuraduría había tratado de removerlo, pero la presidencia se negó rotundamente.

La Visitaduría aclaró que la investigación no podía limitarse al día 28 de octubre de 2014, cuando el titular de la AIC llevó personalmente a García Reyes al río; para que tuviera sustento legal también debían averiguar las condiciones en que este y los demás fueron detenidos en el caso del basurero de Cocula, y cómo se había llevado a cabo la diligencia donde supuestamente se encontraron los restos óseos del normalista Alexander Mora. Así se inició el expediente de investigación DGAI/510/CDMX/2016.

En las manos del íntegro Visitador General quedaron las dos indagatorias internas más importantes del sexenio: la auditoría general a la investigación hecha por la PGR sobre el caso de los normalistas de Ayotzinapa y la investigación contra el hombre del presidente, Tomás Zerón. Eran las pruebas de fuego para saber si la mala conducción y manipulación de la investigación criminal más sensible del sexenio de Peña Nieto habían sido fraguadas de manera unilateral por un grupo de funcionarios de la PGR, o si contaba con el respaldo del gobierno al más alto nivel. La investigación de la Dirección General de Asuntos Internos contra Zerón abarcó los hechos ocurridos desde el 25 de octubre hasta el 31 de octubre de 2014, y concluyó formalmente en agosto de 2016. Había sido el compromiso del Visitador General y de la procuradora con los padres de los normalistas desaparecidos. El 18 de agosto de 2016, cuando la procuradora se reunió con ellos, ya se contaba con el "Acuerdo de conclusión", sólo faltaba la formalidad de que el Visitador lo dictaminara y firmara, lo cual tomaría unas horas. Arely Gómez le pidió a Chávez Flores que no lo hiciera, que esperara, ya que el incómodo dictamen debía pasar primero por el visto bueno del presidente.

Así, en el encuentro dijeron que ya estaba terminada la investigación, pero que aún no estaba dictaminada, lo cual provocó el enojo de los familiares y sus abogados, quienes rompieron el diálogo con el gobierno de Peña Nieto.

LA RENUNCIA DEL VISITADOR GENERAL

"Acabo de presentar mi renuncia ante la disyuntiva de hacer lo correcto y conservar el cargo", anunció Chávez Flores ante los rostros estupefactos de decenas de colaboradores en las oficinas de la visitaduría; no lo dijo explícitamente, pero para nadie era un secreto que la dimisión se debía a las conclusiones de su investigación contra el intocable Tomás Zerón. "Quienes trabajamos en la visitaduría tenemos la obligación de depurar el sistema de justicia en nuestro país; aquí lo que hacemos tiene un valor trascendente, se trata de darle a México una mejor institución", agregó el joven abogado.

Cuando terminó su emotivo discurso, los funcionarios de la visitaduría lo despidieron con un gran aplauso. En medio de decenas de elementos de la PGR que durante casi dos años participaron en actos de tortura, detenciones ilegales y manipulación de pruebas durante la investigación sobre la desaparición de los 43 estudiantes, hubo un hombre que decidió hacer lo correcto.

Durante varios meses la procuradora, otros subprocuradores de la PGR y el propio Zerón presionaron al visitador para que cambiara las conclusiones de su indagatoria sobre el río San Juan; Chávez Flores se negó a hacerlo a pesar de las amenazas que recibió incluso por escrito. El visitador le explicó a la procuradora el efecto negativo de ignorar las irregularidades en las diligencias en el río San Juan y el basurero de Cocula: no tenía sentido ocultarlas porque tarde o temprano saldrían a la luz cuando interviniera una corte internacional.

Sin embargo, el presidente Peña Nieto tenía la última palabra y le dio instrucciones a Arely Gómez para que el visitador dejara el cargo; asimismo le pidió que el incómodo "Acuerdo de conclusión" nunca se hiciera público. Ya movería él a su hombre de confianza a otro sitio donde le fuera más útil.

"Dicen que el problema es contigo, que no quieres cambiar las conclusiones", le reclamó el propio Zerón a Chávez Flores en los días más álgidos de discusión interna. "No es posible, Tomás, tú sabes que no es posible", le respondió el Visitador, recordándole que lo había mantenido al tanto de los avances al igual que a la procuradora y al resto de los subprocuradores.

Las conclusiones que ponían en el banquillo de los acusados a Zerón no eran una sorpresa, ni siquiera para él mismo, que había tenido acceso a la indagatoria; sin embargo, todos preferían echarle la culpa al Visitador. "Tener problemas con Tomás era tener problemas con el presidente", dijo una fuente de la PGR consultada.

Para esta investigación se tuvo acceso al "Acuerdo de conclusión" de la indagatoria sobre Zerón y el río San Juan, coordinado por Chávez Flores y firmado por el ministerio público Ricardo Juan de Dios Martínez, así como a las "Conclusiones preliminares" de la auditoría sobre la averiguación previa, firmadas por cinco ministerios públicos adscritos a la Visitaduría General. La PGR y el gobierno de Peña Nieto han ocultado ambos documentos y es hasta ahora, en el marco de este trabajo periodístico, que la sociedad mexicana puede conocer su contenido.

El contenido de estos dos documentos internos de la PGR es de interés público no sólo por el derecho a la verdad de las víctimas, el cual es un derecho humano fundamental, sino para la indispensable rendición de cuentas en el caso de desaparición forzada más importante de las últimas décadas en México.

La investigación contra el titular de la AIC concluyó que eran inválidas todas las actuaciones del río San Juan porque las ilegalidades cometidas antes y después de las inspecciones en el lugar tenían un efecto corruptor en la prueba. En pocas palabras, echaba por tierra, jurídicamente hablando, la "verdad histórica" que el gobierno de Peña Nieto había defendido hasta entonces, sin importar el costo político, pues en la lectura de Los Pinos cualquier costo era menor que el que se pagaría si se supiera la verdad.

El borrador de la auditoría legal practicada a todo el expediente relacionado con el caso Ayotzinapa determinó que la SEIDO debía replantear de fondo su investigación para dar con el paradero de los 43 normalistas desaparecidos y con los responsables del ataque contra los estudiantes y el camión donde viajaban los jugadores del equipo de futbol Avispones, donde murieron seis personas y decenas resultaron heridas. Y esas nuevas líneas de investigación debían enfocarse en la Policía Estatal de Guerrero, la Policía Federal, el 27 Batallón de Infantería y lo ocurrido particularmente a los autobuses Estrella de Oro 1531 y 1568.

Tras dos años de investigación, más de cien entrevistas, la revisión de miles de fojas del expediente de la PGR, documentos obtenidos a través de solicitudes de información e informes clasificados de seguridad, una extensa investigación de campo y el acceso a un informante, se logró conocer esta versión de lo sucedido entre el 26 y el 27 de septiembre de 2014 en Iguala, la cual aparece como la que más se apega a la mecánica de hechos de esa noche y a las observaciones de la auditoría legal de la Visitaduría General de la PGR.

Por añadidura, semanas después de que Arely Gómez obligó a Chávez Flores a salir, le llegó a ella su turno. El 25 de octubre de 2016 el presidente la removió de la PGR y la envió a la SFP. Dentro de la Procuraduría se afirma que lo anterior fue en represalia por las investigaciones que ella misma había autorizado contra Tomás Zerón y la averiguación previa sobre el caso Ayotzinapa. En Los Pinos era urgente garantizar que los resultados de las investigaciones del Visitador General no salieran a la luz pública ni tuvieran consecuencias legales. El propio consejero jurídico Humberto Castillejos, pieza clave en la desviación de la investigación, recomendó a su primo hermano Raúl Cervantes Andrade. En Los Pinos no sólo quieren que limpie el desastre durante los últimos años del mandato de Peña Nieto, sino que sea garante de la impunidad. Por esta razón se impulsa que Cervantes Andrade sea el nuevo fiscal que permanezca en el cargo durante nueve años.

Fue el Ejército

La noche del 26 de septiembre de 2014 le informaron a un narcotraficante con un importante nivel de operaciones en Guerrero, quien se encontraba en Iguala, que estudiantes de la Normal de Ayotzinapa iban a bordo de dos autobuses en los que se ocultaba un cargamento de heroína con un valor de al menos dos millones de dólares; los normalistas ignoraban que viajaban con la preciada carga y que su destino estaba ligado a ella.

Aunque el capo estaba acostumbrado a traficar varias toneladas de heroína, la cantidad que transportaban los autobuses no era menor y no se podía permitir ese robo aunque fuera accidental; si lo toleraban, se perdería el orden en la plaza.

"Si se mata por veinte mil dólares, ¿por dos millones? Es una manera de operar. La recuperación de la mercancía era un tema de dinero y un tema de autoridad, si se permitía ese robo después habría más", explicó un informante de credibilidad comprobada, con quien se sostuvieron varias reuniones a lo largo de quince meses durante esta investigación.

El narcotraficante en cuestión tenía al menos ocho años trabajando en la entidad; primero como colaborador de Arturo Beltrán Leyva, con el que traficaba droga a Estados Unidos —no como un subalterno sino como un socio minoritario que con el tiempo adquirió más poder, aunque logró mantener un perfil discreto—, pero su nombre nunca se ha mencionado en las causas penales de otros integrantes de ese cártel, como Édgar Valdez Villarreal, Gerardo Álvarez Vázquez o Sergio Villarreal Barragán. En 2009, cuando ultimaron a Arturo Beltrán Leyva en Cuernavaca, el capo decidió seguir con sus propias operaciones usando Guerrero como base: para el control de la zona tenía en su nómina a militares del 27 y 41 Batallones de Infantería, policías federales, policías ministeriales de Guerrero, policías federales ministeriales, policías municipales de Iguala y diversas autoridades de los municipios cercanos, así como en la sierra donde se siembra la amapola y se procesa la heroína.

Cuando le reportaron la pérdida de su valiosa carga, el capo habría hecho una llamada al coronel de infantería José Rodríguez

Pérez, comandante del 27 Batallón, para pedirle que recuperara la mercancía a como diera lugar. El Ejército era la fuerza de seguridad que tenía mayor autoridad en la ciudad; tal vez el narcotraficanteno dimensionó la magnitud del operativo para recobrar la droga. "Quien encabezó la operación para rescatar la droga fue el mismo Ejército", señaló la fuente de información enterada de los hechos.

Los peritajes de balística obtenidos para esta investigación, así como la mecánica de hechos, apuntan a que los autobuses Estrella de Oro 1568 y 1531 eran los vehículos cargados blanco de los ataques de esa noche: detuvieron al primero en el cruce de Juan N. Álvarez y Periférico Norte, y al segundo en la carretera Iguala-Mezcala, a la altura del Palacio de Justicia, con ayuda de la policía municipal de Iguala, Huitzuco y Cocula, así como de la Policía Federal y la Policía Ministerial de Guerrero. De acuerdo con esta versión, en el momento en que los militares rescataban la droga de los autobuses, los normalistas a bordo se habrían dado cuenta de lo que estaban extrayendo de los compartimientos, imprevisto que detonó súbitamente la necesidad de desaparecerlos para no dejar testigos.

El informante señaló que el capo sólo quería recuperar su mercancía y no ordenó la desaparición; por la experiencia vivida con los Beltrán Leyva sabía que la violencia excesiva era el peor enemigo de su negocio. Cuando se enteró de lo sucedido, dice el informante, se preocupó y se molestó por la acción del Ejército: le "calentaron una plaza" que estaba tranquila y lo obligaron a frenar sus operaciones en Guerrero.

Según habría contado el capo a sus conocidos de confianza, su gente no intervino en la operación, dejaron todo en manos de los militares. El mismo personaje desconocería el paradero final de los normalistas, pero alguien le informó que supuestamente habían llevado al menos a un grupo de estudiantes a las instalaciones del 27 Batallón de Infantería.

De acuerdo con información recabada para esta investigación, en Guerrero opera una red de colusión entre choferes de autobuses de pasajeros y diferentes grupos criminales para mover la droga; habitualmente el negocio funcionaba sin contratiempos gracias a la corrupción que lo protegía.

"Mi intención nunca fue que mataran a tanto cabrón, se excedieron, de haber sabido que iba a pasar eso…", se habría quejado el capo, quien irónicamente no es ninguno de los detenidos por la PGR vinculados a la desaparición de los 43.

Esta versión de los hechos se comparó con testimonios de víctimas y testigos, y con las declaraciones ministeriales de elementos del 27 Batallón de Infantería y la Policía Federal —cuyas constantes fueron las contradicciones y el ocultamiento de información—, así como con el contenido del borrador de la auditoría practicada a la averiguación previa de la PGR. Según el informante, durante los últimos años Iguala se había convertido en un importante paso del tráfico de la heroína que se produce a raudales en la sierra de Guerrero, el estado con la mayor y mejor producción de amapola en México, más incluso que el llamado Triángulo Dorado, donde convergen Sinaloa, Durango y Chihuahua; el control de Iguala era vital para el movimiento de la droga.

En la Evaluación Nacional de la Amenaza de las Drogas[1] elaborada por la DEA se afirma que la mayor parte de la heroína que se consume en Estados Unidos proviene de México y en menor medida de Colombia: México tendría un papel cada vez más predominante en la producción de la llamada "heroína blanca". De acuerdo con este informe, el consumo de heroína en Estados Unidos casi se triplicó de 2007 a 2013, por lo que es un negocio boyante; además, el nivel de "pureza" de la sustancia ilegal en las calles de ese país es cada vez mayor y ha tenido como consecuencia un aumento en la mortalidad entre los consumidores, razón por la que, después de las drogas de uso controlado, es la que representa una mayor amenaza en la Unión Americana.

Según la DEA, hasta 2015 Guerrero seguía siendo una plaza que controlaban el cártel de los Beltrán Leyva y sus socios, con una pequeña presencia del cártel de Sinaloa. Es significativo que en el reporte de esa agencia no existe una sola línea dedicada a Guerreros Unidos ni a los llamados Rojos, los únicos grupos en los que se en-

---

[1] 2015 National Drug Threat Assessment Summary: https://www.dea.gov/docs/2015%20NDTA%20Report.pdf.

focó la PGR en su investigación sesgada. El informante explicó que si bien las células criminales de Los Rojos y Guerreros Unidos tienen operaciones en Guerrero, son de poca escala y están por debajo del nivel de poder del capo en cuestión.

¿QUIÉN CHINGADOS ES ESTE CABRÓN?

Como parte de las conclusiones de su último informe, de abril de 2016, el GIEI señaló que el autobús de la línea Estrella Roja donde viajaban normalistas y del que fueron bajados violentamente a la altura del Palacio de Justicia "podría haber sido un medio de transporte de la heroína que se produce en la zona, lo que explicaría el nivel del operativo dirigido a no dejar salir los autobuses"; el Grupo denunció "opacidad" de la PGR sobre la existencia de esa unidad y que existen contradicciones en la declaración del chofer que la conducía esa noche. El camión Estrella Roja, que viajaba metros atrás del Estrella de Oro 1531, no recibió ningún disparo y todos los normalistas que viajaban en él sobrevivieron.[2]

Las declaraciones del chofer han cambiado a lo largo de los últimos dos años. En una afirmó que los estudiantes se bajaron voluntariamente del camión porque no funcionaba bien, y en una carta firmada por él mismo, con fecha del 26 de septiembre de 2014, asegura que policías federales detuvieron el camión, bajaron a los normalistas a punta de pistola y lo habrían escoltado hasta la carretera para seguir su trayecto.

De los dos camiones Estrella de Oro, que resultaron aislados del resto, desaparecieron todos los normalistas que viajaban en ellos excepto Fernando Marín, quien logró salvarse. De acuerdo con el primer informe del GIEI, de septiembre de 2015, los conductores de los dos camiones Estrella de Oro "sufrieron un trato brutal y distinto al de los choferes de los otros tres autobuses que se llevaron los normalistas

---

[2] Diversos elementos que se ofrecen en esta investigación periodística no coinciden necesariamente con la tesis que sostiene que el camión Estrella Roja también podría haber estado cargado con droga.

de la central". Por su parte, "los conductores de los Costa Line sufrieron una parte de la agresión y disparos de la policía, dado que sus vehículos y ellos fueron atacados junto con los normalistas, pero no fueron detenidos. El chofer del autobús Estrella Roja no sufrió agresiones".

Al chofer del Estrella de Oro 1568, detenido en la calle Juan N. Álvarez, lo golpearon y lo trasladaron a la barandilla de la policía municipal de Iguala, donde más tarde lo habrían liberado. En tanto, el conductor del camión 1531, inmovilizado frente al Palacio de Justicia, aseguró en su declaración ante la PGR que lo llevaron a una casa ubicada en la colonia Jacarandas, en Iguala. Informó que "al llegar me sentaron entre dos policías encapuchados y salió un señor con camisa blanca y pantalón negro, el cual se veía con el cuerpo de una persona que hace ejercicio [de unos cuarenta años], y quien dijo: '¿Quién chingados es este cabrón?'. Los policías le dijeron: 'Es el chofer del autobús', y dijo el señor: 'Pues llévenselo también ya saben dónde', y se fue caminando hacia su camioneta, la cual no pude ver bien, y les gritó: 'Déjenlo que se largue'".[3]

La descripción física del "señor" que hace el chofer coincide justamente con la del capo antes mencionado, el mismo que habría solicitado el apoyo del Ejército para recuperar la heroína.

Por lo demás, en esta investigación se pudo constatar que en noviembre de 2014 al menos cuatro de los cinco camiones se encontraban abandonados en el corralón de Grúas Meta, en Iguala, sin ningún tipo de aislamiento para conservar las evidencias; no fue sino a mediados de ese mes cuando la PGR hizo sus primeros peritajes. De acuerdo con la auditoría de la Visitaduría General, pese a que las unidades formaban parte de la escena del crimen, se devolvieron de manera irregular a las compañías Estrella de Oro y Estrella Roja y hasta el 15 de septiembre de 2015 se practicó un peritaje para saber si presentaban alteraciones en su estructura.

En la auditoría legal se lee que:

---

[3] *Informe Ayotzinapa, investigación y primeras conclusiones de las desapariciones y homicidios de los normalistas de Ayotzinapa*, GIEI, p. 78.

El MP tardó diecisiete meses después de los hechos en hacer una inspección a los camiones para conocer si tenían compartimentos donde se guardara droga. Cuando la hicieron, los autobuses ya habían sido entregados en un primer momento a las compañías propietarias e incluso ya habían sido reparados por las mismas, por lo cual resultaba ocioso el ordenamiento y la práctica de dichas diligencias.

Por la importancia de los autobuses Estrella de Oro, la visitaduría ordenó volver a tomar las declaraciones ministeriales de los dos choferes.

EL EJÉRCITO TOMÓ EL CONTROL DESDE ANTES DE LA DESAPARICIÓN

Antes de ser subcomandante de la policía municipal de Cocula, César Nava González, de 36 años de edad, había trabajado en el Servicio Panamericano de Protección durante más de diez años; en abril de 2013 aprobó los exámenes de confianza de la policía. Hoy se sigue una causa penal en su contra por presunta participación en la desaparición de los 43 normalistas.

La noche del 26 de septiembre de 2014 el 27 Batallón de Infantería tenía "el mando y control" en Iguala tras el primer ataque en la calle Juan N. Álvarez, antes de que ocurriera la desaparición de los normalistas; así lo declaró el subcomandante ante el Juzgado Primero de Distrito en Materia de Procesos Penales Federales, con sede en Tamaulipas, en una audiencia que se llevó a cabo en diciembre de 2015.

Nava González aseguró que se encontraba en su día de descanso cuando a las 21:30 horas recibió en su celular una llamada de un número privado; la persona que marcó se identificó como subdirector de Seguridad Pública de Iguala y le preguntó por Salvador Bárcenas, director de Seguridad Pública de Cocula. Nava González respondió que los dos tenían su día de descanso y que estaba en Iguala, donde vivía con su familia, pero le preguntó qué era lo que se le ofrecía, que yo era el subdirector César Nava, identificándose él como [Salgado] Valladares, me dijo que... era el que... brindaba apoyo con sus unidades a nuestro municipio en cuestiones de seguridad pública para patrullar las fronteras entre ambos municipios, Cocula e Iguala. Me dijo que estaba pidiendo apoyo a todos los municipios vecinos, como es Taxco, Tepecua [Tepecoacuilco], Huitzuco y Cocula, ya que en Iguala había llegado gente armada haciendo detonaciones de arma de fuego en diferentes colonias, que si lo podíamos apoyar a resguardar la ciudad ya que al parecer era mucha la gente armada.

El agente le habría respondido al subdirector que necesitaba la autorización de Bárcenas, que se comunicara directamente con él, y veinte minutos después recibió la llamada del propio Bárcenas con la instrucción de brindar auxilio; enseguida el subcomandante le marcó a Ignacio Aceves, un subalterno que se encontraba en Cocula, para que ofrecieran apoyo. Nava González dijo que también llamó a su esposa, la puso al tanto de lo que sucedía, y luego fue al centro de Iguala a recoger a sus dos hijas para llevarlas a su domicilio. Se uniformó y Aceves pasó por él, iba con tres unidades y once elementos, mientras que sólo dos policías se habían quedado a resguardar la base en Cocula. En ese momento recibió otra llamada de Salgado Valladares para preguntarle si le habían dado la orden de brindarle apoyo y respondió que ya estaban efectuando recorridos terrestres en Iguala.

Nava González dijo que en Periférico, a la altura de Pemex, se veía estancada la circulación del tránsito y había luces de patrullas y ambulancias. "Nos detuvimos a la altura de Álvarez, donde se encontraba una patrulla Ford tipo Ranger, de la policía de Iguala, bloqueando dicha calle." Descendieron de sus unidades y preguntaron qué ocurría, "manifestando los policías de Iguala que un grupo de personas armadas venían a bordo de los autobuses que bloqueaban con la patrulla, les habían hecho detonaciones con arma de fuego a sus compañeros en el centro de la ciudad, [y] que por eso estaban ahí bloqueando".

En los camiones se veían impactos de bala en los vidrios: la patrulla que obstruía el paso tenía el vidrio roto y estaba chocada. Los policías municipales de Iguala dijeron que algunos de los tripulantes de los camiones habían corrido y que otros seguían ahí.

"Al vernos llegar [los normalistas] empezaron a gritarnos desde atrás de uno de los autobuses pidiendo ayuda porque tenían a un herido y me gritaban que los auxiliara, las personas traían el rostro tapado con sus playeras y quise acercarme para ver de qué se trataba y quién era el herido." Nava González se acercó a la esquina para preguntar qué querían; su dicho coincide con los testimonios de los normalistas que se encontraban en el primer autobús y pedían ayuda para su compañero *Pulmón* (Miguel Ángel Espino).

Me gritaron que fuera adonde estaban ellos, que tenían un herido, les pregunté si venían armados y ellos contestaron que no, que por favor los ayudara. Quise acercarme, pero los policías de Iguala me dijeron: "Te van a matar, vienen armados". Era tanta la insistencia de los ocupantes del autobús que les grité que okey, pero que no fueran a disparar [...] "les voy a ayudar con el herido, pero no disparen", [y] ellos gritaban "No estamos armados". Quise entrar con dos de mis compañeros, pero me gritaron "No, ven tú solo"; les dije que eso no era posible, que ese era mi equipo de protección, entonces empecé a creer de verdad que tenían intenciones de hacerme algún daño y retrocedí.

Nava González negoció con los muchachos para que llevaran al herido hacia donde él se encontraba, pero le dijeron que no lo harían. "No dejaban de gritarme por ayuda; yo, al ver la desesperación de esas personas, decidí hacer un acuerdo": los normalistas dejaron a su compañero a la mitad del camino y Nava González, Aceves y otro elemento fueron a recogerlo.

"Nosotros desconocíamos si venían o no armados", recalcó Nava González. "Le ordené al comandante Aceves que llamara a una ambulancia", la cual se encontraba a una cuadra, pero el tripulante se negó a acercarse "porque era peligroso".

"Cabe mencionar que desde que llegamos no tuvimos ninguna agresión ni detonaciones de ningún lado." Nava González señaló que revisaron a la persona y no tenía heridas visibles pero no podía respirar, así que la trasladaron en la batea de la patrulla hacia la ambulancia; los rescatistas dijeron que tenía un paro respiratorio y que ellos lo controlarían. Nava González regresó a la esquina de Periférico y Juan N. Álvarez.

"Llegando al lugar recibí una tercera llamada del subdirector de Seguridad Pública de Iguala, el señor Valladares, del mismo número privado, el cual me dijo que ya los militares del 27 Batallón de Infantería estaban en su comandancia de la policía municipal... y que ya ellos habían tomado el mando y control de la comandancia... y que ya se encontraban haciendo recorridos terrestres... que gracias por el apoyo prestado, que ya nos retiráramos."

Según Nava González, en los radios de la policía de Iguala se escuchó "que se retiraran, y que para los policías que habían venido de apoyo, gracias, y de igual modo se retiraran a sus municipios", así que él y sus elementos abordaron las patrullas que habían dejado en Periférico. Le ordenó a Aceves que fuera a recoger al elemento que se había quedado de guardia en su casa, "y que en la salida a nuestro municipio de Cocula nos juntábamos". Dijo que hicieron un recorrido desde Mextitlán hasta la entrada a su población, "ya que existía la posibilidad de que la gente que había entrado a la ciudad de Iguala a hacer detonaciones se fuera a Cocula". Más tarde, al llegar a la base lavaron las patrullas, "como era habitual", y pidió a algunos de sus elementos que lo llevaran de regreso a su casa, donde arribó a las seis de la mañana; manifestó que se quedó dormido hasta las cuatro de la tarde.

Señaló que posteriormente recibió una llamada de Salvador Bárcenas, quien le ordenó cambiar los números económicos de las patrullas "para evitar posibles represalias contra nuestra integridad personal", y a su vez llamó a Aceves para que lo hiciera. Dice que siguieron trabajando con normalidad hasta el 13 de octubre; a partir de esa fecha salió de Guerrero porque lo estaban buscando para arrestarlo. Expresó que fue el 15 de noviembre de 2014 cuando personas vestidas de civil lo detuvieron en Colima, trasladándolo en avión a la Ciudad de México junto con su esposa y un primo; según la versión oficial de la PGR, lo habrían detenido en la propia Ciudad de México supuestamente armado.

Nava González afirmó al juez que cuando lo presentaron ante el Ministerio Público en la PGR, quisieron obligarlo a firmar una confesión previamente redactada por la propia procuraduría. Identifica a una funcionaria a la que llamaban "Maestra Blanca" como una de las personas que lo presionaron, torturaron y amenazaron con hacerle daño a su esposa; de acuerdo con el contenido de la averiguación previa, se estaría refiriendo a la ministerio público Blanca Alicia Bernal Castilla. Lo que la PGR quería era que el subcomandante firmara una declaración donde se hacía responsable del secuestro de los normalistas: pretendían que dijera "que yo los había entregado a unos sicarios de los cuales no recuerdo los nombres, que estaban escritos, y que yo le daba seguridad a una banda delictiva vestido de civil". En varias ocasiones se negó a firmar tal declaración. "Ya muy molesta, la maestra Blanca rompió las hojas y por tercera vez las imprimió"; "No me quedó más remedio que firmar por miedo y temor por mi familia".

En su declaración forzada Nava González explica que supuestamente después de mandar a *Pulmón* al hospital se habría dirigido a la comandancia de Iguala, donde Salgado Valladares le pidió ayuda para trasladar a diez detenidos; salieron hacia Loma de los Coyotes cerca de las 23:00 horas. Al llegar ahí los habrían bajado para entregarlos a policías municipales de Iguala.

Francisco Salgado Valladares ingresó en el cuerpo de paracaidistas del Colegio Militar, y abandonó la milicia diez años después. En 1999 se alistó en la policía municipal de Iguala, donde tenía más de catorce años trabajando; su hermana dijo en entrevista que hacía poco lo habían nombrado subdirector. Un funcionario del municipio sostuvo que "todos sabían que era Salgado Valladares y no Flores Velázquez quien mandaba en la policía".

Según la primera versión de su hermana, Salgado Valladares no trabajó el 26 de septiembre de 2014. En la tarde estuvo junto con sus hermanos y sus padres en el informe de María de los Ángeles Pineda Villa: "Mucha gente vio que mi hermano estaba ahí".

Cuando iniciaron las balaceras, ella llamó a su hermano en un par de ocasiones. La primera vez él le dijo que no tenía conocimiento de lo que ocurría; la segunda le expresó que se estaba poniendo el uniforme para ir a la comandancia de la policía municipal. Más tarde Salgado Valladares le habría dicho que los responsables de lo ocurrido esa noche fueron el Ejército y la Policía Federal.

Con base en la bitácora de servicio de la policía municipal del 26 de septiembre, Salgado Valladares sí estaba de guardia. En entrevista, otro de sus hermanos aseguró que sí había trabajado, pero sólo en la noche, y confirmó que en la tarde hizo acto de presencia en el informe de Pineda Villa: su hermano y su madre reiteraron que estuvieron con él en el acto.

Conforme a su declaración ministerial del 8 de mayo de 2015, Salgado Valladares confesó que desde 2012 trabó un vínculo con Guerreros Unidos. Señaló que a las 20:30, vía radio Matra, el C4 reportó que estudiantes habían tomado unos autobuses y golpeado a un chofer; a las 22:00 horas recibió una llamada de Felipe Flores Velázquez, secretario de Seguridad Pública de Iguala, para instruirle que fuera a la base de la policía. Al llegar dijo que había cuatro personas detenidas en la celda y ocho en el patio, según él esposados y con las caras tapadas con las playeras, y que el juez de barandilla Ulises Bernabé García les iba a dar entrada cuando a las 23:30 llegó el comandante César Nava y se los llevó sin que él supiera a dónde.

Para esta investigación se le entrevistó vía telefónica desde el Cefereso no. 4, en Tepic, donde se encuentra encarcelado; durante una conversación de diez minutos[4] dio su versión de los hechos, pero esta se contradice con lo señalado por su propia familia en varias ocasiones. Dijo que no era subdirector de la policía de Iguala sino que estaba adscrito a la vigilancia del mercado municipal, y que no se movió de ahí desde las ocho de la mañana del 26 de septiembre hasta las ocho de la mañana del día 27; el mercado está ubicado frente a la central de autobuses donde esa noche los normalistas secuestraron tres camiones.

Aquí un fragmento de la entrevista:

ANABEL HERNÁNDEZ (AH): ¿Estaba usted ahí cuando entraron los estudiantes a tomar los autobuses?

---

[4] Cada nueve días los internos tienen derecho a una llamada.

Francisco Salgado Valladares (FSV): No, porque cuando el radio-operador nos informó... El mercado es grande, abarca desde la central y termina en la Bodega Aurrerá; nosotros nos encontrábamos hasta el otro extremo cuando el radiooperador nos informa que ya se habían llevado los autobuses y ya se habían retirado rumbo al centro de la ciudad.

AH: ¿Usted qué hizo?

FSV: Yo le contesté y le dije que estábamos ahí, pero ya no llegamos hasta la central de autobuses porque le digo que ya se habían retirado.

AH: ¿Usted vio militares esa noche, participando en el evento?

FSV: No, yo me encontraba en el mercado municipal, no andaba a bordo de ninguna patrulla, no me podía mover de ahí.

AH: Hay una declaración del jefe policiaco de Cocula, César Nava, donde dijo que después de haber dado apoyo a la policía de Iguala se comunica con usted, y que usted le dijo que se podía retirar porque el Ejército tenía control de la situación. ¿Esto pasó así?

FSV: No, eso no es cierto.

AH: ¿Usted habló con el señor Nava esa noche?

FSV: No, yo no hablé con él.

AH: ¿Pero usted fue al evento donde estaba la señora Abarca con su esposo?

FSV: No, como le repito, yo estaba en el mercado municipal, no podía moverme de mi servicio.

AH: Pero su familia me dice que sí estuvo, señor Salgado.

FSV: ¿Que yo estuve en el evento?

AH: Sí.

FSV: ¿Mi familia cómo puede saber eso, si yo estaba trabajando? —preguntó mientras su madre y su hermano, presentes en la entrevista, lo escuchaban en el altavoz del teléfono con expresión de sorpresa e incomodidad.

AH: Porque lo vieron ahí, ¿no?

FSV: Yo estaba trabajando en el mercado municipal, en ningún momento me pude retirar de mi servicio.

AH: ¿Usted estuvo en la base de la policía municipal? ¿Vio a los estudiantes ahí?

FSV: No, eso es completamente falso.

AH: Hay una declaración suya donde aparentemente confesó que estaba en la base de la policía municipal y vio cuando César Nava se llevó a los estudiantes. ¿Esta declaración cómo ocurrió?

FSV: Esa declaración ministerial fue elaborada por el representante social que me atendió [en la PGR].

AH: Usted fue militar, ¿quién tenía realmente el mando en Iguala? ¿Qué corporación tenía el mayor mando en Iguala? Estaba la policía municipal, la Policía Federal y el Ejército. ¿Cuál de estas tres corporaciones tenía mayor poder en Iguala?

FSV: Que yo sepa, el Ejército es el que más puede mandar ahí, incluso yo me di cuenta de que de todas las fatigas, de todos los servicios, se le mandaba copia al Ejército.

Personas involucradas directamente con la investigación del caso realizada por la PGR aseguraron que no hay la menor duda de que el Ejército tomó control de la situación esa noche.

RODRÍGUEZ PÉREZ FUE QUIEN DIO LAS ÓRDENES

En su declaración ante la PGR el teniente coronel Benito Cegueda Hernández, segundo al mando del 27 Batallón, aseguró que el coronel José Rodríguez Pérez giró las órdenes el 26 de septiembre desde la llegada de los normalistas hasta la madrugada, señalando incluso que fue el propio Rodríguez Pérez quien notificó de la presencia de los normalistas desde las 19:00 horas en la caseta de cobro y ordenó su monitoreo; cerca de las 22:30 también habría ordenado la salida de dos escuadrones del 27 Batallón para hacer patrullajes en las calles ante los disturbios ocasionados por la toma de autobuses en la central camionera.

Por su parte, ahora se sabe, el capitán José Martínez Crespo reveló a la PGR que el coronel arribó al 27 Batallón alrededor de las 23:20 horas para comandar los operativos de esa noche. Cegueda Hernández afirmó a la procuraduría que Martínez Crespo rindió de manera verbal a Rodríguez Pérez su informe sobre lo acontecido esa noche: "De estos hechos no se realizó un parte oficial a la superioridad en virtud de que no se vio involucrado personal militar", justificó. De este modo, nunca quedó por escrito constancia de las actividades y los recorridos de Martínez Crespo, que comenzaron la noche del 26 de septiembre y terminaron la madrugada del día 27, según las declaraciones ministeriales de integrantes de su escuadrón.

Sin embargo, en sus declaraciones del 4 de diciembre de 2014 y el 2 de marzo de 2015, el coronel Rodríguez Pérez no mencionó lo dado a conocer por Cegueda Hernández y Martínez Crespo; tampoco dijo que Eduardo Mota Esquivel le hubiera entregado fotografías que tomó de lo ocurrido en el Palacio de Justicia o de cualquier otro incidente de esa noche.

En su declaración ampliada, Rodríguez Pérez aseguró que el 28 de septiembre de 2014 permitió el ingreso de Elmer Rosas Asunción, MP de la fiscalía de Guerrero, y el perito Daniel Soto Mota a las instalaciones del 27 Batallón para hacer una inspección; aseguró que después de haberles mostrado el área de guardia en prevención les preguntó "si deseaban recorrer alguna otra área y manifestaron que no era necesario, retirándose del batallón". No obstante, en un reporte de 81 fojas Rosas Asunción afirmó algo diferente.

A las once de la mañana de ese mismo día, como parte de las diligencias de búsqueda de los estudiantes, la MP Elizabeth López Peña, también de la FGE, ordenó una inspección completa en el 27 Batallón, el Centro de Operaciones Estratégicas de la PGR, la base de la Policía Federal en Iguala y las bases de la policía estatal y municipal: la instrucción era "verificar si en dichas instalaciones existen o no personas recluidas en las áreas asignadas como de seguridad o áreas carcelarias", y también recabar "bitácoras o libros de gobierno y la relación de las personas que son ingresadas en calidad de detenidas". La inspección debía realizarse en las áreas de separos, "así como en el resto de las instalaciones destinadas a oficinas, habitaciones, bodegas, y verificar la existencia de cámaras de video, de ser necesario solicitar los videos de las fechas 26, 27 y 28 de septiembre [de 2014]". Desde un inicio, por experiencias anteriores, los padres de los desaparecidos y los estudiantes sobrevivientes temían que los 43 normalistas se encontraran en instalaciones del gobierno federal.

En su reporte Rosas Asunción consignó que se presentó con dos testigos al 27 y 41 Batallones de Infantería en Iguala, ubicados cerca de Galerías Tamarindos, recibiéndolos el coronel Rodríguez Pérez, quien les explicó que "las instalaciones que ocupan los batallones no cuentan con áreas de seguridad de detenidos, ya que al momento que llegan a detener a individuos estos son canalizados directamente a las diferentes dependencias a donde correspondan".

No obstante, el MP aseguró que no pudieron realizar la inspección de manera total. Rodríguez Pérez dijo que por motivos de "seguridad nacional" no podía mostrarles todas las instalaciones; les indicó que para ello debía tramitarse una petición a la 35 Zona Militar con sede en Chilpancingo.

Rodríguez Pérez aseguró que la noche del 26 de septiembre llamó al secretario de Seguridad Pública, Felipe Flores Velázquez, detenido el 21 de octubre de 2016; le preguntó si había algún problema con los estudiantes, pero el jefe policiaco le dijo que no. En contraste, familiares de Flores Velázquez señalaron que pidió ayuda a Rodríguez Pérez ante lo que sucedía en Iguala pero el coronel se negó argumentando que no tenía personal, cuando en los hechos sí había militares monitoreando a los normalistas desde su llegada.

Es importante acentuar que el examen de la Visitaduría General advierte de incongruencias entre los testimonios de los militares y los demás elementos recabados en el expediente, y se afirma que es necesario ampliar la información proporcionada por los militares. Asimismo, se ordena investigar por qué no se permitió la entrada de civiles al cuartel para hacer una inspección, por qué el personal militar no se quedó a proteger a los estudiantes en el hospital Cristina, y la comunicación que hubo entre Rodríguez Pérez y Flores Velázquez.

En noviembre de 2015 cambiaron de puesto al coronel Rodríguez Pérez y llegó a la jefatura de la sección administrativa de la Dirección General de Infantería, y en febrero de 2016 fue nombrado jefe de los talleres de reparación para vehículos del Ejército y ascendido a general brigadier, nombramiento que por ley pasa por la aprobación del presidente.

De acuerdo con la reconstrucción del 26 de septiembre realizada en esta investigación,[5] todo indica que al comienzo de esa noche

---

[5] Véase capítulo 9, "Las horas del exterminio".

no existía la intención de desaparecer a los normalistas, sólo se pretendía detener los camiones. De hecho, cerca de las 22:30 las policías municipales de Iguala y Cocula auxiliaron a tres estudiantes heridos —Aldo Gutiérrez, Jonathan Maldonado y Fernando Marín— así como a Miguel Ángel Espino, quien sufrió un ataque de asma, y los enviaron al Hospital General. Después de esa hora parece que hubo un giro dramático en las decisiones y fue cuando se perpetró la desaparición de los normalistas en la calle Juan N. Álvarez y en el Palacio de Justicia.

La visitaduría determinó que a partir de las propias declaraciones de los militares "se puede advertir que quienes en todo momento tienen conocimiento de lo sucedido con los estudiantes normalistas es el 27 Batallón de Infantería de la Sedena, e incluso circunstancialmente estuvieron en diversos momentos de sucedidos los hechos".

EN LA ESCENA DEL CRIMEN: CALIBRE DE ARMAS Y CARTUCHOS DEL EJÉRCITO

Para esta investigación se obtuvo una copia del dictamen de balística[6] que la fiscalía guerrerense practicó a los autobuses donde viajaban los normalistas la noche del 26 de septiembre, dos Estrella de Oro y dos Costa Line, así como al camión de Castro Tours donde iban los Avispones; el objetivo era determinar el calibre de las armas que dispararon contra ellos y la trayectoria de las detonaciones.

De acuerdo con ese dictamen, el ataque armado se concentró mayormente en el autobús Estrella de Oro 1568 y en el de Castro Tours. Cabe señalar que tanto los dos camiones Estrella de Oro como el de los jugadores eran de color blanco con franjas verdes. Basándose en las fotografías del dictamen de balística, los tres son casi idénticos y no había manera de diferenciarlos: esa descripción de los vehículos es lo único que justifica el fuego a granel contra el autobús que transportaba a los deportistas.

---

[6] Documento de la Dirección General de Servicios Periciales, 30 de septiembre de 2014.

Según el peritaje, el camión 1568 recibió al menos veintinueve disparos, los cuales se realizaron con proyectiles calibre 7.62. El documento apunta que dicho calibre se usa en los fusiles AK-47, FN FAL y G3, ninguno de los cuales era parte del armamento que las policías de Iguala y Cocula emplearon esa noche; conforme a sus declaraciones y a los dictámenes, sus armas eran calibre .223 y 9 mm. En ninguna de las declaraciones de los atacantes "confesos" se señala el uso de armamento AK-47, FN FAL o G3: los únicos que portaban armas de esas características eran los escuadrones del 27 Batallón de Infantería, y los testimonios de los propios militares indican que estaban equipados con fusiles G3. Los disparos contra el Estrella de Oro 1568 fueron de atrás hacia adelante, es decir, en una posición de persecución, de derecha a izquierda y "ligeramente de arriba hacia abajo".

Por su parte, el camión de Castro Tours, que circulaba sobre la carretera a Chilpancingo, recibió 83 impactos de bala; de acuerdo con el peritaje, los disparos fueron de adelante hacia atrás y de atrás hacia adelante, en una emboscada. Según el examen, este vehículo fue atacado con armas calibre .223, medida que corresponde a las que portaban las policías municipales de Iguala y Cocula (HK G36 y Beretta) y la Policía Federal, que portaba el rifle de asalto Bushmaster. También se encontraron disparos calibre 7.62, que corresponde al G3 del Ejército.

El autobús Estrella de Oro 1531, detenido en el Palacio de Justicia, no presentaba impactos de proyectil, sin embargo, tenía las llantas ponchadas, lo cual indica que la prioridad era que la unidad se detuviera. Este fue el único donde los peritos encontraron restos de gas lacrimógeno, es decir, los atacantes tomaron la medida drástica de bajar a los normalistas a como diera lugar.

El autobús Costa Line 2012 presentó seis impactos de bala calibre .223, el mismo de las armas de las policías de Iguala y Cocula y de la Policía Federal, mientras que el otro Costa Line recibió nueve disparos, unos de calibre .223 y otros 7.62.

El 8 de octubre de 2014 la fiscalía de Guerrero realizó un nuevo peritaje sobre 149 casquillos que se encontraron en la calle Juan N. Álvarez, en el cruce de Santa Teresa, y en vehículos inspeccionados en las escenas de crimen; el objetivo era identificar el calibre y el tipo de armas que los habrían detonado. De acuerdo con este dictamen, 67 correspondían al calibre .223 y se percutieron con diecisiete fusiles: de esos casquillos sólo dieciocho correspondieron a armas de la policía municipal de Iguala. También se analizaron cinco casquillos calibre 9 mm, los cuales se percutieron con cuatro armas: tres de ellos correspondieron a pistolas de agentes municipales de Iguala. Cincuenta y ocho casquillos correspondían al calibre 7.62 × 39 mm y se dispararon con seis fusiles diferentes, "teniendo entre los más comunes el AK-47". Se localizaron catorce casquillos calibre 7.62 × 51 mm que fueron descargados por dos fusiles, "teniendo entre los más comunes el G3"; ocho de ellos eran de la marca P.P.U. y siete F.C. Según una fuente de información del Ejército, la marca F.C. corresponde a la Fábrica de Cartuchos de la Secretaría de la Defensa Nacional.

Ante una solicitud de información, la Sedena se negó a notificar el calibre y la cantidad de municiones que produce la Fábrica de Cartuchos por ser información "clasificada"; sin embargo, gracias a la fuente castrense consultada y a otras de información abierta, se sabe que producen proyectiles 7.62 × 51 mm para el G3. Tanto este rifle como sus balas se elaboran en la Dirección General de Industria Militar, que cuenta con la patente. La Sedena aclaró que los pertrechos que produce la Fábrica de Cartuchos son de uso exclusivo del Ejército, "por lo que no pueden ser adquiridos por personas civiles".

En un informe reciente la Fiscalía General reportó que en nuevas inspecciones se encontraron más elementos de balística, siendo en total 195 casquillos localizados en las escenas del crimen: 77 calibre 7.62 × 39 (AK47), 86 calibre .223 (HK G36, Beretta y Bushmaster); 18 calibre 7.62 × 51 (G3), 6 casquillos 9 mm, un casquillo calibre .22, un casquillo calibre .38 súper y 6 casquillos calibre .380.

Policías estatales de Guerrero fueron llamados a declarar en abril de 2016: al menos dos de ellos reconocieron haber estado en los lugares donde se llevaron a cabo los ataques en el momento en que estaban ocurriendo. Javier Bello Orbe, coordinador de la zona de la Policía Ministerial de Guerrero, dijo que a las 22:00 horas, tras recibir el reporte del secuestro de autobuses, acudió en apoyo "para interceptarlo en compañía del agente Eliohenay Salvador Martínez Hernández". Afirmó que vio el autobús y a tres patrullas de la policía de Iguala "indicándole de manera verbal un elemento que estaba todo controlado, que mejor se fuera". Según su dicho, se retiraron y después estuvo presente en la calle Juan N. Álvarez. El policía Fabián Guerrero Núñez confirmó que los responsables de las cámaras de seguridad del C4 era el Ejército.

LAS VIOLACIONES DE TOMÁS ZERÓN DE LUCIO Y EL FIN DE LA "VERDAD HISTÓRICA"

Se tuvo acceso a todo el contenido del "Acuerdo de conclusión" del expediente de investigación realizado por la Visitaduría General de la PGR sobre Zerón de Lucio y el río San Juan, fechado el 18 de agosto de 2016, que hasta ahora no ha sido público.

En la indagatoria diseñada por César Alejandro Chávez Flores se determinó que para conocer de fondo si hubo irregularidades el 28 de octubre de 2014 se debía investigar desde la detención de los supuestos confesos. Eso encendió los focos rojos en la SEIDO y la AIC e intentaron bloquear la investigación a como diera lugar. De conocerse las conclusiones, es necesario recalcar, no sólo se exhibirían las irregularidades cometidas por el titular de la AIC, sino que se refutaría, desde el interior de la PGR, la llamada "verdad histórica".

Cuando Chávez Flores presentó sus conclusiones en una reunión de subprocuradores, le sorprendió lo que le pidieron. Le presentaron una contrapropuesta en PowerPoint: ordenar la destitución de Tomás Zerón de Lucio, iniciarle un procedimiento administrativo o penal, pero no tocar el resto de las irregularidades en el río San Juan. La procuradora Areli Gómez quería desde hace tiempo que el presidente Peña Nieto moviera del cargo a Zerón, pero el mandatario no deseaba hacerlo.

Para la procuradora, Zerón era una piedra en el zapato. A través de la AIC él controlaba la tercera parte de la PGR: Policía Federal Ministerial, servicios periciales y el Centro Nacional de Planeación, Análisis e Información para el Combate a la Delincuencia (Cenapi).

Ella deseaba moverlo a toda costa, pero no quería que se le cayera el caso Ayotzinapa.

En su investigación la Visitaduría concluyó que las aprehensiones de Agustín García Reyes, Patricio Reyes Landa, Jonathan Osorio Cortés y otras cuatro personas que fueron detenidas con ellos "se realizaron de manera ilegal y arbitraria". Se afirma que en su arresto se violó no sólo la Constitución mexicana sino la Convención Americana sobre Derechos Humanos y el Pacto Internacional de Derechos Civiles y Políticos.

Según la investigación interna, la MP Blanca Alicia Bernal Castilla, quien desempeñó un papel preponderante en el expediente del caso, ordenó la localización y presentación de García Reyes, Osorio Cortés y Reyes Landa, detenidos el 27 de octubre de 2014. Sin tomar sus declaraciones ministeriales, basada sólo en el parte informativo de quienes los detuvieron, Bernal Castilla decretó su retención por el delito de flagrancia, pues supuestamente habían dicho de forma "espontánea" que eran miembros de Guerreros Unidos

La Visitaduría afirma que la MP nunca acreditó la supuesta flagrancia de los detenidos:

> La conducta asumida por Blanca Alicia Bernal Castilla en todos los acuerdos de retención ministerial de los involucrados resulta nocivamente contraria al principio de legalidad y seguridad jurídica. […] A ninguno de los detenidos se les requirió que declararan sobre los hechos que fundamentaron su localización.

> La agente del ministerio público Blanca Alicia Bernal Castilla, en total contravención al principio de buena fe ministerial, se valió del poder público dictando orden de localización y presentación, a sabiendas que el efecto que buscaba con esta no era desahogar el fin legítimo, sino que la utilizó para gravar una restricción a un derecho fundamental dejando en total indefensión a los presentados.

Asimismo, Bernal Castilla nunca les informó las razones de su detención. Si el arresto de tres de los principales implicados en el supuesto asesinato y cremación de los 43 normalistas fue ilegal, eso tiene un efecto corruptor en todos los testimonios y las pruebas obtenidas a raíz de su detención, por lo que no tienen ninguna validez jurídica.

También se resolvió que Bernal Castilla asentó ilegalmente que el 27 de octubre de 2016 recibió el certificado médico de García Reyes junto con la puesta a disposición de los elementos de la Marina, cuando en realidad el dictamen médico donde aparecían severas lesiones no se terminó de elaborar hasta el día siguiente. "Resulta evidente que si Blanca Alicia Bernal Castilla no tuvo a la vista el certificado médico de Agustín García Reyes, actuó en contravención a la legalidad", se afirma en el propio dictamen interno de la PGR.

La Visitaduría confirmó que la PGR hizo una nueva valoración médica en la que García Reyes presentaba lesiones distintas a las que consignaba el dictamen médico de la Marina. "Por el momento no es posible determinar con precisión cuándo fueron producidas", señala el documento, pero infiere que ocurrieron entre la detención de la Marina y las horas de custodia en la PGR. Se afirma que se generó incertidumbre en los derechos del detenido "pues no existen elementos que permitan desentrañar si las lesiones presentadas en este nuevo dictamen fueron resultado de conductas asumidas por el personal de la PGR en las instalaciones de la SEIDO o si dichas lesiones se encontraban presentes desde que fue puesto a disposición [por la Marina]".

"La ausencia de certidumbre en la secuencia de cómo aparecieron las lesiones impide adminicular correctamente su declaración ministerial con otros elementos de prueba idóneos a fin de esclarecer si existió la posible comisión de malos tratos o tortura", se afirma en las conclusiones de la indagatoria interna.

También se determinó que fue ilegal la salida de García Reyes de los separos de la SEIDO, ocurrida el 28 de octubre de 2014, para ser entregado a Zerón. Fue la misma Bernal Castilla quien "ordenó el cese de la guardia y custodia de forma temporal" y permitió que Zerón y su equipo sacara de manera ilegal a García Reyes de los separos de la SEIDO donde se encontraba bajo resguardo.

La MP dijo que era para realizar "diligencias diversas de carácter ministerial", pero en el oficio no mencionó las condiciones, modo y lugar de dichas actuaciones, ni el nombre de las personas que serían las responsables de la custodia de García Reyes, no estaba legalmente fundamentado. El MP tampoco cumplió con la obligación de llamar al abogado de oficio para acompañar a García Reyes en las "diligencias".

"Estas omisiones con las que se emitió el oficio no correspondían a la falta de pericia de la agente del Ministerio Público Blanca Alicia Bernal Castilla, sino que se trató de una conducta deliberada", determinó la Visitaduría. "Esta conducta rompe con el estándar mínimo de dignidad humana que deben tener las personas sujetas a una privación de la libertad, en cualquiera de sus formas, incluida la retención ministerial. De manera que la conducta desplegada no resulta tolerable bajo ningún parámetro en un estado constitucional de derecho".

Igualmente se descubrió que el oficio para sacar de manera ilegal a García Reyes de la SEIDO nunca se añadió al expediente de la investigación. Se señala que fue la propia Bernal Castilla quien lo ocultó.

En la investigación interna se tiene identificado que el fiscal Jorge García Valentín fue quien sacó de manera irregular a García Reyes de los separos de la SEIDO, y fue el que lo habría entregado ilegalmente a Zerón. Pese a que quedó constancia y hubo testigos de los separos cuando se interrogó a García Valentín este dijo: "No recuerdo que Agustín García Reyes haya salido de las instalaciones". En el traslado ilegal de García Reyes también participó la Secretaría de Marina y se identificó al vehículo 800156.

Respecto a la conducta de Zerón, el hombre de confianza del presidente Peña Nieto, se afirma que violó el derecho a la verdad de las víctimas. "Existen datos de prueba aptos y suficientes para acreditar la probable responsabilidad en la comisión de conductas irregulares por parte del director en jefe de la Agencia de Investigación Criminal por haber realizado actos de investigación en las inmediaciones del río San Juan, en Cocula, Guerrero, el 28 de octubre de 2014, sin encontrarse bajo la conducción del agente del ministerio público en virtud del legítimo mandamiento", se determinó en el expediente de la investigación interna. Asimismo, "omitió formalizar los resultados de los actos realizados el 28 de octubre de 2014 en la Averiguación Previa". Con esto, afirmó la Visitaduría, se viola "el derecho a la verdad" de las víctimas.

"El derecho a la verdad no sólo implica la dimensión de esclarecer los hechos, sino también la de transparentar los resultados y procesos penales e investigativos, a efecto de que las víctimas puedan participar en estos libremente y en el marco de exigencias legales", señalan las conclusiones de la Visitaduría. "También se concluyó que el funcionario mencionado vulneró en perjuicio de Agustín García Reyes su derecho a la defensa" porque fue trasladado al río San Juan sin abogado defensor.

La Visitaduría identificó a cuatro "personajes principales" en los hechos irregulares del 28 de octubre en el río San Juan: Tomás Zerón de Lucio, Abraham Eslava Arvizu, Bernardo Cano Muñozcano, jefe de la oficina del titular de la AIC, y Jaime David Díaz Serralde.

Se asegura que el personal pericial que participó el 28 de octubre de 2014 en el río San Juan violó las normas elementales del aseguramiento de una escena del crimen y la cadena de custodia de pruebas fundamentales. Según la investigación, aunque personal de Zerón declaró que se les ordenó el aseguramiento de la escena del crimen y que peritos estuvieron presentes en el lugar, "no se aprecia que exista algún documento en el que se dé cuenta del aseguramiento del lugar, ni del personal de la institución que llevó a cabo tal tarea". Esto significa, explicó una fuente de información de la PGR, que se violó la escena del crimen y que las actuaciones realizadas son ilegales. Lo anterior implica que la prueba supuestamente obtenida de los restos de Alexander Mora es inválida. Pese a que hasta ahora sería la única prueba pericial de la supuesta muerte de los normalistas, quedó contaminada y no podría ser aceptada por ningún juez para emitir una sentencia. Este punto sería uno de los temas más sensibles por los cuales la procuradora Areli Gómez quería que Chávez Flores cambiara las conclusiones de su investigación.

La Visitaduría concluyó que la MP Bernal Castilla consignó indebidamente fechas y horas contradictorias en el acta donde quedó asentada la reconstrucción de hechos del 29 de octubre de 2016, día en que la Marina supuestamente encontró la bolsa con restos de Alexander Mora.

La responsable de levantar el acta del hallazgo de los restos de Alexander Mora fue Bernal Castilla, quien dijo haber estado en el río San Juan desde las 8:00 horas del 29 de octubre hasta la mañana del 31 de octubre. En esa acta quedó asentado que estando ella presente cerca de 50 minutos después, es decir cerca de las 9:00, buzos de la Marina encontraron una bolsa con restos óseos humanos carbonizados. Según Bernal Castilla, después del hallazgo llegaron los peritos argentinos y los de la SEIDO.

Sin embargo, la Visitaduría descubrió que al mismo tiempo, mientras se supone que estaba en el Río San Juan, Bernal Castilla firmó nueve actas importantes en la Ciudad de México donde se afirma que estaba en las oficinas de la SEIDO. Incluyendo un acta firmada a las 9:00, donde designó a los peritos para ir al Río San Juan, otra a las 14:00 para permitir la salida de salida de Osorio Cortés y García Reyes de las instalaciones de la SEIDO para hacer la reconstrucción de hechos en el río San Juan, entre otras actuaciones relevantes. Este hecho también invalida las actuaciones en el río San Juan, la actuación de los peritos y el hallazgo de los restos de Alexander Mora.

LA SIEMBRA

El perito Luis Daniel Hernández Espinoza recibió la orden de acudir al río San Juan a las 17:00 horas del 28 de octubre de 2014, tres horas después de que Tomás Zerón y su equipo habían grabado en video las supuestas bolsas de plástico señaladas presuntamente por García Reyes.

Según el perito se les informó que ahí debían buscar bolsas de basura arrojadas al Río San Juan. Aunque en el video al que tuvo acceso el GIEI aparecen las bolsas durante el recorrido de Zerón, Hernández Espinosa afirmó que ese mismo día una perito en criminalística de campo realizó la evaluación del lugar "buscando algún elemento que requiriera el estudio específico de la materia, sin encontrar nada".

A los peritos Mauricio Cerón Solana y Patricia Gómez Ramírez se les responsabiliza de "perturbación ilícita de los indicios, huellas o vestigios del hecho delictuoso o los instrumentos, objetos o productos del delito", "omisión de preservar indicios", "omisión de peritajes" y violación a la "cadena de custodia".

El día 29 de octubre de 2014 se acordó acudir de nuevo al río San Juan a llevar a cabo la búsqueda. Cuando llegaron al lugar, señaló Cerón Solana, "ya se encontraban buzos de la Marina, policías federales ministeriales, Cisen y agentes del ministerio público de la federación". Fueron los buzos de la Marina quienes "pusieron a la vista" una bolsa de basura que tenía en su interior fragmentos óseos de origen humano "con huellas de exposición al fuego". La bolsa estaba abierta.

La Visitaduría interrogó directamente a García Reyes sobre lo ocurrido el 28 de octubre de 2014. Él declaró que las bolsas con los restos humanos ya estaban puestas en el río cuando lo llevaron, lo cual coincide con lo que manifestó su esposa en una entrevista realizada a principios de mayo de 2016.

El 24 de junio de 2016 García Reyes aseguró:

> Yo estaba detenido en la SEIDO, estaba en una celda y nomás me sacaron y me subieron al helicóptero, y ya en el helicóptero me dijeron que me iban a llevar a puente río San Juan y que ahí había unas bolsas que yo tenía que señalar, que si no lo hacía me iban a torturar, entonces yo contesté que sí y volamos hasta puente río san Juan y ya cuando íbamos aterrizando en la cancha de futbol me dijeron que si conocía el lugar y me dijeron que si [sic] y entonces llegamos y me bajaron y me dijeron que no se me olvidara lo que había dicho y entonces ya me llevaron hasta donde estaban unas bolsas de plástico, y ya uno de ellos vestido como de negro que me llevaba del cuello y me dijo que si intentaba correr me iba a disparar ya llegamos a donde estaban las bolsas [e] hice lo que me habían dicho.

García Reyes explicó que lo anterior ocurrió en presencia de Zerón de Lucio, jefe del personal que lo amenazó y aleccionó. Le preguntaron si estaba presente algún defensor particular o público, a lo que respondió: "No, ninguno, sólo había *wachos*", refiriéndose al personal de la Marina.

En la indagatoria interna de la PGR se determinó remover de su cargo a la agente del MP Blanca Alicia Bernal Castilla, al coordinador de peritos Mauricio Cerón Solana, a la perito Patricia Gómez Ramírez, así como al fiscal Jorge García Valentín. Dado que Zerón de Lucio, en su carácter de personal administrativo, no estaba sujeto a la normatividad interna de la PGR, se propuso dar vista a la SFP para que fuera sancionado con base en la Ley Federal de Responsabilidades Administrativas de los Servidores Públicos. En sus conclusiones, la Visitaduría también ordenó investigar si el personal que participó en las diligencias del río San Juan había incurrido en delitos penales.

Nunca fue firmado el dictamen del "Acuerdo de conclusión" de la Dirección General de Asuntos Internos. Se afirma que fue directamente Peña Nieto quien defendió a Zerón de Lucio y no autorizó la formalización del documento y la puesta en marcha de sus conclusiones. Pero se sabe que para que la PGR no pudiera desaparecerlo quedó incluido en el acta de entrega-recepción del Visitador César Alejandro Chávez Flores cuando dejó el cargo.

Ejército y Policía Federal deben ser investigados: asuntos internos de la PGR

Los resultados preliminares de la auditoría interna realizada por la Visitaduría General a la averiguación previa de más de mil fojas sobre el ataque contra los normalistas señalan de manera contundente que está plagada de graves irregularidades. Jurídicamente implica que no tiene validez técnica ni legal y que tendría que repetirse. Uno de los señalamientos más graves es que se hicieron a un lado líneas de investigación importantes sobre la actuación del 27 Batallón, la Policía Federal, la Policía Federal Ministerial y las policías estatal y ministerial de Guerrero.

"Se observa que no se ha llevado a cabo una investigación seria, parcial y efectiva por todos los medios legales disponibles orientada hacia una finalidad específica, esto es, la determinación de la verdad", afirma el documento elaborado por la Visitaduría. En síntesis, "no se practicaron diligencias necesarias para encontrar la verdad y justicia en el caso".

El documento de la Visitaduría advierte que se dio prioridad a acreditar la intervención de Guerreros Unidos y con ello de la delincuencia organizada, y ejercer acción penal contra el mayor número de personas, "dejando en un segundo término el deber del Estado mexicano de realizar una búsqueda sistemática y rigurosa tendiente a encontrar a los estudiantes desaparecidos". La investigación interna de la PGR señala que se debió haber hecho una investigación por desaparición forzada, no por secuestro y delincuencia organizada.

Basándose en las declaraciones de los militares, quienes dijeron no haber intervenido, la visitaduría determinó que "se considera que la conducta omisa desplegada por el personal militar del 27 Batallón de Infantería en los hechos ocurridos los días 26 y 27 de septiembre en la ciudad de Iguala, tuvo consecuencias fatales en los estudiantes de la Escuela Normal 'Raúl Isidro Burgos' de Ayotzinapa e integrantes del equipo de futbol los Avispones de Chilpancingo". Asimismo, "se considera oportuno investigar si el personal de la Sedena del 27 Batallón de Infantería, con sede en Iguala, Guerrero, incurrió en algún tipo de responsabilidad de carácter penal". En tal contexto, se propuso notificar al Órgano Interno de Control de la Sedena para que iniciara procedimiento de responsabilidad.

Respecto al C4 y los militares que controlaban las cámaras de seguridad, la visitaduría afirma que hubo "una falta de regulación en cuanto a su funcionamiento operativo y la carencia de supervisión, lo que generó la posible manipulación de bitácoras, videos y registros de dicho Centro respecto a los hechos investigados".

Sobre el papel de la Policía Federal, cuyo ex comisionado, Enrique Galindo, negó su participación, la visitaduría destacó: "Resulta necesario y trascendente evaluar la participación de la Policía Federal en Iguala sobre los sucesos ocurridos el 26 y 27 de septiembre de 2014".

En el documento interno de la PGR se consigna que ya existe una averiguación previa contra los agentes federales Víctor Manuel Colmenares Campos y Emmanuel Pérez Arizpe por los delitos de "abuso de autoridad, ejercicio indebido del servicio público y lo que resulte", y se ordena "que se amplíe la investigación de conductas omisas en que pudo haber incurrido personal de la estructura de la Policía Federal en Iguala", y en su caso ejercer la acción penal que corresponda. Asimismo, exige que se solicite "al comisionado general de la Policía Federal la puesta a disposición de las armas de fuego que tenían en su poder los policías federales" para hacerles peritajes. Como ya se ha señalado, la mayoría de los casquillos que se encontraron en las escenas de crimen no son de las armas de las policías municipales de Iguala y Cocula, y la Policía Federal portaba armamento del mismo calibre esa noche.

En la auditoría legal se afirma que hay "confusión y poca claridad" en las declaraciones de los policías federales. Así ocurre, por ejemplo, en los testimonios de Colmenares Campos y Pérez Arizpe: el primero dijo que las patrullas no contaban con GPS y el segundo que sí, información con la que se habría podido conocer con certeza el recorrido de las patrullas. Tampoco se recabó oportunamente la información de posicionamiento geográfico de las patrullas federales, lo cual resulta clave para saber cuántos vehículos y elementos intervinieron en el ataque contra los estudiantes.

De acuerdo con el dictamen interno de la procuraduría, "la primera autoridad que tuvo conocimiento de hechos relacionados con los estudiantes de la Escuela Normal Rural 'Raúl Isidro Burgos' de Ayotzinapa fue la delegación de la PGR en el estado de Guerrero, autoridad que el día 26 de septiembre de 2014 inició el acta circunstanciada AC/PGR/GRO/IGU/I/256/2014 a las 21:45 horas".

Según el documento, "debió existir una actuación inmediata de las autoridades locales y federales encargadas de la procuración de justicia, ya que los elementos de prueba obtenidos en las primeras horas posteriores al hecho delictivo tendrán mayor importancia dada la eficacia probatoria". La visitaduría determinó que los policías federales ministeriales Romeo Ortiz Valenciana, José Manuel Dirzo Correa y Enrique Ramírez Hernández "incumplieron su obligación de investigación minuciosa de los hechos" al igual que el MP César Iván Pilares Viloria, por "negligencia en la omisión de haber elevado inmediatamente el acta circunstanciada iniciada a averiguación previa".[7] "Al haber entregado un irregular informe de investigación cumplida propiciaron que no se salvaguardara la certeza, legalidad, objetividad, imparcialidad, eficacia, honradez, lealtad, disciplina y

---

[7] El acta no se elevó a averiguación previa hasta el 11 de octubre de 2014: AP/PGR/GRO/IGU/I/1196/2014.

respeto al orden jurídico de los derechos humanos de los probables responsables y víctimas directas e indirectas."

La evaluación del visitador interno dice que no se preservaron las instalaciones de la base de la policía municipal de Iguala, donde según la PGR habrían llevado a los normalistas, y tampoco se resguardó correctamente el basurero de Cocula, donde supuestamente asesinaron y quemaron a los estudiantes. Se hicieron peritajes invasivos a los detenidos, y se cometieron errores en los "perfiles genéticos" de familiares de los desaparecidos: habría fallas en 22 de los 134 que se llevaron a cabo en el Laboratorio de Genética Forense de la Coordinación de Servicios Periciales de la PGR, cuyo responsable superior era Tomás Zerón.

La visitaduría también ordenó que "se investiguen las conductas omisas" en que pudo incurrir personal de la SSP de Guerrero, "para que de contar con datos y elementos de prueba suficientes se amplíe la investigación respecto a posibles ilícitos que se le pudiesen atribuir como 'encubrimiento' o 'abuso de autoridad'".

Finalmente, la auditoría advirtió que se tomaron deficientemente las declaraciones ministeriales de testigos, principalmente respecto a los militares. "Faltó dirección y supervisión por parte del personal que ejercía el mando de los ministerios públicos."

La auditoría determinó que las siguientes detenciones fueron ilegales: los hermanos Osvaldo y Miguel Ángel Ríos Sánchez; Carlos Pascual Cervantes Jaimes; Ramiro Ocampo Pineda; Rosario Manuel Borja; los hermanos Luis Alberto y Juan Estrada Montes de Oca; Raymundo Salvador Bernal y David Hernández Cruz.

También se afirma que fue ilegal la detención de Carlos Canto Salgado; Elmer Nava Orduña, supuesto primo del *Gil*; de los policías municipales de Iguala Esteban Ocampo Landa, José Alfredo Leonardo Arellano Landa, Justo Neri Espinoza, Ubaldo Toral Vences, Gerardo Delgado Mota, Jorge García Castillo, Matías González Domínguez y Natividad Elías Moreno.

Se determinó que fue ilegal el arresto de Agustín García Reyes, Patricio Reyes Landa, Jonathan Osorio Cortés, Darío Morales Sánchez, Salvador Reza Jacobo y Benito Vázquez Martínez, y del ex alcalde de Cocula Carlos Peñaloza Santana.

Como resultado de la auditoría, se ordenó que se practicaran al menos 95 protocolos de Estambul al mismo número de detenidos, "al considerar que pudieron haber sido objeto de conductas relacionadas con el ilícito de tortura". La visitaduría encontró indicios de tortura entre los policías de Iguala y Cocula detenidos en octubre de 2014, unos en la base militar de Tlaxcala y otros en la base de la policía municipal, además de Osorio Cortés, Reyes Landa, García Reyes, Canto Salgado, Ocampo Pineda y muchos otros.

Al mismo tiempo se abrió un expediente "por conductas probablemente constitutivas de delito" perpetradas contra el ex alcalde de Iguala José Luis Abarca y su esposa María de los Ángeles Pineda por los policías federales Agustina Calvo Suriano, José Hugo Espejel Carrillo, Daigoro Herrera Ojeda y María Lucerito López Martínez.

Los ministerios públicos responsables de estos arrestos indebidos son Juan Eustorio Sánchez Conde, Blanca Alicia Bernal Castilla, Ignacio Quintana Candelario, Norma Angélica García Zúñiga, Lourdes López Lucho, entre otros.

LAS TRES RUTAS A DONDE LLEVARON A LOS NORMALISTAS

Testigos de los hechos refieren que entre el 26 y el 27 de septiembre de 2014 vieron el traslado de al menos tres grupos de personas, que se presume podrían ser algunos de los normalistas desaparecidos: uno señaló que a la medianoche se observaron patrullas con la torreta encendida bloqueando la carretera federal 51, que va de Iguala a Ciudad Altamirano, bajo el puente del distribuidor vial que conecta con la carretera ramal a Cocula; mientras tanto, otras unidades pasaban a un camión de redilas a varias personas que pueden haber sido algunos de los estudiantes desaparecidos. Este punto no está en Loma de los Coyotes, sino en la carretera.

Otra persona refirió haber visto cerca de la una de la mañana del 27 de septiembre a un grupo de patrullas que llevaban personas a bordo y circulaban a toda velocidad en la carretera a Huitzuco, entre los entronques de los caminos que van a Tepecoacuilco y Tlaxmalac.

Un tercer testigo señaló que aproximadamente a las cuatro de la mañana del 27 de septiembre vio a tres *pick up* blancas (semejantes a las de la policía ministerial de Guerrero o las de la Policía Federal Ministerial de la PGR) circular dentro de Iguala, sobre Periférico en dirección al cruce con el puente de la carretera hacia Taxco. Desde un segundo piso advirtió que llevaban personas acostadas una sobre otra, aunque no pudo distinguir si iban vivos.

Nota final

A pesar de que hay más de un centenar de detenidos supuestamente involucrados en el ataque contra los estudiantes de Ayotzinapa y la desaparición de 43 de ellos, el gobierno de México no ha podido explicar verazmente lo que ocurrió esa terrible noche en Iguala y tampoco ha dado con el paradero de los normalistas. En vez de otorgar alguna certidumbre, los restos identificados de Alexander Mora hoy representan una profunda y oscura inquietud.

La lección que este caso ha dejado a México no debe olvidarse; cualquiera de nosotros puede ser uno de los 43, también de los detenidos arbitrariamente y torturados de manera infame. Resulta imperioso encontrar a los normalistas y someter a juicio a los verdaderos responsables: los que ordenaron, los que ejecutaron, los que encubrieron y los que desde el más alto nivel protegieron a los encubridores y perpetradores. No se trata sólo de un tema de justicia elemental para las familias que buscan desesperadamente a los suyos, significa dar un ejemplo de justicia a un país que debe salir de este agujero profundo de corrupción, impunidad y violencia.

El derecho a la verdad es un derecho fundamental por el que hay que luchar todos los días.

Línea del tiempo

26 DE SEPTIEMBRE DE 2014

13:00

Los normalistas llegan a Chilpancingo e intentan tomar autobuses. La central camionera de esa ciudad está rodeada por elementos del Ejército y la policía estatal. Hay un altercado y los estudiantes regresan a las instalaciones de la normal de Ayotzinapa.

16:30-17:00

En Ayotzinapa los estudiantes deciden ir a las inmediaciones de Iguala para conseguir más camiones de pasajeros. La operación la dirige Bernardo Flores Alcaraz, *el Cochiloco*, miembro del comité directivo de la normal y responsable de la toma de autobuses.

17:59

El C4 de Chilpancingo recibe un informe sobre 100 normalistas que están saliendo de Ayotzinapa en dos autobuses Estrella de Oro: 1568 y 1531. Este reporte se envía al C4 de Iguala, donde confluyen todas las fuerzas del orden: policía estatal, Policía Federal, policía municipal de Iguala, PGR y 27 Batallón de Infantería.

Elementos de este último grupo son los responsables del control de las cámaras de seguridad. Hay más de 20 dispositivos instalados en la ciudad, pero sólo funcionan cuatro, según la declaración ministerial del militar que estuvo a cargo esa noche. De esas cuatro cámaras sólo quedan grabados algunos minutos de dos, las demás videograbaciones fueron borradas.

18:30

En el zócalo de Iguala comienza el acto masivo de María de los Ángeles Pineda Villa, esposa del presidente municipal José Luis Abarca, para rendir su segundo informe de labores como jefa del DIF municipal.

19:30-19:45

El autobús 1568 se dirige a la caseta de peaje Cuernavaca-Iguala. El 1531 se queda frente al restaurante La Palma, en la localidad Rancho del Cura, sobre la autopista Chilpancingo-Iguala. En el autobús 1568 viaja Bernardo Flores Alcaraz con la intención de trasladarse a la protesta anual del 2 de octubre en la Ciudad de México. Cuando los estudiantes llegan a la caseta de peaje inmediatamente arriban elementos de la policía estatal de Guerrero, la Policía Federal y miembros del 27 Batallón de Infantería.

20:00

Concluye el acto de Pineda Villa.

20:30 (aproximadamente)

En Rancho del Cura cerca de 10 estudiantes toman un autobús; el chofer se niega a entregarles la unidad pues debe llevar al pasaje a la central camionera de Iguala, les promete que ahí les dará el camión.

El alcalde y su familia se retiran del Zócalo y se van a comer tacos en un punto opuesto a la zona centro de Iguala.

21:00 (aproximadamente)

El autobús donde van los 10 normalistas llega a la estación y el chofer los deja encerrados. Los estudiantes llaman por teléfono a sus compañeros para pedir ayuda. A bordo de los autobuses 1568 y 1531 acuden a la central camionera a rescatar a sus compañeros. En todo momento la policía estatal, el Ejército y la Policía Federal monitorean sus movimientos. Elementos del 27 Batallón los siguen.

21:16

En la central de Iguala rescatan a los estudiantes encerrados; dejan ese autobús. Bernardo Flores Alcaraz ordena conseguir más vehículos y los normalistas toman otros tres: dos Costa Line y un Estrella Roja.

21:20

A través del C4 las fuerzas del orden se enteran de la toma de los autobuses. Felipe Flores Velázquez, jefe de la policía municipal de Iguala, da cuenta de los hechos a Luis Antonio Dorantes Macías, jefe de la Policía Federal en Iguala.

Dos autobuses Costa Line y el Estrella de Oro 1568 toman la salida equivocada de la central camionera y se internan en el centro de Iguala. El autobús Estrella de Oro 1531 y el Estrella Roja se van por la salida correcta y se dirigen hacia la autopista Iguala-Chilpancingo. Los estudiantes viajan en *cinco* autobuses.

21:30

PRIMER ATAQUE: tiroteo en la esquina de las calles del centro Bandera Nacional y Galeana. Los testigos afirman que los policías municipales de Iguala disparan al aire. No hay lesionados. Enseguida se suscita otro tiroteo en la esquina de Emiliano Zapata y Juan N. Álvarez (Galeana se convierte en Juan N. Álvarez). Los testigos sostienen que hombres con apariencia militar llegan en una camioneta SUV, bajan, disparan y a persiguen a un estudiante.

Llega otro vehículo civil con personas de apariencia militar y recogen casquillos. Por el testimonio del coronel José Rodríguez Pérez, se sabe que militares le informan en tiempo real los detalles de los acontecimientos. A través del C4 de Iguala se comienzan a emitir reportes de diferentes balaceras en Iguala.

21:40

SEGUNDO ATAQUE: una patrulla municipal bloquea el paso de la caravana de tres camiones, dos Costa Line y el Estrella de Oro 1568, en la esquina de Juan N. Álvarez y Periférico.

El fuego contra el Estrella de Oro 1568 es a granel. De acuerdo con testigos, hay policía municipal, estatal y personas vestidas de civil. Un testigo afirma que dos patrullas de la PF bloquean la calle unas cuadras antes de la agresión para permitir que ésta ocurra. En videos grabados con celulares queda registro de que la PF estaba presente. Resultan heridos los normalistas Aldo Gutiérrez y Jonathan Maldonado.

21:45

La delegación de la PGR en Guerrero inicia un acta circunstanciada al recibir por medio del C4 el informe de las balaceras en Iguala. Policías ministeriales de la Agencia de Investigación Criminal salen a las calles de Iguala y están presentes en los puntos donde ocurren los ataques, según sus propias declaraciones.

22:30

Fernando Marín, quien viaja en el Estrella de Oro 1568, resulta herido y lo obligan a bajar del autobús junto con sus compañeros. De acuerdo con Marín, en ese momento hay policías municipales de Iguala y la estatal de Guerrero. Lo iban a matar, pero al final los policías deciden llamar a la ambulancia. Lo último que ve Marín es a más de 20 compañeros sometidos, acostados sobre la banqueta. Vecinos de Iguala afirman que dos patrullas de la PF cierran la calle Juan N. Álvarez mientras se realiza el ataque.

22:30

TERCER ATAQUE: al mismo tiempo policías municipales y federales detienen a los autobuses Estrella de Oro 1531 y al Estrella Roja en la carretera Iguala-Chilpancingo, a la altura del Palacio de Justicia. Los conductores que quedan varados en esa vía afirman que vieron a la PF encañonar a los normalistas y bajarlos del Estrella Roja, mientras que otros policías aventaron gases lacrimógenos al Estrella de Oro para obligar a descender a los normalistas.

Al menos un elemento del 27 Batallón confesó que estuvo presente en el momento de las agresiones por órdenes del coronel José Rodríguez Pérez.

Durante los ataques los normalistas llaman por teléfono a sus compañeros de Ayotzinapa y piden apoyo. Sale un comité de las instalaciones de la normal rumbo a Iguala.

Según las declaraciones de elementos del 27 Batallón, un escuadrón de 14 elementos armados con G3, a cargo del teniente Roberto Vázquez Hernández, llega al hospital general para revisar los nombres de los primeros heridos, pero la salida de su base nunca queda registrada en la bitácora oficial. Supuestamente el grupo regresa a las instalaciones militares.

22:30-22:40

Doce elementos de la policía municipal de Cocula, al mando de César Nava González, llegan a la esquina de Juan N. Álvarez y Periférico en tres patrullas. Dan auxilio al normalista Miguel Ángel Espino, *Pulmón*, y lo entregan a la Cruz Roja.

22:50-23:00

Desaparecen los estudiantes que viajan en el Estrella de Oro 1568 y en el 1531. En videos de los celulares de normalistas sobrevivientes se afirma que se quedan los federales cuando se retiran las policías municipales.

El chofer del Estrella de Oro 1531 testificó ante la CNDH que hay presencia de policías federales, municipales de Iguala y Huitzuco en el momento de la desaparición ocurrida frente al Palacio de Justicia. Identificó plenamente al menos a dos policías federales: Víctor Manuel Colmenares Campos y Emmanuel Pérez Arizpe.

22:50-23:00

César Nava González declaró que el comandante de la policía municipal de Iguala, Francisco Salgado Valladares, le llama por teléfono para decirle que pueden retirarse, pues el Ejército ha tomado control de la situación. Según la declaración del capitán

José Martínez Crespo, a esa hora arriba al 27 Batallón el coronel José Rodríguez Pérez.

23:00

De acuerdo con declaraciones de los militares, el teniente Vázquez Hernández vuelve a salir con su escuadrón supuestamente para atender la emergencia de la balacera en el cruce con Santa Teresa, pero ésta aún no ocurría, por lo que se habrían dirigido al punto *antes* del tiroteo.

23:00- 23:10

La policía municipal de Iguala y Cocula se retiran de la calle Juan N. Álvarez.

23:00

El fiscal general de Guerrero, Iñaky Blanco, recibe la orden del gobernador Ángel Aguirre de trasladarse a Iguala a investigar las balaceras que están aconteciendo en esa ciudad. No obstante, el secretario de Seguridad Pública Estatal, Leonardo Vázquez Pérez, declaró que él recibe la primera información de los ataques armados a las 22:00.

23:00

La delegación del Cisen en Guerrero tiene conocimiento de los hechos.

23:40

CUARTO ATAQUE: hombres armados atacan un autobús de Castro Tours donde viaja el equipo de futbol Avispones. Los tripulantes se identifican como jugadores cuando los atacantes pretenden bajarlos y éstos súbitamente se retiran. El camión tiene características similares a los Estrella de Oro 1531 y 1568. Resultan asesinados Blanca Montiel, David Josué García y Victor Manuel Lugo.

23:50-24:00

El capitán Martínez Crespo y un grupo de 14 elementos salen del 27 Batallón. Según sus declaraciones ministeriales, se dirigen al Palacio de Justicia.

De acuerdo con el testimonio del juez de barandilla Ulises Bernabé García, a las 23:30 el capitán y su escuadrón llegan a la base de la policía municipal de Iguala y la inspeccionan. Es decir, habrían estado en las calles de Iguala antes de las horas que el capitán refirió en su declaración ministerial.

27 DE SEPTIEMBRE DE 2014

00:00

QUINTO ATAQUE: los normalistas sobrevivientes y los que llegaron de apoyo se reagrupan y convocan una conferencia de prensa; hay presencia de elementos del Cisen. En ese momento personas disparan de manera profesional contra la rueda de prensa y resultan heridos Daniel Solís y Julio César Ramírez quienes quedan tirados en el pavimento.

00:05

El capitán Martínez Crespo y su escuadrón llegan al Palacio de Justicia e inspeccionan el autobús Estrella de Oro 1531.

00:10

Cerca de 20 normalistas huyen del ataque, en la fuga rescatan a un compañero con una herida en la cara y lo llevan al hospital Cristina, ubicado en la misma calle Juan N. Álvarez. Otros estudiantes corren hacia otras direcciones, uno de ellos es Julio César Mondragón.

00:30-00:40

El capitán Martínez Crespo y su escuadrón pasan por la esquina de Juan N. Álvarez y Periférico. Una parte del grupo de militares apunta con sus armas y patea a Daniel Solís y a Julio César Ramírez sin prestarles ningún auxilio.

Los militares llegan al hospital Cristina y amenazan a los normalistas que se encuentran refugiados.

02:40

El cabo de infantería Juan Carlos Peralta llama al ministerio público para informar del hallazgo de los cuerpos de Daniel Solís y Julio César Ramírez.

09:30

El Ejército notifica al ministerio público del hallazgo de un cadáver en las inmediaciones del C4 de Iguala. Se trata de Julio César Mondragón, el tercer normalista asesinado esa noche en Iguala.

Funcionarios del gobierno de Enrique Peña Nieto investigados por tortura contra detenidos del caso de Iguala

(AP/PGR/SDHPDSC/OI/001/2015).

1. Jesús Omar Maciel Álvarez (en agravio de David Cruz Hernández, alias *el Chino*, y de 14 policías municipales de Cocula).

2. Miguel Ángel Romero Hernández (en agravio de David Cruz Hernández, alias *el Chino* y de 14 policías municipales de Cocula).

3. Ángel Alfredo Gutiérrez Chagoya (en agravio de 14 policías municipales de Cocula).

4. Arturo Martínez Pérez (en agravio de 14 policías municipales de Cocula).

5. Luis Nicasio Díaz Elizalde (en agravio de 14 policías municipales de Cocula).

6. Javier Rosete Torres (en agravio de 14 policías municipales de Cocula y de 8 policías municipales de Iguala).

7. Román Almazán Hernández (en agravio de 14 policías municipales de Cocula).

8. David Vargas Briseño (en agravio de 14 policías municipales de Cocula).

9. Josefina de la Cruz Rosales (en agravio de 14 policías municipales de Cocula y de 8 policías municipales de Iguala).

10. Sergio Hernández Carranza (en agravio de 14 policías municipales de Cocula).

11. Israel Ruiz Rodríguez (en agravio de 14 policías municipales de Cocula y de 8 policías municipales de Iguala).

Funcionarios del gobierno de Enrique Peña Nieto investigados por tortura contra detenidos del caso de Iguala

(AP/PGR/SDHPDSC/OI/001/2015).

12. Jesús Rudimiro Rodríguez Reyes (en agravio de 14 policías municipales de Cocula y en agravio de 8 policías municipales de Iguala).

13. Miguel Ángel Pita Casco (se abrieron dos investigaciones contra él: una por tortura en agravio de 10 policías municipales de Cocula y otra por tortura en agravio de 8 policías municipales de Iguala).

14. José Eduardo Lavariega (en agravio de 14 policías municipales de Cocula).

15. Carlos Antonio Hernández Campos (en agravio de 14 policías municipales de Cocula y 8 policías municipales de Iguala).

16. Julio César Ramos Lorenzana (en agravio de 14 policías municipales de Cocula y de 8 policías municipales de Iguala).

17. Rodrigo Refugio Hernández García (en agravio de 10 policías municipales de Iguala).

18. Carlos Espinosa Martínez (en agravio de 10 policías municipales de Iguala).

19. Julio Pablo Cárdenas Ugalde (en agravio de 10 policías municipales de Iguala).

20. Daniel Cabello Vargas (en agravio de 10 policías municipales de Iguala).

21. Cesar Albarrán Beltrán (en agravio de 10 policías municipales de Iguala).

22. Julio César Herrera Sánchez (en agravio de 10 policías municipales de Iguala).

23. Jorge Basurto Vargas (en agravio de Raúl Javier Crespo).

24. Alejandro Pérez Berni (en agravio de Raúl Javier Crespo).

**Funcionarios del gobierno de Enrique Peña Nieto investigados
por tortura contra detenidos del caso de Iguala**

(AP/PGR/SDHPDSC/OI/001/2015).

25. Rubén Alejandro Betanzos Huerta (en agravio de Raúl Javier Crespo).

26. Aristeo Martínez Carrillo (en agravio de Raúl Javier Crespo).

27. Armando Torres Romero (en agravio de 8 policías municipales de Iguala).

28. José Jorge González Valdespino (en agravio de 8 policías municipales de Iguala).

29. Víctor Alonso Godínez Jurado (en agravio de 8 policías municipales de Iguala).

30. Víctor Hugo Miranda Lima (Marina) (en septiembre de 2015 la PGR determinó que sí cometió "conductas constitutivas de delitos" en agravio de Salvador Reza Jacobo y Benito Vázquez Martínez).

31. Alcibiades Marcelino Ayodoro (Marina) (en septiembre de 2015 la PGR determinó que sí cometió "conductas constitutivas de delitos" en agravio de Salvador Reza Jacobo y Benito Vázquez Martínez).

32. Celso Mario Rendón Mejía (Marina) (en septiembre de 2015 la PGR determinó que sí cometió "conductas constitutivas de delitos en agravio de Ramiro Ocampo Pineda alias "el Chango y Rosario Manuel Borja).

33. Reynel Calvo Molina (Marina) (en septiembre de 2015 la PGR determinó que sí cometió "conductas constitutivas de delitos en agravio de Ramiro Ocampo Pineda, alias *el Chango*, y Rosario Manuel Borja).

34. Ezequiel Peña Cerda (PFM) (en agravio de Carlos Canto Salgado).

35. Agustín Castillo Reyes (Marina) (en agravio de Carlos Canto Salgado).

Funcionarios del gobierno de Enrique Peña Nieto investigados por tortura contra detenidos del caso de Iguala

(AP/PGR/SDHPDSC/OI/001/2015).

36. Vidal Vázquez Mendoza (Marina) (se abrieron dos investigaciones contra él por tortura en agravio de Miguel Ángel y Osvaldo Ríos Sánchez y Carlos Pascual Cervantes Jaimes; así como Agustín García Reyes, alias *el Chereje*. En septiembre de 2016 la PGR determinó que sí cometió el delito de tortura contra García Reyes).

37. Jazmín Edith García Martínez (Marina) (en septiembre de 2016 la PGR determinó que sí cometió el delito de tortura en agravio de Agustín García Reyes).

38. Jazmín Galicia Guzmán (PFM) (en agravio de Osvaldo y Miguel Ángel Ríos Sánchez, y de Carlos Pascual Cervantes).

39. Carlos Villaseñor de la Rosa (PFM) (en agravio de Osvaldo y Miguel Ángel Ríos Sánchez, y de Carlos Pascual Cervantes).

40. Omar Evaristo Vega Leyva (PFM) (en agravio de Osvaldo y Miguel Ángel Ríos Sánchez, y de Carlos Pascual Cervantes).

41. Jairo Antonio Flores Hernández (Marina) (en agravio de Osvaldo y Miguel Ángel Ríos Sánchez, y de Carlos Pascual Cervantes).

42. Ruben Edison Irraestro (Marina) (en agravio de Osvaldo y Miguel Ángel Ríos Sánchez, y de Carlos Pascual Cervantes).

43. David Ramírez Alcaraz (Marina) (en septiembre de 2015 la PGR determinó que sí cometió "conductas constitutivas de delitos" en agravio de Raúl Núñez Salgado, alias *Camperra*).

44. Carlos Gutiérrez Silva (Marina) (en septiembre de 2015 la PGR determinó que sí cometió "conductas constitutivas de delitos" en agravio de Raúl Núñez Salgado, alias *Camperra*).

45. Jesús Emanuel Álvarez Alvarado (PF) (en septiembre de 2015 la PGR determinó que sí cometió "conductas constitutivas de delitos" en agravio de Jonathan Osorio Cortez, Patricio Reyes Landa y Darío Morales Sánchez).

Funcionarios del gobierno de Enrique Peña Nieto investigados por tortura contra detenidos del caso de Iguala

(AP/PGR/SDHPDSC/OI/001/2015).

46. José de Jesús Palafox Mora (PF) (en septiembre de 2015 la PGR determinó que sí cometió "conductas constitutivas de delitos" en agravio de Jonathan Osorio Cortez, Patricio Reyes Landa y Darío Morales Sánchez).

47. Jorge Edmundo Samperio Rodríguez (PF) (en septiembre de 2015 la PGR determinó que sí cometió "conductas constitutivas de delitos" en agravio de Jonathan Osorio Cortez, Patricio Reyes Landa, Darío Morales Sánchez y Jorge Luis Poblete Aponte).

48. Artemio Navarro Jiménez (PF) (en septiembre de 2015 la PGR determinó que sí cometió "conductas constitutivas de delitos" en agravio de Luis Alberto y José Juan Estrada Montes de Oca, y de Raymundo Salvador Bernal).

49. Ramiro Cruz de Jesús (Marina) (en septiembre de 2015 la PGR determinó que sí cometió "conductas constitutivas de delitos" en agravio de Luis Alberto y José Juan Estrada Montes de Oca, y de Raymundo Salvador Bernal).

50. Ricardo Alfredo Díaz Ambriz (Marina) (en septiembre de 2015 la PGR determinó que sí cometió "conductas constitutivas de delitos" en agravio de Luis Alberto y José Juan Estrada Montes de Oca, y de Raymundo Salvador Bernal).

51. Jorge Nieto Alonso (PF) (en septiembre de 2015 la PGR determinó que sí cometió "conductas constitutivas de delitos" en agravio de Jorge Luis Poblete Aponte).

52. Agustina Calvo Suriano (PF) (en septiembre de 2015 se determinó que sí cometió "conductas constitutivas de delitos" en agravio de José Luis Abarca Velázquez y María de los Ángeles Pineda Villa).

53. Hugo Espejel Carrillo (PF) (en septiembre de 2015 se determinó que sí cometió "conductas constitutivas de delitos" en agravio de José Luis Abarca Velázquez y María de los Ángeles Pineda Villa).

Funcionarios del gobierno de Enrique Peña Nieto investigados por tortura contra detenidos del caso de Iguala

(AP/PGR/SDHPDSC/OI/001/2015).

54. Daigoro Herrera Ojeda (PF) (en septiembre de 2015 se determinó que sí cometió "conductas constitutivas de delitos" en agravio de José Luis Abarca Velázquez y María de los Ángeles Pineda Villa).

55. María Lucerito López Martínez (PF) (en septiembre de 2015 se determinó que sí cometió "conductas constitutivas de delitos" en agravio de José Luis Abarca Velázquez y María de los Ángeles Pineda Villa).

La PGR ya decretó que 19 personas de esta lista sí cometieron el delito de tortura, pero hasta ahora no han sido sancionados.

EL REY DE COCAÍNA
de Ayda Levy

"El rey de la cocaína", Roberto Suárez Gómez, llegó a exportar diariamente casi dos toneladas de la droga desde sus laboratorios en la Amazonía boliviana a sus socios del cártel de Medellín, dirigido por Pablo Escobar, a Estados Unidos, en una operación conjunta con la CIA, y a Europa. Protegida por la corrupción de mandatarios de varios países, así como por militares y gobernantes bolivianos, La corporación fue conocida como "la General Motors del narcotráfico". Ayda Levy, viuda de Roberto Suárez, de quien se separó al enterarse de que el acaudalado empresario estaba involucrado en el narcotráfico, narra en estas páginas sus vivencias y las revelaciones que el productor de la droga más pura del mundo compartió con ella. Nunca se había escrito un testimonio como el de Ayda Levy, quien revela en este libro una pieza fundamental del rompecabezas del narcotráfico que jamás había sido contada.

Autobiografía

NARCOMEX
de Ricardo Ravelo

Ricardo Ravelo, uno de los mayores expertos en temas de narcotráfico, nos presenta todos los ángulos esenciales para entender la guerra mas sangrienta que ha vivido México desde hace un siglo: las rutas de la droga, el lavado de dinero, las complicidades oficiales, la impunidad, la vida de los capos, sus abogados y sus oscuros negocios. *Narcomex* se articula en dos ejes: en el primero se exponen los antecedentes y la historia del conflicto por el que atraviesa el país contra el crimen organizado fue declarada. En el segundo, Ravelo narra las historias de sus protagonistas: los capos, las fuerzas del Estado, los abogados y otros actores de la sociedad civil, enlazados en esta vorágine interminable. *Narcomex* presenta el panorama más amplio y completo sobre el salvaje fenómeno que ha llevado a México a una de las peores crisis de su historia.

Autobiografía

EN LA BOCA DEL LOBO
de Alfredo Corchado

Durante la década de los 80 y comienzo de los noventa, un enorme porcentaje de la producción mundial de cocaína estaba en manos de dos sindicatos criminales colombianos: el cártel de Medellín, que presidía el despiadado Pablo Escobar, y el cártel de Cali, una sofisticada organización delictiva criminal dirigida por los implacables hermanos Rodríguez Orejuela. Los dos grupos se enfrentaron en una sangrienta guerra hasta que Escobar fue asesinado en diciembre de 1993. Cuando el camino quedó libre para los de Cali, Jorge Salcedo, un ex comandante del ejército, recibió la misión de proteger a los capos. Aunque cada día se involucraba más, Salcedo luchó por preservar su integridad e intentó no ceder ante la corrupción, la violencia y la brutalidad que lo rodeaba. Sin embargo, la noche en la que colocaron una pistola en su mano con una orden de ejecución llegó a un momento crucial. Se trataba de una orden directa del padrino que lo ponía en una situación imposible—matar o morir. Pero existía una tercera opción, la más arriesgada y difícil: provocar la caída del cártel.

Autobiografía

VINTAGE ESPAÑOL
Disponibles en su librería favorita
www.vintageespanol.com